Conscious Control of the Individual

Bewusste Kontrolle beim Auf- und Umbau des Menschen

Über das Lesen

„Jedes Lesen sei schwer." Das schreibt H. G. Ingenkamp im Nachwort zu Arthur Schopenhauers „Die Welt als Wille und Vorstellung." Und weiter heißt es, *nur wer sich dessen bewusst sei, könne etwas lernen. Leichtes Lesen könne zwar anregend sein, aber das sei etwas anderes.* (Seite 848)

A. Schopenhauer selbst fordert von seinem Leser, ein Werk wie seines zweimal zu lesen. Auch die Bücher F. M. Alexanders haben ohne Zweifel den gleichen Rang, denn beide Autoren legen einen grundlegenden Gedanken in ihrem Werk dar, *was einen systematischen Aufbau verbiete. Wenn man nun jedoch einen einheitlichen Gedanken in seine Teile zerlege, um ihn darzustellen, dürfe der Zusammenhang kein systematischer, es müsse vielmehr ein organischer sein. Da aber ein Gedanke nicht als organische Einheit dargestellt werden könne, müsse der Leser die organische Einheit des Gedankens durch die Art seiner Lektüre rekonstruieren. Das Werk müsse also zweimal gelesen werden: das erste Mal mit viel Geduld. Diese Geduld nähre sich aus dem Glauben, dass der Anfang das Ende beinahe so sehr voraussetze, wie das Ende den Anfang, und aus der Zuversicht, dass beim zweiten Lesen vieles, wenn nicht gar alles in einem anderen Licht erscheint.* (A. Schopenhauer in: ebenda, Seite 850)

F. M. ALEXANDER

Constructive Conscious Control of the Individual

Bewusste Kontrolle beim Auf- und Umbau des Menschen

Mit den einführenden Worten von
Prof. John Dewey

Bibliografische Information der Deutschen Nationalbibliothek:
Die Deutsche Nationalbibliothek verzeichnet diese Publikation in der Deutschen Nationalbibliografie; detaillierte bibliografische Daten sind im Internet über http://dnb.dnb.de abrufbar.

Originaltitel: Constructive Conscious Control of the Individual
Erstausgabe in Grossbritanien: Methuen & Co. Ltd., 1924
Neuauflage: STAT Books, London, 1997
Übersetzung: ***Hendrik Körner***
4. Ausgabe November 2021
Digitale Assistenz: ***Melanie Habbel***
Lexikalische Korrektur der Übersetzung: ***Helga Schönenberg, Klaus Mewes***
Coverfoto: ***Laura-Sophie Habbel***
Herstellung und Verlag: BoD – Books on Demand, Norderstedt
ISBN: 978-3-746080161

INHALTSVERZEICHNIS

EINFÜHRENDE WORTE

Nichts ist gegenwärtig so sehr vonnöten, wie das Prinzip und das Verfahren, für die F. M. Alexander eintritt. Seltsamerweise ist genau diese Notwendigkeit der Grund, warum sie so schwer zu verstehen und noch schwerer zu akzeptieren sind. Obwohl an all dem, was F. M. Alexander lehrt nichts Esoterisches ist und obwohl er sein Prinzip und sein Verfahren im einfachsten Englisch darlegt, frei von technischen Fachbegriffen, ist es doch schwierig, die ganze Reichweite seiner Worte voll zu erfassen, wenn die Wirkung des Prinzips nicht praktisch demonstriert wird. Und selbst durch praktische Demonstration, dies weiß ich aus eigener Erfahrung, eröffnet sich ihre volle Bedeutung nur langsam, weil sich beständig neue Aspekte zeigen.

Aus meiner Warte kann ich den sehr klaren und vollständigen Darlegungen von F. M. Alexander wirklich nichts hinzufügen. Deshalb habe ich mir überlegt, dass es eine sehr nützliche Form der Einführung wäre, wenn ich mich darum bemühe zu erklären, worin die Schwierigkeiten bei der Erfassung seines Prinzips bestehen könnten.

Die Hauptschwierigkeit - ich habe dies bereits angedeutet- liegt in der Tatsache begründet, dass sein Prinzip so dringend gebraucht wird. Auf den ersten Blick mag in dieser Aussage ein Widerspruch stecken. Er ist aber nur ein Beispiel für jenen Teufelskreis, auf den im Text so oft hingewiesen und der ausführlich auf den Seiten seines Buches behandelt wird. Warum das Prinzip so dringend gebraucht wird? Die sinnliche Wahrnehmung ist bei allem, was mit dem individuellen Selbst und seiner Lebensführung zu tun hat, fehlerhaft und unzureichend, weshalb auch das Urteilsvermögen des Einzelnen sehr zu wünschen übrig lässt. Dies zeigt sich sowohl in uns selbst als auch bei unseren Handlungen, die unseren falsch justierten geistig-körperlichen Mechanismen entspringen. Dieses verzerrte Bewusstsein hat uns so weit gebracht, dass es uns so schwer fällt das, was F. M. Alexander geschrieben hat, so zu lesen und zu verstehen, dass wir seine Aussagen Wort für Wort in Bezug auf ihre Ursachen und Wirkungen richtig beurteilen können. Wir haben uns so an unser verzerrtes Bewusstsein gewöhnt, dass wir es nicht hinterfragen. Es ist tatsächlich das Maß für das, was wir für richtig halten. Es beeinflusst jede unserer Beobachtungen, jegliche Interpretation und jede unserer Beurteilungen. Es ist der Faktor, der sich in allen unserer Taten und in allen unseren Gedanken widerspiegelt. Dies zeigt F. M. Alexander unmissverständlich auf.

Daraus ergibt sich als eine logische Konsequenz dieses: Nur wenn unsere Wahrnehmung verändert und auf eine neue Ebene gehoben wird, so dass der vorherige und der neue Zustand miteinander verglichen werden können – dies ist in der Tat ein Ergebnis des Unterrichts bei F. M. Alexander -, kann die konkrete Kraft seines Unterrichts wirklich bei dem Einzelnen ankommen. Obwohl der gesamte Unterrichtsstil F. M. Alexanders ein völlig anderer ist, ist es praktisch nahezu unmöglich, dass jemand am Anfang mit einer Vorstellung zu ihm kommt, die darüber hinausgeht, spezielle Hilfe oder Heilung erlangen zu wollen. Und selbst nach vielen Stunden Unterrichtserfahrung ist es durchaus möglich, dass jemand seine Methoden nur wegen des spezifischen Nutzens lobt, den er erfahren hat, obwohl er sehr wohl neben dem Nutzen auch seine damit einhergehende veränderte Gemütslage und seinen veränderten Ausblick auf das Leben allgemein zur Kenntnis nimmt. Erst wenn ein Schüler an den Punkt gelangt, dass er den *Methoden* F. M. Alexanders und nicht den Ergebnissen seine volle Aufmerksamkeit schenkt, realisiert er den konstanten Einfluss des Unterrichts auf seine sinnliche Wahrnehmung.

Unser sensorisches Bewusstsein von uns selbst hat sich in einer Weise pervertiert, dass uns die Kriterien abhanden gekommen sind, mit denen wir die Lehren und Methoden beurteilen könnten, die vorgeben, sich um den einzelnen Menschen kümmern. Wir schwanken, ob wir uns auf allgemeine Theorien stützen sollen, die uns plausibel erscheinen, oder auf die Zeugnisse spezifischer, positiver Wirkungen, die erzielt worden sind. Auf der einen Seite sind wir schnell bereit, allen Aussagen über Wundermittel Glauben zu schenken, wenn einzelne bezeugen, dass sie ihnen genutzt haben und sie geheilt worden sind. Auf der anderen Seite haben wir schon so viele Wundermittel kommen und gehen gesehen, dass man verständlicherweise skeptisch wird, wenn ein neues Prinzip zur Weiterentwicklung des Menschen auftaucht, das so völlig anders ist.

Gegenwärtig wird die Welt von den unterschiedlichsten Systemen geflutet, die Erleichterung für die Krankheiten versprechen, von denen das Fleisch des Menschen heimgesucht wird. Darunter befinden sich Übungssysteme, mit denen eine aufrechte Haltung erreicht werden soll, und Methoden zur mentalen, psychologischen oder spirituellen Heilung, die immer einmal wieder in Wellen über das Land schwappen. Der bloße Hinweis, dass in einem ungewöhnlichen Prinzip eine fundamentale Wahrheit liegt, ruft ein Gefühl hervor, das in etwa dieses ausdrücken soll: Da ist schon wieder jemand, der zu fast allem eine Meinung hat und der sich für ein weiteres „Allheilmittel" stark macht, die jetzt schon so zahlreich vorhanden sind. In diesem Zusammenhang wären zunächst einige Punkte zu klären: „Wie kann das, was F. M. Alexander lehrt, so ganz anders als die anderen Systeme sein?" „Was gibt uns die Sicherheit, dass es sich nicht doch um ein solches System handelt, das vielleicht nur für den einen Personenkreis besser passt und für den anderen schlechter?" Wenn als Antwort auf diese Fragen von speziellen Heilungserfolgen berichtet wird, wird vielleicht daran erinnert, dass derartige beeindruckende Zeugnisse auch zu Gunsten von jedem anderen System vorgelegt werden können. Dann ist darüber zu entscheiden, worin der Wert dieser Erfolge liegt und wie ihr Wert überhaupt festgestellt werden kann. Zudem werden die meisten Systeme ausführlich begründet und nehmen für sich in Anspruch, dass sie wissenschaftlich oder spirituell sind. Unter diesem Gesichtspunkt ist die Frage zu beantworten, in welcher Weise sich die Prinzipien und Konsequenzen der Lehre F. M. Alexanders von den anderen Systemen unterscheiden. Ich denke, dies sind faire Fragen.

Mir scheint, das Beste, das mit dieser Einführung geleistet werden kann, ist es, einige einfache Kriterien vorzuschlagen, nach denen jedes System beurteilt werden sollte. Einige gezielte Fragen weisen vielleicht den Weg, wie diese Kriterien gefunden werden können. Dient das System hauptsächlich der Wiederherstellung und der Heilung und zielt es darauf, Erleichterung bei bereits bestehenden Leiden zu verschaffen oder dient es vom Prinzip und seiner Natur her eher der Vorsorge? Wenn es mehr der Verhinderung von Leiden und nicht bloß ihrer Korrektur dient, ist seine Reichweite spezifisch oder allgemein? Behandelt es „Geist" und „Körper" als zwei Dinge, die voneinander getrennt sind, oder ist die Einheit der menschlichen Individualität ihr Gegenstand? Ist sein Gegenstand nur ein Teil oder Aspekt der „Geistes" und des „Körpers" oder ist es die Umschulung des ganzen Menschen? Zielt es darauf, auf direktem Wege, durch eine Behandlung der Symptome, Ergebnisse hervorzubringen, oder kümmert es sich um die Ursachen der aktuellen schädlichen Umstände in einer Weise, dass sich die wohltuenden Resultate eher als eine natürliche Konsequenz, sozusagen als ein Nebenprodukt einer fundamentalen Veränderung in den bedingenden Ursachen ergeben? Ist das Gesamtbild des Systems seinem Charakter nach eher erzieherisch oder liegt darin kein Erziehungsauftrag? Wenn das zugrunde liegende Prinzip von sich behauptet, präventiv und konstruktiv zu sein, operiert es von außen, indem es irgendeinen Alarm auslösenden Automatismus eingebaut hat, oder operiert es von innen? Ist es leicht verständlich oder stellt es Anforderungen an die intellektuellen Fähigkeiten und an die Moral des betroffenen Individuums? Angenommen es stellt solche Anforderungen nicht, ist es trotzdem nichts anderes als ein Programm, das letzten Endes von Tricksereien und Zauberei abhängig ist, bei denen man sicher sein kann, dass der Betroffene nach der Behandlung eines Problems mit neuen Problemen zurückgelassen wird – dazu gehören Fixierung, Gehemmtheit, Nachlässigkeit, Reduzierung der ständigen und intelligenten Kontrolle -, weil dieses Programm nicht die eigentlichen Ursachen behandelt, sondern die Wirkung der Ursachen bloß in andere Kanäle lenkt, und weil die wahrnehmbaren Symptome nur ausgetauscht werden gegen feinere, die nicht so leicht zu erkennen sind? Jeder, der diese Fragen im Hinterkopf hat, wenn er F. M. Alexanders Bücher liest, wird tatsächlich wenig Mühe haben, die Prinzipien, die seiner Erziehungsmethodik zugrunde liegen, von den Systemen abzusetzen, mit denen seine Methode verglichen und verwechselt werden könnte.

Jedes stimmige Programm muss seine Stimmigkeit sowohl im Zusammenhang mit ihren konkreten Folgen als auch im Hinblick auf allgemeine Prinzipien nachweisen. Nur vergessen wir dabei allzu oft, dass diese Prinzipien und Fakten nicht isoliert für sich beurteilt werden dürfen, sondern in ihrer wechselseitigen Abhängigkeit zueinander. Und noch etwas gilt es zu beachten: Jede Theorie und jedes Prinzip muss letztendlich an den Resultaten gemessen werden, die durch sie bewirkt werden. Wenn man beobachtet, wie sie arbeiten, muss sich ihre Stimmigkeit erweisen. Zudem müssen sie, wenn sie dem Anspruch der Wissenschaftlichkeit genügen wollen, eine Methode bereitstellen, mit der sichtbar und beobachtbar gemacht werden kann, was die Resultate sind. Mit dieser Methode muss auch garantiert sein, dass sich die beobachteten Resultate tatsächlich aus dem Prinzip ergeben. Wenn die Lehre F. M. Alexanders nach diesen Maßstäben gemessen wird – es handelt sich um ein Prinzip, das wirklich funktioniert, und es ist eines, das dabei genau definierte und verifizierbare Resultate liefert -, zögere ich nicht einen Moment zu versichern, dass seine Technik im strengsten Sinne wissenschaftlich ist, erfüllt sie doch diese beiden Anforderungen. Oder anders ausgedrückt: Die Technik F. M. Alexanders erfüllt die Anforderungen, die an eine wissenschaftliche Methode gestellt werden, auf das Genaueste.

Das Prinzip oder die Theorie F. M. Alexanders und die beobachten Folgen ihrer Wirkung haben sich miteinander im Gleichklang und in engster Verzahnung herausgebildet. Beide, Theorie und ihre Folgen, haben sich methodisch aus einem experimentellen Verfahren entwickelt. Zu keiner Zeit hat F. M. Alexander eine Theorie erarbeiten wollen, die reiner Selbstzweck war. Dies war mitunter eine Enttäuschung für all jene „Intellektuellen“, die es sich unterbewusst zur Gewohnheit gemacht hatten, sich von dem ganzen Brimborium technischer Terminologie abhängig zu machen. F. M. Alexander entwickelte seine Theorie nämlich jeweils nur so weit, wie es für das angewandte Verfahren und die aus Erfahrung gewonnenen Resultate erforderlich war. Mit der bemerkenswerten sinnlichen Kraft seiner Beobachtungsgabe hat er die Veränderungen wahrgenommen, die er als Reaktion auf die von ihm eingesetzten Mittel bei dem Einzelnen in die Wege geleitet hatte. Er verfolgte dann, welche Auswirkungen diese Veränderungen auf die gewohnten Reflexe des Betroffenen hatten. Dabei ging er mit noch größerer Sorgfalt vor als bei den deutlicher zu Tage tretenden nützlichen Folgen. Jede einzelne dieser unerwünschten Reaktionen wurde als ein eigenständiges Problem weiterverfolgt. Insbesondere ging es ihm darum, eine Methode zu finden, mit der es möglich ist, diese instinktiven Reaktionen und die damit verbundenen Gefühle zu unterdrücken. An ihrer Stelle sollten Aktivitäten ins Spiel gebracht werden, die die Basis für eine korrekte sinnliche Wahrnehmung sein sollten. Jeder einzelne Schritt in dem Prozess wurde analysiert und dokumentiert. Jeder veränderten Bedingung und Konsequenz, die als Mittel zur Entwicklung des experimentellen Verfahrens angewandt wurden, ob positiv oder negativ, ob günstig oder ungünstig, wurde nachgegangen.

Wenn man eine solche sich nach und nach entfaltende Methode verwendet, ergibt sich natürlich beständig neues Material, das gesichtet und gründlich analysiert werden muss. In einem solchen Prozess, in dem gleichzeitig die Prinzipien und die Folgen entwickelt und als Mittel eingesetzt werden, um sich gegenseitig zu überprüfen, gibt es tatsächlich keinen Endpunkt. Solange an dieser Methode festhalten wird, ist es ein Prozess, der unaufhaltsam seiner eigenen Vervollkommnung zustrebt. Seine Methode wird genauso wenig das Endstadium der Perfektion erreichen, wie irgendein anderes herkömmliches experimentelles Verfahren der Wissenschaft dies mit all seiner Theorie und seinen stützenden Fakten erreichen würde. Aber das Auffälligste an der Lehre F. M. Alexanders sind die Aufrichtigkeit und die Zurückhaltung in seinen Ausführungen, die niemals über den Punkt hinausgehen, an dem die Aussagen nicht demonstriert werden könnten.

Entsprechend leicht ist es nachzuvollziehen, das die Resultate, die mit seiner Lehre erzielt werden, auf einer völlig anderen Ebene anzusiedeln sind als die erzielten Ergebnisse so vieler anderer Systeme, die eine Zeit lang in großer Mode sind, bis sie von einer anderen Modewelle ersetzt werden, die gerade in den Medien sehr viel Publicity erhält. Wenn jemand die Ansprüche dieser Systeme vertritt, so ist meistens von „Heilungen" und spezifischen Phänomenen die Rede, die den Nachweis erbringen sollen, dass diese Systeme auf korrekten Prinzipien aufgebaut sind. (Sogar für patentierte Arzneimittel gibt es zahlreiche Belege für diesen Umstand.) Nur gibt es in diesen Fällen zwischen den jeweiligen Theorien und den konkreten Fakten keinen ursprünglichen Zusammenhang. Ausgewählte Folgen, natürlich nur die „guten", werden herausgepickt und aufs Schild gehoben. Es wird aber kein Versuch unternommen herauszufinden, welche Folgen sich ansonsten noch ergeben. Allein die „guten" Folgen werden ins Rampenlicht gestellt. Es gibt keine Methode, mit der gezeigt werden könnte, welche Konsequenzen sich ggf. aus dem besagten Prinzip ergeben oder ob diese Konsequenzen vielleicht doch andere Ursachen haben.

Das Wesen der Wissenschaftlichen Methode liegt jedoch nicht darin, im Groben die Konsequenzen aufzuzeigen. Genau genommen besteht sie aus den Mitteln und Wegen, mit denen die Konsequenzen bis ins letzte Detail verfolgt werden. Sie besteht aus den Prozessen, mit denen die zu untersuchenden Ursachen, die die Folgen und Wirkungen erklären sollen, ganz konkret nachverfolgt werden. So soll sichergestellt werden, dass sie tatsächlich genau zu diesen Konsequenzen führen und nicht zu anderen. Wenn beispielsweise ein Chemiker so vorgehen würde, dass er einerseits auf einige konkrete Phänomene hinweist, die sich bei einem Experiment ergeben haben, und auf der anderen Seite einige allgemeine Prinzipien und Theorien anführt, die er durchaus auch ausführlich begründet, um dann zu behaupten, dass beides in einem Zusammenhang stehe, würde er sich der Lächerlichkeit preisgeben. Jedem Fachmann wäre klar, dass die Wissenschaftliche Methode noch nicht einmal in Ansätzen zum Zuge gekommen ist, und es wäre klar ersichtlich, dass der Chemiker nichts anders als eine Behauptung in den Raum gestellt hat.

F. M. Alexander wird nicht müde, davon abzuraten, sich auf „Heilungen" oder auf irgendeine Form aufsehenerregender Phänomene zu berufen. Er geht sogar noch weiter und rät davon ab, Berichte über solche Fälle überhaupt im Kopf zu behalten. Wenn er sich nicht so sehr mit seinem ganzen Herzen der Aufgabe verschrieben hätte, in der Demonstration zu zeigen, wie sein Prinzip funktioniert - Demonstration im wissenschaftlichen Sinne des Wortes -, wäre sicherlich sehr bald auch der Tag gekommen, an dem seine Technik zur Modeerscheinung geworden und er zu den Wunderheilern in eine Reihe gestellt worden wäre. Und er hat sich auch immer zurückgehalten, zur Schau ein imposantes Gebäude technisch-wissenschaftlicher Begriffe der Physiologie, Anatomie und Psychologie aufzubauen, obwohl dies bestimmt eine sichere Methode gewesen wäre, eine Gefolgschaft anzulocken. In Folge seiner Ehrlichkeit und Gründlichkeit, die er trotz aller Erwartungen immer beibehalten hat, und ohne sich von Nebenschauplätzen wie Ruhm oder externen Erfolg ablenken zu lassen, hat F. M. Alexander ein neues Prinzip vorgestellt, das die Kontrolle des menschlichen Verhaltens betrifft. Dieses Prinzip hat den gleichen Rang wie jedes andere Prinzip, das jemals im Bereich der externen Natur entdeckt worden ist. Und mehr noch: Seine Entdeckung war eine Notwendigkeit! Erst durch sie werden die einzelnen Entdeckungen, die in der Natur außerhalb des Menschen gemacht worden sind, rund und vollständig, weil wir so dem Schicksal entgehen, am Ende zu Dienern und hilflosen Werkzeugen dieser Entdeckungen und Erfindungen gemacht zu werden.

Ein Wissenschaftler ist sich des Umstands durchaus bewusst, dass ihm nicht erlaubt ist, eine Schlussfolgerung nicht eher zu einer Tatsache zu erheben, bis er die Tatsache wirklich beobachtet hat, bis also seine Sinne ins Spiel gebracht worden sind, ganz gleich wie ausführlich und wie gründlich seine theoretische Argumentation ist und wie eindeutig sie tatsächlich auf eine bestimmte Schlussfolgerung hinausläuft. In Bezug auf das explizit menschliche Verhalten hatte vor F. M. Alexander bisher niemand auch nur einen Gedanken darauf verschwendet, welcher Art eine sinnliche Beobachtung sein müsse, wenn theoretische Prinzipien erprobt und ausgearbeitet werden sollten. Noch viel weniger hatten bisher die Denker auf diesem Feld eine Technik entwickelt, mit der es möglich wäre, das über die Sinne erworbene Material unter eine eindeutige Kontrolle zu bringen, so dass es verwendbar ist. Wenn man sich auf Vermutungen, das Unbewusste oder das Unterbewusste beruft, heißt dies nichts anderes, als dass man sich seiner wissenschaftlichen Aufgabe in ihrer wahren Bedeutung verschließt. So ist es bei den Systemen zur bloßen Körperertüchtigung vernachlässigt worden, Methoden einzubeziehen, mit denen die Fehler dieser Systeme beobachtet und analysiert werden könnten.

Wann immer die Notwendigkeit, so schwach sie auch war, spürbar wurde, uns klar zu machen, welche Bedeutung unser Denken und unsere Selbstbeurteilungen hatten und wir sie überprüfen mussten, haben wir auf unsere voreingestellten Empfindungen von dem, was „richtig" ist, zurückgegriffen. Darauf hat F. M. Alexander in seinen Büchern sehr deutlich hingewiesen. Im konkreten Fall kennzeichnen diese Empfindungen allerdings nur das, was sich für uns *vertraut* anfühlt. Was nun den Fall betrifft, dass wir schlechte Gewohnheiten haben, die einer Umschulung bedürfen, kann das, was uns in unserer Selbstwahrnehmung und in unseren Handlungen vertraut ist, nur eine Spiegelung unserer schlechten geistig-körperlichen Gewohnheiten sein, die in unserem Inneren wirksam sind. Ganz genau in derselben Lage befindet sich n der Tat ein Wissenschaftler, der sich anschickt, seine durch logisches Denken erworbene Überzeugung vom Rang einer sogenannten Kopernikustheorie dadurch zu überprüfen, dass er – ohne jegliche Ergänzung oder Veränderung – auf exakt die Beobachtungen zurückgreift, die die Menschheit zum Ptolomäischen Weltbild geführt hatten. Wissenschaftlicher Fortschritt hängt aber offenkundig davon ab, Bedingungen aufzufinden, die es ermöglichen, neue Beobachtungen zu machen, und davon, dass die alten Beobachtungen unter neuen Bedingungen noch einmal gemacht werden. Mit anderen Worten hängt der wissenschaftliche Fortschritt von Methoden ab, die aufdecken, *warum* wir, wie im Fall des Wissenschaftlers, Beobachtungen gemacht haben, die uns in die Irre geführt haben, und *warum* wir diesen Beobachtungen vertraut haben.

Ich habe die Methoden F. M. Alexanders über einen Zeitraum von etlichen Jahren studieren können und kann deshalb eine Tatsache voll und ganz unterstreichen: Zur Überprüfung und als Mittel zur Entwicklung neuer Gedanken hat er auf unsere Vorstellungen von uns selbst, auf das, was wir über uns glauben, und auf unsere Handlungen exakt dieselben experimentellen Methoden und dieselben Methoden zur Produktion neuer sinnlicher Betrachtungsweisen verwendet, die immer schon die Quelle allen Fortschritts in den Naturwissenschaften gewesen sind. Wenn schon vorher in irgendeinem anderen System ein solcher Gebrauch von unserer sinnlicher Wahrnehmung bei unserem Verhalten und bei unseren Handlungen gemacht worden ist, wenn darin eine Technik entwickelt worden ist, mit der neue Möglichkeiten der Beobachtung von uns selbst geschaffen worden sind, und wenn von diesen Erkenntnissen gesagt worden ist, dass man sich voll und ganz darauf verlassen kann, so habe ich davon noch nie gehört. Es gibt durchaus Systeme, die direkten Bezug auf das „Bewusstsein" nehmen. (Allerdings registrieren diese allein die schlechten Bedingungen.) In anderen Systemen wurde das Bewusstsein vollständig vernachlässigt. Stattdessen legte man Wert auf Körperübungen, Haltungsverbesserung und solche Dinge. Mit der Methode aber, die F. M. Alexander gefunden hat, werden präzise die gegenseitigen Abhängigkeiten aufgedeckt, die zwischen den beiden Teilen des Doppelwortes „körperlich-geistig" bestehen und die als eine vollständige Einheit zu verstehen sind. Erst seine Entdeckung macht alle anderen wissenschaftlichen Entdeckungen vollständig. Durch die Technik F. M. Alexanders erst stehen sie in einer Weise zur Verfügung, dass der Mensch von ihnen nicht in den Ruin getrieben wird, sondern er sie wirklich nutzen und sein konstruktives Wachstum stärken und sein Glück vermehren kann.

Niemand wird ernstlich daran zweifeln wollen, dass wir selbst das ausführende Organ bei allem sind, was von uns in Angriff genommen und getan wird. Dies ist wahrlich eine banale Aussage. Was uns aber am schwersten fällt, ist etwas, das uns am nächsten ist, etwas, das am beständigsten und uns am vertrautesten ist. Und dieses „Etwas" sind wir selbst, sind unsere Gewohnheiten und unsere Handlungsweisen, die alles, was wir versuchen oder tun, als Mittler beeinflussen. Die moderne Wissenschaft hat uns in die Lage versetzt, in unglaublichem Ausmaß Dinge als Werkzeuge zu verwenden, um damit auf und durch andere Dinge zielgerichtet Einfluss zu nehmen. Das Ergebnis ist nichts anderes als ein alles umfassender Zustand der Verwirrung, der Unzufriedenheit und des Konfliktes. Der eine Faktor – wir selbst nämlich -, der das grundlegende Werkzeug ist, wenn wir all die anderen Werkzeuge gebrauchen, ist jedoch bis dahin noch gar nicht als das zentrale Instrumentarium untersucht worden, das es ist. Dieses Selbst ist unsere eigene geistig-körperliche Art und Weise, eine Art Schablone, wie wir all unsere Anlagen und Energien verwenden. Ist es nicht höchst wahrscheinlich, dass mit dieser Unterlassung der folgende Umstand zu erklären ist: Wir haben die Naturkräfte unter unsere Herrschaft gebracht, die uns lange so weitgehend beherrscht haben. Warum ist es trotzdem so, dass wir uns nicht in der Lage sehen, die Geschichte und das Schicksal der Menschheit zu lenken?

Niemals zuvor, so meine Überzeugung, war das Bewusstsein darüber so ausgeprägt, dass alle äußeren Heilverfahren, die heute zur Anwendung kommen, dass alle äußeren Heilverfahren und Kräfte, die außerhalb des Menschen angesiedelt sind, irgendwie ein Fehlschlag sind. Es ist jedoch eine Sache die Notwendigkeit zu vertreten, sich bei allem, was die Menschheit und die Gesellschaft insgesamt erreichen kann, auf den einzelnen Menschen als der höchsten Instanz zurückzubesinnen; es ist eine Sache zu betonen, dass es notwendig ist, dass dieser absolute Zustand hergestellt wird, in dem die Humanität auf breiter Front erreichen kann, was immer ihr wertvoll ist. Es ist aber eine völlig andere Sache, das konkrete Verfahren aufzudecken, mit dem die größte aller menschlichen Aufgaben bewältigt werden kann. Genau diese Leistung, die so unentbehrlich ist, hat F. M. Alexander vollbracht.

Er hatte nur die Möglichkeit, seine Entdeckung mit schlecht koordinierten Erwachsenen zu machen und mit ihnen sein methodisches Vorgehen zu perfektionieren. Aber seine Technik ist keineswegs ein Heilverfahren. Es ist eine Methode zur konstruktiven Erziehung. Ihr eigentlicher Anwendungsbereich sind die jungen Menschen, die heranwachsenden Generationen. Sie sollen so früh wie möglich in ihrem Leben ein hohes Niveau sinnlicher Wahrnehmung erlangen und dazu befähigt werden, sich selbst richtig zu beurteilen. Wenn einmal ein angemessener Teil einer neuen Generation richtig koordiniert sein wird, werden wir das erste Mal die Gewissheit haben, dass Männer und Frauen in der Zukunft wirklich in der Lage sind, auf ihren eigenen Füßen zu stehen, ausgerüstet mit einen geistig-körperlichen Gleichgewicht, das wirklich zufriedenstellend ist. Sie werden dann in der Lage sein, dem Hin und Her und den Eventualitäten ihrer jeweiligen Umgebung mit Leichtigkeit, Selbstvertrauen und Fröhlichkeit entgegenzutreten, und nicht mit Angst, Verwirrung und Unzufriedenheit.

John Dewey

VORWORT VON F. M. ALEXANDER

Dieses Buch ist seit längerer Zeit wieder und wieder angemahnt worden. Besonders die amerikanischen Leser von *Man's Supreme Inheritance* sind nicht müde geworden, es einzufordern. Dankbarkeit und das doch sehr ermutigende Echo, das mich in Zuschriften von einem großen Leserkreis, von der Presse und von Wissenschaftlern aus Amerika, Australien und England erreicht hat, haben in mir den innigen Wunsch geweckt, einen Beitrag zu leisten, um das vorhandene Wissen und unsere Kenntnisse zu vertiefen.

Die vielen Zuschriften sind für mich von größtem Interesse und Wert, weil jeder dieser Briefe eine Anfrage enthält, diesen oder jenen Punkt näher zu erläutern, der dem Schreiber unter den Nägeln brennt. Es liegt jedoch auf der Hand, dass es unmöglich ist, im Rahmen dieses Buches all diese Anfragen zu beantworten. Wann immer aber die Möglichkeit dazu besteht, werde ich versuchen, praxisnah das fundamentale Prinzip oder die grundlegenden Prinzipien auf allgemeingültige Weise darzustellen, die den jeweiligen Anfragen zugrunde liegen. Ich habe die Hoffnung, dass die Illustrationen meinen Fragestellern helfen können, die praktische Seite ihres Problems besser zu verstehen. Die Themenaspekte sind aber so zahlreich, dass ein Buch dafür nicht ausreicht. So war ich gezwungen, eine Auswahl zu treffen. Sie wurde davon beeinflusst, welche Bedeutung die jeweilige Fragestellung für den aktuellen Themenbereich des Buches hatte. Der ein oder andere Leser wird sich vielleicht verärgert zeigen, dass seine Anfrage keine Berücksichtigung gefunden hat. Es mag ihn aber besänftigen, dass ich das Für und Wider jeweils genau abgewogen habe.

In *Man's Supreme Inheritance* habe ich meine Thesen zusammen mit praktischen Verfahrensweisen und mit illustrierenden Beispielen dargestellt. Wenn ich die erhaltenen Leserbriefe richtig beurteile, ist so der Boden bereitet worden, die Thematik unter neuen Gesichtspunkten zu betrachten. Auch hat sich der Wunsch herauskristallisiert, die *Mittel-und-Wege* besser zu verstehen, *mit denen* in der Erfahrungswelt des 20. Jahrhunderts, in einer Welt der rapiden Veränderungen, ein Leben so gestaltet werden kann, dass der Mensch gesund bleibt. Es ist mir ein Bedürfnis, in diesem Buch auf solche oft gestellten Fragen wie diese einzugehen:

- „Warum erweisen sich unsere Instinkte als weniger zuverlässig als die unserer frühen Vorfahren?"
- „Auf welcher Evolutionsstufe der Menschheit hat eine solche Verschlechterung ihren Anfang genommen?"
- „Was ist die Ursache dafür, dass die Menschen und die Nationen zurzeit voller Unruhe sind?"
- „Können Sie Prinzipien benennen, nach denen es uns möglich sein wird zu entscheiden, welche Erziehungsmethode die beste für unsere Kinder ist?"
- „Es ist ja offensichtlich, dass Ihr Konzept von bewusster Kontrolle, Koordination und Umschulung so ganz anders ist als die üblichen Konzepte. Wenn das so ist, würden Sie bitte diesen Unterschied in Ihrem nächsten Buch näher erläutern?"

Ich bin wirklich davon überzeugt, dass ein wichtiger Schritt getan sein wird, wenn es mir gelungen ist, diese Fragen zu beantworten: Denn ihre Beantwortung wird helfen, ein für alle Mal die Zweifel derjenigen auszuräumen, die inmitten der weltweiten Unzufriedenheit und Rastlosigkeit unter den unzähligen Methoden, Systemen, Behandlungsmöglichkeiten und Heilverfahren, ob nun im Bereich des „Körperlichen", des „Mentalen" oder des „Spirituellen", die Wahrheit auf ihrer ehrlichen Suche herausfinden wollen. Ich will in diesem Zusammenhang nicht verhehlen, dass die Vertreter dieser verschiedenen Methoden durchaus auf exzellente *spezifische* Ergebnisse verweisen können, die aufgrund ihrer Überzeugungen und ihrer Glaubensgrundsätze erzielt worden sind. (Allerdings sind diese Ergebnisse nur auf der Grundlage ihrer Ideen und Konzeptionen von Erfolg als exzellent zu bewerten.) Dessen ungeachtet bleibt es eine Tatsache: Trotz dieser Resultate und trotz aller Bemühungen des Menschen in den letzten 500 Jahren in allen Bereichen des Gesundheitswesens und sonstiger Aktivitäten zur Heilung des Menschen ist das Niveau der sinnlichen Wahrnehmung, der allgemeinen Koordination und des zuverlässigen Einsatzes der Mechanismen des menschlichen Organismus gesunken und sinkt allmählich weiter ab. Die schwerwiegenden Folgen, die mit diesen Bedingungen verknüpft sind, sind heute überall sichtbar.

Es ist eines meiner Anliegen, meinen Lesern verlässliche und exakte Hilfen an die Hand zugeben, damit sie selbst entscheiden können, welches System, welches Heilverfahren oder welche Methode sich als zufriedenstellend erweisen kann. Dafür verwende ich ein breites Spektrum mehr oder weniger allgemein akzeptierter Aussagen und Grundsätze, die von Experten in verschiedenen Bereichen gemacht oder aufgestellt worden sind.

Bis zu einem gewissen Punkt hege ich Sympathie für die Menschen, die ihr Brot in den Bereichen des „Körperlichen", des „Mentalen" oder des „Spirituellen" verdienen. Ich glaube nämlich, dass es weit mehr Dinge zwischen Himmel und Erde gibt, als wir uns in unseren kühnsten Träumen vorstellen können. Aber ich war immer auch der Ansicht, dass es die vordringlichste Aufgabe des Menschen war und weiterhin ist, all das Potenzial zu verstehen und weiterzuentwickeln, das hier auf der Erde gut ist für seine Aktivitätsfelder. Deshalb halte ich auch an meinem ursprünglichen Plan fest, soweit dies möglich ist, Aussagen und Argumente durch nachweisbare, anschauliche Beispiele aus der Praxis zu belegen. Und ich wage auch die Vorhersage, dass sich dieses Prinzip mehr und mehr durchsetzen wird. Es wird zur Regel geworden und nicht mehr nur die Ausnahme sein, wenn wir uns erst einmal in Richtung einer konstruktiven, bewussten Steuerung und Kontrolle weiterentwickelt haben. Denn dieses Prinzip hat zwei entscheidende Vorteile gegenüber anderen Rezepten: Zunächst einmal zwingt es den Vertreter einer Lehre oder den Lehrer dazu, der Welt ganz praktische Verfahren an die Hand zu geben, die bei den Aktivitäten des Lebens tatsächlich eine Verwendung finden können. Demgegenüber haben rein theoretische Schlussfolgerungen für das Leben allzu oft keinerlei praktische Bedeutung. Und zum Zweiten wird die betreffende Lehre so aus dem ungewissen Feld individueller oder kollektiver Meinung in das Feld nachweisbarer, verlässlicher Schlussfolgerungen überführt. Dies verlangt von einem Menschen, dass er viele Jahre der Arbeit und der Untersuchungen diesem wertvollen, aber doch sehr schwierigen Prozess widmet, wenn er jede einzelne seiner ursprünglichen Ideen oder Meinungen einer praktischen Verwendung im täglichen Leben zuführt. Wenn er aber am Ende seiner Experimente der Welt nur die Ideen weitergibt, bei denen es ihm gelungen ist, sie auf praktikable Verfahren zu reduzieren, und alle anderen Ideen verwirft, wird er der Menschheit einen großen Dienst erwiesen haben. Auf einem Feld, auf dem jahrhundertelang allzu oft nur wenig mehr angeboten worden ist als persönliche Meinungen, macht er ein Angebot, das auf praktischer Erfahrung beruht.

Als sich die Thesen von *Man's Supreme Inheritance* mehr und mehr mit jedem weiteren Exemplar verbreitet haben, fielen sie auf einen Boden, dessen Oberfläche von den unzähligen Streitereien unter den Vertretern der verschiedenen Theorien bei Bedarf entweder geglättet oder aufgewühlt worden war. All diese Theorien tendierten in ihrer praktischen Anwendung dazu, die menschlichen Fähigkeiten eher zu isolieren anstatt sie zusammenzuführen. Auf der konstruktiven Seite stellen meine Thesen fundamentale Prinzipien für einen Zustand der Einheit bereit. Ein solcher Zustand ist mit den Prozessen des Lebens nämlich untrennbar verbunden. Darin sind wir uns wohl alle einig.

Ein wesentliches Anliegen dieses Buches ist es auch aufzuzeigen, was für die Lösung der großen Probleme, die an dem gegenwärtigen Zustand nationaler und individueller Rast- und Ruhelosigkeit beteiligt sind, erforderlich ist: Wir müssen akzeptieren, dass diese Probleme eine Einheit darstellen und wir müssen uns darüber im Klaren sein, dass auch die dahinterliegenden Ursachen zu dieser Einheit gehören.

Die Entwicklung meiner Thesen ist durchaus ein stimmiger Ansatz, um über die Schwierigkeiten zu sprechen, auf die ich gestoßen bin, als ich die Ergebnisse meiner Erfahrungen auf klare und direkte Weise niederschreiben wollte. Eine Beschreibung dieser Erfahrungen, die auch für eine praktische Verwendung geeignet wäre, verlangt nämlich nach neuen und umfassenderen Begriffen und Wörtern als diejenigen, die uns zur Verfügung stehen. Ein Begriff, der zwar äußerst passend ausgewählt worden ist, um eine Idee zu vermitteln, wird sich als eher unpassend herausstellen, wenn dieser ursprünglichen Idee ein neues Element hinzugefügt worden ist. Entweder sind wir in einem solchen Fall gezwungen, Wörter zu benutzen, die unpassend sind, oder wir müssen versuchen, ein neues Wort, einen neuen Begriff zu prägen, um die erweiterte Idee zu beschreiben.

Ideen, die eine Erweiterung erfahren haben, sind die Wegbereiter des menschlichen Fortschritts. Eine Tatsache dürfen wir jedoch nicht außer Acht lassen: Eine Wissensvermittlung, die eine erweiterte Idee zur Grundlage hat, verlangt es zwingend, dass eine neue Begrifflichkeit den (die) Ausgangsgedanken als auch den (die) neuen Gedanken, in der die Idee enthalten ist, ausdrückt.

Eigentlich ist das nun vorliegende Buch der zweite Band von *„Man's Supreme Inheritance"*. Ich habe ihm den Titel **„*Constructive Conscious Control of the Individual*"** gegeben. Konstruktiv, weil ich Argumente und ein Programm anbiete, die konstruktiv sind. Dass ich mich nicht gescheut habe, freizügig destruktive Kritik zu üben, ist keineswegs ein Widerspruch dazu. Denn für Zielsetzungen und Notwendigkeiten eines solchen Werks ist eine destruktive Kritik unumgänglich. Bei genauer Betrachtung wird dies auch jedem sofort einleuchten. Meine Kritik richtet sich im Übrigen einzig und allein auf die Faktoren, von denen ich glaube, dass sie unseren Fortschritt hin zu einer konstruktiven Lebensplanung und Ausbildung behindern.

Die Aufbereitung des Buchinhalts hat sich als eine sehr schwierige Aufgabe erwiesen, bei der umfangreiche Hilfe vonnöten war. Gerne nehme ich die Gelegenheit wahr, um Prof. John Dewey meinen Dank für seine unbezahlbaren Vorschläge auszusprechen, die er nach der Lektüre meines Manuskripts gemacht hat. Ich sage auch meinen Assistenten Miss Ethel Webb und Miss Irene Tasker Dank für ihren wertvollen und unermüdlichen Einsatz bei der Vorbereitung und der Durchsicht der Textvorlage für ihre Veröffentlichung. Ausgiebig haben Dr. Peter McDonald und Rev. W. G. Pennyman das Manuskript und die kritischen Punkte mit mir diskutiert. Miss Mary Olcott hat in eigener Regie und Verantwortung den Probedruck korrigiert und Miss Edith Lawson und Miss Carla Atkinson haben Probedruck und endgültigen Text in die Maschine geschrieben. Ihnen allen bin ich zu tiefstem Dank verpflichtet.

F. MATTHIAS ALEXANDER

16 *Ashley Place, Westminster, London.*

VORWORT

(zur Neuauflage im Jahr 1955, kurz vor dem Tode F. M. Alexanders)

Die Menschheit steht an einem Abgrund. Die Pläne und die Projekte des Menschen haben in der äußeren Welt nicht so funktioniert, wie er sich dies vorgestellt hatte. Seine Theorien und Überzeugungen, auf die er vertrauensvoll gesetzt hatte, haben versagt, als sie sich in der Praxis erweisen mussten. Welches Fazit können wir daraus ziehen? Zumindest haben die Reaktionen des Menschen bei der Umsetzung dieser Theorien und Überzeugungen in die Praxis, ihn zu Fehleinschätzungen und daraus folgendem Versagen geführt, unabhängig davon, ob die Grundlagen der Theorien und subjektiven Ansichten in sich stimmig gewesen sind.

Eines ist gewiss: Wenn die Lücke zwischen Theorie, und ihren damit verbundenen Thesen, und Praxis überbrückt werden soll, hängt jeder einzelne Schritt vom Faktor Mensch ab. Denn das Maß für Erfolg oder Misserfolg bei der Umsetzung einer Theorie oder eines Plans wird von der Reaktionsqualität desjenigen bestimmt, der mit der Aufgabe, eine Brücke zwischen Theorie und Praxis zu schlagen, befasst ist. Es ist also überaus wichtig, das Rüstzeug des Einzelnen in Augenschein zu nehmen, wenn der Brückenschlag gelingen soll. Und eine besondere Rolle spielt dabei sein sensorisches Rüstzeug. Die Art und Weise, wie die geistig-körperlichen Mechanismen gebraucht werden und wie funktionstüchtig sie sind, ist verantwortlich für seine Reaktionen, wenn er die Tätigkeiten ausführt, die für den Brückenschlag nötig sind. Und diese Art und Weise, die eigentlich alle seine Tätigkeiten bestimmt, ist von der Qualität seiner Sinneseindrücke und Erfahrungen abhängig. Wenn die Bedingungen so sind, dass der Mensch sich auf seine sinnliche Wahrnehmung verlassen kann, kann er auch seinem Urteil und seinen Ansichten entsprechend vertrauen. Aber nur dann!

Meiner Meinung nach spielt das menschliche Sensorium eine überaus wichtige Rolle beim Gebrauch und der Funktionstüchtigkeit des Selbst. Dies wird nach der Lektüre des Buches deutlich geworden sein. Seine vier Teile behandeln die sinnliche Wahrnehmung in ihrem Verhältnis zur evolutionären Entwicklung des Menschen, zu seinem Bewegungslernen, zu den menschlichen Bedürfnissen und zum Glücksempfinden. Es gibt in meinem dritten Buch *„Der Gebrauch des Selbst"* eine interessante Stelle, an der Sir Arthur Eddington darauf hinweist, dass „religiöser Glaube auf Erfahrung beruht". Er räumt dann aber ein, dass es so etwas wie Illusion gebe und dass nicht jede Erfahrung das ist, was sie zu sein scheint. Diese kleine Episode zeigt auch, dass es lohnenswert und von Interesse sein kann, den Gebrauch und die Funktionstüchtigkeit des Selbst näher zu beleuchten, die die Registrierung von Erfahrungen möglich machen, auf denen der Glaube und andere subjektive Ansichten beruhen. Eines steht aber fest: Eine solche Registrierung wird nicht möglich sein, ohne dass ein funktionstüchtiges Sensorium vorhanden ist, das so überaus wichtig ist, um die Auswirkungen von Sinnestäuschungen zu minimieren, wenn wir unsere Meinungen formulieren und abschätzen wollen, ob das, was wir glauben, allgemeine Gültigkeit hat. Denn davon hängt es ab, wie wir die Realität beurteilen.

Die Funktionstüchtigkeit des menschlichen Sensoriums bestimmt die Qualität der Registrierung. Und dieses wiederum endscheidet darüber, welcher Art die Erfahrungen sind, auf denen der Glaube beruht. Deshalb ist ein funktionstüchtiges Sensorium auch der Wegbereiter für all das, was wir letztendlich akzeptieren, wenn wir dann die Realität beurteilen wollen. Wenn die Religionsführer und die Propheten der Vergangenheit diesen Fakten die nötige Aufmerksamkeit geschenkt hätten, als sie die Natur und den Wert der Erfahrungen abgeschätzt haben, auf denen der religiöse Glaube und andere Heilslehren beruhen sollten, wären ihre Anhänger nicht so oft in die Irre geführt worden, weil sie Illusionen für Realität gehalten haben. Stattdessen wären sie vielleicht zu unbekannten und neuen Erfahrungen geführt worden, die die gegenwärtigen Grenzen der Erfahrungswahrnehmungen des Menschen weit überschreiten. Um den Gebrauch und die Funktionstüchtigkeit des menschlichen Selbst zu verändern und zu verbessern, hätten sie jedoch die Ebene des Instinkts verlassen und auf die Bewusstseinsebene wechseln müssen.

In diesem Zusammenhang will ich eine Passage aus Ralph B. Perrys *„Gedankenwelt und Charakter des William James"* zitieren, in der die Haltung von W. James zu sinnlicher Erfahrung beleuchtet wird. Prof. Perry schreibt:

> „Wenn ich von William James' Sensibilität spreche, meine ich nicht so sehr seine Empfänglichkeit für Gefühle oder Emotionen. Ich meine viel mehr damit die Schärfe seiner Sinne, den Umfang und den Reichtum an Erfahrung, die er durch sie gemacht hat, das Außergewöhnliche dieser Erfahrung und das diesen Erfahrungen zugrunde liegende Motiv seines gesamten Lebens." Aber Perry schreibt auch, dass die psychologischen Schriften James' Zeugnis einer Benachteiligung seiner Wahrnehmung für das Organische seien.
>
> „James hatte die Gabe, Übersinnliches intensiv wahrzunehmen und übersinnliche Erfahrungen bereiteten ihm großes Vergnügen. So kann es auch nicht überraschen, dass ihm Erfahrungen zu Teil wurden, die die Realität auf authentische Weise enthüllten. Die unausgesprochene Grundvoraussetzung der gesamten Metaphysik ist es aber, dass nur der mit Autorität über das Universum sprechen kann, der mit allen seinen Sinnen damit verbunden ist. Metaphysik ist eine Wahrnehmung der Realität, wie sie unmittelbarer und lebensnaher nicht sein könnte. Oder sie ist ein Lauschen, um `den Puls des Seins zu hören'. William James hatte herausgefunden, dass es unberechtigt sei, eine andere Existenz höherer Ordnung zu vermuten als die, die uns umfließt oder umrankt, so wie sie ist, und in der wir als begrenzte Wesen schwimmen. Mit dieser Aussage drückt er sein vollstes Vertrauen für das menschliche Sensorium aus."

(Zitat mit freundlicher Genehmigung von *Little, Brown* und Co., Boston, 1935, Band II, Seite 682f)

Jetzt war mein Interesse vollends geweckt. Ein Arzt und enger Freund von William James hatte ihm nämlich von meiner Arbeit erzählt und ihn davon überzeugt, nach London zu kommen, um Unterricht bei mir zu nehmen. Leider konnte dieser Plan durch unvorhergesehene Umstände nicht in die Tat umgesetzt werden und ich hatte nicht das Glück und die Ehre, ihn zu meinen Schülern zu zählen. Ich habe dies mein ganzes Leben lang bedauert. Aus den Erzählungen seines Freundes war nämlich klar und zweifelsfrei ersichtlich, dass vieles hätte getan werden können, um ihm zu helfen, seine Erfahrungswelt zu erweitern. Die Mittel, mit denen dies erreicht worden wäre, hätten seinen sinnlichen Prozessen wieder eine Zuverlässigkeit verliehen, die ihnen mehr oder weniger gefehlt hat. Und sie hätten die geistig-körperlichen Prozesse, mit denen „seine starke Begabung für übersinnliche Erfahrungen" aktiviert wurde, unter eine bewusste Kontrolle gebracht. Dies hätte ihn in die Lage versetzt, eine Brücke zu schlagen zwischen seiner instinktiven und seiner bewussten Lebensweise.

Ich habe diese Behauptung nur aufgrund all der Kenntnisse gewagt, die ich bei der Entwicklung meiner Technik erworben habe, Kenntnisse, die ich zunächst während des Selbstunterrichts und danach in meiner langen Praxis im Unterrichten anderer erlangt habe. Mit zunehmender Entfaltung der Technik hat sich mehr und mehr herausgestellt, dass mit der Bereitstellung der Verfahren ein **Kontakt mit dem Unbekannten** hergestellt wird. Der verbesserte geistig-körperliche Funktionszustand ist nämlich nicht das Arbeitsergebnis eines klar wahrgenommenen und eines unmittelbaren Zieles (etwas Bekanntes). Er taucht vielmehr als ein indirektes Ergebnis bei der Verwendung der wohl überlegten Mittel auf, mit denen die verbesserten Bedingungen beim **Gebrauch des Selbst** erzielt worden sind (etwas Unbekanntes). Die Ergebnisse haben nichts mit Selbsthypnose zu tun. Auch sind sie nicht auf glückliche Umstände zurückzuführen, dass man z. B. persönlich oder auf anderen Wegen in Kontakt mit einem äußeren Einfluss gekommen ist, oder darauf, dass man in Besitz eines natürlichen Talents ist (einer gewohnten Weise zu reagieren), das geeignet ist, ein bestimmtes Resultat zu produzieren. Bei allen diesen Fällen verlässt man sich nämlich eher auf seinen Instinkt als auf Verstandesprozesse. Wenn man jedoch aufgrund von Denkprozessen vom Bekannten zum Unbekannten gelangt, wie es in meiner Technik der Fall ist, geschieht dies durch eine bewusste Verwendung der Mittel, die mit den biologischen, physiologischen und den anderen uns bekannten Gesetzen in Einklang stehen. Bei bewusstem Einsatz dieser Mittel ist es auch möglich, die Phänomene von Ursache und Wirkung zu beobachten und sie nach den strengen Maßstäben der Wissenschaft zu bewerten, so dass, wie John Dewey geschrieben hat, „die Ursachen, die man benutzt, um Konsequenzen oder Wirkungen zu erklären, konkret nachvollzogen werden können." So könne man zeigen, dass diese Ursachen wirklich genau diese Konsequenzen haben und nicht etwa andere.

Ich kenne niemanden, der in diesen Tagen ernsthaft daran zweifelt, dass die Kluft zwischen instinktiver und bewusster Kontrolle des Selbst überbrückt werden muss, wenn der Mensch sich in die richtige Richtung weiterentwickeln soll. So kann auch die Brücke von einer Theorie, die eher von idealen Bedingungen ausgeht, zur aktuellen Praxis geschlagen werden. In den vergangenen fünfzig Jahren habe ich etlichen Männern und Frauen aus vielen Gesellschaftsschichten Hilfestellung bei diesem Brückenschlag gegeben und dabei einzigartige Erfahrungen gesammelt. Ich habe ihnen gezeigt, wie die Prozesse bewussten Denkens einzusetzen sind, um ihr Sensorium zu verändern und zu verbessern, während sie von bekannten (falschen) Erfahrungen ihres Selbstgebrauchs zu unbekannten (aber richtigen) Erfahrungen geleitet wurden. Die Grundvoraussetzung für jeden einzelnen Schritt in diesem Prozess ist es, die Zuverlässigkeit des Sensoriums wiederherzustellen. Ohne eine solche Zuverlässigkeit ist der Mensch nicht in der Lage, die Erfahrungen so zu registrieren, dass er die Gültigkeit der Erfahrungen überprüfen könnte.

Die Unzuverlässigkeit der sinnlichen Wahrnehmung des Menschen in der heutigen Zeit ist nachweisbar. Und sie nimmt extreme Maße bei der beständig steigenden Zahl der Menschen an, bei denen sich kriminelle Tendenzen zeigen oder sich „mentale“ Störungen bemerkbar machen. Wer würde schon den Erfahrungen trauen, die ein Mensch gemacht hat, der „geistesgestört“ ist? Nur sehr wenige. Aus demselben Grund sollten wir klug genug sein, nicht die Erfahrungen von jemandem „blauäugig“ zu akzeptieren, wenn es nicht gute Gründe für die Annahme gibt, dass das Sensorium dieses Menschen bestens funktioniert und ein zuverlässiges Instrument ist, um die aufgenommenen Eindrücke exakt zu registrieren. Genauso wenig sollten wir auch nicht von vornherein den Urteilen und Schlussfolgerungen unser Vertrauen schenken, die auf den Erfahrungen eines Menschen mit unzuverlässiger sinnlicher Wahrnehmung basieren.

Worum ich Sie aufrichtig bitte, ist dies: Beurteilen Sie ohne Vorurteil die Ausbildung, für die ich eintrete, und bei der Sie, während sich Ihr Selbstgebrauch verbessert, unbekannte Erfahrungen machen. Sie ist gleichermaßen für Erwachsene und für Kinder geeignet. Dabei wird die Qualität Ihrer sinnlichen Wahrnehmung verbessert. Die Ausbildung ist ein Grundlagentraining, um jede nur denkbare Erfahrung zu registrieren und sie minimiert die Wahrscheinlichkeit erheblich, einer Täuschung zu erliegen, der Sie auch dann erliegen würden, wenn Ihnen die Gabe zur übersinnlichen Wahrnehmung mitgegeben worden wäre, so wie sie William James der Beschreibung Prof. Perrys nach besessen haben soll.

Tatsächlich gehört die Abhängigkeit von instinktiven Reaktionen ins Tierreich. Dort genügt sie den Anforderungen. Eine solche Abhängigkeit genügt aber nicht mehr den Anforderungen des Menschen der heutigen Zeit, wenn der Mensch sich müht, seine idealistischen Theorien in Bezug auf seine Selbstverwirklichung, sein Wachstum und seinen Fortschritt in die Praxis umzusetzen. Nicht zuletzt die Krise der Welt, in der wir uns gegenwärtig befinden, ist ein Beleg dafür.

F. MATTHIAS ALEXANDER

16 *Ashley Place, London, S. W. 1.*

TEIL 1

SINNLICHE WAHRNEHMUNG [A)] IM SPIEGEL EVOLUTIONÄRER MENSCHHEITSENTWICKLUNG

Das Versagen unterbewusster Steuerung und Kontrolle bei der Bewältigung der rapiden Veränderungen des Lebens in der Zivilisation [A)]

Im Interesse all der Leser, die mit den Thesen meines vorhergehenden Buches nicht vertraut sind, will ich meine Argumentation an dieser Stelle nachzeichnen: Ich habe behauptet, dass die Menschheit sich solange nicht zufriedenstellend unter Zivilisationsbedingungen weiterentwickeln kann, wie sie weiterhin von einer unterbewussten, instinktiven Kontrolle und Steuerung abhängig bleibt. Und der Grund liegt auf der Hand: Dass der Mensch heute weiterhin von ganz genau derselben unterbewussten Steuerung und Kontrolle abhängig ist, entweder direkt oder indirekt, ist die Ursache für die allmähliche Entwicklung von Unzulänglichkeiten und Störungen im Gebrauch des menschlichen Organismus.

In der Zivilisation haben sich die Bedingungen der Umwelt schneller verändert als noch im unzivilisierten Stadium und sie verändern sich auch weiterhin rasant. Das Ergebnis dieser schnellen Veränderungen auf ein Lebewesen, das bis dahin nur sehr langsame und eher allmähliche Veränderungen erfahren hat und das der neuen Situation mit dem alten Instrumentarium unterbewusster Steuerung und Kontrolle entgegentritt, kann gar nicht anders als schädlich sein, zumal viele der Instinkte [1)] des Menschen im Zuge der angesprochenen Veränderungen ihre Nützlichkeit verloren haben. Viele der neuen Instinkte, die sich gebildet haben, um den neuen Anforderungen der Zivilisation *schnell* begegnen zu können, haben sich als unzuverlässig erwiesen.

Mit der Zeit nahm der Grad der Unzuverlässigkeit noch zu. Eine wachsame Minderheit hat dann endlich die schleichenden, aber äußerst schwerwiegenden Verschlechterungen erkannt. Nur wurden diese Verschlechterungen unglücklicherweise als rein körperlich eingestuft. Man suchte das Problem auf der physischen Ebene allein anzugehen und entwickelte die „Körperübungen".

Wenn man sich Gedanken über die unter den Nägeln brennenden Probleme unserer Gegenwart macht, wird man darauf stoßen, dass der Mensch nicht in der Lage war und es auch weiterhin nicht ist, sich an die immer rasanter werdenden Veränderungen schnell genug anzupassen, die die Zivilisation mit sich gebracht hat. Wer wollte bestreiten, dass die Versuchsergebnisse des Menschen, sich an die Lebensbedingungen der Zivilisation anzupassen, vollkommen enttäuschend und unbefriedigend sind. Diese unzureichenden Ergebnisse zeigen sich in einer Verschiebung der Teile des menschlichen Organismus und darin, wie der Mensch den Organismus bei all seinen Aktivitäten des täglichen Lebens einsetzt. Und wir können tagtäglich davon in der Zeitung lesen: Die Berichte über die Verbrechen, die unausgewogenen Gedankengänge und Aktivitäten der Menschen in allen Lebensbereichen, die Methoden der Führungskräfte, die sich mit „Versuch und Irrtum" darum bemühen, Reformen in der Politik und Religion, im Sozialbereich, im Bereich der Industrialisierung und in der Erziehung in die Wege zu leiten, sind Dokumente dieser negativen Ergebnisse und sie lassen es zur Gewissheit werden, dass unser Konzept, mit den zivilisatorischen Verhältnissen umzugehen, zum Scheitern verurteilt ist. Und auch die Institutionen, die ja untrennbar mit unserer Zivilisation verbunden sind, versagen mehr oder weniger.

Wenn wir nun die richtigen Schlüsse ziehen wollen aus dem relativen Versagen des Menschen, sich einigermaßen zufriedenstellend an die sich beständig verändernden Zivilisationsbedingungen anzupassen, wird es notwendig sein, die evolutionären Prozesse auf der Stufe der Urvölker und im Stadium der gegenwärtigen Zivilisation zu analysieren und dann zu vergleichen.

An dieser Stelle möchte ich zunächst klarstellen, in welchem Sinn ich den Begriff *geistig-körperlich* [A)] verwende. Er wird sowohl hier wie auch in meinem gesamten Werk gebraucht, um darauf hinzuweisen, dass es in einem Konzept über die Arbeitsweise des menschlichen Organismus unmöglich ist, die geistigen und die körperlichen Vorgänge voneinander zu trennen. Sie müssen als vollkommen ineinander verwoben betrachtet werden und sind sogar noch enger miteinander verbunden, als es dieser Satz auszudrücken vermag. Wenn ich den Begriff *geistig-körperliche* Aktivität verwende, bezeichne ich damit jeden nur denkbaren Ausdruck des Menschen. Und das Instrumentarium, das es dem Menschen erst möglich macht sich auszudrücken, bezeichne ich als *geistig-körperlichen* Mechanismus.

Die *geistig-körperliche* Aktivität darf jedoch nicht so gesehen werden, als ob die jeweils beteiligten Prozesse von Aktion und Reaktion immer gleich gewesen sind. Ich hoffe zu zeigen, dass es in der Geschichte der menschlichen Entwicklung Stadien gab, in denen die Manifestationen der menschlichen Aktivität offenlegten, dass die „körperliche" Seite mehr betont wurde, und dass es Stadien gab, in denen die Betonung eher auf der „geistigen" Seite lag.

Ich bin leider gezwungen, „körperlich" und „geistig" hier und in der weiteren Diskussion zu verwenden, weil es gegenwärtig keine besseren Begriffe gibt, die die unterschiedlichen Manifestationen der geistig-körperlichen Aktivitäten des Menschen angemessener beschreiben könnten. Ich will auf keinen Fall den Eindruck erwecken, sie könnten voneinander getrennt werden. Wann immer ich das Wort „körperlich" isoliert von „geistig" benutze, soll es so verstanden werden, dass damit alle Prozesse und alle Manifestationen gemeint sind, die normalerweise nicht rein „geistig" sind und umgekehrt: Wenn ich das Wort „geistig" benutze, beschreibe ich damit alle Manifestationen und Prozesse, die im Allgemeinen nicht ganz „körperlich" sind.

Vergleich der evolutionären Prozesse auf der Stufe der Urvölker und unter den Bedingungen der Zivilisation

Vor allem anderen müssen wir uns dies in Erinnerung rufen: Auf der animalischen Evolutionsstufe [2)], wie auch auf der der Urvölker liefen die Entwicklungsprozesse äußerst langsam ab. Experten versichern uns, dass der Evolutionsprozess Millionen von Jahren gebraucht hat, um das Tier hervorzubringen. Und die Zeitspanne bis der Urmensch entstanden war, war noch wesentlich länger. Jede spätere Entwicklungsstufe war das Ergebnis von Erfahrungen, die die Kreatur im Laufe des Fortschritts von der Stufe des Urmenschen bis zum Stadium der Zivilisation gemacht hat, wenn sie die jeweils neuen und sich verändernden Bedürfnisse, die der Fortschritt erforderte, befriedigen musste. Es bedurfte wohl jahrelanger Wiederholung dieser Erfahrungen, bis sie sich als Instinktverhalten des Menschen manifestiert haben. Beständige Wiederholung ist nämlich auf der unterbewussten Entwicklungsebene unumgänglich, wenn instinktive Genauigkeit gewährleistet werden soll.

Das Tier und der Urmensch gehorchten dem fundamentalen Gesetz der Selbsterhaltung [A)], wenn sie gezwungen waren, ihre Mechanismen tagtäglich einzusetzen, um ihre Versorgung mit Nahrung und Wasser sicherzustellen und um den Bedrohungen ihrer allgegenwärtigen Feinde zu begegnen. Die evolutionären Prozesse, die mit diesen verschiedenen Erfahrungen verbunden waren, waren entscheidend für den Fortbestand ihrer Existenz und für die Entwicklung ihres Organismus. Und sie stellten eine vergleichsweise wünschenswerte Verbindung in den Aktivitäten des Menschen her: Durch sie wurde angemessener und richtiger [3)] Gebrauch des geistig-körperlichen Organismus *insgesamt* mit einem gleichzeitigen Gebrauch der gleichen Art der Einzelteile dieses Organismus kombiniert.

Damit hatte der Mensch ein Stadium in seiner Entwicklung erreicht, das den Beginn der Zivilisation markieren soll. Er war ausgestattet mit

Mechanismen, die unterbewusst funktionierten. Sie gehorchten dem Diktat des Instinkts, der das Produkt von Erfahrungen war, die auf der vorherigen Entwicklungsstufe der Evolution erworben worden waren. Nun waren aber auf dieser vorherigen Stufe die Anforderungen an den Menschen der Art, dass er sie mit einem unterbewussten Gebrauch der beteiligten Mechanismen zufriedenstellend meistern konnte, denn seine Umweltbedingungen veränderten sich nur wenig und seine Bedürfnisse blieben praktisch immer gleich. Es war für ihn relativ einfach mit seinen zur Verfügung stehenden, aber langsam arbeitenden Kräften, in einer vergleichsweise statischen Umwelt einem Bedürfnis gerecht zu werden.

Aber die Versuche des Menschen, den Anforderungen im Stadium der Zivilisation zu begegnen, verlangten, dass sich das Entwicklungsniveau seiner Fähigkeiten mehr und mehr anhob. Das Problem, das eines der größten Herausforderungen darstellte, war die Tatsache, dass sich seine Umwelt beständig weiter veränderte, und das mit rasant wachsender Geschwindigkeit. Diese rasanten Veränderungen brachten es mit sich, dass sich auch neue Bedürfnisse schneller entwickelten. Die Reaktionen auf einen Reiz, die diese neuen Bedürfnisse ausübten, mussten sehr viel schneller erfolgen als bei allen früheren Erfahrungen des Menschen. Mit dem fortschreitenden Wachstum und der fortschreitenden Entwicklung unter den Zivilisationsbedingungen ging auch eine beständige Zunahme der Bedürfnisse einher. Und diese wachsenden Bedürfnisse wiederum erforderten eine entsprechend zunehmende Reaktionsgeschwindigkeit auf die Reize.

Von überragender Bedeutung ist dabei, dass die Anforderungen, die jenen geistig-körperlichen Prozessen gestellt wurden, die man gemeinhin als geistige Prozesse bezeichnet und die bis dahin relativ wenig genutzt worden sind, sehr schnell zunehmen sollten. Die Anforderungen aber, die jenen geistig-körperlichen Prozessen gestellt wurden, die gemeinhin als körperliche Prozesse bezeichnet werden und die bis dahin relativ weit entwickelt waren, sollten abnehmen. Tatsächlich sollte im Laufe der Zeit der Einflussbereich der körperlichen Prozesse mehr und mehr begrenzt werden. Aus diesen Erfahrungen ergab sich letztlich, dass der Mensch *eine neue Weise erwerben musste, um die Mechanismen seines geistig-körperlichen Organismus in seiner Gesamtheit zu kontrollieren und zu steuern,* wollte er den neuen Anforderungen der Zivilisation wirklich gerecht werden. Noch auf den primitiven Evolutionsstufen hatten diese Mechanismen zwangsläufig einen hohen Koordinationsstandard. Denn die Menschen mussten gut koordiniert sein, um tagtäglich die Nahrung beschaffen zu können und den großen körperlichen Herausforderungen ihrer Lebensweise gewachsen zu sein. Diese Tatsache liefert den Beweis, dass die Menschheit zu einem bestimmten Zeitpunkt des evolutionären Prozesses einen psychologischen Moment erreicht haben musste, wo sie von der unterbewussten auf die bewusste Kontrollebene gelangen sollte.

Nur hätte der Wechsel von einer unterbewussten zu einer bewussten Kontrollebene von Seiten des Menschen auch ein Wissen über die *Mittel-und-Wege* [A)] erfordert. Mit diesen *Mitteln-und-Wegen* wäre er in die Lage versetzt worden, Befehlsgewalt über eine bewusste und vernünftige Steuerung und Kontrolle seiner geistig-körperlichen Mechanismen bei all seinen Aktivitäten auszuüben. Und mit einem solchen Wissen hätte der Mensch eine Chance gehabt, den wachsenden Anforderungen einer sich beständig verändernden Umwelt zufriedenstellend zu begegnen. Er hätte damit auch das Kommando über Wachstum und Entwicklung des eigenen Organismus gehabt. Der menschliche Organismus ist nämlich ein so wunderbares geistig-körperliches Instrument, das das Potenzial in sich selbst trägt, um solchen Anforderungen zu genügen.

Leider war aber der Prozess, die *Mittel-und-Wege* gut zu durchdenken, wenn es darum ging, seine „Ziele“ [4)] erreichen zu wollen, im damaligen Menschen als Gewohnheit nicht angemessen etabliert. Augenscheinlich konnte er es zu diesem psychologischen Zeitpunkt der Entwicklung auch gar nicht sein. Eine Analyse der *Mittel-und-Wege* bei der menschlichen Entwicklung unter primitiven Bedingungen im Vergleich mit den *Mitteln-und-Wegen* für eine befriedigende Entwicklung unter den Bedingungen der Zivilisation hätte andernfalls zu der Erkenntnis geführt, dass die Anforderungen, die im Stadium der Zivilisation an ihn gestellt werden, sich in vielerlei Hinsicht zwangsläufig von denen unterscheiden mussten, mit denen er im primitiven Stadium der Evolution konfrontiert war.

Es ist offensichtlich, dass der Mensch noch nicht das fortgeschrittene Evolutionsstadium erreicht hatte, das es ihm ermöglicht hätte, auf die Evolution selbst einzuwirken. Es wäre zwar durchaus wünschenswert gewesen, wenn dieser Wechsel der Kontrollebene vom Unterbewussten zum Bewussten bereits vollzogen worden wäre, denn die Erfahrung hat eines deutlich gezeigt: Die Bedingungen haben sich mit fortschreitender Evolution beständig verändert und sie werden immer komplexer. Aber die grundlegenden geistig-körperlichen Methoden des Menschen, sich an diese verändernden Bedingungen anzupassen, sind genau dieselben geblieben, mit all den unbefriedigenden und ärgerlichen Ergebnissen, auf die ich bereits hingewiesen habe.

Komplexität und Kompliziertheit des Lebens in der Zivilisation

Die Menschen versuchen, den Schwierigkeiten eines Lebens in der Zivilisation Rechnung zu tragen, wenn sie sagen: „Das Leben ist ja so komplex!" Sie sind sich also durchaus darüber im Klaren, dass sie unter unverhältnismäßigem Stress und Anspannung leiden. Trotzdem sind sie größtenteils bereit, dies als gegeben zu akzeptieren. In der Konsequenz leben sie mit der Überzeugung, dass eine zunehmende Komplexität die natürliche Folge des zivilisierten Lebens ist. Sie berücksichtigen dabei aber nicht, dass Stress und Anspannung im Übermaß das Ergebnis ihrer eigenen unüberlegten Versuche sind, die Schwierigkeiten zu meistern, die sich ihnen im Laufe des Zivilisationsprozesses stellen. So kann auch erklärt werden, warum sich das Geltungsbedürfnis des ganz normalen Menschen maßlos entwickelt hat, soweit, dass er unrechtmäßig den Erfolg von Unternehmungen für sich in Anspruch nimmt. Selten nur scheint diese Tatsache die Bewusstseinsebene zu erreichen. Dies macht es mehr als unwahrscheinlich, dass der Mensch einen Blick für seine individuellen Unzulänglichkeiten entwickelt. Eine solche Sichtweise würde ihn aber endlich den Versuch unternehmen lassen, eine Stufe der Bewusstheit und der Vernunft zu erreichen, die äußerst erstrebenswert ist. Sie ließe in ihm die Erkenntnis reifen, dass die Mängel nicht in der Komplexität der Zivilisationsentwicklung begründet liegen, sondern vielmehr in der unüberlegten Art und Weise, wie er den Herausforderungen begegnet: mit unterbewusster Steuerung und Kontrolle bei seinem „Zielstreben". Diesen Sachverhalt beschreiben auch diese Verse auf poetische Weise:

Den Fehler, lieber Brutus, suche in den Sternen nicht,
in uns selbst ist er zu finden.

Der allgemein vorherrschende Zustand von Stress und Anspannung, der durch diese Herangehensweise verursacht wird, ist schädlich für den gesamten Organismus. Wenn Stress und Anspannung weiter so rapide zunehmen, wie sie es in der jüngsten Vergangenheit getan haben, ist es sehr wahrscheinlich, dass unsere Kraftreserven in einer Weise erschöpft werden, die die schwerwiegendsten Formen organischer Störungen und kinästhetischer Verwirrung voraussagen lassen. Tatsächlich könnte man sagen, dass bereits jetzt eine gefährliche Stufe der Täuschungen und der Perversion erreicht worden ist, wenn wir meinen, die Lösungsversuche aller unserer Probleme im Leben verlangten ein kompliziertes und nicht ein einfaches Vorgehen. Wir erreichen eine Stufe, auf der oft einfachste *Mittel-und-Wege* zur Erledigung einer Sache zu einer Herkulesaufgabe mutieren. In diesem Zusammenhang hat sich in meinem Unterricht eine interessante Situation ergeben. Ein sehr bekannter Wissenschaftler hatte während seiner Umschulung einige Tage lang ein einfaches, praktisches Umsetzungsproblem mit einem Steuerungsbefehl. Eines Morgens kam er zum Unterricht und sagte: „Ich weiß jetzt, was unser aller Problem ist! Diese Arbeit hier ist zu einfach für uns!"

Und in der Tat kann die Kompliziertheit, die überflüssigerweise dem Lebensprozess an sich übergestülpt wird, nur verglichen werden mit der Kompliziertheit, die wir als Individuum aufbauen, wenn wir in speziellen Bereichen versuchen, etwas zu vollbringen. Gute Beispiele dafür sind der Erziehungsbereich, (wenn wir Erziehung im weitesten Sinne betrachten, ob wir nun lernen oder eine Fertigkeit erlernen) und auch jeder Prozess der Selbstinstruktion. Jegliches Handeln, ob nun kognitives Lernen oder motorisches Lernen betroffen ist, erfordert geistig-körperliche Aktivität. Das Wirksamkeitsniveau in diesen beiden Bereichen hängt in allen Fällen von dem Niveau ab, mit dem der Mensch sein geistig-körperliches Selbst bei diesen Lernprozessen einsetzt. Das schlecht koordinierte Kind oder der schlecht koordinierte Erwachsene wird sicherlich nicht das effektive Funktionsniveau erreichen, dessen sich ein Kind oder ein Erwachsener erfreut, der zufriedenstellend koordiniert [5)] ist. Sie werden mit vielen Schwierigkeiten zu kämpfen haben, die einem gut koordinierten Menschen vollkommen fremd sind.

Man kann erwarten, dass es in den Fällen von schlecht koordinierten Kindern und Erwachsenen zu schwerwiegenden Komplikationen in ihrer Psychomechanik kommt, d. h. das mechanische Arbeiten der Strukturen ihres Organismus wird gestört. Deshalb sind Komplikationen und Schwierigkeiten unvermeidbar. Wenn wir es auf der anderen Seite mit Kindern und Erwachsenen zu tun haben, die ausreichend koordiniert sind, ist die Arbeitsweise der Strukturen ihres Organismus nicht schwierig, sondern komplex. Wenn diese Strukturen von ihnen benutzt werden (wie man ein Auto fährt oder eine andere Maschine steuert, die sich fortbewegt), ist dies eins und einfach, obwohl dabei sehr viele Faktoren und Funktionen beachtet werden müssen, die, wie auch die verschieden Mechanismen eines Autos, alle miteinander in Verbindung stehen. Eine zufriedenstellende geistig-körperliche Aktivität hängt entscheidend von den geistig-mechanischen Strukturen ab, die durchaus komplex sein können. Aber erst wenn der Mechanismus aus dem Takt gerät, wird ihr mechanisches Arbeiten schwierig.

Sehen wir uns z. B. einmal den einfachen Vorgang an, das Schreiben zu erlernen. Im Fall eines durchschnittlichen, eher schlecht koordinierten Schülers, werden wir bestimmte behindernde Faktoren vorfinden, die das Schreiben lernen zu einem verhältnismäßig schwierigen Unterfangen machen. (Auf die Details werde ich an späterer Stelle noch eingehen.) Ganz gleich, wie kompetent ein Lehrer auch sein mag, der Schüler besitzt gar nicht das geistig-körperliche Rüstzeug, das ihn in die Lage versetzen würde, einen angemessenen Vorteil aus den jeweiligen Unterweisungen zu ziehen. Schon sein erster Versuch, die Anweisungen umzusetzen, wird Defekte offenbaren und bei allen weiteren Versuchen werden sich neue Defekte zeigen. Jede Aufforderung seitens des Lehrers, etwas zu tun, jedes Verbot, etwas zu unterlassen, führt dazu, dass eine ganze Reihe von geistig-körperlichen Handlungen aufgebaut wird, die das eine „Ziel“, das Schreiben zu erlernen, in den Mittelpunkt stellen. Dies führt dazu, dass das „Ziel“ letztendlich wohl erreicht werden wird. Das Ergebnis wird aber *insgesamt* nicht so befriedigend sein, wie es sein könnte. Man wird es nämlich versäumt haben, den Zustand schlechter Koordination, der mit dem Gebrauch und der Steuerung der Mechanismen verbunden ist, die beim Schreiben zum Einsatz kommen, mittels einer Umschulung auf einer allgemeinen Basis zu korrigieren. In seinem Bemühen, mit den jeweiligen Störfaktoren fertig zu werden, setzt der Lehrer bei seinen Schülern ein kompliziertes Verfahren ein, weil er das spezifische „Ziel“ erreichen will. Die Tätigkeit „Schreiben“ an sich erfordert aber nur eine richtige Ausrichtung und Kontrolle beim Einsatz der Finger, der Arme und des Handgelenks. Und das Ausmaß des Erfolges, das bei diesen speziellen Merkmalen erreicht wird, hängt von dem koordinierten Gebrauch der Mechanismen des Organismus *insgesamt* [6)] ab.

Koordinierter Gebrauch des Organismus soll bedeuten, dass es eine zufriedenstellende Kontrolle bei einem komplexen Mechanismus gibt. In einer durchdachten Planung des Lebens würde sich der Mensch eines koordinierten Gebrauchs des gesamten Organismus erfreuen und es würde keine solchen Störfaktoren geben, wie ich sie beschrieben habe, und man wäre nicht gezwungen, sie zu überwinden. Ein geistigmechanischer Organismus stände dem Schüler zur Verfügung, der keine allzu großen Probleme bereiten würde. Er wäre im Besitz eines geistig-körperlichen Rüstzeugs, das notwendig ist, um die Instruktionen des Lehrers leicht umzusetzen. Vorausgesetzt diese Lehreranweisungen sind richtig, dann würde das Rüstzeug den Schüler in die Lage versetzen, die *Mittel-und-Wege* für die Umsetzung der Instruktionen zu durchdenken, und er würde auf diesem Wege an das gewünschte „Ziel" gelangen. Es würde auf jene einfache und leichte Art erreicht werden, die so charakteristisch für alle erfolgreichen Unternehmungen ist.

Bedürfnisse, die für einen evolutionären Fortschritt wesentlich sind und wie man sie erkennt und ihnen genügt.

Bis hierhin war es mein Anliegen, auf die dringlichen Probleme im evolutionären Fortschritt des Menschen hinzuweisen, und grundsätzlich ist man ja auch bereit, die Probleme einzuräumen. An dieser Stelle nun könnte es hilfreich sein, die geistig-körperlichen *Mittel-und-Wege* für ein solches Fortkommen näher zu betrachten.

Ein Evolutionsfortschritt, der auch zufriedenstellend wäre, erfordert eine beständige Verbesserung der geistig-körperlichen Aktivität, von der einen Wachstums- und Entwicklungsstufe zur nächsten. Unabdingbar ist in diesem Zusammenhang der Stimulus zur Entwicklung all jener geistig-körperlichen Fähigkeiten, die es dem Menschen erst ermöglichen, auf zufriedenstellende Weise den Anforderungen der Prozesse zu begegnen, die unverzichtbar sind, um das zu erfüllen, was notwendig ist. *Und die angemessene Entwicklung dieser Fähigkeiten ist untrennbar mit einem befriedigenden Niveau eines koordinierten Gebrauchs des Organismus verbunden.*

Es liegt auf der Hand, dass jemand, der auf der evolutionären Ebene zufrieden ist mit seiner gegenwärtigen Stellung, zufrieden mit seinen derzeitigen Vorstellungen und Meinungen, zufrieden mit seiner Art zu leben, nicht den Wunsch oder das Bedürfnis verspürt, die Bedingungen zu verändern. All dies erscheint ihm ja, bewusst oder unterbewusst, als ganz zufriedenstellend. Eine jegliche Weiterentwicklung ist aber damit verbunden, dass Vorstellungen, Prinzipien, Lebensweisen u. a. entdeckt und auch angenommen werden, die für den Einzelnen vollkommen neu sind. Jeder, der für sich den Wunsch entwickelt hat, weiter zu leben wie bisher, beeinflusst von seinen geistig-körperlichen Erfahrungen in der Vergangenheit, und der sich weigert, bewusst nach neuen Erfahrungen zu suchen und neue Erfahrungen zu machen, kann auf der evolutionären Ebene nicht erwarten, dass er sich weiterentwickelt.

In einem solchen Fall gibt es nämlich nicht unerhebliche Störfaktoren: eine verengte Sichtweise, einen Zustand der Verhärtung, eine überhaupt nicht angemessene Sorge vor geistig-körperlichen Veränderungen, einen Mangel an Verständnis im Bereich der Steuerung und Kontrolle und noch andere mehr. Alle diese Faktoren verhindern es in der Tendenz, dass der jeweilige Mensch irgendetwas wahrnimmt, sieht oder akzeptiert, was außerhalb seines gegenwärtigen Erfahrungsbereichs liegt. Die Summe aus den ererbten Erfahrungen, die sich als Instinkte seines Kulturkreises zeigen, und aus seinen eher bescheidenen, individuellen Erfahrungen seines alltäglichen Lebens bildet seinen Erfahrungsschatz.

Die Schaffung derartiger geistig-körperlicher Verhältnisse, wie ich sie oben beschrieben habe, bedeutet, dass der Mensch unterbewusst eine ganze Reihe von Verzerrungen aufgebaut hat, wenn er sich bei seinen alltäglichen Aktivitäten eingesetzt hat. In der Konsequenz aus diesem Missbrauch müssen viele Individuen früher oder später erkennen, dass sich Mängel oder Unzulänglichkeiten entwickelt haben. Und es ist sehr wahrscheinlich, dass nur einer von zwanzig dieser Mängel überhaupt in den Bereich des Bewusstseins gelangt. So existiert der Mensch weiter in einer Gefahrenzone geistig-körperlicher Unzulänglichkeiten, die seinen Fortschritt an jedem Wendepunkt stören, ohne sich ihrer überhaupt bewusst zu sein.

Das Abschweifen der Gedanken und was dieser Mangel für die Selbsterhaltung bedeutet

Einem Mangel aber sollte jeder Einzelne von uns unbedingt seine volle Aufmerksamkeit schenken. Er hat nämlich negative Auswirkungen auf alle unmittelbaren Aktivitäten des Menschen, die nach außen gerichtet sind, auf das Lesen z. B., auf seine kognitiven oder auf seine motorischen Lernversuche. Tatsächlich hat in diesem Zusammenhang kein anderer Mangel weitreichendere Auswirkungen. Er betrifft die Unfähigkeit eines Menschen, seine Gedanken auf die Aufgabe gerichtet zu halten, mit der er gerade beschäftigt ist. Wir kennen dieses Phänomen als „Abschweifen der Gedanken".

Was ist mit dem „Abschweifen der Gedanken" gemeint? Wenn ich diese Frage umfassend beantworten will, muss ich zunächst die geistig-körperlichen Prozesse analysieren, die sich mit Kontrolle und Steuerung des Menschen in dem lebenswichtigen Bereich der Selbsterhaltung befassen.

Man kann gesichert davon ausgehen, dass ganz am Anfang aller Dinge eine Form von Bewusstsein [7)] für eine Notwendigkeit gestanden haben muss, die dann Wachstum und Entwicklung angestoßen hat. Entwicklung und Wachstum des Menschen sind mit neuen Erfahrungen verknüpft, die die neuen Aktivitäten zwangsläufig mit sich bringen. (Und so ist es auch immer gewesen.)

Diese Aktivitäten sind die Reaktion auf einen Reiz oder mehrere Reize und es kommt zu neuen Aktivitäten, wenn eine Notwendigkeit (oder mehrere) innerhalb oder außerhalb des Organismus in das Bewusstsein gerät (geraten). Jeder evolutionäre Prozess erfordert es nämlich, dass eine solche Notwendigkeit vorhanden ist und dass sie wahrgenommen wird.

Um eine Notwendigkeit zu erkennen, muss sie erst einmal bewusst geworden sein. Die Reaktion auf die Bewusstwerdung der Notwendigkeit ist eine Aktivität, die dem Menschen so das erste Mal abverlangt wird. Sie beinhaltet neue Erfahrungen in den Bereichen der Steuerung und der Kontrolle. Der Evolutionsprozess ist davon abhängig, dass die primären Erfahrungen oder Erfahrungscluster beständig wiederholt werden. Eine beständige Wiederholung führt dann dazu, dass sich ein neuer Gebrauch (oder das, was man Gewohnheit oder Instinkt nennt) etabliert, und es führt ebenfalls dazu, dass der Notwendigkeit oder den Notwendigkeiten Genüge getan wird.

Im Zusammenhang mit der Theorie über bewusste Aktivitäten auf den frühen Entwicklungsstufen [A)] sollten wir in eine Zeit zurückgehen, als z. B. ein Augenpaar zu einer Notwendigkeit wurde. Man kann sich sehr leicht vorstellen, dass es für die Entwicklung und das Wachstum der Sehorgane wahrscheinlich tausend und mehr Jahre gebraucht hatte, nachdem ein Bewusstsein für diese Notwendigkeit erst einmal entstanden war. Auch dies ist durchaus einsichtig: Als sich die Augen endlich entwickelt hatten, bedurfte es wohl einer bewussten, jahrelangen Anstrengung, um die Augenlider [8)] zu öffnen und wieder zu schließen. Und die Wiederholung dieser Anstrengung über Wochen, Monate und Jahre war wahrscheinlich die Ursache dafür, dass diese Funktion der Augenlider zur Gewohnheit und unterbewusst geworden ist und dass sie zum Wohle der heutigen Geschöpfe dieses so wunderbare Niveau erreicht hat.

Es kann wirklich nicht der geringste Zweifel daran bestehen, dass die Selbsterhaltung, wenn man den Ausdruck im weitesten Sinne begreift, für die Kreatur eine Notwendigkeit von fundamentalster Bedeutung war. In ihrem Bemühen, die eigenen spezifischen Bedürfnisse zu befriedigen, waren die Geschöpfe nämlich selbst vor allem anderen auf Schutz und Bewahrung angewiesen.

Das Bedürfnis nach Selbsterhaltung erforderte in diesem Bereich eine befriedigende Steuerung und Kontrolle, wie wir sie bei wilden

Tieren und Urvölkern finden. Es ist den besonderen Umständen zu verdanken, die in ihrem Fall vorlagen, dass jede Reaktion auf einen Stimulus, der aus einer Notwendigkeit entstanden war, in den Bereichen der Steuerung und der Kontrolle zufriedenstellend sein würde: Die Reaktionen waren so, dass wilde Tiere und Urmenschen, genau die „Mittel und Wege" einsetzen konnten, die für ihre Selbsterhaltung am besten geeignet waren.

Die meisten von uns haben vor Augen, mit welcher Eleganz das wilde Tier und der Urmensch ihren Organismus in den verschiedenen, ihnen vertrauten Räumen gebrauchten und sich dort so bewegten, dass sie den Anforderungen der Selbsterhaltung genügten. Der zivilisierte Mensch zeigt aber noch nicht einmal annähernd dasselbe Niveau an Genauigkeit, wenn er seinen Organismus in den Handlungsbereichen einsetzt, die der Selbsterhaltung dienen. Anders ausgedrückt, zeichnet er sich nicht durch dasselbe Niveau effektiver Steuerung und Kontrolle wie der Urmensch oder das wilde Tier aus. Dieses Fehlen eines angemessenen Niveaus an Genauigkeit beim zivilisierten Menschen zeigt sich als ein Mangel in dem einen oder anderen Handlungsbereich. In den Bereichen des kognitiven und des motorischen Lernens sind *abschweifende Gedanken* der Mangel, der am häufigsten beobachtet werden kann.

Es besteht nun eine enge Verbindung zwischen der Unzulänglichkeit *abschweifender Gedanken* und dem Mangel, der sich darin zeigt, dass die Reaktion auf einen Stimulus für einen Akt der Selbsterhaltung bedrohlich abgeschwächt ist. Um sich diesen Zusammenhang klar zu machen, reicht es, die geistig-körperlichen Prozesse näher zu betrachten, die bei diesen beiden Mängeln beteiligt sind: In beiden Fällen sind es dieselben!

In beiden Mangelsituationen fehlt beim Menschen ein angemessenes Niveau der Steuerung und Kontrolle. Im ersten Fall fehlt es im weiten Feld der Selbsterhaltung und im anderen Fall in den speziellen Bereichen des kognitiven und motorischen Lernens.

Ein Akt der Selbsterhaltung ist die Reaktion auf einen oder mehrere Stimuli, die aus einem fundamentalen Bedürfnis entstanden sind. Eine befriedigende Reaktion hängt dabei von einer zufriedenstellenden Steuerung und Kontrolle der geistig-körperlichen Mechanismen ab, die an dem Akt der Selbsterhaltung beteiligt sind.

Nun ist ein kognitiver oder ein motorischer Lernversuch die natürliche Reaktion auf einen oder mehrere Stimuli, die von dem Bedürfnis oder Wunsch ausgelöst worden sind, motorisch oder kognitiv etwas zu lernen. Eine befriedigende Reaktion hängt von einer zufriedenstellenden Steuerung und Kontrolle der geistig-körperlichen Mechanismen ab, die an dem kognitiven oder dem motorischen Lernprozess beteiligt sind.

Wir erkennen also: Die Prozesse, die beim mentalen und motorischen Lernen ablaufen, sind genau dieselben Prozesse, die an den Handlungen zur Selbsterhaltung beteiligt sind. Daraus folgt: Wenn in dem Bereich der Selbsterhaltung die Steuerung und Kontrolle unzureichend ist, wird auch die Antwort auf die Reize, die die Notwendigkeiten der Selbsterhaltung betreffen, unzureichend sein. Nach derselben Regel gilt ebenso: Wenn die Steuerung und die Kontrolle im mentalen und motorischen Bereich unzureichend sind, ist auch die Antwort auf die Reize unzureichend, die mit dem Verlangen oder den Notwendigkeiten der Handlungsversuche beim mentalen und motorischen Lernen zu tun haben. Im alltäglichen Leben zeigt sich diese unzureichende Reaktion in einem Mangel, der heute allgegenwärtig ist und den wir *Abschweifen der Gedanken* nennen.

Wir haben jetzt einen Punkt erreicht, an dem ich den Ursprung des Konzepts erklären sollte, das dazu geführt hat, dass diesem besonderen Muster des Denkens die Bezeichnung *abschweifende Gedanken* gegeben wurde. Jemand entschließt sich, eine motorische Fertigkeit zu erlernen oder etwas kognitiv zu lernen. Das diesem Entschluss zugrunde liegende Konzept setzt sofort eine Reihe von Aktivitäten der beteiligten geistig-körperlichen Mechanismen in Gang. Die Aktivitäten jener Mechanismen, die mit der Steuerung und Kontrolle betraut sind, sind aber von zentraler Bedeutung für ein zufriedenstellendes Ergebnis. In unserem Beispiel ist es die Fähigkeit, das zu tun, wozu sich die Person entschlossen hat.

Wenn sie ihren Entschluss erfolgreich umsetzen konnte, wird sie sich wahrscheinlich nicht mit der Unzulänglichkeit *abschweifender Gedanken* konfrontiert sehen. Der erfolgreiche Lernversuch bedeutet nämlich auch dieses: Ihr Konzept bezüglich der durchzuführenden Handlung schließt auch den Einsatz zufriedenstellender *Mittel-und-Wege* ein, mit denen sie in die Lage versetzt sein wird, das gewünschte „Ziel" zu erreichen.

Dort, wo auf der anderen Seite jemand erfolglos in seinen kognitiven oder motorischen Lernbemühungen ist, hat der Fehlschlag auch diese Bedeutung: Er hat ein fehlerhaftes Konzept von der Handlungsweise, die einzusetzen ist. Sein Konzept berücksichtigt nämlich nicht den Einsatz zufriedenstellender *Mittel, mit denen* er in der Lage wäre, sein „Ziel" zu erreichen. Alle Aktivitäten seiner an den Lernbemühungen beteiligten geistig-körperlichen Mechanismen sind unter solchen Voraussetzungen das Ergebnis einer unzureichenden Steuerung und Kontrolle, was zur Folge hat, dass diese Mechanismen fehlgesteuert eingesetzt werden. Und dies führt zu weiteren Problemen: Die betreffende Person ist nicht in der Lage, die beteiligten Mechanismen so arbeiten zu lassen, dass sie einen befriedigenden Einfluss auf die *Mittel-und-Wege* haben, *mit denen* das angestrebte „Ziel" erreicht werden könnte. Eine Vorgehensweise aber, die nicht die *Mittel-und-Wege* berücksichtigt, ist wie ein Versuch, von Aussichtspunkt zu Aussichtspunkt auf Wegen zu kommunizieren, die nicht zuverlässig sind. Der daraus entstehende Fehler gelangt als eine Unfähigkeit aufzupassen ins Bewusstsein eines normalen Menschen. Man sagt auch, dass jemand „mit seinen Gedanken nicht bei der Sache" ist. Das ist es, was der Begriff *abschweifende Gedanken* beschreiben soll.

Allerdings ist es tatsächlich so, dass der fehlerhafte Gebrauch der Mechanismen, die für solche Bedingungen verantwortlich sind, nicht mit *abschweifenden Gedanken* allein angemessen beschrieben werden kann. Wenn man bedenkt, dass es sich bei diesem Gebrauch um den Ausdruck einer schädlichen und fehlgeleiteten Abfolge von Aktion und Reaktion handelt, nicht nur in Verbindung mit jenen Prozessen, die gemeinhin als „geistig“ bezeichnet werden, sondern auch bei all jenen Prozessen, die den gesamten geistig-körperlichen Organismus betreffen, wird dies sehr deutlich. Zudem ist der Ausdruck dieses schlecht koordinierten Zustands mit unzuverlässigen Sinneswahrnehmungen (mit einem unzuverlässigen Gefühlssinn) bezüglich der Steuerung und Kontrolle verbunden. Im Laufe der Evolution hat dieser schlechte Koordinationszustand die Reaktion des Menschen auf Stimuli zur Selbsterhaltung allmählich mehr und mehr geschwächt.

In diesem Zusammenhang ist es wichtig, dass wir uns das Folgende vor Augen führen: Der Urzeitmensch war in den Bereichen Steuerung und Kontrolle hauptsächlich von seinem Gefühlssinn abhängig. Und die sinnliche Wahrnehmung oder der Gefühlssinn waren vergleichsweise noch sehr zuverlässig. Die so gesteuerten und kontrollierten Aktivitäten wurden deshalb von einer *zunehmenden* Reaktion auf den Stimulus zur Selbsterhaltung begleitet.

Der zivilisierte Mensch ist in den Bereichen Steuerung und Kontrolle im Wesentlichen genauso von seinem Gefühlssinn abhängig, der aber in seinem Fall mit der Zeit so unzuverlässig geworden ist, dass er Schaden anrichten konnte. Deshalb werden die so gesteuerten und kontrollierten Aktivitäten von einer allmählich schwächer werdenden Reaktion auf den Stimulus zur Selbsterhaltung begleitet.

All dies ist ein deutlicher Hinweis darauf, dass die Kräfte des Menschen zur geistig-körperlichen Steuerung und Kontrolle [9)] allgemein geschwächt worden sind. In seinem Bemühen, den Anforderungen der Zivilisation zu genügen, ist der Mensch weiterhin von unterbewusster Steuerung und Kontrolle abhängig. Dies hat die Schwächung begünstigt und begünstigt sie immer noch, so wie es den Zustand von Schwächung begünstigt, dass der Mensch sich auf Instinkte verlässt, die schon lange ihre Nützlichkeit überlebt haben. Und es schwächt ihn zusätzlich, dass er sich von einem defekten Gefühlsverzeichnis leiten lässt, das einen nicht unerheblichen Schaden anrichten kann.

Bei seinen Aktivitäten macht der Mensch eine Erfahrung nach der anderen. Einige dieser Erfahrungen sind befriedigend, aber die Mehrzahl ist unzureichend. Für den Moment mag dies dem Menschen genügen, nur wird er wieder unzufrieden mit den variierenden Ergebnissen seiner Leistungsversuche sein. Die beteiligten geistig-körperlichen Erfahrungen sind nicht dazu angetan, sein Selbstvertrauen im Hinblick auf zukünftige Versuche zu stärken, um den Anforderungen der Zivilisation zu genügen, zu denen er gezwungen sein mag.

Wenn sich die Verhältnisse des Menschen auf diese Weise darstellen, ist Erfolg kaum möglich. Dabei ist es vollkommen unerheblich, dass der Mensch so viel Zeit für die Erreichung seiner Ziele investiert, wie er es für nötig hält, um den Erfolg zu gewährleisten. Das Ergebnis wird mit großer Gewissheit der Misserfolg sein. Die natürliche Folge seiner Erfahrungen bei seinen Misserfolgen oder auch nur relativen Fehlschlägen ist, dass er zu gegebener Zeit die Ursachen analysieren wird, die den Erfahrungen zu Grunde liegen. Diese Analyse ist hier für uns von besonderem Interesse, weil sie fast immer zu der gleichen Schlussfolgerung führt: Das Versagen hat seine Ursache im *Abschweifen der Gedanken*.

Als nächstes will ich seine Analyse der Fakten im Detail untersuchen. Ein Mensch schickt sich an, etwas kognitiv oder motorisch zu lernen. Er macht sich daran und will mit seinem ganzen Verstand an diese Aufgabe gehen, wie er es ausdrücken würde und wie er den Satz versteht. Schnell erkennt er aber, dass er geistig gar nicht mehr bei der Sache ist, dass er tatsächlich viel mehr damit beschäftigt ist, anderen Gedankengängen nachzuhängen. Deshalb unternimmt er eine besondere Anstrengung, um, wie er es nennen würde, „mit seinen Gedanken ganz bei der Sache zu bleiben."

Jetzt ist es leider sehr wahrscheinlich, dass er sich niemals Gedanken über die *Mittel-und-Wege* gemacht hat, die für eine solche besondere Anstrengung notwendig sind. Wenn er dies getan hätte, wäre ihm vielleicht die Erleuchtung gekommen, dass er die *Mittel-und-Wege* gar nicht unter seiner Kontrolle hat, mit denen seine besondere Anstrengung in dieser Richtung von Erfolg gekrönt sein könnte. Wie dem auch sei, die Tatsache bleibt bestehen, dass er trotz all seiner Bemühungen, mit dem Verstand bei der Sache zu bleiben, den Prozess wiederholt, den er das „Abschweifen der Gedanken" genannt hat. Nach einer gewissen Anzahl von Wiederholungen dieser Erfahrung ist er letztlich davon überzeugt, dass die Ursache für sein Versagen in seiner *Unfähigkeit* zu suchen ist, „mit seinen Verstandeskräften bei dem zu bleiben", was er gerade tut.

Man stelle sich nur einmal dieses Szenario eines geistig-körperlichen Desasters vor! Und es ist ein Desaster, denn es bedeutet nichts anderes, als dass der Mensch ein solch gefährliches Stadium bei der Verwendung seiner geistig-körperlichen Mechanismen erreicht hat, dass die Reaktion auf den Stimulus eines wahren Bedürfnisses ineffektiv und irreführend ist und einen Zustand der Konfusion erzeugt.

Man hat die Unfähigkeit des Menschen, mit seinen Gedanken bei dem zu bleiben, was er gerade tut, auf breiter Front als ernst zu nehmendes Problem erkannt. Die Erkenntnis hat nahezu weltweit dazu geführt, dass das, was man mit Konzentration [10)] bezeichnet hat, als das Heilmittel für das Abschweifen der Gedanken propagiert wird. Unglücklicherweise ist dieses sogenannte Heilmittel selbst eine äußerst schädliche und auch trügerische geistig-körperliche Erscheinungsform, wie ich später noch zeigen werde. Konzentration wird propagiert, ohne dass man überhaupt eine Analyse ihrer Wirkung auf den Organismus im Allgemeinen und auf die Prozesse, die an dem beteiligt sind, was man „sich zu konzentrieren lernen" nennt, vorgenommen hat.

Analyse der Mechanismen des geistig-körperlichen Organismus des Menschen bei den Aktivitäten des kognitiven und motorischen Lernens

In den Bereichen des kognitiven und des motorischen Lernens [A)], wie bei allen geistig-körperlichen Handlungen auch, gibt es ein Problem, das wir unbedingt lösen müssen, wenn wir uns auf ein geistig-körperliches Funktionsniveau aufschwingen und uns so gebrauchen wollen, das wir in die Lage sind, den wachsenden Anforderungen einer voranschreitenden Zivilisation zufriedenstellend zu genügen. Auf den folgenden Seiten will ich den Nachweis für diese These erbringen. Wir haben ja bereits festgestellt, dass bei der Ausführung einer jeden geistig-körperlichen Handlung das Funktionsniveau von dem Konzept abhängig ist, das die Steuerung und Kontrolle der an der Handlung beteiligten Mechanismen beeinflusst. Es ist deshalb von überragender Bedeutung, dieses Konzept sehr genau zu untersuchen. Ich werde deshalb den Zusammenhang des Konzepts mit dem Verständnis, von dem, was kognitiv oder motorisch gelernt werden soll, und mit der geistig-körperlichen Aktivität, mit deren Hilfe es uns erst möglich wird, zu unseren jeweiligen Vorstellungen zum kognitiven oder motorischen Lernen zu gelangen, im Folgenden aufzeigen.

In dem nächsten Schritt werden deshalb die Mechanismen des geistig-körperlichen Organismus in ihrem Verhältnis zu der Aktivität, die „etwas lernen" genannt wird, genauer untersucht.

Zunächst einmal muss es für jede Form geistig-körperlicher Aktivität einen Stimulus geben. Bevor wir jetzt die Reaktion auf diesen Stimulus analysieren, möchte ich meine Leser daran erinnern, dass ich bei meiner Konzeption von der Funktionsweise des menschlichen Organismus keine Trennungslinie zwischen „geistigen" und „körperlichen" Operationen einzeichne. Wie könnten wir auch beweisen, dass die Reaktion auf einen Stimulus vollkommen „geistig" oder vollkommen „körperlich" ist?

Und trotzdem gibt es Bereiche, die von der Allgemeinheit als nur rein „körperlich" angesehen werden (die Ausführung von Bewegungen z. B.). Ihr Funktionsniveau ist abhängig davon,

- *dass die Vorstellung von der auszuführenden Bewegung mehr oder weniger richtig ist. Mit der Genauigkeit der Vorstellung steigt auch das Funktionsniveau;*
- *in welchem Maße die Steuerungs- und Kontrollbefehle koordiniert verwendet werden;*
- *die Mechanismen, die an der Ausführung der Aktivitäten beteiligt und wesentlich für die Mittel-und-Wege sind, mit denen die Bewegung letztendlich ausgeführt wird, koordiniert verwendet werden.*

Und es gibt andererseits Bereiche, die von der Allgemeinheit als rein „geistig" angesehen werden. Ihr Funktionsniveau ist abhängig

- *von einer verlässlichen Steuerung und Kontrolle der Sinne bei dem Gebrauch der Mechanismen, die daran beteiligt sind, den Stimulus zu übertragen, der hauptsächlich für die geistig-körperlichen Prozesse verantwortlich ist, die mit der Wahrnehmung befasst sind* und ....
- *von dem Koordinationsniveau, das beim Gebrauch des gesamten Organismus erreicht worden ist.*

Wenn das höchste Niveau sogenannter körperlicher Funktionsfähigkeit erreicht werden soll, muss das *Muskelsystem auf eine koordinierte Weise verwendet werden. Die Koordination wird mit koordinierter Ausrichtung, Steuerung und Kontrolle durch Prozesse erreicht, die in der Regel geistig genannt werden und die an Aktion und Reaktion der geistig-körperlichen Einheit beteiligt sind.* Die körperliche Funktionsfähigkeit hängt außerdem zu jeder Zeit von einem angemessenen Niveau der lebenserhaltenden Funktionen des Organismus ab.

Entsprechendes gilt für die sogenannte geistige Funktionsfähigkeit. Wenn ihr höchstes Niveau erreicht werden soll, müssen *jene Prozesse koordiniert verwendet werden, die an einem koordinierten Gebrauch des sogenannten körperlichen Selbst und an Aktion und Reaktion der geistig-körperlichen Einheit beteiligt sind.* Von einem angemessenen Niveau der Lebenserhaltungsfunktionen des Organismus [11)] hängt auch die geistige Funktionsfähigkeit zu jeder Zeit ab.

Das ist der Grund, warum von keiner menschlichen Aktivität gesagt werden kann, sie sei vollständig „körperlich" oder vollständig „geistig". Jede beliebige Aktivität des Menschen ist vielmehr geistig-körperlich, ganz gleich in welchem Bereich. *In allen Bereichen wird das individuelle Funktionsniveau davon determiniert, auf welchem Koordinationsniveau der Organismus allgemein verwendet wird. Dieses Niveau wiederum wird von der koordinierten Verwendung der geistig-körperlichen Prozesse, die jeweils betroffen sind, bestimmt.*

Nun ist die geistig-körperliche Aktivität zunächst einfach eine Reaktion auf einen oder mehrere Reize, die das Gehirn über die verschiedenen Eingangskanäle der Sinne [A)] wie den Hör-, Seh-, Gefühls-, oder Tastsinn u. a. erreichen. Und die Natur der sich daraus ergebenden Vorstellungen und der geistig-körperlichen Reaktionen wird von dem geistig-körperlichen Funktionsniveau bestimmt, das man jeweils vorfindet.

Daraus folgt: *Der Wahrnehmungsprozess ist wie jede andere Form einer geistig-körperlichen Aktivität ein Prozess, dessen Verlauf bestimmt wird von unserem geistig-körperlichen Zustand zu dem Zeitpunkt, als der jeweilige Stimulus eingetroffen ist.* Wir alle wissen, dass die Vorstellung eines Menschen von seinen gegenwärtigen oder zukünftigen finanziellen Möglichkeiten ganz unterschiedlich ausfällt, je nachdem ob er gut oder übel gelaunt ist. Und so verhält es sich auch mit den Vorstellungen, die sich als Ergebnis eines Unglücks oder einer glücklichen Fügung im Leben einstellen: Sie werden sich unterscheiden, je nachdem ob der Mensch durch Krankheit geschwächt ist oder ob er bei bester Gesundheit [12] ist.

Der Einfluss der sinnlichen Wahrnehmung auf die Vorstellung bei allen geistig-körperlichen Aktivitäten

Dies ist ein Faktor von überragender Bedeutung: Die Vorstellungen, die ein Mensch jeweils entwickelt, sind abhängig von seinem geistig-körperlichen Allgemeinzustand. Wenn nämlich alle sogenannten geistigen Prozesse im Wesentlichen das Ergebnis von Erfahrungen über die Sinne bei geistig-körperlicher Aktivität sind, so wie ich es behaupte, dann wird eines ganz deutlich: Bei unseren Vorstellungen, ***wie*** die verschiedenen Teile des Mechanismus bei den Tätigkeiten des täglichen Lebens benutzt werden sollten, sind wir weitestgehend *von sinnlichen Prozessen (Gefühl) beeinflusst*. Nehmen wir einmal an, uns erreicht ein Reiz über das Auge, das Ohr, die Haut oder über irgendeine andere Quelle. Ganz gleich, ob die Reaktion *eine Bewegung, eine Emotion oder eine Meinung ist*, in jedem einzelnen Fall wird die Natur ihrer Reaktion von der Aktivität der der Prozesse abhängig sein, die mit der Vorstellung, den sensorischen Mechanismen und noch weiteren Mechanismen, verantwortlich für das „Feeling“ in der Erfahrung, befasst sind. Diese Prozesse sind sozusagen die Begleitmusik für die Verkettung von Aktion und Reaktion. Wenn ich in diesem Werk von *sinnlicher Wahrnehmung* spreche, meine ich diese begleitende Aktivität.

Sinnliche Wahrnehmung

Es ist diese sinnliche Wahrnehmung, von der das Baby, wie übrigens das Tier auch, als steuerndem Faktor abhängig ist, wenn es seine ersten unterbewussten Versuche unternimmt, die verschiedenen Teile seiner Mechanismen zu benutzen. Der Erfolg dieser Versuche hängt davon ab, wie verlässlich die sinnlichen Wahrnehmungen des Kindes sind. Immer, wenn wir Defekte oder auch nur Unzulänglichkeiten bei den Kindern im frühen Stadium ihrer Entwicklung vorfinden, bei ihren ersten Versuchen zu kriechen, zu stehen, zu gehen usw., ist die Ursache für diese Defekte in den instinktiven, aber unzuverlässigen Prozessen dieser Kinder zu suchen. Mit diesem Buch will ich den Nachweis erbringen, dass diese Behauptung, die auf jahrelanger Unterrichtserfahrung beruht, wahr ist. Und ich will zeigen, dass wir in all den Fällen, in denen die instinktiven Prozesse unzuverlässig sind, zuerst die sinnliche Wahrnehmung auf ein solches Niveau der Zuverlässigkeit heben müssen, dass den Funktionen aller geistig-körperlichen Prozesse gerecht wird.

Ein umfassendes Verständnis der Sinneswahrnehmung ist deshalb von größter Bedeutung für alle Menschen. Es ist aber besonders wichtig für die, die sich im Bereich von Schule oder auch im weitesten Sinne mit Erziehung befassen. Aus meiner Sicht verdient sinnliche Wahrnehmung viel mehr Beachtung, als ihr gewöhnlich entgegengebracht wird. Hier an dieser Stelle soll aber die folgende Feststellung genügen: Auch wenn die sinnliche Wahrnehmung in einem stark eingegrenzten Sinn betrachtet wird, umfasst sie alle sensorischen Erfahrungen, die über die Kanäle Sehen, Hören, Tasten, Fühlen, Drehen, Bewegen usw. vermittelt werden und die verantwortlich sind für das Prinzip geistig-körperlicher Aktion und Reaktion.

Wenn wir einen Arm heben, wenn wir ein Bein bewegen oder wenn wir irgendeine andere Körper- oder Gliederbewegung ausführen, werden wir hauptsächlich von unserer Sinneswahrnehmung oder von unserem „Gefühl", wie es die meisten Menschen ausdrücken würden, gesteuert. Dies gilt, wenn wir das Gewebe eines Stückchens Stoff zwischen unseren Fingern überprüfen oder wenn wir ein Gewicht, eine Entfernung, eine Größe usw. abschätzen. Ja, in der Tat gilt es, wenn wir die „körperlichen" Mechanismen bei den Prozessen des Hörens, Sehens, Gehens, Sprechens und auch aller anderen Aktivitäten des Lebens verwenden.

Die Maschine Mensch und die unbelebte Maschine im Vergleich und im Kontrast

Die Funktion der sinnlichen Wahrnehmung wird sich uns erschließen, wenn wir einen Moment innehalten und den menschlichen Organismus uns als eine belebte Maschine vorstellen und die mechanischen Prozesse mit denen einer unbelebten Maschine vergleichen. Die Zuverlässigkeit beider Maschinen ist jeweils abhängig vom Zuverlässigkeitsniveau ihrer Motoren, ihrer Steuerungs- und Antriebsmechanismen und von noch weiteren Mechanismen. Eine ganz zentrale Rolle spielen dabei Regelung und Kontrolle. Sie veranlassen nämlich, dass die anderen mechanischen Faktoren auf der Basis von Koordination arbeiten und so in der Praxis beste Ergebnisse erzielen.

Es gibt jedoch einen Unterschied zwischen der unbelebten und der belebten Maschine, der aus meiner Warte nicht zu unterschätzten ist: Qualität und Funktion der jeweiligen Kontrollmechanismen sind vom Grundsatz her unterschiedlich. Eine festgelegte Konstruktion und bestimmte festgelegte Bedingungen bei den anderen Mechanismen der unbelebten Maschine, ohne die sie nicht funktionieren könnte, setzen ihr enge Grenzen. Im geistig-körperlichen Organismus des Menschen aber, der belebten Maschine, ist der Kontrollmechanismus ein wunderbarer geistig-körperlicher Prozess. Mit seiner Hilfe können die verschiedenen Einheiten des Menschen, aus denen das Ganze besteht, auf eine Weise benutzt werden, die fast keine Grenzen kennt. So kann das eine Mal ein richtiger Gebrauch dirigiert werden und ein anderes Mal ein falscher.

Dieser geistig-körperliche Prozess ist jener wesentliche Faktor in einer befriedigenden Entwicklung des Menschen, den ich mit dem Ausdruck *sinnliche Wahrnehmung* bezeichnet habe. Wenn dieser Prozess gut funktioniert, hat *sinnliche Wahrnehmung* einen sehr weiten Aktionsradius. Wenn sie zuverlässig ist, ist es uns möglich, das Maximale aus unseren Anlagen herauszuholen. Allein aus dieser Tatsache muss sich auch einem gleichgültigen Beobachter eröffnen, dass unsere sinnliche Wahrnehmung von den Arbeitsabläufen der Mechanismen, die mit den Bewegungen unserer Körper und Glieder bei unseren alltäglichen Aktivitäten befasst sind, zuverlässig sein muss, wenn wir uns weiterhin zufriedenstellend entwickeln wollen.

Unzuverlässige sinnliche Wahrnehmung: ein weltweites Problem

Ich kann durch praktische Demonstration bei jeder beliebigen Person, ob Kind oder Erwachsener, beweisen, dass die sinnliche Wahrnehmung der Menschen der heutigen Zeit zu unserem großen Unglück mehr oder weniger unzuverlässig, bei der großen Mehrzahl der Fälle sogar äußerst trügerisch ist.

Diejenigen, die *„Ein Vermächtnis der Evolution an die Menschheit von unschätzbarem Wert" gelesen* haben, werde ich vielleicht jetzt schon davon überzeugt haben. Und es ist keine zusätzliche Demonstration für sie erforderlich. Wenn sie es aber noch nicht sind und wenn sie sich die Mühe machen, mit der Hilfe eines Freundes sich einiger Tests im Lichte der darin aufgeführten Fakten zu unterziehen, werden sie anschließend ganz gewiss überzeugt sein.

Jemand nimmt jedes Mal, wenn er nur seine Schultern zurücknehmen will, auch seinen Kopf mit zurück. Bitten Sie ihn im ersten Test, seinen Kopf nach vorne zu führen und die Schultern dabei still zu halten. In der Regel werden Sie sehen, dass er auch seine Schultern mit bewegt, wenn es ihm überhaupt gelingen sollte, seinen Kopf nach vorne zu nehmen. Als nächstes bitten Sie ihn, seinen Kopf nach vorne zu führen und Sie halten seine Schultern fest. In aller Regel wird er seinen Kopf zurückführen und nicht nach vorne. Praktisch in jedem einzelnen Fall, ob der Schüler nun ein Kind oder ein Erwachsener ist, wird der Versuch, dieser einfachen Aufforderung nachzukommen, völlig unzureichend sein. Und das ist so, weil der Schüler aufgrund seiner unzuverlässigen Sinneswahrnehmung in die generelle Justierung und den Gebrauch seines Organismus eingreift.

Der zweite Test ist ähnlich. Wenn ein Schüler aufgefordert wird, seine Zehen nach außen zu führen, wird er nicht sein Körpergewicht auf seine Fersen verlagern, um den vorderen Teil seiner Füße heben und dann die Zehen nach außen führen zu können. In der Regel wird er sein Gewicht auf seine Fußballen verlagern und trotzdem den vorderen Teil seiner Füße heben wollen. Oder er wird seine Fersen zueinander nach innen drehen, anstatt seine Zehen nach außen zu führen. Wenn man dann den Schüler auf den einen oder anderen Fehler hinweist, wird er sofort auf seine Füße blicken, um bei einem weiteren Versuch zu *sehen, wie* er die Zehen richtig bewegt, so als ob er sich darüber im Klaren wäre, dass er seiner sinnlichen Wahrnehmung, die verantwortlich ist für diese Fehler, nicht trauen könne. Das ist meine Erfahrung.

Zum dritten Test. Es gibt nur wenige Menschen, die nicht den Kopf zurückwerfen, wenn sie aufgefordert sind, den Mund zu öffnen, was ja eigentlich so einfach wie nur etwas ist. Ihre Vorstellung dabei ist aber, dass sie den Oberkiefer vom Unterkiefer [A)] wegheben wollen. Sie haben sich allem Anschein nach keinerlei Gedanken darüber gemacht, wie die Muskelmechanismen und auch andere Mechanismen geistig-körperlich einzusetzen sind. Wenn sie dies nämlich getan hätten, hätten sie erkannt haben müssen, dass beständig unterbewusste Prozesse ablaufen, die den Mund verschlossen halten. In der Konsequenz hätten sie nur dafür sorgen müssen, dass diese Prozesse unterbunden werden. Auf diese Weise würde bewirkt werden, dass die vorhandene Muskelspannung reduziert würde, was dann die Kinnlade herunterfallen ließe, so wie sie im Fall des Schwachsinnigen einfach herunterfällt, der die meiste Zeit mit offenem Mund dasteht. Und auch das wissen wir aus Erfahrung: Wenn ein Boxer einen so schweren Kopftreffer einstecken musste, dass sein Steuerungssystem ausgeschaltet wurde, fällt automatisch seine Kinnlade herunter und verbleibt oftmals dort für eine längere Zeit. Wenn ich einen Schüler um die Erlaubnis bitte, seinen Unterkiefer bewegen zu dürfen, vergrößert er für gewöhnlich instinktiv noch die Muskelspannung, die den Unterkiefer in seiner Position hält. Durch solche beständigen und irrationalen Muskelspannungen wird eine enorme Menge gespeicherter Energie vergeudet. Darauf habe schon des Öfteren hingewiesen.

Viele, die das erste Mal mit der Tatsache konfrontiert werden, dass die sinnliche Wahrnehmung der meisten Menschen in unserer Zeit mehr oder weniger unzuverlässig ist, reagieren mit großer Betroffenheit [13)], besonders wenn sie einsehen müssen, dass dieser grundlegende Faktor in der menschlichen Aktivität in der Praxis gänzlich von unseren Experten und Führungskräften im Erziehungsbereich und in anderen Bereichen in ihrem Ringen um gesellschaftliche Reformen ignoriert worden ist.

Die Wahrheit ist, dass wir dieser wesentlichen Angelegenheit nicht die nötige Beachtung geschenkt haben. Wir sind aus Gewohnheit auf unsere unterbewusste Weise von der Vermutung ausgegangen und haben auch so gehandelt, dass, wenn wir die Fähigkeit zur sinnlichen Wahrnehmung haben, sie auch verlässlich sein *muss*.

Drei Entwicklungsstufen des Menschen unter dem Gesichtspunkt der qualitativen Verschlechterung der sinnlichen Wahrnehmung

In einem nächsten Schritt werde ich den Leser mit einigen Fakten zur menschlichen Evolution konfrontieren. Im Laufe dieser Entwicklung stellten sich nämlich geistig-körperliche Bedingungen ein, die dafür sorgten, dass sich die sinnliche Wahrnehmung [14)] allmählich verschlechterte. Ich werde auf mögliche Ursachen für diesen Qualitätsverlust unseres Gefühlssinns und all unserer anderen Sinne eingehen und beschränke mich bei dieser Betrachtung der Menschheitsentwicklung auf drei Stufen:

- auf die Stufe, in der der Mensch fast ausschließlich von sinnlicher Wahrnehmung gesteuert wurde,

- zweitens auf die Stufe, als er die Fähigkeit entwickelte, Reaktionen auf einen Reiz in bestimmten Bereichen zu hemmen,
- und auf die Stufe, als er die Fähigkeit zur Hemmung schon weiter ausgebaut, aber noch nicht erkannt hatte, dass sein geringeres körperliches Fitnessniveau unbedingt durch geeignete Maßnahmen verbessert werden musste.

Stufe 1
Die Stufe vor der Zivilisation des Menschen

Ein verlässliches Niveau sinnlicher Wahrnehmung und befriedigende Bedingungen behaupten sich.

Es besteht wohl kein Zweifel, dass es auf der vorzivilisierten Stufe der menschlichen Entwicklung im Vergleich zum Stadium der Zivilisation ein weit höheres Niveau sinnlicher Wahrnehmung bei all jenen sinnlichen Erfahrungen gegeben hat, die der Mensch bei seinen geistig-körperlichen Aktivitäten zur Erhaltung seiner Gesundheit gemacht hatte. Auf dieser Stufe, die wir gerade untersuchen, wurde ein befriedigender Zustand des frühen Menschen dadurch erhalten, dass er ständig seine Mechanismen nur in begrenzten Aktivitätsfeldern einsetzen musste, um sein Leben vor seinen Feinden, Mensch wie Tier, zu schützen und die Versorgung mit Nahrung, Wasser und Schutzraum zu gewährleisten. Auf dieser Stufe der Evolution und unter solchen Bedingungen reichte eine unterbewusste Steuerung vollkommen aus, um seine unmittelbaren Bedürfnisse zu befriedigen. Er wusste nichts von der Art und Weise, wie er auch bei den einfachsten tagtäglichen Aktivitäten seine Mechanismen verwendete. Und diese Unwissenheit war auf dieser Entwicklungsstufe auch völlig unerheblich.

Wir müssen gar nicht lange suchen, um den Grund dafür zu erfahren. Denn in dieser frühen Periode der Menschheitsentwicklung waren bei Mann und Frau die Koordination und die damit einhergehende sinnliche Wahrnehmung nämlich auf einem vergleichsweise hohen

Niveau. Und die Lebensbedingungen unter den vorzivilisierten Verhältnissen machten es nicht erforderlich, dass sich die Menschen beständig an so rasante Veränderungen anpassten, wie sie das Leben in der Zivilisation mit sich bringt.

Tatsächlich hatten Körperkoordination und körperliche Entwicklung des frühen Menschen in jener Periode eine Qualitätsstufe erreicht, wie sie besser nicht sein könnte. Unter diesem Gesichtspunkt unterschied sich der Mensch in keinster Weise vom Tier, das sein tägliches Leben auf Schritt und Tritt begleitete. Das Geschöpf, das aufrecht auf zwei Beinen ging, hatte von seinem Vorläufer auf vier Füßen einen gut entwickelten und gesunden Organismus ererbt. (Es besteht nicht der geringste Zweifel daran, dass es gerechtfertigt ist, dies zu glauben.) Es hatte so die Stufe zum Menschsein in einem Zustand relativ guter Gesundheit [15)] erreicht.

Seit damals, als es in einem Zeitraum von Tausenden von Jahren nur ein langsames Wachstum gab, konnte der frühe Mensch allmählich und sicher auf der sogenannten körperlichen Seite sich einen bestimmten Gebrauch aneignen und eine bestimmte Entwicklung machen. Seine Aktivitäten bestanden im Allgemeinen aus der täglichen Wiederholung der immer gleichen Bewegungsabläufe, deren Schwierigkeitsgrad immer gleich blieb, weil seine Umwelt sich nur wenig veränderte, und wenn sie sich doch veränderte, dann sehr langsam.

Auf der sogenannten geistigen Ebene aber blieb sein Gebrauch und seine Entwicklung vergleichsweise bescheiden, weil seine Umwelt ihm nur die Aufgabe stellte, Wildbret, Vögel oder Fische zu jagen, aus denen seine tägliche Nahrung bestand. Für diese Aktivität war sein Instinkt eine sichere Anleitung. Und seine Beute war auch nur instinktgesteuert. [A)]

Auf der körperlichen Seite gab es also ein relativ hohes Niveau seines Körpergebrauchs und seiner Körperentwicklung und damit verbunden war eine entsprechende Entwicklung seines Organismus insgesamt. Aber mit Gesundheit und Krankheit kann er eher nur wenig Erfahrung gehabt haben. Wenn er doch einmal krank war oder wenn er verletzt war, hat er mit hoher Wahrscheinlichkeit für seine Heilung eine spezielle Wurzel oder ein besonderes Kraut verwendet [16)], von der er wusste, dass sie die nötige Heilkraft besaß. Diese Handlung war die unterbewusste Reaktion auf einen Stimulus, der seiner Empfindung entsprang, krank zu sein. Und ganz genau in der gleichen Weise war es eine unterbewusste Reaktion auf den Stimulus, der seiner Empfindung Hunger entsprang, wenn er sich seine tägliche Nahrung zusammensuchte. *Ein instinktives Herangehen genügte vollkommen, solange er nur einen mechanischen Organismus besaß, der mit mechanischer Präzision arbeitete.* Um eine „spezielle“ Krankheit zu kurieren, reichte es unter diesen Umständen aus, wenn gesunde und natürliche Verhältnisse erhalten wurden. Instinkt, wie man diesen automatischen, sich langsam entwickelnden, unterbewussten Prozess genannt hatte, leitete den Menschen durch sein tägliches Leben, wenn es ihm gut ging und wenn er krank war. Dieser gleiche Prozess, der aber enge Grenzen hatte, musste durch den Einsatz des einzigen Teils seines Organismus, der schon weit entwickelt war, auf das Heilmittel hinweisen, das jeweils nötig war: die sinnliche Wahrnehmung. Eine weit entwickelte sinnliche Wahrnehmung bedeutete in diesem Fall, dass sein Geschmacks- und sein Geruchssinn in bester Koordination mit seinem Magen und seinen Verdauungsorganen [17)] funktionierten.

Dies macht eines deutlich: Die unterbewusste Steuerung des frühen Menschen war bei seinen sich praktisch nicht verändernden Routinen seines täglichen Lebens zuverlässig, ob er nun gesund oder krank war. Es gab für den Menschen der damaligen Zeit deshalb auch überhaupt nicht die Notwendigkeit, bei anderen höheren Steuerungsprozessen Zuflucht zu suchen, auch weil die Routinen seines täglichen Lebens mit seiner sinnlichen Wahrnehmung stark verknüpft waren.

Stufe 2
Anfänge der Zivilisation

Die Fähigkeit zur absichtlichen Hemmung [A)] entwickelt sich und das Ende der Dominanz des Instinkts als Kontrollfaktor wird eingeläutet.

Die Zeit schreitet voran und die Fähigkeit zum Denken kommt mehr und mehr auf, um etwas Licht in die dumpfe und beschränkte Existenz des Menschen zu bringen. Die ersten grobschlächtigen Waffen, die der Mensch konstruiert, und die ersten primitiven Behausungen, die er baut, sind Anzeichen dafür. Dieser Prozess, der die Fähigkeit zum Denken sich entwickeln lässt, wird angeregt durch Myriaden kleiner Operationen beim evolutionären Aufbau zu Wachstum und Entwicklung. Diese sind nämlich an den neuen und sehr breit gefächerten Erfahrungen beteiligt, als die Menschheit den höheren Ebenen der Evolution zustrebt. Bei jeder Veränderung und bei jedem Fortschritt, die der Mensch in seiner Umwelt macht, setzt er nun vermehrt das Instrument *absichtlicher Hemmung* ein. Sie erst versetzt ihn in die Lage, allerdings innerhalb gewisser eng definierter Grenzen, die Vorlieben und die Tendenzen einer sinnlichen Wahrnehmung, von denen er bis zu jener Zeit bei seiner Urteilsfindung und Steuerung abhängig ist, für seine Zwecke zu beherrschen und zu modifizieren.

Die Entwicklung und die Verwendung dieser Denkprozesse markierte zum Einen den Zeitpunkt, an dem sich der primitive Mensch auf der evolutionären Ebene vom Tier abspaltete, und zum Anderen den „Anfang vom Ende" einer Dominanz des Instinkts als Kontrollfaktor bei den Aktivitäten des Menschen, was in der Konsequenz dazu führte, dass der Mensch von diesem Zeitpunkt an nicht länger durch unterbewusste Steuerung allein zufriedenstellend leben und sich bewegen konnte.

Als nächstes werfen wir einen Blick darauf, wie seine neu erwachten Prozesse des Denkens arbeiteten. In seinen frühen Entwicklungsstadien, als der Mensch gerade erst der Stufe des wilden Tieres entronnen war, waren alle Veränderungen, die in seiner Umwelt geschahen, langsam und allmählich. Dementsprechend waren die sich daraus ergebenden Anforderungen an seine sich neu entwickelnden, höheren Prozesse zur Steuerung gering. Mit fortschreitender Zivilisation musste der Mensch jedoch zunehmend, langsam zunächst, aber im Laufe der Zeit mit sich steigernder Geschwindigkeit, mit neuen und unbekannten Situationen konfrontiert gewesen sein, die es zwangsläufig nötig machten, dass seine Denkprozesse in Gang gesetzt wurden. Und das war genau das Gegenteil von dem, was auf den frühen Stufen des Urmenschen geschehen war, als die Bedingungen zu einer verhältnismäßigen Weiterentwicklung auf der sogenannten körperlichen Seite geführt hatten und nicht so sehr auf der sogenannten geistigen. Wir können jetzt auch leicht nachvollziehen, dass es unter den neuen Zivilisationsbedingungen zu einer relativ schnellen Entwicklung der „geistigen" Seite im Verhältnis zur „körperlichen" Seite und zu einer relativ schnellen Steigerung bei ihrer Verwendung kam. Es kann überhaupt kein Zweifel daran bestehen, dass der Mensch durchaus mit den Ergebnissen dieses sich verändernden Prozesses zufrieden gewesen ist und dass er beständig mehr Stimuli zu „geistiger" als zu „körperlicher" Aktivität erhielt, aus seinem Inneren wie auch von außen. Je weiter er sich von der Stufe der wilden Tiere entfernte, umso häufiger sollten die Stimuli dieser Art werden und umso dringlicher wurde es, dass er lernte, mit den neuen Situationen umzugehen. Dies hatte zum Ergebnis, dass er mehr und mehr gezwungen war, sein Denkvermögen auszuweiten. Weil er beständig seine natürlichen Begierden unterdrücken musste, konnte er den Anforderungen einer noch jungen und sich weiterentwickelnden Gesellschaft genügen und die nötigen Anpassungen an die komplexen Erfordernisse einer voranschreitenden Zivilisation vornehmen.

Die Menschheit hatte jetzt eine Entwicklungsstufe erreicht, auf der eine ihr vertraute Umwelt, die ihrer beschränkten Erfahrungswelt gut angepasst war, zurückgelassen wurde. Als dann unausweichlich der Pfad ihrer neuen Erfahrungen immer breiter wurde, wurde sie mit einer der größten Herausforderungen konfrontiert, der sie je auf unterbewusster Ebene in ihrem evolutionären Fortschritt gegenüber gestanden hatte: Sie musste sich sehr schnell an eine sich immer schneller veränderte Umwelt anpassen. Sie war so beständig neuen, geistig-körperlichen Erfahrungen ausgesetzt.

Wenn es ihm nicht gelungen wäre, sich an diese neuen Verhältnisse anzupassen, hätte der Mensch als Gattung nicht überleben können. Nur verlief der Anpassungsprozess in derselben Art und Weise, wie er immer schon abgelaufen war: Blind vertraute er der unterbewussten Steuerung seines Instinkts, der schon seinen Vorfahren in ihrer Umwelt so gute Dienste geleistet hatte. Allerdings war seine sinnliche Wahrnehmung weiterhin mehr oder weniger zuverlässig. So hat der Mensch allem Anschein nach schon früh in seiner Zivilisationskarriere unterbewusst angenommen, dass er durchaus gut gerüstet für jedes neue Verfahren in seinem Leben sei, wie z. B. für das Sägen, das Pflügen, das Holzhacken usw. und sogar für solche Tätigkeiten, die es mit der Zeit erforderlich machten, dass der Mensch in verkrampften oder zumindest schwierigen Positionen seine Arbeit verrichtete.

Ich darf jedoch daran erinnern, dass der Mensch in diesem Stadium seiner Entwicklung alles Recht der Welt hatte, dies zu glauben: Wenn er aus seinem Inneren oder von außen einen Stimulus erhielt, eine neue Aufgabe zu erfüllen, einer neuen Entwicklung zu folgen oder eine neue Stellung bei einer speziellen Tätigkeit einzunehmen, sei er auch aller Wahrscheinlichkeit nach in der Lage, sein Ziel ohne Sanktionierung zu erreichen. Soweit ich das überblicken kann, ist ihm tatsächlich bis zu diesem Zeitpunkt nichts widerfahren, was ihn hätte annehmen lassen können, dass seine sinnliche Wahrnehmung nicht zuverlässig oder dass sein Koordinationsniveau nicht ausreichend sein könnte. Woher hätte er wissen sollen, dass er seine Mechanismen *allgemein* verletzen könnte, wenn er sie bei seinen Aktivitäten auf eine *spezielle* Art verwendete. Er konnte nicht ahnen, dass dies zu einer allmählichen Verschlechterung führte. Bis dahin war er es bei allen seinen Aktivitäten gewohnt, bei der Jagd oder beim Fischen in den Tagen seines primitiven Stadiums, dass er sich auf die unterbewusste Steuerung seiner sinnlichen Wahrnehmung verlassen konnte. Und das ist der Grund, warum er sich auch weiterhin auf dieselbe Steuerung verließ, wenn er seinen Körper bei all den neuen und den veränderten Beschäftigungen gebrauchte, die die Zivilisation mit sich brachte. Obwohl er also im frühen Stadium seines Fortschritts auf dem Wege ins Zivilisationszeitalter seine Denkprozesse entwickelt hatte, als er die ersten groben Waffen und einfaches Werkzeug ersonnen hatte, hat er sein Denken nicht zur Steuerung seiner geistig-körperlichen Mechanismen verwendet, wenn er die verschiedenen Aktivitäten des täglichen Lebens verrichtete. Die nur eingeschränkte Verwendung seiner Denkprozesse und das noch fehlende Bewusstsein von einem Gefühl für körperliche Mängel lassen es mehr als wahrscheinlich erscheinen, dass der Mensch auch nicht das leiseste unterbewusste Anzeichen darüber erhalten hat, dass sein Instinkt von den neuen Lebensverhältnissen und unter den neuen Zivilisationserfahrungen irgendwie in Mitleidenschaft gezogen worden sein könnte. Nichts deutete darauf hin, dass auch nur ein Bruchteil seines Instinkts für eine zufriedenstellende Verwendung und Entwicklung seines Körpers verloren gegangen sein könnte, aus dem seine Gattung seit ewigen Zeiten ihren Nutzen gezogen hatte, der dann sein Erbe geworden war und von dem er auch zu keiner Zeit in Zweifel gezogen hatte, dass er dieses Erbe für alle Zeiten von Generation zu Generation weiterreichen sollte.

Wenn er aber genau darüber nachgedacht hätte, hätte er erkennen können, dass sich sein Instinkt nur auf begrenzte Erfahrungen stützte, die der Mensch im vorzivilisierten Stadium seiner Entwicklung gemacht hatte, als das Wachstum noch langsam war und die Veränderungen noch selten waren. Er hätte deshalb von seinem Instinkt gar nicht erwarten können, dass er den Anforderungen einer Lebensweise genügen würde, in der das Wachstum sehr viel schneller und die Veränderungen häufiger und nicht vorhersehbar waren. Er hätte erkannt, dass er weiterhin viele seiner Instinkte auf die alte Art und Weise verwendete und dass sie in der Folge immer unzuverlässiger wurden. *Dies hätte ihm dann die Augen dafür geöffnet, dass er eine andere Art der Steuerung und Regelung* [A)] *verwenden musste, wenn er den Anforderungen seiner neuen und sich beständig verändernden Umwelt zufriedenstellend genügen wollte. Es wäre ihm aufgegangen, dass er seinen Instinkt, diesen Zuarbeiter einer nur langsamen Entwicklung, durch den Verstand beim Gebrauch seiner geistig-körperlichen Mechanismen ersetzen musste, wenn er diese neue Steuerung in der gebotenen Eile, die die Bedingungen erforderten, schnell aufbauen wollte. Er hätte mit anderen Worten deutlich erkannt, dass sein primitives geistig-körperliches Rüstzeug von der unterbewussten auf die bewusste Regelungs- und Steuerungsebene verlagert werden musste.*

Die Jahrhunderte vergingen und sie brachten es für den Menschen mit sich, dass sich die Reichweite seiner Denkprozesse erweiterte. Er beschränkte ihre Verwendung aber unglücklicherweise nur darauf, das Verhältnis von „Ursache und Wirkung“ und die „Mittel zum Zweck“ in Verbindung mit seinen Aktivitäten in der Außenwelt zu durchleuchten. Es kam ihm nicht in den Sinn, seinen Verstand auch einzusetzen, um das Verhältnis von „Ursache und Wirkung“ und um die „Mittel zum Zweck“ in Verbindung mit dem Gebrauch seines geistig-körperlichen Organismus zu analysieren. Gleichzeitig wurden allmählich, aber so zuverlässig wie das Amen in der Kirche seine sogenannten körperlichen Mechanismen gestört, wenn er sie verwendete. Teilweise lag dies daran, dass sie nicht mehr regelmäßig jeden Tag benutzt wurden, sondern vergleichsweise inaktiv blieben. Der hauptsächliche Grund aber war, dass die Instinkte des Menschen dabei versagten, den Anforderungen zu genügen, die an sie bei den Aktivitäten der neuen Lebensweise gestellt wurden.

Leider zeigten sich die Ergebnisse dieses Versagens der Instinkte des Menschen nicht sofort. Und auch diese Vermutung ist plausibel: Als der Mensch die Stufe der wilden Tiere hinter sich gelassen hatte, arbeitete sein Instinkt noch zufriedenstellend und weil er mit einem relativ hohen Gesundheitsniveau ausgestattet war, gab es auch wenig

Anlass dafür, Heilmaßnahmen zu ergreifen. Es war das sogenannte körperliche Selbst, das bis dahin bei den Aktivitäten des Menschen der kontrollierende und steuernde Faktor gewesen war, weil es sich über die Jahrtausende weiter entwickelt hatte. Es übersteigt fast die Vorstellungskraft eines heutigen Menschen, wenn er sich vergegenwärtigen soll, dass die Erfahrungen von vielen Millionen von Jahren dazu verwendet worden sind, um diese sogenannte körperliche Entwicklung voranzutreiben. Im Vergleich dazu waren die Erfahrungen, die der Mensch auf der sogenannten geistigen Seite gesammelt hatte, so unendlich klein.

Von diesem Zeitpunkt an steigerte sich die Geschwindigkeit beständig, mit der der ruhelose, immer neue Fragen stellende Mensch weiter in Richtung Zivilisation, wie man es nannte, voranschritt. Er war zwar mit so wunderbaren Anlagen auf der „geistigen" Seite ausgestattet, die sich von nun an auch in viel größerem Maße ausprägten als die Anlagen auf der „körperlichen" Seite. Aber er war von seinen Instinkten nicht auf einen so plötzlichen geistig-körperlichen Schub vorbereitet worden. Er war nicht darauf vorbereitet, dass das Pendel so gewaltig zu der „geistigen" Seite ausschlug. So erreichte er die neue Entwicklungsstufe, atemlos und betäubt, und hatte dabei seine geistig-körperlichen Erfahrungen verloren, die er in Stufen mit steigendem Anspruchsniveau gemacht hatte [18)] und die untrennbar mit seinem Wachstum in früheren Zeiten verbunden gewesen waren.

Stufe 3
Stufe der fortgeschrittenen Zivilisation

Schwere Mängel werden festgestellt und unter dem Begriff „körperlicher" Verfall zusammengefasst.

In der Menschheitsgeschichte kommt schließlich eine Zeit, in der so manchem aufgefallen ist, dass sich bestimmte, schwerwiegende Mängel im Menschen entwickelt haben. Und man hat diese Mängel sehr wohl als „körperlichen“ Verfall erkannt. Dies wird schon dadurch belegt, dass man „Körperübungen“ als Heilverfahren entwickelte. So gab es durchaus die Erkenntnis, dass dem allgemeinen Wohlbefinden einiger Schaden zugefügt wird und dass die Menschheit von diesem Zeitpunkt an durch die verschiedenen Stufen ihres weiteren Zivilisationsprozesses davon mehr oder weniger begleitet werden würde.

Ich habe mit Bedacht die Aussage gemacht, dass der Mensch von nun an *vom Körperverfall begleitet werden würde*. Es ist tatsächlich genau so gekommen. Ich habe auch erklärt, dass es nicht so weit hätte kommen müssen, dass es auch nicht so weit gekommen wäre, wenn der Mensch erkannt hätte, dass diese Mängel einen Sinn hatten: Sie waren Zeichen dafür, dass der Mensch ein psychologisches Moment in seiner Karriere erreicht hatte, um seine große Erbschaft anzutreten. Die Zeit war reif für ihn, um beim Einsatz seiner geistig-körperlichen Mechanismen von der unterbewussten, animalischen Wachstums- und Entwicklungsstufe auf höhere und immer noch höhere Verstandesstufen, auf ein höheres und ein immer noch höheres Niveau bewussten Denkens zu gelangen.

Unglücklicherweise hatte der Mensch die wahre Bedeutung dieses Gefahrensignals nicht erkannt. Denn es bleibt eine Tatsache, dass er das Experiment der unterbewussten Steuerung nicht abbrach, obwohl es sich bereits als Fehlschlag erwiesen hatte und sich auch weiterhin als Fehlschlag erweist, mit Zeichen, die unmissverständlich sind und „die jeder lesen kann, der versteht die Zeichen zu sehen.“

Sicherlich, man hatte sich schon den einen oder anderen Gedanken zu der Position gemacht. Es gab die Wahrnehmung einer Verschlechterung auf der sogenannten körperlichen Seite, wie sie vorher noch nie in der Erfahrung der Menschheit aufgetaucht ist. Und auf der anderen Seite, der sogenannten geistigen Seite, mag es sogar das deutliche Empfinden eines Zugewinns gegeben haben, weil die Menschen die sogenannten geistigen Prozesse verwendet und entwickelt haben. Aber einen Punkt möchte ich klar herausstellen: Dort, wo sich diese wenig ausgewogene Entwicklung zeigte, verlief ein gestörter Koordinationsprozess. Dieser Prozess stellte tatsächlich das genaue Gegenteil einer koordinierten Entwicklung dar und dauert mit wenigen Ausnahmen bis in die heutige Zeit an. In der Tendenz weitete nämlich der Zivilisationsprozess die Reichweite der sogenannten geistigen Aktivitäten von Anfang an aus und schränkte die Reichweite der sogenannten körperlichen Aktivitäten ein. Auf der Basis unterbewusster Steuerung und Kontrolle bedeutete dies zu jedem Zeitpunkt, dass es auf der sogenannten geistigen Seite zu weiterer Entwicklung kam. Nur ging diese Fortentwicklung zu Lasten einer ebenso markanten, wenn nicht sogar noch deutlicheren Verschlechterung auf der sogenannten körperlichen Seite. Gleichzeitig verschlechterte sich auch das Niveau der sinnlichen Wahrnehmung. Ich muss aber an dieser Stelle in Erinnerung rufen, dass aufgrund der Wechselbeziehungen und gegenseitigen Abhängigkeiten zwischen den Mechanismen und Anlagen des Organismus jede Verschlechterung auf der „körperlichen" Seite in dem Prozess, den wir menschliches Leben nennen, mit der Zeit auch ernsthafte Auswirkungen auf der „geistigen" Seite haben muss. Allein eine Ausweitung der Bereiche sogenannter geistiger Aktivität bedeutet noch lange nicht auch die Zunahme gesunder „geistiger" Aktivität. [19)] Die Erfahrungen des Menschen in der Zivilisation bis heute, nicht zuletzt die in den beiden Weltkriegen (1914/1918 und 1939/1945) gemachten sind ein Beleg dafür. Der Zivilisationsprozess ist tatsächlich Hand in Hand mit einem schädlichen Eingriff in die Koordinationsprozesse gegangen, von denen beim Menschen ein zufriedenstellendes Wachstum des geistig-körperlichen Organismus abhängig ist.

Die Störung der Koordinationsprozesse hatte gravierende Folgen: Von dem Zeitpunkt an, als der Mensch in das Stadium der Zivilisation eintrat, musste sein weiteres Wachstum, das ja unterbewusst gesteuert wurde, zwangsläufig ungleich und unausgewogen werden. Eine neue Ära in der menschlichen Existenz wurde durch diese unausgewogene Entwicklung eingeläutet: Es kam beim Menschen zu einer Störung des koordinierten Gebrauchs seiner Mechanismen insgesamt. Aber ganz besonders wurden jene muskulären Koordinationsverhältnisse gestört, die so wesentlich für sein körperliches Wohlergehen sind.

Der Mensch stört den koordinierten Gebrauch seiner geistig-körperlichen Mechanismen. Damit einher geht eine Nivellierung der sinnlichen Wahrnehmung.

Im primitiven Stadium gingen die instinktive Steuerung und Kontrolle noch einher mit einem damit verbundenen zuverlässigen Gefühlssinn (einer zuverlässigen sinnlichen Wahrnehmung) für die Steuerung. Diese alte instinktive Steuerung hatte nun, wie wir gesehen haben, allmählich unter den neuen Verhältnissen viele Bereiche eingebüßt, in denen sie nützlich sein konnte, und sie ist mehr oder weniger beschädigt worden. Aber der Mensch hat weiter darauf gesetzt, dass sie so zuverlässig bleibt, wie in den Zeiten vor der Zivilisation. Das Ergebnis war unausweichlich: Der koordinierte Gebrauch der geistig-körperlichen Mechanismen des Menschen musste gestört werden und ihr allgemeines Funktionsniveau und das Niveau der sinnlichen Wahrnehmung mussten beständig sinken. Der Schaden wurde noch durch eine Tatsache verstärkt: Der Mensch verließ sich weiterhin bei allen Angelegenheiten, die mit dem Gebrauch seines geistig-körperlichen Organismus zusammenhingen, blind auf seine unterbewusste Steuerung und war somit weiter von seinem Gefühlssinn abhängig, der sich allerdings zunehmend verschlechterte. Das Resultat ist niederschmetternd, denn die Menschen von heute repräsentieren vielleicht den am schlechtesten koordinierten Typus der Gattung „homo sapiens“, den die Geschichte der Menschheit jemals gekannt hat.

Es ist leicht nachzuvollziehen, wie eine solche Koordinationsstörung der geistig-körperlichen Mechanismen des Menschen eine ganze Reihe von unerwünschten und alarmierenden Symptomen verursacht hat, in denen sich diese Störung zeigte. Schließlich erreichte der Körperverfall des Menschen einen Punkt, an dem die Notwendigkeit für Maßnahmen, die den Verfall aufhalten konnten, wirklich dringlich geworden ist. Der Mensch sah sich einer Situation ausgesetzt, die gänzlich außerhalb seines Erfahrungsbereichs lag. Sie erforderte von ihm nicht nur eine Reaktion, sondern eine *schnelle* Reaktion. Das Problem war deshalb so kompliziert, weil der Mensch, an den sich diese dringende Forderung richtete, schon schlecht koordiniert war und er es sich zur Gewohnheit gemacht hatte, auf eine gewisse selbstbewusste, ja sogar leichtsinnige Weise auf einen Stimulus zu reagieren. Grund dafür war das rasante Tempo, mit dem er seine Erfahrungen zuletzt gemacht hatte. Ein solches Tempo war dem menschlichen Organismus bis dahin vollkommen unbekannt.

Als dieser dringende Ruf, insistierend wie er war, an den Menschen erging, Heilverfahren für seine Krankheiten zu finden, können wir uns leicht die Konfusion vorstellen, die seine erste Erfahrung zwangsläufig auslöste. Er hatte sie gemacht, als er zu einem neuen Problem seiner Psychomechanik eine verhältnismäßig hastige Entscheidung getroffen hatte, und außerdem stellte sich ihm dieses Problem erst, als er schon ein weit fortgeschrittenes Stadium geistig-körperlicher Fehlkoordination erreicht hatte. Stellen wir uns nur einmal die Gemengelage vor, die dieser ersten Erfahrung zu Grunde lag,

- das Empfinden, dass körperliche Probleme zunehmen,
- der S. O. S.-Ruf nach Maßnahmen, um die Probleme zu beseitigen
- und die übereilte, eher zufällige Reaktion

und uns wird klar, dass der aufgewühlte Zustand, der damit verbunden ist [20)], nicht unbedingt dafür geeignet ist, den Verstand klug einzusetzen.

Erinnern Sie sich noch an die Geschichte von Mr. Carlyle, wie er unter ganz ähnlichen Umständen auf die Nöte seines Freundes Henry Taylor reagiert hat? Er hatte gehört, dass sein Freund krank war. Dies versetzte ihn in eine solche Konfusion, dass er sich mit einer Flasche Medizin, die schon seiner Frau geholfen hatte, auf den Weg zu ihm machte, ohne sich überhaupt einen Gedanken darüber gemacht zu haben, was genau dem Freund fehlte. Er wusste auch nicht, was sich eigentlich in der Flasche befand. Wenn schon ein Mensch in einer fortgeschrittenen, zivilisierten Gesellschaft mit seinen Kenntnissen in kritischen Momenten unüberlegt handelt, kann es nicht überraschen, dass auch der gering entwickelte, unterbewusst gesteuerte Mensch der vorherigen Periode übereilt auf die gleiche unüberlegte Weise gehandelt hat, um eine „Lösung" zu finden, als er sich mit dem Problem seines Körperverfalls konfrontiert sah. Aus meiner Sicht griff er zu einem „Lösungsansatz", zu dem der Instinkt auch seine Vorfahren in der Vergangenheit ohne ein Zögern greifen ließ, und es kam ihm gar nicht in den Sinn, dass dieser „Lösungsansatz" nicht zu seinen Lebensumständen passte, die von sich beständig verändernden Zivilisationsanforderungen an ihn bestimmt wurden. Den Auswirkungen dieser Veränderungen auf seinen Organismus zollte er keinerlei Beachtung.

Im frühen Stadium der Evolution war der „Lösungsansatz", den der primitive Mensch ergriff, immer *spezifisch.* Es war sein Instinkt, der ihn steuerte, wenn er gerade die Beere oder die Wurzel auswählte, die den jeweiligen Schmerz lindern oder die jeweilige Verletzung heilen konnte. Jetzt folgte der Mensch, nicht anders als damals, weiter dem Beispiel seiner weniger entwickelten Vorfahren und behandelte sein Problem ebenso auf eine spezielle Art und Weise. Weil er gesehen hatte, dass sich sein Wohlbefinden beständig verschlechterte und weil sich gleichzeitig auch die Ausbildung seiner Muskulatur verringerte, zog er daraus den Schluss, dass der Verlust an Gesundheit auf die schlechtere Ausbildung seiner Muskulatur zurückzuführen sei. Nur hat er den zunehmenden Verfall seiner Gesundheit ausschließlich mit seinen schlaffer werdenden Muskeln in Verbindung gebracht und hat ihn nicht auch gesehen als eine Verschlechterung seiner allgemeinen geistig-körperlichen Koordination und seiner sinnlichen Wahrnehmung. Die Störungen der Koordination und der sinnlichen Wahrnehmung führten nämlich zu einer allgemein schlechteren Justierung des Organismus, zu einer Verschiebung seiner inneren Organe und zu Gewebeverschiebungen. Sie haben so schwere Belastungen und starke Irritationen ausgelöst, dass eine ganze Reihe von unangenehmen und alarmierenden Symptomen [21)] aufgetreten ist.

Der Mensch ergreift Maßnahmen spezieller Art, um allgemeinen Übeln zu begegnen

Der Mensch musste ganz einfach zu dem Schluss kommen, dass die Ursache für seine allgemeine Schwächung seine Muskelschwäche war, weil seine Denkprozesse noch eine nur begrenzte Reichweite hatten. Sein enges und fehlerhaftes Vorstellungsvermögen führte auf direktem Wege zu der Idee, er könne seinen Muskelapparat entwickeln, indem er *spezielle* Übungen, die *spezielle* Muskeln trainieren, in einem *speziellen* Zeitintervall ausführt. Ein solcher Prozess kann aber ganz offensichtlich nicht eine Verschlechterung der *allgemeinen* Koordinationsbedingungen eindämmen und er kann auch die Fehlstellungen und Verschiebungen, auf die ich bereits hingewiesen habe, nicht beheben.

Um dies zu veranschaulichen, können wir mit einer Maßnahme den Anfang machen, die Gewichtheber-Methode [22)] genannt wurde. Sie ist wahrlich eine grobschlächtige Prozedur, gehört aber in das Stadium der Evolution, als der Instinkt schon geschädigt war und Denkprozesse nur in wenigen, begrenzten Bereichen eingesetzt wurden. Sie mag in dieser Phase durchaus gut gewesen sein. Die Ära der Gewichtheber-Methode wurde in der Folge durch Formen primitivster, gymnastischer Übungen mit sehr hoher Belastung ersetzt. Diesem groben, mechanischen Übungssystem folgte ein anderes mit geringeren Belastungen. In der nächsten Runde kamen wieder zunehmend Kraftmaschinen in Mode. Diese besondere Form des Bodybuilding durchlief eine ganze Reihe von Phasen, aber es war nicht zu übersehen, dass die jeweiligen Resultate alles andere als zufriedenstellend waren. Alle, die mit der Fitness des Menschen zu tun hatten, waren sich einig, dass die Ergebnisse weiterhin sehr entmutigend waren und dass der körperliche Verfallsprozess trotz aller Bemühungen, ihn einzugrenzen, nicht aufgehalten werden konnte, weil die „richtige" Methode, wie die einen glaubten, noch nicht gefunden worden sei oder weil, wie andere argumentierten, die rapide Verschlechterung des geistig-körperlichen Zustands des Menschen eine Qualität erreicht hatte, die auch von den besten Kraftmaschinen oder den besten Maßnahmen zur Gesundung nicht kompensiert werden könnte. Und so wurden noch einmal Veränderungen vorgenommen. „Schwedendrill“ [A)] kam in Mode. Die verschiedensten Formen von Trainingsgeräten und Hanteln wurden ausprobiert, eingesetzt bei Muskel spannenden Bewegungen jeglicher Art. Die Erfahrungen, die mit der *Schulung der Körperhaltung*, mit den *„12 gymnastischen Übungen täglich“*, mit *Gymnastik und Turnen* und mit der Methode der *Tiefatmung* gemacht worden sind, können ganz offensichtlich nicht zufriedengestellt haben, denn die Suche „nach der großen, noch unbekannten und unentdeckten Methode“ geht weiter und weiter.

Der eine Teil der Menschheit setzte also darauf, die Mängel, die die Zivilisation beim Menschen verursachte, irgendwie auszugleichen. Ein anderer Teil war fest davon überzeugt, dass die Lebensbedingungen in der Zivilisation niemals dafür gedacht waren, für den Menschen eine angemessene Lebensweise zu sein. Dieser Teil der Menschheit kam zu dem Schluss, dass die „Rückkehr zum einfachen Leben“, die „Rückkehr zur Natur“ die *Methode zu ihrer Errettung* sei. So werden wir gerade Zeuge, wie diese einfältigen, wenig entwickelten Menschen versuchen, zu den Situationen der frühen Triumphe ihrer prähistorischen Vorfahren zurückzukehren. Sie stellten sich nämlich vor, dass die Erfahrungen, die sie dann in der Folge machen würden, wieder in ausreichendem Maße gleichbleibend wären und sich nur so langsam entwickelten, dass sie ihren gegenwärtigen Fähigkeiten auf unterbewusster Ebene weiterhin entsprachen, an denen sie mit Beharrlichkeit festhielten. Das Bild des frühen Menschen in seiner Umgebung, die zwar roh, aber natürlich war, ist für jene, die dieses Stadium schon weit hinter sich gelassen haben, ein seltsames und interessantes Schauspiel. Wenn zivilisierte Menschen den Versuch unternehmen, in die Umwelt ihrer prähistorischen Vorfahren zurückzukehren, ist dieses Schauspiel für uns zumindest lächerlich, wenn es nicht sogar eine Tragödie darstellt, weil eine solche Vorstellung nicht mit unserem intellektuellen Stolz zu vereinbaren ist.

Der Mensch macht bei der Beurteilung seiner Lage mehrere Fehler, als er sich für „Körperübungen" als Maßnahme entscheidet, um seine fundamentalen Mängel zu bekämpfen.

Dieses möchte ich an dieser Stelle unbedingt betonen: Bei der Suche nach einem Heilverfahren für seinen Körperverfall hat der Mensch ganz bestimmte äußerst wichtige Faktoren übersehen. Diese Faktoren werden auch heute noch von der Mehrzahl der Menschen in ihrem Streben nach Gesundheit und nach Aufwertung nicht erkannt.

An erster Stelle hat der Mensch die Tatsache vollkommen übersehen, dass die Mechanismen seiner sinnlichen Wahrnehmung, von denen er bis zu diesem Zeitpunkt bei der Steuerung seiner normalen Aktivitäten vollständig abhängig war, die Sinneseindrücke nicht mehr genau genug registrieren, dass er sich somit nicht länger bei der Ausführung der ganz normalen Tätigkeiten des täglichen Lebens auf sein Gefühl, also auf seine instinktive, unterbewusste Steuerung verlassen kann. Die Tatsache allein schon, dass man nach einer gewissen Übergangszeit „Körperübungen" für nötig gehalten hat, beweist, dass sich Fehler erheblichen Ausmaßes entwickelt haben mussten. Man kann es nicht oft genug wiederholen: Der Grund dafür ist das allmähliche Versagen der Sinnesorgane, denn sie konnten den Menschen, wenn er die Sinnesorgane benutzte, nicht mehr in ausreichendem Maße bei seinen Aktivitäten des alltäglichen Lebens steuern. Dieses Versagen hat schließlich dazu geführt, dass der geistig-körperliche Organismus des Menschen ein fortgeschrittenes Stadium der Fehlkoordination erreichte.

Eindeutig zeugt es nicht von Klugheit, wenn man die Erwartung hatte, dass „Körperübungen", welcher Art auch immer, grundlegende und auch dauerhafte Verbesserungen in diesen unbefriedigenden Zustand bringen würden. Wenn nämlich jemand diese „Körperübungen" ausführt, wird er von der gleichen falschen und trügerischen Wahrnehmung gesteuert, *die ja erst zu dem Zustand geführt hatte, dass man sich letztlich gezwungen sah, die ein oder andere Gesundheitsmaßnahme zu ergreifen.*

Schon während jemand die Fitnessübungen ausführt, entwickelt sich gleichzeitig seine bereits vorhandene Fehlkoordination weiter. Mit einer an Sicherheit grenzenden Wahrscheinlichkeit wird er bei sich auf neue und verwirrende geistig-körperliche Probleme [23)] stoßen. Und dann sind diese Probleme plötzlich da und werden sehr schnell komplizierter. Zwar kann man nicht behaupten, dass sie heute schon vollständig durchschaut werden können, aber was man sagen kann, ist dieses: Was sie wirklich bedeuten, wird weiterhin vollkommen missverstanden, insofern als die Mehrzahl der Menschen nicht erkennt, dass sie mit einem sehr schlecht koordinierten und stark beschädigten Mechanismus auf der schwierigen Straße des Lebens weiterfährt und dass sie sich von einer falschen und trügerischen Wahrnehmung auf dieser Fahrt steuern lässt.

Als der Mensch sich für „Körperübungen" als Maßnahme entschieden hat, um seinen Verfall aufzuhalten, hat er nicht mit in Betracht gezogen, dass sein Körper eine komplizierte und hoch entwickelte Maschine ist. Man musste deshalb davon ausgehen, dass neben der Schwächung seiner Muskulatur auch viele andere Ursachen zu seinem morbiden Zustand beigetragen haben. Er hat auch nicht überlegt, dass die Übungen selbst in keinster Weise in einem Zusammenhang zu den Bedürfnissen seines Organismus standen, weder in den Zeiten praktischer Aktivität in seinem Leben noch in den Ruhezeiten, die eine wichtige Rolle im Tagesablauf eines jeden spielen. (Dieser letzte Punkt wird von den Fitnessfreaks allzu gern und beständig übersehen.)

Wenn wir uns jetzt fragen, warum der Mensch diese wichtigen Punkte übersehen hat, kann die Antwort ein Licht auf viele Probleme in unserer Gegenwart werfen. Ohne Zweifel war es ausschließlich sein

Ziel, eine Methode zu finden, die seine Probleme beseitigt und nicht eine, die ihre Entstehung gar nicht erst zulässt. Sein Augenmerk war voll und ganz auf das „Ziel" fixiert, das er zu erreichen suchte (nämlich die Verbesserung seiner körperlichen Verhältnisse), und er hatte keinen Blick für die *Mittel-und-Wege* übrig, mit denen er nach gründlicher Überlegung sein „Ziel" erreichen könnte.

Wenn der Mensch sich seinen Körper als die komplizierte Maschine hätte vorstellen können, die sie ist, hätte er seinen schlechten Zustand nicht nur als Verschlechterung der muskulären Verhältnisse erkannt. Er hätte auch sehen können, dass seine geistig-körperliche Koordination generell schlechter geworden war. Diese verschlechterte Koordination wird von einer Störung der normalen Raum- und Lageverhältnisse in seinem Organismus begleitet und von einem generellen Absinken des Funktionsniveaus aller seiner Organe. Dann hätte er auch erkannt, dass sein Körperverfall nur das **Symptom** für diese oder jene Fehlfunktion der Maschinerie sein musste und dass *die ganze Maschine neu eingestellt werden musste, bevor sie wieder koordiniert hätte arbeiten können.*

Er hätte seinen Körper so behandelt, wie er eine Maschine behandelt hätte, die nicht mehr funktionstüchtig ist. Als Beispiel soll uns eine Uhr dienen, die eines Tages eine halbe Stunde vorgeht und am folgenden Tag ganz stehen bleibt oder deren kleiner Zeiger sich genauso schnell dreht wie der große. Wenn man einen Zug erreichen wollte, würde man dieser Uhr wohl kaum vertrauen. Man würde sie auch nicht selbst reparieren wollen, sondern sie einem Fachmann zur Reparatur geben, der weiß, wie so ein Uhrwerk funktioniert und der ein verschlissenes oder kaputtes Teil austauschen und den gesamten Mechanismus wieder richtig einstellen kann. Der Uhrmacher würde vielleicht sogar den Vorschlag machen, von Zeit zu Zeit die Uhr durchsehen zu lassen, um einer etwaigen Abnutzung zuvorzukommen und, wenn nötig, beschädigte Teile auszutauschen oder zu reparieren. Dies wäre ja wohl ein ganz vernünftiges Verfahren, um *zu verhindern*, dass ihr Mechanismus [24] in einer Weise gestört würde, dass man sich nicht mehr auf sie verlassen könnte.

Es kann aber niemanden wirklich überraschen, dass der Mensch nicht in dieser Weise argumentiert hat, als es um das Versagen seines eigenen Mechanismus ging. Er hatte bis jetzt seine Denkfähigkeit noch niemals in dem Maße für die Erhaltung seiner eigenen Mechanismen und für sein eigenes Wohlergehen eingesetzt, wie er sie für Mechanismen verwendet hatte, die sich außerhalb seiner Natur befunden hatten. Er glaubte, dass er einen „körperlichen" Defekt hatte, und er entschloss sich, wirksame Maßnahmen dagegen zu ergreifen. Von dem Augenblick an, als er den Wunsch hatte, den Defekt zu bekämpfen, daran besteht wirklich kein Zweifel, war es ihm versagt, über die Ursache oder die Ursachen seines Körperverfalls oder über die geistig-körperlichen Prinzipien, die an dem Verfall beteiligt waren, nachzudenken. Selbst wenn er die Ursache oder die Ursachen herausgefunden hätte, wäre er nicht in der Lage gewesen, die *Mittel-und-Wege* zu bedenken, mit denen er sein gewünschtes „Ziel", den Körperverfall aufzuhalten, erreichen könnte. Kurz gesagt, war seine Entscheidung das Ergebnis eines unterbewussten, deshalb unüberlegten Vorgehens und nicht das Ergebnis bewusster und vernünftiger Reflexion. In diesem frühen Entwicklungsstadium des Menschen konnte man auch kaum ein anderes Ergebnis erwarten, wenn man berücksichtigt, dass man dem Problem fehlender geistig-körperlicher Fitness selbst im 20. Jahrhundert mit derselben urzeitlichen „Heilungsperspektive" sowohl in der Theorie als auch in der Praxis entgegentritt.

Der Mensch setzt seine kognitiven Fähigkeiten für Aktivitäten in seinem äußeren Umfeld ein, aber nicht für seinen geistig-körperlichen Organismus.

Wir müssen unsere Augen für die harte und unangenehme Tatsache öffnen, dass sich der zivilisierte Mensch persönlich in seinem Inneren zu keiner Zeit selbst weiterentwickelt hat, auch wenn er bei vielen äußeren Angelegenheiten weitergekommen ist. Er hat zwar die Mittel und Wege bedacht, um die jeweiligen Kräfte, die er in der äußeren Welt entdeckt hatte, zu kontrollieren und zu seinem eigenen Nutzen einzusetzen. Nur hat er dieses Prinzip der Vernunft nicht auch an den Stellen verwendet, wo sein eigener Organismus betroffen ist. Dieses Meisterstück einer geistig-körperlichen Maschinerie [25], die in ihrer Arbeitsweise subtiler und komplizierter als jede andere vom Menschen konstruierte Maschine ist, beließ er in der Obhut einer weiterhin unterbewusst gesteuerten, sinnlichen Wahrnehmung, ohne sich darüber im Klaren zu sein, dass diese sinnliche Wahrnehmung im Zuge eines prahlerischen Fortschritts der Zivilisation immer unzuverlässiger werden würde.

Wir wissen alle, was mit dem Wort Frevel gemeint ist und wir kennen auch die Handlungen, die unter diese Kategorie fallen. Aber soweit mir bekannt ist, ist noch niemand auf den Gedanken gekommen, das Wort Frevel im Zusammenhang mit dem Gebrauch des geistig-körperlichen Organismus des Menschen zu verwenden. Aber ist es nicht ein Frevel, dass dieser Organismus die Tätigkeiten des Lebens in den letzten zwei Jahrtausenden, in denen der Mensch Erfahrungen mit der Zivilisation gemacht hat, auf der Basis eines unterbewussten, nicht rationalen Plans gesteuert und verwendet hat? Ist es nicht ein Frevel, dass sich deshalb Defekte und Entstellungen entwickeln und festsetzen konnten? Die Justierung dieses so wunderbaren, geistig-körperlichen Mechanismus ist in einer Weise gestört worden, die ihn geschädigt hat. Und auch die Koordinationsverhältnisse, die ganz entscheidend für sein tatsächliches Funktionieren sind, haben beträchtlichen Schaden genommen. Diese Störungen haben dazu geführt, dass das allgemeine Funktionsniveau des Organismus gesunken ist.

Es gab eine Zeit, als der Körper mit den Armen und Beinen eine „Form in Vollendung“ darstellten. Er war Inspiration für Bildhauer und in der Malerei. Es war eine Freude, dieses Ideal an „Schönheit und Symmetrie“ anzusehen. Heute kann man den Organismus der allermeisten Menschen nur als mehr oder weniger aus der Form gebracht, schlecht justiert und unsymmetrisch beschreiben. Anmut und Eleganz der Bewegungen sind durch Ungeschicklichkeit und Plumpheit ersetzt worden. Die Beine und die Arme, vormals elegant definiert, haben ihre ursprünglichen Konturen verloren. Die geistig-körperlichen Mechanismen des Menschen arbeiten nicht mehr zum Vorteil des Ganzen, sondern zu seinem Nachteil.

* * * * * * *

Es folgt eine Zusammenfassung meiner Argumentation: Wir haben gesehen, dass der Mensch einige wichtige Faktoren übersehen hatte, als er „Körperübungen" als Maßnahme auswählte, um das zu beheben, was er allein als Körperverfall eingestuft hatte. Zunächst einmal hat er die Tatsache nicht einkalkuliert, dass sich ein Zustand der Unzuverlässigkeit im Bereich seiner sinnlichen Wahrnehmung entwickelt hatte. So diente seine sinnliche Wahrnehmung nicht länger als verlässliche Steuerung für seine geistig-körperlichen Aktivitäten. Und zweitens hat er seinen Körper nicht als einen koordinierten Mechanismus betrachtet, was ihn auf die falsche Fährte lockte, spezielle Maßnahmen zur Behebung der speziellen Probleme auszuwählen, anstatt breit und allgemein angelegte *Prinzipien zur Vorbeugung* aufzustellen. So hätten die Voraussetzungen geschaffen werden können, dass koordinierte Verhältnisse im gesamten geistig-körperlichen Mechanismus wieder hergestellt und dann auch erhalten werden. Vor allem aber hat er nicht das eine Prinzip von überragender Bedeutung auf sein Problem angewendet, von dem, wie ich behaupte, ein jeglicher Zivilisationsfortschritt des Menschen abhängig ist. Dieses Prinzip fordert: *„Bedenke die vernünftigen Mittel-und-Wege, mit denen ein gewünschtes Ziel erreicht werden kann."* Es ist in der Tat das genaue Gegenteil jenes alten unterbewussten Plans, blind loszustürmen, um ein „Ziel" sofort zu erreichen.

Jetzt können wir auch den fundamentalen Prozess genau verstehen, der vom ersten Tag der Menschheit den Verlauf ihres Aufbaus bestimmt hat. Bei der großen Mehrzahl der Menschen wird er auch heute noch davon bestimmt, wenn sie in psychologisch kritischen Momenten immer noch wie schon ihre Vorfahren aus grauer Vorzeit handelt: sie reagiert unterbewusst und geht direkt auf ein „Ziel“ los, wenn sie sich Problemen gegenübersieht, die denen ihrer Vorfahren ähneln. Sie bedenkt nicht die vernünftigen *Mittel-und-Wege, mit denen* sie ihre gewünschten „Ziele“ am besten erreichen könnte und es ist nicht die Vorstellung, etwaigen Problemen vorzubeugen, die sie leitet.

Es stimmt zwar, dass es hier und da Modifikationen dieses Verhaltens gibt. Und ich gebe auch gerne zu, dass eine kleine Minderheit unter den Menschen aktuell den Versuch unternimmt, ihre Lage und die Lage der anderen zu analysieren, wo Missstände und Fehler betroffen sind. Aber wie ich später noch zeigen werde, versucht sie nur Reparaturen mit Hilfe *spezieller* Maßnahmen vorzunehmen, anstatt jedes Problem mehr auf *allgemeiner* Basis zu behandeln.

Dies gilt gleichermaßen für die verschiedenen Formen der spirituellen Heilverfahren, inklusive der Richtungen, die erst seit neuestem in Mode gekommen sind: Autosuggestion, die Bewegungen des „New Thought“ [A)] oder der „Christian Science“. Diese Formen der spirituellen Heilung sind eine Reaktion auf die vorherige Bewegung der „Körperkultur“. Aber wie alle Reaktionen von Menschen, die unterbewusst gesteuert werden, sind sie über das Ziel hinausgeschossen. Allem Anschein nach neigen wir bei unseren Versuchen, uns auf unterbewusster Ebene weiterzuentwickeln, nämlich dazu, von einem Extrem ins andere zu fallen. Es gelingt uns auf dieser Basis nicht, die Gefahren zu erkennen, auf die wir zusteuern. Erst wenn der „Holzhammer auf unseren Kopf niederfährt“, im Gewand einer unvorhergesehenen oder unbekannten Kraft der NATUR, sind wir endlich so weit, dass wir innehalten. So gehen wir dann vielleicht auf denselben Pfaden zurück, aber nur um nicht weniger blind in eine andere Richtung aufzubrechen, bis wir die Stelle des anderen Extrems erreichen, wo dann die NATUR erneut interveniert und uns zwingt, Halt zu schreien. (Dies ist ein Prozess, der einer Überkompensation gleichkommt.)

So wie wir uns unter unterbewusster Steuerung weiterentwickeln, ähneln wir einem Menschen, der sich im tiefen Wald verlaufen hat; der umherirrt und die Zeichen nicht sieht, die ihm eigentlich nicht entgehen dürften, wenn er nicht emotional gestört wäre; der sich nach langen und beschwerlichen Erfahrungen wieder an der gleichen Stelle wiederfindet, von der er gestartet war. Schuld daran ist die Gewohnheit, sich von dem einen Extrem in das andere zu stürzen. Sie scheint nämlich wirklich Hand in Hand mit unterbewusster Steuerung und Kontrolle zu gehen, worauf ich bereits hingewiesen habe. Diese Gewohnheit lässt uns in der Tendenz die schmalen und tückischen Seitenwege nehmen an Stelle des großen, breiten Boulevards, was dazu führt, dass sich unser Zivilisationsvorhaben als ein vergleichsweiser Fehlschlag erwiesen hat.

Die so schädliche Vorstellung, der geistig-körperliche Organismus sei in irgendeiner Weise teilbar

Ein Aspekt darf nicht fehlen, wenn ich die vielen Fehler aufzähle, die der Mensch gemacht hat, als er versuchte, all die Probleme zu lösen, die ein Leben in der Zivilisation mit sich brachte, und er sich dabei auf seine unterbewusste Steuerung verließ. Diesen Aspekt will ich im Folgenden beschreiben. Als der Mensch „Körperübungen“ und die verschiedensten Methoden spiritueller Heilung als spezielle Maßnahmen gegen seine Missstände erkoren hatte, hat er auf willkürliche Weise versucht, seinen geistig-körperlichen Organismus in die drei Teile aufzubrechen, die er als Körper, Geist und Seele [26)] definiert hat.

Einen beliebigen Organismus in seine Einzelteile zu zerlegen und dann zu erwarten, dass dieser auch zufriedenstellend funktioniert, ist ja wohl ein Vorschlag, wie er unvernünftiger nicht sein könnte. Wir können ja auch nicht erwarten, die besten Ergebnisse zu erzielen, wenn wir bei irgendeiner anderen Maschine das Getriebe von seinem Motor und vom Steuerungsmechanismus trennen.

Wahrscheinlich liegt der Ursprung dieser unreflektierten Vorstellung in dem emotionalen und verwirrten Zustand, der für die Mehrzahl der unreflektierten Handlungen und Glaubensgrundsätze verantwortlich ist, und den man im Allgemeinen in Begleitung der einen oder anderen Form von Angst vorfindet. Natürlich war der Zustand der Verwirrung, in den der Mensch geriet, als er Maßnahmen finden musste, die seinen geistig-körperlichen Niedergang aufhalten konnten, eng mit seinen Urängsten verzahnt, an sie gekoppelt. Angst war nämlich von Anfang an beständiger Begleiter des Menschen. Ob diese Angst nun real und damit gesund oder irreal und ungesund war, war von den jeweiligen Umständen abhängig. In beiden Fällen aber war sie eine Form von Krankheit, für die die wenig entwickelte Kreatur selbst keine Heilungsmöglichkeiten finden konnte. Das Grundgesetz des Überlebens, das bestimmte, dass eine Kreatur der anderen als Nahrung dienen sollte, der Schock neuer Erfahrungen und eine totale Unkenntnis auch der einfachsten Naturgesetze, waren dafür verantwortlich. Aus dieser Lage gab es kein Entrinnen. Jede Kreatur, ob Mensch oder Tier, lebte in der ständigen Erwartung eines Angriffs ihres natürlichen Feindes. Und heute noch blickt unser kleiner Kanarienvogel, dessen direkte Vorfahren seit vielen Generationen bis zum heutigen Tag ausschließlich im Käfig gesessen haben, jedes Mal ängstlich und hastig nach allen Seiten, wenn er auch nur ein einziges Körnchen gepickt hat, nicht anders als die ersten Vögel seiner Art.

Es ist nicht schwer nachzuvollziehen, welche bedrohliche Wirkung der Donner gehabt haben muss, als der primitive Mensch ihn das erste Mal hörte, oder welche Ängste der erste Blitz in ihm auslöste, als seine Augen davon getroffen wurden. In der damaligen Welt war eine angemessene Angstreaktion von elementarer Bedeutung für ein Überleben des frühen Menschen. Es kann kein Zweifel daran bestehen, dass der Mensch schon auf den frühesten Stufen seiner Entwicklung Zuflucht im Übernatürlichen suchte, wenn er sich mit Ängsten wie diesen konfrontiert sah. Und auch heute noch weiß man von zivilisierten Menschen zu berichten, die schon viele Jahre nicht mehr gebetet haben, die sich vielleicht sogar lustig über den Vorgang an sich gemacht haben, die aber instinktiv niederknieten, um zu beten, als sie in Seenot oder eine ähnlich lebensbedrohliche Lage geraten sind. In derartigen Situationen werden die Überzeugungen des Menschen von einer alles verzehrenden Angst überrollt und sein altes, primitives Unterbewusstsein gewinnt wieder die Oberhand über ihn. Wenn er dann auf die Knie geht, ist er sich dessen wahrscheinlich gar nicht einmal bewusst.

Nicht anders verhielt sich der primitive Mensch. Von Blitz und Donner in Angst und Schrecken versetzt und in seiner Reaktion betäubt, fällt er nieder und vergräbt sein Gesicht in den Händen und stammelt vielleicht wirres Zeug zu einem „Etwas“. Wenn sich dann seine Erstarrung in Angst zu lösen beginnt, nimmt er seine Hände wieder von den Augen und der erste Baum oder Stein, den sein verschreckter Blick streift, hinterlässt in ihm einen so starken Eindruck, dass er ihm die Macht zuspricht, ihn vor einem schrecklichen Schicksal bewahrt zu haben. So könnte es durchaus gewesen sein. Und daraus haben sich dann der Götzendienst an Bildern aus Holz und Stein und die verschiedenen religiösen Riten, die uns sehr vertraut sind, entwickelt.

Es ist nicht unbedingt nötig, alle Zwischenstufen in dieser Entwicklung nachzuzeichnen. Ich springe gleich in die Zeit, von der an der christliche Glaube großen Einfluss hat, um zu beleuchten, wie sich diese primitive Angst dort jetzt manifestiert.

Wir finden hier und heute, dass sich die Ängste in Bezug auf Blitz und Donner zwar verändert haben, sie sind aber immer noch und in neuen und ungewohnten Bereichen unvermindert vorhanden. Jetzt sieht sich der Mensch anderen Angst auslösenden Situationen, die inzwischen zu seinem Leben gehören, ausgesetzt. Eine neue Form von Angst hat sich zu seiner Urangst vor dem Unbekannten gesellt. Sie steht in einem engen Zusammenhang mit der einseitigen Entwicklung, die im Organismus des Menschen stattgefunden hat. Und weil eine unausgewogene geistig-körperliche Entwicklung negative Auswirkungen auf alle Bereiche hat, ist sie immer auch stark mit Angst beladen. Wir hatten ja bereits akzeptiert, dass der Mensch sich sehr viel schneller auf der sogenannten geistigen Seite weiterentwickelt hat, nachdem er die Stufe der Zivilisation erreicht hatte. Auf seiner sogenannten körperlichen Seite gab es aber erhebliche Verfallserscheinungen. Bei seinem Auf- und Umbau wirkten also zwei Kräfte in ihm, die tatsächlich aber solange gegeneinander arbeiteten, bis sich zwei nahezu selbstständige Einheiten gebildet hatten, das „Geistige" und das „Körperliche". Diese beiden fast separaten Einheiten standen in ihren Ansprüchen in einem ständigen Konflikt, was dazu führte, dass das geistig-körperliche Gleichgewicht gestört wurde. Ein Zustand innerer Verängstigung, der heutzutage allzu oft als bloße „Nervosität" [27)] abgetan wird, entwickelte sich im Menschen.

Diese neue Angst, die tatsächlich eine Angst vor der eigenen Person war, entwickelte sich ganz allmählich. Als man ihre Existenz dann erkannt hatte, wurde sie sehr schnell zu einem dringenden Problem. Und mit dem Lösungsvorschlag des Menschen für dieses Problem werden wir mit einer Vorstellung konfrontiert, von der sich erweisen wird, dass sie nicht schädlicher für seinen weiteren evolutionären Fortschritt sein könnte.

Die Vorstellung, die hinter diesem Lösungsvorschlag stand, war es, den Organismus des Menschen in die Teile aufzuspalten, die man Seele, Geist und Körper genannt hat. Diejenigen, die sich zu dieser Trennung bekannten, versuchten jeden der drei Teile getrennt zu entwickeln, ganz im Sinne ihrer willkürlichen und unbedachten Vorstellung. Sie machten sogar den Versuch, eine Klassifizierung zwischen ihnen vorzunehmen, was einen Rückfall in eine an andere Bereiche gekoppelte „Gewohnheit des Denkens" bedeutete. Das, was man über die Prozesse in der NATUR weiß, sollte denjenigen, die die Trennung von Körper, Geist und Seele vertreten, deutliche Hinweise auf die wichtige Stellung geben, die der Körper in Bezug auf sein Verhältnis zu den anderen beiden einnehmen sollte.

Wem es gelungen ist, bis hierhin meiner Argumentation zu folgen, ist jetzt in Besitz der folgenden Fakten:

- Die moralischen und sozialen Regeln, sowie die Regeln für einen anderen Umgang miteinander, die zu den Zeiten schon vorhanden waren, als die Ära des Christentums eingeläutet wurde, waren das Ergebnis bestimmter Vorstellungen des Menschen.
- Die Menschen, verantwortlich für diese Vorstellungen, waren selbst das Produkt von bestimmten geistig-körperlichen Erfahrungen. Sie hatten sie bei ihrem unterbewussten Versuch gemacht, von einer sehr niedrigen Stufe des Evolutionsprozesses, die man Stadium der Vorzivilisation nennen könnte, auf eine höhere Stufe zu gelangen, die uns als Stadium der Zivilisation bekannt ist.
- Während dieses Übergangs von der einen Stufe zu der anderen ist die sogenannte geistige im Verhältnis zur sogenannten körperlichen Seite viel mehr eingesetzt und entwickelt worden. So gab es auf der sogenannten geistigen Seite gewissermaßen einigen Aufholbedarf: Bisheriger Einsatz und bisherige Entwicklung auf der sogenannten körperlichen Seite hatten schon ein so hohes Niveau erreicht, dass die zukünftigen Entwicklungsmöglichkeiten auf dieser Seite nicht so groß waren, wie die auf der bis dahin fast gänzlich unentwickelten, sogenannten geistigen Seite. Hinzu kam noch, dass es im Zuge der neuen Lebensweisen unter den Bedingungen der Zivilisation relativ wenig Bedarf für eine weitere „körperliche", aber sehr wohl einen steigenden Bedarf für eine „geistige" Entwicklung gab.
- Mit zunehmender Entwicklung und wachsendem Einsatz auf der sogenannten geistigen Seite, die so völlig neu waren, kam es unter den Bedingungen der Zivilisation, im Vergleich mit den Frühzeiten der Menschheit, als der Mensch auf der Suche nach Nahrung und nach anderen notwendigen Dingen, durch die Ebenen und Berge streifte, zu einer allmählichen Reduktion des Einsatzes und der Entwicklung auf der sogenannten körperlichen Seite.
- Das Stadium der Zivilisation markierte den Beginn einer neuen Ära der Erfahrungen für den Menschen. Wenn der geistig-körperliche Organismus von da an zum Einsatz kam, wurden Koordination und weitere Entwicklung dieses Organismus empfindlich gestört.

Aus all diesem kann man ableiten, dass die sogenannten körperlichen Prozesse, die ja schon verhältnismäßig weit entwickelt waren, bis zu einem gewissen Grad zu dem Faktor geworden sind, der die Aktivitäten des Menschen weitgehend bestimmt und gesteuert hat. Trotzdem hat man innerhalb einer verhältnismäßig kurzen Zeit den bis dahin relativ wenig genutzten, aber sich schnell entwickelnden Prozessen, die unter dem Begriff des „Geistigen" zusammengefasst wurden, den Vorrang vor dem „Körperlichen" im menschlichen Haushalt gegeben. Und obwohl man über die „Seele" und ihre Arbeitsweise noch weniger wusste als über den „Geist", hat man den „seelischen" Prozessen in der Psychologie einen noch höherer Rang zugewiesen.

Allein schon die Vorstellung einer Trennung von „Körper, Geist und Seele" und eines Rangunterschieds zwischen diesen dreien weist darauf hin, dass ein ungewöhnlich mächtiger Stimulus vorhanden sein musste, der nur von einem Zustand des Ungleichgewichts, in welcher Richtung auch immer, ausgegangen sein konnte. Meines Erachtens kam unser armer Körper wegen der „fleischlichen Begierden" in Misskredit. Nur ist die übermäßige „Fleischeslust" selbst das direkte Resultat eines Zustands schlechter Koordination. Die Resultate dieses unausgewogenen Zustands haben sich allem Anschein nach hauptsächlich im Bereich der Sexualität manifestiert. Es gibt nämlich keinen Grund, warum dieser Bereich eine Sonderstellung einnehmen und Sexualität verurteilt werden sollte. Denn die Befriedigung der Bedürfnisse und der Begierden des reproduktiven Systems ist für das Wohlergehen des Individuums und der Gesellschaft nicht weniger wichtig als die Befriedigung der Bedürfnisse und Zwänge des Ausscheidungssystems und des Systems zur Nahrungsumwandlung. Wenn die jeweiligen sinnlichen Bedürfnisse und Begierden dieser drei Systeme befriedigt werden, ist das, was sich daraus ergibt, nur normal und wohltuend, solange das, was die Befriedigung bewirkt, in aller Regel maßvoll eingesetzt und nicht missbraucht wird. Übermäßiges Essen und Trinken sind in diesem Zusammenhang Fehlverhalten, die auf einer Stufe stehen. Bei genauer Analyse wird der Missbrauch des Sexualakts durch sie sogar noch intensiviert. Ein Mensch oder ein Tier, der oder das auf strenge Diät gesetzt worden ist, entwickelt nicht die geringste Lust auf eine sexuelle Vereinigung. In der Regel wird sich das genaue Gegenteil als wahr erweisen: Wem sexuelle Enthaltsamkeit aufgezwungen wird, neigt dazu, über die Maßen zu essen oder/und zu trinken.

Die Vorstellung, den menschlichen Organismus aufzuspalten, war in der Tat vollkommen willkürlich. Sie war entworfen worden, um den, wie man meinte, wesentlichen Forderungen eines religiösen Ideals gerecht zu werden. Um diese Forderungen der Religion zu erfüllen, hatten die Menschen, durchaus mit ganz ehrenwerten und sanftmütigen Absichten, bestimmte Prämissen aufgestellt, die aber lähmend wirkten, weil sie diese Setzungen zum Gesetz gemacht hatten. Dies führte auf direktem Wege zu der erbärmlichen und entwürdigenden Vorstellung, die die Menschen dazu veranlasste, „das Fleischliche zu kasteien" und ihren Weg zum Himmelreich dadurch zu finden, dass sie sich von einem sehr wesentlichen Bereich ihres irdischen Daseins abschnitten.

Aber damit war ein Ende der Zerstörung durch diesen sezierenden Prozess noch lange nicht erreicht. Mit den Fortschritten in der Pädagogik wuchs und entwickelte sich das Prinzip der Klassifizierung innerhalb des Organismus auch hier. Gemeinsam mit der pädagogischen Entwicklung wurde die Vorstellung vorangetrieben, dass Kenntnisse in einigen ganz spezifischen Bereichen darüber entscheiden sollten, ob jemand nun als gebildet oder ungebildet zu gelten habe. Ein Mensch konnte durchaus ein verehrter Mittelpunkt der Gesellschaft sein und über ein hohes Maß an gesundem Menschenverstand verfügen. Er konnte sogar intelligent und klug sein. Wenn er aber nicht zufällig versiert in all dem Brimborium war, aus dem die Lehrpläne der Universitäten und Schulen unserer Zeit bestehen, würde er trotzdem als ungebildet gelten.

Was als nächstes folgte, war die dümmste aller Vorstellungen, die die unterbewusst gesteuerte Menschheit im Zusammenhang mit den

Fragen der Pädagogik entwickeln konnte: Eine mehr oder weniger immer noch wachsende Geringschätzung für diejenigen, die trotz ihrer wertvollen, natürlichen Anlagen als ungebildet eingestuft werden; und besonders eine geringe Wertschätzung für Menschen, deren Arbeit (aus Sicht der Pädagogik) größere Anforderungen an den sogenannten körperlichen Teil als an den sogenannten geistigen Teil ihrer Persönlichkeit stellt. Und hinzu kommt noch eine völlig absurde und übertriebene Bewunderung für all jene, die in Berufen arbeiten, in denen, wie man vermutet, die Anforderungen fast ausschließlich „geistiger" Natur seien [28)].

Die Dinge und den Organismus als Einheit sehen, Leben und Handeln ohne überflüssige Schnörkel [A)]

Wenn wir uns diese Fakten genau ansehen, erkennen wir, wie weit sich die Menschheit bereits von ihren ursprünglichen Lebensgrundlagen entfernt hat. Am Anfang aller Dinge muss es sehr wohl *EINHEIT* gegeben haben. Darauf habe ich schon verschiedentlich hingewiesen. Es war ein schon sehr seltsamer Mangel an Verstand, der es dem Menschen erlaubt hat, eine Teilung des Organismus vorzunehmen, die einfach nur falsch ist. Dieser Organismus kann sich nämlich nur als eine unteilbare geistig-körperliche Einheit zufriedenstellend entwickeln.

Erst neulich habe ich diesen Punkt und andere sehr ähnlich gelagerte Probleme mit einem Freund aus der Wissenschaft diskutiert, der mich mit der Frage konfrontiert hatte, warum dieser Punkt so lange übersehen worden sei. In meiner Antwort habe ich mich auf eine Phrase bezogen, die gegenwärtig zu einem Allgemeinplatz geworden ist: „Das Leben ist so komplex geworden!" Meiner Meinung nach liegt hier der springende Punkt und ich wage die Behauptung, dass wir zu einem totalen STOP kommen müssen, um das schreckliche Wirrwarr unserer gegenwärtigen Existenz zu entknoten. Wir müssen zurückfinden zu einer bewussten und schnörkellosen Lebensweise. Wir müssen die Einheit sehen und glauben, die allen Dingen [A)] zugrunde liegt. Und wir müssen unser Handeln ganz pragmatisch an den Gesetzen und Prinzipien ausrichten, die die Basis des Lebens und des Handelns sind.

Gegenwärtig sind wir Zeuge einer weltweiten Tragödie, die sich seit dem Waffenstillstand (von 1918) und den Friedensbemühungen eher noch an Intensität verstärkt hat, als dass sie sich abgeschwächt hätte. In dieser Situation stände es jedem Einzelnen gut zu Gesicht, anzuhalten, stehen zu bleiben, nicht weiter ins Unglück zu rennen und noch einmal jedes Quäntchen Wissen zu analysieren, von dem wir blind annehmen, dass es gesichert sei. Insbesondere die Erkenntnisse der Psychologie, die sich aus Erziehung und Ausbildung des Menschen in Fragen der Politik, Moral, Religion, Ethik, Rechtsprechung, Wirtschaft und in Sozialfragen ableiten, bedürfen einer Neubewertung. Wir sollten uns die folgenden Fragen stellen, einfach und direkt: „Warum glaube ich eigentlich das, was ich glaube?" „Aufgrund welches rationalen Prozesses bin ich genau zu diesen Schlussfolgerungen gekommen?" Wenn wir dann die von uns vertretenen Vorstellungen und Ideale auf den Prüfstand stellen und wir offen und ehrlich uns selbst gegenüber sind, können die Antworten auf diese Fragen zunächst ein wahrer Schock sein und einigen von uns kann sogar davon fast der Boden unter den Füßen weggezogen werden. Wir werden mit der Tatsache konfrontiert werden, dass vieles von unserem anscheinend gesicherten Wissen gar nicht auf wahrer Erkenntnis beruht, dass es in Wahrheit bloß eine prahlerische Täuschung ist. Vielen von uns würde indes ein Licht aufgehen und sie würden erkennen, dass die von uns vertretenen Ideale und Vorstellungen in der Mehrzahl gar nicht das Resultat rationaler Überlegungen, sondern vielmehr das Ergebnis eines irrationalen Prozesses sind, den man Impulshandlung genannt hat. Sie sind das Ergebnis einer labilen Emotionalität und von Vorurteilen, d. h. von Vorstellungen und Idealen, die in einem geistig-körperlichen Zustand entstanden sind, in dem eine sinnliche Wahrnehmung die entscheidende Rolle gespielt hat, die so unzuverlässig ist, wie sie nur sein kann.

Die Methode, bei speziellen Problemen spezielle Maßnahmen zur Heilung zu ergreifen, ist in allen Bereichen durch das Prinzip der Vorsorge auf allgemeiner Basis zu ersetzen.

Wie wir einsehen mussten, war und ist die unzuverlässige sinnliche Wahrnehmung verbunden mit einer allgemeinen Verschlechterung des Gesundheitsniveaus der Menschheit. Wenn der Mensch Entscheidungen zu treffen hatte, wurden und werden seine diesbezüglichen Gedanken und Vorstellungen von dieser unzuverlässigen sinnlichen Wahrnehmung beeinflusst. Sie führt ihn, wie auch schon in der Vergangenheit, zu falschen Schlussfolgerungen und Entscheidungen, wenn er sich den neuartigen Problemen stellen muss, mit denen er jetzt beständig konfrontiert ist. Nichts kann seine falschen Vorstellungen, die mit seiner unzuverlässigen sinnlichen Wahrnehmung verknüpft sind und zu einer unausgewogenen Beurteilung der Probleme führen, besser illustrieren als die Entscheidung des Menschen, spezielle Maßnahmen zur Heilung nach dem Prinzip des „Zielstrebens" zu ergreifen und „Körperübungen" dafür zu verwenden. Seine falsche Entscheidung, was den Wert des Vorsorgeprinzips und des Prinzips des „Zielstrebens" angeht, hat ihn dazu bewegt, diese schlechte Wahl zu treffen. Und so kam es soweit, dass das Prinzip der *Mittel-und-Wege,* das bei allen Maßnahmen zur Vorsorge beteiligt ist, vernachlässigt wurde.

Es gibt nicht wenige Hinweise darauf, dass es auch in allen anderen Bereichen des Lebens zu ähnlichen unausgewogenen Einschätzungen kommt, wenn es darum geht, die Lage des Einzelnen zu verbessern. Die falschen Entscheidungen und Meinungen, die sich aus den einseitigen Beurteilungen in diesen Bereichen ergeben, entsprechen dem Irrtum, den der Mensch begangen hat, als er zur Gesundung des Menschen die Methode der speziellen Maßnahmen erwählt hat, um die Flutwelle allgemeiner Verschlechterung einzudämmen. Jede neue Generation ist in diesem Zusammenhang in den gleichen Irrtum verfallen und hat der nachfolgenden Generation eine schwere Last mit auf den

Weg gegeben, umso mehr als die Notwendigkeit für die entsprechenden Maßnahmen durchaus zugenommen hat und weiter in rasantem Tempo ansteigt. Dieses Tempo lässt es wahrscheinlich werden, dass den Individuen der nachfolgenden Generationen Lasten auferlegt werden, die bei weitem die Kräfte des Menschen übersteigen. Wenn im Laufe der Menschheitsgeschichte einmal zukünftige Generationen, denen die sehr beschwerliche Aufgabe zugefallen ist, den Plan der Zivilisation voranzutreiben, ein Urteil über die heutigen Menschen abgeben sollen, werden sie diese vielleicht als arme, unterbewusst gesteuerte Wesen beschreiben, die in dem riesigen Durcheinander der Wunder des 20. Jahrhunderts wild von einem Extrem ins andere gestürmt sind. Und in einer solchen Rückschau werden sich mehr als genug Belege dafür finden, dass die sinnliche Wahrnehmung der Menschen in unserer Zeit unzuverlässig gewesen sein muss; dass ihre unzuverlässige sinnliche Wahrnehmung die Ursache dafür gewesen ist, dass die Menschen in vielerlei Hinsicht aus dem Gleichgewicht gebracht worden sind; dass diese sie dazu verführt hat, blindlings in allzu vielen Bereichen herumzuexperimentieren. Tod und Verderben haben solche Experimente in der Chemie und mit Tötungsmaschinen schon gebracht, so wie es auch in einem Desaster enden muss, wenn Schießpulver und Streichhölzer in die Hände von Kindern gelangen sollten. Historiker in zwei oder drei Jahrhunderten werden in der Lage sein, den Beweis dafür zu liefern, dass auf der einen Seite der geistig-körperliche Zustand der Völker des 20. Jahrhunderts auf evolutionärer Ebene sich wenig von dem der Menschen der Steinzeit unterschieden hat. Auf der anderen Seite aber bräuchten sie sich nur die Aktivitäten der Menschen während der beiden Weltkriege von 1914/18 und von 1939/45 ansehen, um auch den größten Skeptiker davon zu überzeugen, dass die Menschheit eine neue Form teuflischen Handelns und von Brutalität entwickelt hatten, die alle Anstrengungen der Menschen der prähistorischen Zeit in dieser Richtung überstieg.

Wenn wir uns allerdings jetzt zu einem solchen Rückblick, wie ich ihn vorgeschlagen habe, entschließen, werden wir kaum übersehen können, dass wir ohne Zweifel den kritischen Moment in der Erfahrungswelt des Menschen erreicht haben, bei dem das Vorsorgeprinzip auf breiter Front daraufhin analysiert werden sollte, wie es vollständig auf die Bedürfnisse des Menschen, so wie sie sich uns in der gegenwärtigen Krise der Welt darstellen, bei allen seinen „körperlichen", „geistigen" und „seelischen" Belangen angewendet werden kann. Eine solche Analyse würde zu dem Ergebnis kommen, dass der Anteil der Energie, die der Mensch des 20. Jahrhunderts für die Belange der Vorsorge aufgewendet hatte, ungefähr nur 10% des Aufwands für Heilmaßnahmen ausmachte. Und dass dieses Verhältnis auch nach Tausenden von Jahren angenommener Zivilisation immer noch so unausgewogen ist, sollte Anlass genug sein, sich darüber einige Gedanken zu machen. Denn die Vorstellung, spezielle Verfahren zur Heilung zu entwickeln und einzusetzen, hat eigentlich ihren Ursprung in den Erfahrungswelten eines nur wenig entwickelten Typus Mensch, der zu einer früheren Periode der menschlichen Entwicklung gehört. Sie geht einher mit einer Sicht des Lebens in engen Grenzen und stellt von Seiten des Menschen den Versuch dar, unmittelbar ein „Ziel" anzugehen, ohne die weitreichenden Folgen des Handels zu bedenken.

Wir sind somit gezwungen einer Tatsache ins Auge zu blicken, die bis jetzt vollkommen unberücksichtigt geblieben ist: Wenn die Basis unserer Reformbestrebungen in allen Bereichen die Verwendung des Heilprinzips mit den damit verbundenen Verfahren des „Zielstrebens" ist, bedeutet dies nichts anderes, als dass wir zu viele der von uns vertretenen Ideale und Credos auf denselben Mauern aufbauen, auf denen unsere frühen Vorfahren schon ihre instinktiven Vorgehensweisen gegründet hatten, als sie auf die heilenden Kräfte bestimmter Kräuter oder Beeren gesetzt hatten.

Wenn wir demgegenüber einen Lebensplan verfolgen, bei dem das Grundprinzip die Vorsorge ist, ist es dafür nicht erforderlich, unmittelbar auf ein „Ziel" zuzugehen. Vielmehr schaffen wir so eine grenzenlose und breite Basis für den Auf- und Umbau des Menschen. Dieser Lebensplan wäre das Ergebnis bewusster Auseinandersetzung, der zu bewusstem Handeln anregt. Kurz gesagt, ist es der Plan eines Typus Mensch, der hoch entwickelt ist.

Ich will meine Leser gar nicht mit den vielen ins Auge springenden Beispielen belästigen, die deutlich zeigen, dass es allen Methoden, die eine direkte Heilung im Sinn haben, an Vernunft mangelt. Drei Beispiele sollen an dieser Stelle genügen. Und ich beginne mit einer Methode zur Behandlung von Lebererkrankungen.

Fallgruppe 1: Über Verschreibung und Einnahme von Medikamenten

Ein Mensch fühlt sich schon länger nicht auf der Höhe. Seit ungefähr einem Jahr leidet er an verschiedenen Symptomen. Schließlich konsultiert er seinen Hausarzt, der feststellt, dass seine Leber nur sehr unzureichend arbeitet. Eine Quecksilbertherapie wird verschrieben und unser Patient geht in der Überzeugung nach Hause, dass alles gut werden wird. Er hat ja seine Medizin und so kann einer Heilung eigentlich nichts mehr im Wege stehen. Falls die Symptome erneut auftreten sollten, wird es wohl reichen, die vorgeschriebene Zahl an Quecksilberkörnchen zu schlucken. Und was für die Quecksilbertherapie zutrifft, gilt auch für die lange Liste aller anderen möglichen Behandlungen mit Medikamenten.

An dieser Stelle möchte ich meine Leser bitten, meinen Standpunkt nicht eher zu verwerfen, bevor ich nicht alle meine Belege vor ihnen ausgebreitet habe. Wir, die Menschen des 20. Jahrhunderts, sind stolz darauf, vernunftbegabte Wesen zu sein. Zumindest setzen wir unserer eigenen Einschätzung nach Denkprozesse in viel mehr Bereichen ein als noch unsere Vorfahren in früheren Jahrhunderten. Nur, warum haben wir sie dann vergleichsweise so wenig eingesetzt, wenn es darum ging, die Probleme zu lösen, von denen unser gegenwärtiges und zukünftiges Wohlergehen abhängt?

Um diese Frage zu beantworten, will ich die Argumentation genauer beleuchten, der unser Leberpatient folgt. Es ist leicht nachvollziehbar, dass er im Falle einer akuten Leberattacke genau die Anweisungen des Arztes befolgt und seine Medizin schluckt und dass er glaubt, so Herr der Krise werden zu können. Aber warum hat sich die Sache für ihn damit? Probleme hat er ja wohl schon eine ganze Zeit lang gehabt und ist sich ihrer durchaus auch bewusst gewesen. Kraft der Autorität des Arztes wurde ihm jetzt bescheinigt, dass seine Leber allzu inaktiv ist. Eigentlich hatte er ähnliches bereits vermutet. Er wusste sehr genau, dass er ein Leben im Sitzen führte. Er wusste, dass er übermäßig aß und trank. Als dann seine Krankheitssymptome auftauchten, ließ all dies ihn zu dem Schluss kommen, dass seine Probleme wahrscheinlich davon verursacht worden sind. Unter diesen Voraussetzungen sollte man vermuten, dass der Patient seine Situation einigermaßen intelligent beurteilt. Es gehört nämlich nicht allzu viel dazu, sich den offensichtlichen Gegebenheiten in seinem Fall erfolgreich zu widersetzen. Nur denkt er in der Krise nicht weiter als an den Moment. Sein ganzes Augenmerk ist einzig und allein darauf gerichtet, von seiner spezifischen Krankheit „geheilt" zu werden. Und so handelt er weiterhin nach dem Prinzip des „Zielstrebens". Eine solche Vorgehensweise konnte man seinen Vorfahren vor 4000 Jahren leicht nachsehen, im 20./21. Jahrhundert ist sie aber kaum entschuldbar. Wenn es Probleme gegeben hat, die tatsächlich in allen Bereichen seines geistig-körperlichen Wohlergehens beständig aufgetreten sind, hat er bisher immer nach dem Prinzip gehandelt, das unmittelbare Ergebnis direkt ins Auge zu fassen. Niemals hat er in Fragen der Gesundheit den Plan verfolgt, zuerst mit dem gesunden Menschenverstand die *Mittel-und-Wege* zu durchdenken, mit denen ein „Ziel" erreicht werden könnte. Warum hätte er dies jetzt tun sollen, ist er doch im Zusammenhang mit Fragen der Gesundheit weiterhin das unterbewusst gesteuerte Wesen, bei dem die rationalen Prozesse noch außer Kraft gesetzt sind?

Und auch dies ist eine interessante Tatsache: Wenn jemand, der auf die Einnahme von Medikamenten zur Bekämpfung einer Krankheit setzt, erkennt, dass die Behandlung mit dem Quecksilbermedikament nicht die erhoffte Wirkung zeigt, wie in diesem Fall, wird er nach und nach noch verschiedene andere Präparate ausprobieren, obwohl auch sie versagen, eines wie das andere. Der Patient ist also durchaus für Veränderungen offen, wenn auch nur in einem begrenzten Rahmen. In diesem Fall könnte er zu der Überzeugung kommen, dass Podophyllin vielleicht das Medikament ist, das seiner Leber guttun könnte, wenn das Quecksilber, wie hier, keine positive Wirkung zeigt. Nur bleibt er trotzdem in seiner steinzeitlichen Vorstellung von Heilung verfangen, wenn er Medikamenten sein Vertrauen schenkt. So wirkt eine der schädlichsten Gewohnheiten in ihm weiter, die er als Instinkt ererbt hat. Der Prozess, der sich in dem vorangegangenen Beispiel aufgebaut hat, ist bei genauer Überlegung schädlicher Natur. Wir sehen einen Menschen, der von sich annimmt, fortschrittlich zu sein, der sich aber an so primitiven Verfahren festklammert, wie es die Methode ist, eine Krankheit auf direktem Wege zu bekämpfen, anstatt das einzige Prinzip anzuwenden, das sich ein hoch entwickelter, denkender Mensch vorstellen oder tolerieren könnte: das große, umfassende Prinzip der Vorsorge. Wenn sich seine Denkprozesse bei allen Entscheidungen, die er traf, nicht auf einen so engen Rahmen beschränkt hätten, hätte ihm die Erleuchtung kommen müssen, dass sein Leberproblem ein Anzeichen dafür war, dass etwas falsch mit der Maschinerie seines gesamten Organismus gelaufen sein musste. Eine solche Vorstellung hätte ihn wahrscheinlich die beteiligten Steuerungs- und Kontrollprozesse näher untersuchen lassen.

Wenn nämlich eine Maschine, ob belebt oder unbelebt, mechanische Defekte entwickelt hat, funktioniert sie auch nicht mehr optimal. Und bei einem weiteren Einsatz verstärken sich die bereits vorhandenen Defekte nicht nur, es müssen auch neue hinzukommen. Wenn die mechanischen Defekte erkannt worden sind, ist es deshalb nur logisch, sofort alle Hebel in Bewegung zu setzen, damit ihre Mechanik wieder auf allerhöchstem Niveau funktionieren kann. Dafür sind Kenntnisse darüber notwendig, nach welchen mechanischen Prinzipien die Maschine funktioniert. Und im Falle der Mechanismen des Menschen sind es die Kenntnisse über die geistig-körperlichen Prinzipien, die für einen koordinierten Einsatz der Mechanismen notwendig sind. Dazu gehört auch die Erkenntnis, dass eine zuverlässige sinnliche Wahrnehmung vorhanden sein muss.

In all den Fällen, in denen es „geistige" und „körperliche" Mängel gibt, kann man nämlich auch Fehler und Defekte feststellen, wenn der geistig-körperliche Organismus zum Einsatz kommt. Wenn die Systeme, die die sinnlichen Eindrücke bezüglich dieses Organismus registrieren, im Laufe des Zivilisationsprozesses zuverlässig geblieben wären, wie hätten sich diese Defekte und Unzulänglichkeiten bei einer Person, die ausreichend koordiniert ist, entwickeln können? Und wenn die Registrierungssysteme für die Sinneseindrücke so unzuverlässig und so trügerisch sind, dass jemand schon bei den ganz normalen Aktivitäten des täglichen Lebens Unzulänglichkeiten und Defekte entwickeln kann, welches Resultat kann man dann von seinen Aktivitäten im Bereich der Medizin [29)] und in vielen weiteren Bereichen erwarten, wenn er sich auch weiterhin auf dieselben fehlerhaften Registrierungssysteme zur Sinneswahrnehmung verlässt, die ihn bislang betrogen haben und die ihn immer noch bei jeder sich bietenden Gelegenheit betrügen?

Die Zeit, in der diese Fakten zum Allgemeinwissen geworden sein werden, ist nicht mehr weit entfernt. Den Menschen wird es dann geläufig sein, dass die allmähliche Herstellung einer zuverlässigen sinnlichen Wahrnehmung das Erste ist, was es zu tun gilt, wenn geistig-körperliche Defekte und Unzulänglichkeiten beseitigt werden sollen. Und dies geschieht in einem Prozess der Umschulung, Neujustierung und Koordination. Die Basis für diesen Auf- und Umbau ist eine bewusste Steuerung und Kontrolle.

Fallgruppe 2: Über den chirurgischen Eingriff

Diesen wichtigen Punkt hat man in allen Gesundheitsbereichen aber leider übersehen, so dass dort überall die palliativen und die spezifischen Methoden überwiegen, die eine Krankheit schnell und direkt bekämpfen wollen. Das weite Feld der Chirurgie ist in dieser Hinsicht ein sehr gutes Anschauungsbeispiel. Ich möchte aber zunächst klarstellen, dass ich den Wert der Chirurgie in speziellen Bereichen anerkenne und hoch schätze und ich weiß ganz genau um die hervorragenden Ergebnisse, die eine gut ausgeführte Operation in diesen Bereichen erzielt. Auf dieser Basis möge der Leser alles, was nun zu diesem Thema folgt, beurteilen. Zunächst möchte ich aber einen Vorschlag machen: Der Chirurg sollte sowohl bei seinen Operationen als auch in der Nachsorge die viel weiter gefasste Dimension der Vorsorge mit einzubeziehen. Wenn ihm dies tatsächlich gelingen könnte, würde er zukünftig noch viel größere Wohltaten für die Menschheit bewirken, als er es ohnehin schon tut. Nehmen wir als ein Beispiel die vielen Blind- oder Dickdarmoperationen. In all den Fällen, in denen der Chirurg einen stark verschlechterten Zustand seines Patienten feststellt und die ihn zu dem Schluss gelangen lassen, dass es schädlich oder sogar gefährlich ist, wenn der Blinddarm oder der Abschnitt des Dickdarms nicht entfernt wird, gebieten es die Regeln der medizinischen Kunst, ihn zu entfernen. Daraus lässt sich ersehen, dass die Anzahl der Operationen in diesen Bereichen auf wenige Fälle beschränkt sein sollte. Der Chirurg ist eigentlich angehalten, das Organ, das schlecht arbeitet, genau zu untersuchen. Erst wenn sich bei einer solchen Untersuchung eindeutig herausstellt, dass die Verschlechterung des Organzustands ein ganz bestimmtes Stadium erreicht hat, sollte er schließlich die Operation ausführen.

Nun ist eine spezifische Störung des Blinddarms oder des Dickdarms ja nur ein Symptom für eine allgemeine Funktionsstörung des gesamten Organismus. Das methodische Verfahren der chirurgischen Medizin aber schenkt der Ursache oder den Ursachen für diese Allgemeinstörung nur wenig Beachtung. Und soweit ich dies beurteilen kann, wird in aller Regel auch eine andere Tatsache missachtet: Ganz gleich wie gekonnt eine Operation auch ausgeführt wird, stellt sie nicht das Niveau zuverlässiger, sinnlicher Wahrnehmung wieder her, was aber für eine Neueinstellung der Mechanismen und für ihre koordinierte Verwendung notwendig ist. Die Neueinstellung und Koordination der Mechanismen würde dann eine Vitalaktivität wiederherstellen, die angemessen wäre, und das Gewebe, das nach unten verschoben ist, würde dazu veranlasst werden, wieder seine angestammte und gesunde Lage im Torso einzunehmen.

Eine Operation kann vollkommen erfolgreich gewesen sein. Ein Organ, das in seinem akuten Zustand eine Gefahr für den Patienten dargestellt hat, kann erfolgreich entfernt worden sein. Dies ändert aber überhaupt nichts an den Tatsachen, die ich soeben beschrieben habe. Nach und nach wird sich der Patient von der Operation erholen. Aber was ist damit wirklich erreicht worden? Er ist den Folgen einer Krise entkommen, die durchaus hätte tödlich verlaufen können. Soweit, so gut, aber nichtsdestotrotz ist es immer noch das Prinzip des „Zielstrebens“, dem wir gegenüberstehen: Der Blinddarm hat sich entzündet, wurde entfernt und der Patient erholt sich von der Operation. Das war`s. Wenn man aber ein solches Verfahren wählt, wird nichts unternommen, um einen Prozess einzuleiten, der die Arbeit der geistig-körperlichen Mechanismen und auch die allgemeinen Funktionen verändert. Dies würde es verhindert haben, dass die mit Fehlern behafteten Arbeits- und Funktionsweisen weiter andauerten. Sie haben nämlich die spezifischen Probleme verursacht, die eine Operation letztendlich notwendig gemacht haben. Die ursprünglichen, fehlerhaften Funktionsweisen dauern stattdessen nicht nur weiter an, sie müssen sich mit der Zeit sogar immer noch weiter verschlechtern. Früher oder später werden mit ziemlicher Sicherheit aufgrund der zunehmend schlechter werdenden Funktionsweisen dann andere sehr gefährliche Symptome auftreten. In der Folge wird wieder dasselbe Heilverfahren, mit dem chirurgischen Eingriff als Maßnahme, herhalten müssen, um die neuen akuten Symptome zu beseitigen. Wenn man erst einmal in der Chirurgie diese Zusammenhänge erkannt haben wird, wird sich dies als eine große Chance erweisen: Die Medizin kann dann den relativ engen Bereich ihrer Gesundheitsarbeit verlassen und sich den größeren Aufgaben widmen, die in dem breiten und allumfassenden Vorsorgebereich auf sie warten.

Fallgruppe 3: Über das Verfahren der Psychoanalyse

Eine andere Behandlungsform, die ich in diesem Zusammenhang gerne analysieren möchte, ist die Psychoanalyse. Sie erfreut sich schon seit einigen Jahren großer Beliebtheit. Aber trotz der Heilerfolge, die sie für sich in Anspruch nimmt, kann ich nachweisen, dass sie auf denselben Prinzipien des „Zielstrebens" basiert wie alle herkömmlichen Methoden auch, an deren Stelle sie treten will. Zur Veranschaulichung habe ich den folgenden Fall konstruiert: Jemand leidet an einer unbegründeten Angst. Er wendet sich an einen Psychologen, der ihm helfen soll, die Angst zu überwinden. Wir nehmen einmal an, dass Arzt und Patient zusammen den Knoten im Verlauf der Psychoanalyse, so lang oder so kurz sie auch gewesen sein mag, entwirren können. Sie decken auf, dass der Grund für die Angst ein bestimmtes Ereignis (oder eine Verkettung von Ereignissen) war, das in der Vergangenheit liegt. Es hat die Angstreflexe des Patienten aktiviert und zu einer „Phobie" geführt. Und wir nehmen weiter an, dass der Patient von der Phobie „geheilt" worden ist. Aber was kennzeichnet diese „Heilung"? Worin liegt die fundamentale Veränderung im geistig- körperlichen Zustand des Patienten?

Bevor wir diese Fragen beantworten können, muss ich noch einmal auf etwas zurückkommen, worauf ich schon ganz am Anfang des Buches hingewiesen habe: Jegliche sogenannte geistige Aktivität ist ein Prozess, der von unserem geistig-körperlichen Zustand zu dem Zeitpunkt gelenkt wird, an dem der betreffende Stimulus von unserem Gehirn empfangen wird. Aus dieser Tatsache wird leicht ersichtlich, dass die Ursache für die unbegründete Angst des Patienten, ganz gleich welcher Art, im Zustand seiner allgemeinen geistig-körperlichen Funktionen zu suchen ist, und zwar zu dem Zeitpunkt, als er den Stimulus empfangen hat, auf den er mit seiner Angst reagierte. Sein Funktionszustand [30)] muss nämlich zu diesem Zeitpunkt das normale und befriedigende Niveau unterschritten haben. Wenn sein allgemeiner Funktionszustand normal gewesen wäre, hätte auch die Reaktion auf den betreffenden Stimulus normal gewesen sein müssen. Es hätte nicht zu einer unbegründeten „Phobie" kommen dürfen.

Das steht also fest: Zu dem Zeitpunkt, als sich bei dem Patienten die „Phobie" entwickelt hatte, musste er das normale geistig-körperliche Funktionsniveau unterschritten haben. Sein Zustand musste von einer verdorbenen kinästhetischen Wahrnehmung [A)] gekennzeichnet sein. Sie wird verdorben durch die Kombination aus schlechter Körperjustierung, schlechter Koordination und trügerischer und unzuverlässiger sinnlicher Wahrnehmung. An dieser Stelle will ich noch einmal diese Frage stellen: „Wie kann es das Verfahren der Psychoanalyse in die Wege leiten, dass diese schwerwiegenden Defekte der allgemeinen geistig-körperlichen Funktionen geheilt werden, wenn sie die Probleme bis ins Kleinste zu entwirren sucht? Kann eine so praktizierte Psychoanalyse wieder eine zuverlässige sinnliche Wahrnehmung bei einem Patienten herstellen? Kann sie seine geistig-körperlichen Mechanismen auf einer allgemeinen Basis umschulen und wieder koordinieren? Nein, sie kann es natürlich nicht! Ein geistig-körperlicher Zustand, der es zugelassen hat, dass sich die erste „Phobie" hat bilden können, wird es auch erlauben, dass sich weitere ausbilden. Alles, was es dazu braucht, ist nur ein entsprechender Stimulus.

Was ich deutlich machen wollte, ist dies: Die Psychoanalyse ist, wie jede andere Behandlung auf unterbewusster Basis auch, ein Beispiel für einen Versuch, die Heilung eines spezifischen Problems durch spezifische Maßnahmen nach dem Prinzip des „Zielstrebens" herbeizuführen, ohne dabei zu berücksichtigen, dass es zunächst unbedingt notwendig ist, ein zufriedenstellendes allgemeines Funktionsniveau und eine befriedigende sinnliche Wahrnehmung wieder herzustellen.

Der fundamentale Mangel in unserem Zivilisationsplan: Die fehlende Erkenntnis, dass das Prinzip der Vorsorge auf allgemeiner Basis von enormer Bedeutung ist.

Die Stellung des Prinzips der Vorsorge in der Praxis anzuerkennen, macht erst eine Fortentwicklung des Menschen auf die höheren und die noch höheren Stufen der Evolution möglich. Erst die Anerkennung dieses Prinzips eröffnet es dem Menschen, die weitreichenden Möglichkeiten seiner Aktivitäten voll auszuschöpfen und sich zu vervollkommnen. Ich habe diesen Punkt so deutlich veranschaulicht und darauf so vehement insistiert, weil ich unterstreichen wollte, was meiner Meinung nach **der** fundamentale Mangel in einem Zivilisationsplan ist, dem wir schon seit mindestens 2000 Jahre folgen: Bei allen Reformversuchen und bei allen seinen Bemühungen um eine Verbesserung in den Bereichen, in denen das gesundheitliche Wohlergehen des Menschen betroffen ist, hat der Mensch seine Energien weitgehend nur zur Realisierung von Plänen verwendet, deren Grundlagen die Methoden der direkten Heilung sind und nicht die Methoden, die auf dem Prinzip der Vorsorge basieren. Schon über viele Jahre hindurch versuche ich diese Sichtweise meinen Klienten näher zu bringen, aber immer noch werde ich für gewöhnlich gefragt, ob ich schon einmal einen solchen Fall wie den vorliegenden **geheilt** hätte. Auch wenn ich dem Klienten meine Diagnosen zu seinem gegenwärtigen schlechten Zustand gestellt habe, auch wenn ich ihm die jeweilige Ursache oder die jeweiligen Ursachen erklärt und ihm auch das praktische Verfahren genau beschrieben habe, das ich verwenden will, um seinen schlechten Zustand zum Positiven zu verändern, jedes Mal kommt diese eine Frage. In meiner Antwort mache ich deutlich, dass es gar nicht meine Absicht ist, jemanden oder etwas zu **heilen**. [31)] Ich blicke auf den Menschen wie auf eine beschädigte Maschine. Ich registriere die Mechanismen, die nur schlecht verwendet werden, und die schlechte sinnliche Ausrichtung und Kontrolle. Im Lichte meiner Erfahrungen stelle ich mir die Fragen, ob diese Maschine wieder richtig einstellt werden kann, ob eine neue, befriedigende sinnliche Ausrichtung und Kontrolle aufgebaut werden und ob der Zustand guter Koordination des geistig-körperlichen Organismus insgesamt wieder hergestellt werden kann. Anstatt also ganz direkt die spezifischen Symptome mit einer beliebigen Heilmethode beseitigen zu wollen, ist es mein Anliegen, den Organismus insgesamt wieder so einzustellen, dass die speziellen Symptome im Laufe des Prozesses verschwinden und sehr wahrscheinlich auch nicht wieder auftauchen, wenn die neuen Bedingungen erhalten bleiben. Und dieses Verfahren nenne ich das *Prinzip der Vorsorge*. Bei einigen Schülern heißt dies, dass sie durchaus in einen langen Prozess eintreten. Es bedeutet, dass allmählich ein neuer und zufriedenstellender Gebrauch des geistig-körperlichen Organismus aufgebaut werden muss. Es bedeutet auch, dass Mitdenken die Grundlage für die Kooperation der Schüler in diesem Prozess ist. Ein blindes Akzeptieren der beteiligten Prinzipien ist hier nicht ausreichend. Wenn ich am Ende eines Einführungsgesprächs zu dem Schluss gelange, dass es noch Zweifel auf Seiten des Schülers gibt, bitte ich ihn, meine Bücher zu lesen [A)] und die darin aufgelisteten Prinzipien genau zu studieren. Wenn er dann diese Prinzipien verstanden hat und ihnen auch nicht mehr kritisch gegenübersteht, mache ich ihm den Vorschlag, dass er bei mir Hilfe suchen kann. Aber erst dann! Und ich fordere ihn dringend auf, das Angebot auszuschlagen, wenn er glaubt, ich könne ihn ganz konkret von irgendetwas „heilen“. Ich will aber nicht bestreiten, dass es manchmal zu einer „Heilung“ kommen kann, so wie „Heilung“ normalerweise verstanden wird. Aber niemand, der bei Verstand ist, kann es mit den Fällen von einzelnen, wenigen Heilungen rechtfertigen, dass auf diesen Wegen, sei es durch medizinische Behandlungen, Verabreichung von Medikamenten, Autosuggestion oder durch irgendeine andere Methode, ständige Heilungen versucht und versprochen werden können, wenn man berücksichtigt, dass es bei diesen „Heilmethoden“ auch Tausende von Rückschlägen gibt. Ich halte daran fest: Wir haben jetzt ein Stadium in unserer Entwicklung erreicht, das es verlangt, dass wir alle Versuche definitiv aufgeben, die nicht mit einer wohl überlegten und praktischen Vorgehensweise und nicht mit einem viel weiter geöffneten Blickwinkel einhergehen, wenn wir die Ursache oder die

Ursachen für unsere Leiden beseitigen wollen. Ich vertrete die Ansicht, dass es an der Zeit ist, jetzt das Stadium der Ignoranz und der geistigen Enge hinter uns zu lassen, in dem es eine Zeit lang den Menschen erlaubt war, dem Wunderglauben nachzuhängen.

Diejenigen, die die verschiedenen Heilverfahren vertreten und die mit der Wirkung von Wundern arbeiten, haben in den letzten 2000 Jahren wirklich alle Möglichkeiten gehabt. Sie konnten aber nicht verhindern, dass es zu einem allmählichen Anstieg der schlechten gesundheitlichen Verhältnisse und zu einer Zunahme der damit verbundenen Symptome und Komplikationen gekommen ist. Dies hat wiederum nur dazu geführt, dass es entsprechend notwendig erscheint, weitere Heilmaßnahmen zu ergreifen, die besser und noch besser sind.

Ich wage sogar, das Folgende zu behaupten: Dass der Mensch nicht von den Prozessen vernünftigen Denkens im Zusammenhang mit den Problemen seines gesundheitlichen Wohlergehens geleitet worden ist, ist meiner Meinung nach für die Tragödie im Zivilisationsfortschritt der Menschheit verantwortlich. Die Krise von 1914 ist bestens dazu geeignet, uns vor Augen zu führen, dass die Menschheit Kräfte entfesselt hat, die sie nicht zu kontrollieren vermag. Diese Kräfte haben schon Millionen von Mitmenschen von der Erdoberfläche hinweggefegt. Es hat wahrlich den Anschein, dass der Mensch augenblicklich dabei ist, den Weg für seine eigene Ausrottung selbst zu bereiten, wenn es ihm nicht gelingt, in Zukunft all jene Energien, die in der Vergangenheit in schädliche Kanäle der Außenwelt gelenkt worden sind, durch genau die rationalen Prozesse zu steuern und zu kontrollieren, die bislang hauptsächlich in Verbindung mit dem Gebrauch seines geistig-körperlichen Organismus Verwendung gefunden haben.

Dieses schreckliche Wiederaufleben der Barbarei wird im Augenblick zwar einigermaßen in Schach gehalten. Wie ein Feuer, dessen Weißglut nur etwas mit Wasser gekühlt worden ist, wird es früher oder später aber wieder auflodern, denn das Kühlen mit Wasser ist ein Prozess, der die Gluthitze im Innern, die jetzt von einer wasserdurchtränkten Kruste umschlossen ist, eher noch verstärkt. [32] Deshalb muss jedes Glutnest, das in dieser Analogie für einen einzelnen Menschen steht, einzeln und für sich getrennt behandelt werden. Wenn wir einen weiteren Ausbruch schrecklicher Gewalt verhindern wollen, müssen wir jedes Individuum in der Tat in einer Weise behandeln, die es genauso schwierig macht, es „in Brand zu setzen", wie es schwierig ist, einen Stein zu verbrennen.

Eine entsprechende Behandlung des Individuums auf der Basis einer bewussten Kontrolle bei seinem Auf- und Umbau wird uns dem Stadium in der evolutionären Entwicklung näher bringen, in der Menschenmassen kollektiv nicht mehr so leicht entflammt werden können, weil sie dann in der Lage sind, dem Herdentrieb etwas entgegen zu setzen.

Dies tritt jetzt sehr deutlich zu Tage: Wenn wir die Menschheit in die Lage versetzen wollen, den Niederungen zu entkommen, in denen sie jetzt hilflos um sich schlägt, sollten sich unsere allerersten Bemühungen darauf richten, bei dem einzelnen Menschen wieder eine zuverlässige sinnliche Wahrnehmung herzustellen. Und um dies zu erreichen, ist eine bewusste, durchdachte Steuerung nötig. Auf diese Weise können wir es dann wohl verhindern, dass sich Katastrophen wie die beiden Weltkriege wiederholen. Bis zum heutigen Tag standen derartige Desaster nämlich immer in einem Zusammenhang mit den Aktivitäten solcher Männer und Frauen, deren Urteilsvermögen, deren Meinungen und deren Politik sich mehr auf ihren gestörten Gefühlssinn als auf ihren Verstand gegründet haben.

Denken Sie zum Beispiel nur einmal daran, mit wie wenig Überlegung ein Lebensplan weiterverfolgt wird, bei dem man es einem Kind, das ja einmal ein Erwachsener sein wird, durchgehen lässt, dass es allmählich Mängel und Defekte entwickelt. Lange bevor es dann in das Jugendalter eingetreten ist, muss bereits die eine oder andere Behandlungsmethode zur Heilung dieser Mängel und Defekte ergriffen werden. Diese Mängel und Defekte hätten aber bei einer rationalen

Lebensplanung niemals akut werden können, denn einer solchen Lebensplanung mit Verstand läge das Prinzip der Vorsorge als Fundament bei der Kindererziehung zugrunde. Dies bedeutet, dass *von Anfang an* vorbeugende Maßnahmen ergriffen würden, wenn es um das gesundheitliche Wohlergehen der Kinder geht.

Eine Erziehungsform, deren Grundlage das Prinzip der Vorsorge ist, muss zwangsläufig in vielen Bereichen zu Diskussionen führen. So könnte ich mich gezwungen sehen, technische Beschreibungen von körperlichen Entwicklungen niederzulegen, die meine Argumente veranschaulichen sollen. Wenn ich unterstreiche, dass die Beschreibungen nur als Beitrag zu dieser Diskussion gedacht sind, will ich mich von der Verantwortung befreien, dass sie als Übungsbeschreibungen missverstanden werden. Wenn nämlich jemand, der ganz normal unterbewusst gesteuert ist, den Versuch unternimmt, schriftliche Instruktionen zu Übungen oder Drill zu befolgen, muss daraus unausweichlich ernsthafter Schaden entstehen. Und wie ich schon in *Ein Vermächtnis der Evolution an die Menschheit von unschätzbarem Wert* herausgestrichen habe, kann ein Mensch zwar mit dem Einsatz von Übungen durchaus Erfolg haben, wenn er den einen oder anderen Mangel beseitigen will. Er wird im Verlauf dieses Prozesses jedoch eine ganze Reihe anderer Defekte entwickeln. Bei dem, was jetzt folgt, hoffe ich, dass es mir gelingen wird, den Grund für diesen Umstand klar herauszuarbeiten, der im Allgemeinen keinerlei Beachtung findet.

Der grundlegende Mangel, der allen geistig-körperlichen Eigenarten, Defekten und Unzulänglichkeiten des Menschen zugrunde liegt, ist eine fehlerhafte und oft auch trügerische sinnliche Wahrnehmung. Solange nicht solche Bedingungen wiederhergestellt worden sind, unter denen die sinnliche Wahrnehmung wieder zu einem zuverlässigen Lenker wird, birgt jede Übung *die Gefahr in sich, dass eine zunächst positive Wirkung sich später zum Schlechten wendet.* Allein schon aus diesem Grunde ist eine zuverlässige sinnliche Wahrnehmung unerlässlich. Im nun folgenden zweiten und dritten Teil dieses Bandes will ich die Rolle durchleuchten, die diese Mitgift von unschätzbarem Wert für den Menschen bei allen wohl überlegten und befriedigenden Erziehungskonzepten spielen muss. Und ich verstehe Erziehung in einem weitestmöglichen Rahmen. Dies wird nämlich aus den tragischen Anhaltspunkten, denen wir immer und überall begegnen, nur allzu deutlich: Trotz aller Erziehungsbemühungen in der Vergangenheit sind wir nicht in der Lage gewesen, den rapiden körperlichen Verfall des Menschen aufzuhalten.

Illustrationen aus der Praxis sollen den Beleg erbringen, dass es die Erziehungsgrundlage für Kinder und Eltern sein muss, eine zuverlässige sinnliche Wahrnehmung beim Lernen von theoretischen und praktischen Inhalten und bei allen Aktivitäten, die wir zur täglichen Beschäftigung und zur Erholung ausführen, herzustellen.

Teil 2

DIE AUFGABE DER SINNLICHEN WAHRNEHMUNG BEIM LERNEN AN SICH UND BEIM MOTORISCHEN LERNEN

I

ERZIEHUNG, SCHULUNG UND UMSCHULUNG

Niemals zuvor in unserer Geschichte ist der Erziehung im weitesten Sinne so viel allgemeines Interesse entgegengebracht worden wie in der gegenwärtigen Zeit. Die Kriegserfahrungen und die weltweite Unruhe, die aus diesem Geschehen entstanden ist, haben die Intellektuellen in aller Welt dazu veranlasst, die Gültigkeit von lange blind akzeptierten Glaubensgrundsätzen zu hinterfragen. Und kein anderer Bereich ist so stark ins Scheinwerferlicht der intellektuellen Diskussionen geraten wie der Erziehungsbereich. Vermehrt erscheinen in regelmäßigen Abständen Artikel in den Zeitungen, die die Missstände der derzeitigen Methoden in der Erziehung anprangern. Die Unzufriedenheit ist so groß, dass immer wieder neue Methoden hofiert werden. Der Zustand der Verwirrung und der Unsicherheit, den wir ja alle aus der äußeren Welt so gut kennen, hat jetzt auch Einzug gehalten in die Welt der Erziehung.

Dieser Zustand der Verwirrung und der Unsicherheit, den man bei der praktischen Verwendung der Erziehungstheorien erfährt, findet seine Parallele in der Verwirrung und Unsicherheit, die wir erfahren, wenn wir versuchen, Vor- und Nachteile eines beliebigen Systems gegeneinander abzuwägen. Und dies hat einen einfachen Grund: Solche Entscheidungen wurden bisher im Dunstkreis von fragwürdigen, individuellen Meinungen getroffen, die sich allzu oft unterbewusst gebildet hatten und die in der Hauptsache ergebnisorientiert waren.

Ich will zunächst einmal klar herausstellen, was meiner Meinung nach die grundlegende Ursache für diese generell so chaotischen Zustände ist. Dafür muss ich als erstes die Aufmerksamkeit auf den Tatbestand lenken, der zwar bestens bekannt ist, der aber bei allen Erziehungsformen in der Vergangenheit wie auch heute und bei jeglichem Umgang mit unseren Mitmenschen in allen Bereichen praktisch ganz unbeachtet geblieben ist: Wenn ich jemandem eine neue Idee vermitteln will und ich setze dafür das gesprochene Wort oder Geschriebenes ein, wenn ich also jemandem etwas beibringen will, muss die jeweilige Person, die aus dieser geistig-körperlichen Aktivität, die wir lernen nennen, einen Nutzen ziehen will, zunächst eine Vorstellung darüber entwickeln, was eigentlich mit den geschriebenen oder gesprochenen Worten gemeint ist. Und von dieser Vorstellung hängt die praktische Nutzung der neuen Idee ab. Dies gilt in gleicher Weise für jeden Prozess der Selbstinstruktion. Daraus folgt, dass die Frage der jeweils entwickelten Vorstellung zu den gesprochenen oder geschriebenen Worten im Bereich des Erkenntnisgewinns von einer alles überragenden Bedeutung ist, besonders wenn es sich um Kenntnisse im geistig-körperlichen Bereich handelt. Denn auf dem, was der Lernende, Kind oder Erwachsener, hört oder liest, baut er ein Gedankengebäude auf, das sein weiteres Vorgehen und die Richtung seiner Meinungen entscheidend beeinflusst. Und trotzdem geht der normale Lehrer, gehen die normalen Lehrmethoden von der Annahme aus, dass die Vorstellung des Schülers sich mit der des Lehrers deckt. (Die Begriffe „Lehrer" und „Schüler" sind hier im weitestmöglichen Sinn gebraucht.) Fast jeder, der sich schon einmal um Kinder, beruflich oder als Eltern, gekümmert hat, wird wissen, wie häufig Frustration und Versagen beim Lernen oder bei anderen Tätigkeiten allein dadurch entstehen, dass das Kind gar nicht genau versteht, was der Lehrer eigentlich von ihm will. Die täglichen Lebenserfahrungen sind übersät mit Beispielen von Missverständnissen, und das nicht nur bei trivialen, sondern auch bei Angelegenheiten von enormer Wichtigkeit. Unter einem weiten Blickwinkel ist durchaus die Feststellung gerechtfertigt, dass die große Mehrzahl dieser Erfahrungen sich aus einer langen Kette spezieller und allgemeiner Missverständnisse zusammensetzt. Daraus können wir den Schluss ziehen, dass dort, wo Missverständnisse vorkommen, immer auch irgendein störender Faktor oder mehrere störende Faktoren vorhanden sind, die den Denkprozess behindern. Und der Prozess des Denkens ist nicht von dem zu trennen, was wir Verstehen oder „geistige Vorstellung“ nennen.

Wir halten also fest: Der Versuch eines Menschen, praktischen Nutzen aus einer neuen Idee zu ziehen, wird beeinflusst von seiner Vorstellung über das, was er gehört oder gelesen hat. Wir können diesen Tatbestand aber nicht vollständig verstehen, solange wir ihn nicht mit einer weiteren Tatsache verknüpft haben: Diese Vorstellung des Lernenden ist nämlich ihrerseits von seinem geistig-körperlichen Funktionsniveau abhängig und dieses Funktionsniveau wird wiederum vom Niveau seiner sinnlichen Wahrnehmung beeinflusst. Nicht nur, aber vor allem *hängt also die Genauigkeit der individuellen Vorstellung vom jeweiligen geistig-körperlichen Funktionsniveau und vom Niveau der sinnlichen Wahrnehmung ab.* Die Missachtung dieses fundamentalen Tatbestands ist meiner Meinung nach die Wurzel all dieser Verwirrung und Unsicherheit, die heutzutage im Erziehungsbereich und damit in allen Bereichen des täglichen Lebens so weit verbreitet sind.

Wenn sich diese Hypothese als wahr erweist, wird eines sofort sehr deutlich: Wenn wir Erkenntnisse weitergeben und Wissen vermitteln, bei jeglicher Erziehung also, sollten wir selbst über ein hohes geistig-körperliches Funktionsniveau des gesamten Organismus verfügen. Der Organismus sollte in der Lage sein, so zu wachsen und sich so zu entwickeln, dass sich sein Funktionsniveau und auch das Niveau der sinnlichen Wahrnehmung beständig heben. Zuerst aber ist das geistig-körperliche Funktionsniveau derjenigen genau zu analysieren, die wir erziehen sollen, wenn wir über die Grundlagen eines Erziehungskonzeptes solide Entscheidungen treffen wollen. Eine solche Analyse des Empfängers der Lerninhalte betrifft seine derzeitigen Verhältnisse und sie ist gerichtet auf seine sich hoffentlich verbessernden zukünftigen Verhältnisse.

Unglücklicherweise hat aber der Mensch, im Wesentlichen abhängig von einer unterbewussten Steuerung und Kontrolle, ein befriedigendes geistig-körperliches Funktionsniveau nicht für so entscheidend eingestuft, als er die ersten und die weiteren Erziehungskonzepte erstellte, um mit ihnen das zu bewirken, was man „geistigen" Fortschritt genannt hat. Und auch heute noch scheint man diesen Faktor als nicht unbedingt wichtig anzusehen. Unter diesem Gesichtspunkt sind die modernen Methoden in der Erziehung genauso lückenhaft wie die, die schon seit Generationen Gültigkeit haben.

Dass diese Position nicht von der Hand zu weisen ist, wird sofort ganz offensichtlich, wenn wir der folgenden Tatsache ins Auge blicken: In den letzten 200 Jahren ist das Niveau der sinnlichen Wahrnehmung bei der großen Mehrzahl der Menschen soweit abgesunken, dass sie allgemein immer schlechter koordiniert sind und sich ernsthafte Defekte entwickelt haben. Trotzdem versuchen Lehrer in den Schulen und die Begründer moderner Systeme, nicht anders als die Systembegründer aus früheren Zeiten, dem Einzelnen Hilfen anbieten, die ihn auf höhere Stufen seiner „geistigen" und „körperlichen" Entwicklung führen sollen, ohne sie von ihrer Abhängigkeit von einer Steuerung und Kontrolle zu befreien, die weitgehend auf unterbewussten Erfahrungen beruht. Diese Leute ziehen gar nicht in Betracht, ja, sie begreifen überhaupt nicht, dass sie Schaden anrichten! Schaden entsteht nämlich aus den Versuchen der Menschen, Instruktionen zu befolgen, die Menschen erlassen haben, die selbst von einer unzuverlässigen, oft auch trügerischen Wahrnehmung gesteuert werden.

Wir stehen also dem großen Problem gegenüber, dass die Menschen, die heute erzogen und ausgebildet werden sollen, nur noch mit einer mehr oder weniger verdorbenen Kinästhesie ausgestattet sind. In einem solchen Zustand sind die geistig-körperlichen Reaktionen aber untypisch und schädlich. Eine zufriedenstellende Erziehung ist wahrlich nicht mit solchen Reaktionen kompatibel. Deshalb muss eine Unterrichtstechnik, die den Anforderungen einigermaßen genügen soll, auf die Bedürfnisse derjenigen eingehen, die von unterschiedlichsten, mehr oder weniger ernsten Defekten geplagt werden, wenn sie ihre geistig-körperlichen Mechanismen einsetzen. Diese Defekte sind nämlich für die schädlichen und unzureichenden Reaktionen verantwortlich. Ich sollte jetzt einige dieser Defekte und auch die Schwierigkeiten beschreiben, die sich den Lehrern wie auch den Schülern stellen, wenn sie etwas vermitteln bzw. etwas lernen wollen. An den Aktivitäten eines Kindes in der Schule kann ich sie sehr gut deutlich machen.

Dieses aber zunächst vorne weg: Die Vorstellung, dass ein Kind in die Schule gehen sollte, ist bei vielen Eltern allzu oft immer noch bloß ein Vorurteil und nicht ihre tiefe, wohl überlegte Überzeugung, auch wenn inzwischen die Zahl der Eltern stark angestiegen ist, die keinen Zwang benötigen, um ihre Kinder zur Schule zu schicken. Sehr wahrscheinlich machen sich nur wenige Eltern mehr Gedanken über die Auswirkungen einer Schulausbildung, als dass die Kinder eben erzogen und ausgebildet werden sollen. Für die meisten Menschen dient der Erziehungsprozess dazu, dass ein Kind Wissen erwirbt und dass es in all den Bereichen und bei all den Angelegenheiten auf die rechte Bahn gelenkt wird, von denen man annimmt, dass das Kind noch irrige Ansichten hat. Die Bewertung über das, was richtig und falsch ist, ist für gewöhnlich das Produkt aus den kombinierten Erfahrungen seines Lehrers und seiner Eltern, wobei der Einfluss der Eltern auf die Lehrer nicht zu unterschätzen ist. Alle Eltern haben nämlich mehr oder weniger Vorurteile über das, was für ihr Kind im Augenblick und in der Zukunft notwendig ist, und sie wählen die Schulform und die Schule entsprechend ihrer Vorstellungen in diesem Punkt. [33)] Sie haben sehr genaue Vorstellungen darüber, wie die Prozesse auszusehen haben, die ihre Kinder bilden sollen, und das obwohl sie zu keiner Zeit einen Erfahrungsstand gehabt haben, der solche festgefügten Meinungen rechtfertigen würde. Nur wenige von ihnen stellen sich die Frage, ob in diesem Erziehungsprozess je nach Situation die Angstreflexe des Kindes übermäßig und auf schädliche Weise ausgelöst werden, weil man das Kind dazu angehalten hat, immer alles richtig zu machen [34)] und weil es fast eine Schande ist, etwas falsch zu machen. Nur sehr wenigen Eltern fällt es auf, dass der jeweilige Lehrer noch nicht einmal weiß, wie er ein Kind davon abhalten kann, beim Stehen oder beim Sitzen am Pult, wenn es über einem Problem brütet oder es seine sonstigen Pflichten erledigt, einen solchen geistig-körperlichen Gebrauch von sich selbst zu machen, wie er schlechter nicht sein könnte. Genauso wenig kommt es ihnen in den Sinn, dass sich aufgrund der Lernmethoden und anderer Unarten, die bei dem Lernvorgang erworben werden, allmählich ein geistig-körperlicher Zustand entwickelt, der schädlich ist. Dieser zeigt sich z. B. darin, dass das Erinnerungsvermögen geringer wird, und hat zur Folge, dass sich selbst gebildete Menschen durch die unterschiedlichsten Methoden, die ihre Gedächtnisleistungen [35)] steigern sollen, ausbeuten lassen.

Zurück zum Problem des Schulbesuchs. Es muss uns doch klar sein, dass jede unangemessene Erregung des Angstreflexes in der täglichen Schulroutine schwerwiegende Auswirkungen auf die Atemprozesse hat, sind doch die Vorgänge beim Atmen ganz eng mit der augenblicklichen Gefühlslage verknüpft. [36)] Beim Lernen sind die Atemprozesse ohnehin schon auf ein Minimum reduziert. Wenn wir dann noch die schädliche Wirkung berücksichtigen, die ein schlechter Gebrauch des Organismus [37)] beim Lernen in der Schule, an Tischen und auf Stühlen sitzend, beim Stehen, beim Gehen oder bei einer beliebigen normalen Körperhaltung auf den Atemprozess hat, sehen wir uns mit einem Problem konfrontiert, das kein noch so filigranes System lösen kann, das auf unterbewusster Basis arbeitet. Die schädlichen Bedingungen bei einem Kind, auf die ich bereits kurz hingewiesen habe, werden zu einem Störfaktor bei allen seinen Aktivitäten. Bei dem Versuch, z. B. die Handschrift eines Kindes zu verbessern, werden sich etliche neue Fehler im Gebrauch seiner geistig-körperlichen Mechanismen einschleichen und die bereits bestehenden Defekte werden sich tendenziell eher noch verstärken. Offensichtlich wird hier also Wissen auf eine Weise erworben, die mit einer Störung der allgemeinen Kontrolle und besonders mit einem falschen Gebrauch der geistig-körperlichen Mechanismen bezahlt wird, von denen eine Atemkontrolle abhängig ist. Unter solchen Bedingungen ist es einem Kind nahezu unmöglich, sein Bestes beim Lernen zu geben, weil ihm dazu das entsprechende geistig-körperliche Rüstzeug fehlt. Ohne Zweifel ist die allmähliche Reduktion der Atem- und anderer lebenswichtigen Prozesse einer der

Störfaktoren, die den Zustand des Träumens bewirkt, in den Studenten und auch ganz normale Intellektuelle während ihrer Studien so oft abdriften. Und dieses Träumen geht oftmals soweit, dass die Menschen stumpfsinnig vor sich hinstarren.

Ich sehe sehr wohl, dass einige Eltern, ihre Anzahl nimmt beständig zu, mehr für ihre Kinder wollen, als eine bloße Kompetenzvermittlung im Lesen, Schreiben und Rechnen. Ihr wahrer Wunsch ist eine „umfassende und vollständige Bildung" für sie. Ich sehe auch, dass man in bestimmten Erziehungsbereichen leichte Modifikationen, aber auch einschneidende Veränderungen durchgeführt hat. In anderen Erziehungsfeldern hat man versucht, angenommenen Übeln und Defekten entgegenzuwirken. Nur sind diese Versuche leider allzu oft eine Kehrtwendung von dem einen Extrem in das andere. Abgesehen davon ist es der fatale Fehler all dieser Reformbemühungen auf unterbewusster Ebene gewesen und ist es auch weiterhin, dass ihre Zielrichtung die Einleitung einer speziellen und nicht einer allgemeinen Entwicklung ist. Ganz gleich welchen Reformversuch der Schulen wir uns auch näher ansehen, immer werden wir sehen, dass die Reformen nicht den *Gesamtorganismus* des Kindes im Auge haben. Sie berücksichtigen genauso wenig die Tatsache, dass ein Kind von heute nicht auf demselben Koordinationsniveau und auf demselben Niveau der sinnlichen Wahrnehmung beginnt, auf dem noch die Kinder, sagen wir, vor 200 Jahren [38)] angefangen haben. Bei weitem arbeiten ihre geistig-körperlichen Mechanismen nicht so zuverlässig, wie sie noch bei den Kindern in jener Zeit gearbeitet haben. Und wenn es darum geht, die geistig-körperlichen Tätigkeiten des alltäglichen Lebens auszuführen, ist ihr altersgemäßer Einfallsreichtum nicht annähernd so groß wie noch vor Generationen. Wenn das normale Kind dann ins Schulalter gekommen ist, hat es in der Folge bereits so falsche Gebrauchsweisen seiner geistig-körperlichen Mechanismen entwickelt, die bei dem Schüler so schlechte Körperverhältnisse hergestellt haben, dass die meisten der umsichtigen Lehrer nur verblüfft sein können. [39)]

Wenn jetzt noch jemand irgendeinen Zweifel in dieser Hinsicht hat, wird ein Schulbesuch in Begleitung eines Fachmanns ihn mit Sicherheit überzeugen. Ein Fachmann wäre in der Lage, auf die jeweiligen Defekte hinzuweisen, über die wir hier sprechen. Und er könnte auch erklären, welchen Einfluss sie auf den gesamten Organismus eines Kindes bei den alltäglichen Aktivitäten haben. Die Direktorin einer Grundschule hatte mich einmal kontaktiert, weil sie sehr gehofft hatte, eine Lösung für das Hauptproblem ihrer Schule, wie sie es richtig eingeschätzt hatte, zu finden. Man habe es mit den allerneuesten Methoden probiert, wie sie betont hatte: So habe man für gesunde äußere Bedingungen gesorgt. Bewegung im Freien sei als Prinzip eingeführt und auch für die Methode des „freien Ausdrucks" sei Raum geschaffen worden. Trotzdem bestehe das Problem weiter und harre einer Lösung. Allen Beteiligten werde immer deutlicher, wie sehr es unter den Nägeln brenne. Sie selbst habe *„Ein Vermächtnis der Evolution an die Menschheit von unschätzbarem Wert"* gelesen. Erst danach hatte sie verstehen können, warum es nicht ausreicht, im Freien aktiv zu sein, wenn man die Defekte und Mängel, die der Anlass dafür gewesen sind, dass man sich ernsthafte Sorgen gemacht hat, bei den Kindern beseitigen oder besser noch verhindern will. Was nützen aber gute hygienische Verhältnisse, Aktivitäten im Freien, stark verbesserte Umweltbedingungen, die Methoden des „freien Ausdrucks" und „Körperübungen" [40], wenn es dem Kind, dem eine allumfassende Bildung vermittelt werden soll, unter all diesen Bedingungen erlaubt ist, sich bei seinen Aktivitäten in einer Art und Weise zu gebrauchen, die die Psychomechanik seiner Atemprozesse in einem Ausmaß stört, dass diese Prozesse eher mit einer minimalen Kapazität arbeiten, als dass so gute Resultate wie möglich bei maximaler Kapazität erzielt werden? Auch die Lehrer und Lehrerinnen sind durchaus einhellig der Meinung, dass das richtige Funktionieren der Atemprozesse das Element ist, das von vitaler Bedeutung für die Entwicklung eines Kindes ist.

Der Ruf nach körperlichem Drill und Körperübungen in den Schulen, nach Haltungsschulung, Atemübungen u. ä., der nahezu weltweit von Eltern, Lehrern und allen sonst noch Betroffenen zu vernehmen ist, ist das Eingeständnis, dass es in dieser Richtung einen gewissen Bedarf gibt. Nur sind die angesprochenen Methoden leider keine Hilfe. Die schädlichen Auswirkungen geistig-körperlicher Lernerfahrungen können nicht durch Bewegungen ausgeglichen werden, die beim Fitnesstraining und bei Drillübungen, bei Haltungsschulung, Gymnastik u. ä. ausführt werden. Die Defekte, die entstanden sind aus den täglichen, geistig-körperlichen Lernerfahrungen, sind nämlich vielmehr Ausdruck einer schlecht eingestellten und schlecht koordinierten Maschine, die dazu noch von einer trügerischen sinnlichen Wahrnehmung gesteuert und kontrolliert wird. Eine solche Maschine kann nur mit minimaler Kapazität arbeiten, denn bei einer vollen Kapazitätsauslastung würde sie ganz versagen.

Das Problem stellt sich aber noch komplizierter dar. Im Bereich der Erziehung sind die Anforderungen, die im gegenwärtigen Stadium der Zivilisation an ein Kind gestellt werden, gestiegen und steigen beständig weiter. Und man nimmt allgemein an, dass dies nicht zu vermeiden sein wird. Die Koordinationsdefizite nehmen bei einem Kind beständig weiter zu und sie steigern sich im gleichen Verhältnis wie die zu bewältigenden Schwierigkeiten zunehmen, um die Defekte zu beseitigen, deren Ursache die schlechte Koordination ist. Gleichzeitig mit den Schwierigkeiten, die ein Kind vermehrt im Unterricht und bei seinen anderen Aktivitäten zu bewältigen hat, verändert sich auch sein allgemeines Funktionsniveau weiter zum Schlechten. Dies wiederum bedeutet, dass ein Kind diesen Bereichen notwendigerweise immer mehr Zeit widmen muss, wenn es erfolgreich sein will. Weiter steigende Anforderungen an das Kind, in Verbindung mit längeren Arbeitszeiten und vermehrtem Einsatz und die zunehmenden Komplikationen, die die gestiegenen Anforderungen mit sich bringen, sind die Folge. Wie sollen jedoch die geistig-körperlichen Mechanismen der Kinder den Anforderungen zufriedenstellend gerecht werden, wenn die Mechanismen eher mit minimaler Kapazität arbeiten, als dass sie ihre Möglichkeiten voll ausschöpfen? Was muss geschehen, wenn die Anforderungen im Erziehungsbereich weiterhin ansteigen, während die geistig-körperlichen Möglichkeiten der Kinder im Laufe der Zeit noch geringer werden? Und ihre Möglichkeiten werden sich ganz bestimmt verringern, wenn die Defekte, die für den Zustand schlechter Koordination des geistig-körperlichen Selbst verantwortlich sind, nicht beseitigt werden; wenn nicht ein Prozess in Gang gesetzt wird, der den Gebrauch des Organismus nicht grundsätzlich auf die Ebene bewusster Kontrolle hebt.

Wir dürfen dabei aber auch nicht vergessen, dass jeder Versuch, etwas zu tun oder Wissen zu erwerben, an das Kind bestimmte geistig-körperliche Anforderungen stellt. Uns muss klar sein, dass jegliche Bemühungen des Kindes immer dem geistig-körperlichen Funktionsniveau seines jungen Organismus entspricht, *wenn man diese Bemühungen nach allgemeinen und nicht nach spezifischen Richtwerten beurteilt*. Wo immer bei einem Kind so schädliche Bedingungen vorhanden sind, wie ich sie beschrieben habe, muss ein Lehrer unbedingt das Niveau dessen allgemeinen geistig-körperlichen Gebrauchs in seinen Unterricht mit einbeziehen, wenn er spezielle Mängel, z. B. Mängel in der Handschrift abstellen will. Wenn er dies nicht tut, werden sich im Gebrauch nicht nur neue Fehler einstellen, die alten, bereits bestehenden falschen Gebrauchsweisen werden in der Tendenz weiter verfestigt werden.

Daraus folgt: In allen Fällen, in denen die geistig-körperliche Mechanik schlecht und mehr oder weniger unangemessen funktioniert, können wir bei der Wissensvermittlung bzw. der Wissensaufnahme auf keinen Fall beste Ergebnisse erwarten. Die fehlende Koordination von den Teilen des Organismus, die an dem Prozess, den wir Erziehung nennen, beteiligt sind, verhindert dies. Alle Versuche, theoretisches Wissen aufzunehmen oder motorisch etwas zu lernen, müssen in der Tendenz zur Entwicklung neuer geistig-körperlicher Defekte führen und die alten Defekte müssen sich weiter verstärken. Und diese Aussage gilt gleichermaßen auch für alle Prozesse der Selbstinstruktion. Schon die ersten Bemühungen eines Kindes, einen einfachen Inhalt gemäß dem Schulcurriculum zu lernen, finden auf *spezifischer* Basis statt: Von Anfang an wird seine Arbeit unter dem Gesichtspunkt der

„Zielorientierung" strukturiert. Spezielle Dinge auf spezifischer Basis zu tun, so läuft Unterricht ab. Und diese speziellen Dinge sollen „richtig" gemacht werden. Lange bevor das Kind ins Jugendalter kommt, hat sich dieses Verfahren der „Zielorientierung" dann verselbstständigt. Nur hat dieses Verfahren den großen Nachteil, dass sich eine geistig-körperliche Grundhaltung entwickelt, die neue Ideen und neue Erfahrungen ablehnt und die allzu oft zu einer starken Verschlechterung der Gedächtnisleistung führt. Wenn diese Defekte und Mängel, auf die ich mich oben beziehe, vorhanden sind, dann entstehen daraus zwei Störfaktoren, die die allgemeine Unfähigkeit der Mehrzahl der Erwachsenen erklären könnten, Wissen zu verknüpfen. [41)] Wissen an sich hat nämlich nur einen geringen Wert. Was wirklich von Wert ist, ist die Verknüpfung unseres Wissens mit dem, was tagtäglich im Gewand neuer Ideen und neuer Erfahrungen auf uns zukommt. Und wir können diese Fähigkeit zur Verknüpfung keinesfalls von den Vorgängen trennen, die mit der Gedächtnisleistung zusammenhängen. Mit anderen Worten liegt der Wert unseres Wissens darin, dass und wie es uns gelingt, das Wissen zu verwenden, um es mit unserem beständig größer werdenden Erkenntnis- und Erfahrungsschatz zu verbinden, den wir im Laufe der Jahre erwerben. Unser Wissen wird in dem Maße wertvoller, wie wir den Instinkt und das, was Professor Dewey „Gefühlsausbrüche" genannt hat, durch rationales Denken ersetzen.

Deshalb sollten wir alle Erziehungsformen auch zuerst danach beurteilen, ob sie ein höchstmögliches, geistig-körperliches Funktionsniveau für ein Kind gewährleisten, wenn es sich bemüht, die verschiedenen Prozesse zu meistern, die von ihm in der Erziehung verlangt werden. So erhalten die Kinder einen fairen Start ins Schulleben, und was noch wichtiger ist: Sie verbessern sogar die daran beteiligten Funktionsverhältnisse mehr und mehr, wie sie sie auch bei ihren Bemühungen als Schüler in allen ihren anderen Bereichen des Handelns verbessern.

Das Erziehungskonzept, für das ich vehement eintrete, ist in dem Sinn allumfassend, als es nicht allein den Bedürfnissen der Menschheit im gegenwärtigen Stadium der Evolution gerecht werden würde. Es würde genauso ihren Bedürfnissen in der Zukunft gerecht werden, wenn sie von der gegenwärtigen Stufe der unterbewussten Steuerung und Kontrolle auf die fortschrittlicheren Entwicklungsstufen gelangt ist, die ein höheres und immer noch höheres Zivilisationsniveau ermöglichen werden. Wenn wir den Fortschritt des Menschen in diesem Zusammenhang bewerten wollen, müssen wir ihn nach vier Kriterien beurteilen:

- Welchen Grad der Bewusstheit hat der Mensch erreicht, wenn er seinen falschen geistig-körperlichen Gebrauch im Inneren seines Organismus erkennen soll und wie bewusst verwendet er diesen Organismus bei allen seinen geistig-körperlichen Aktivitäten des täglichen Lebens?
- In welchem Maße ist er in der Lage und willens, neue und sich mehr und mehr ausbreitende Ideen zu akzeptieren, von deren Wert und von deren Überlegenheit gegenüber älteren und lange gehegten Vorstellungen er bereits überzeugt worden ist? Ist sein Wille stark genug, sich auf die neuen Erfahrungen einzulassen, die mit diesen neuen, sich ausbreitenden Ideen Hand in Hand gehen?
- In welchem Maße wird er in der Lage sein, sich an die sehr schnellen Umweltveränderungen unter den Bedingungen der Zivilisation so anzupassen, dass er sie zu seinem Nutzen verwenden kann? Kann er verhindern, dass sie ihm Schaden oder Verletzungen zufügen?
- In welchem Maße wird er in der Lage sein, mit der möglichen Angst umzugehen, die entstehen könnte, weil er gegebenenfalls seinen bisherigen Beruf aufgeben muss, ganz gleich in welchem Beruf, in welchen Geschäft er bislang tätig war, welcher Berufung er bis dahin gefolgt ist? Wird er mutig genug sein, die nötigen Veränderungen vorzunehmen, wenn ihm deutlich geworden ist, dass die jeweiligen Prinzipien, die Grundlage in seinem Beruf sind, falsch sind? Und wenn er weiter in seinem Beruf tätig ist, ist er dann wenigstens so mutig, die notwendigen Anpassungen in die Wege zu leiten, die sich zwangsläufig daraus ergeben müssen, dass

er die neuen und in der Praxis bewährten Kenntnisse akzeptiert und integriert hat?

Ich wollte mit dem bisher Gesagten die Prinzipien umreißen, die bei allen Erziehungsformen zuerst in Betracht gezogen werden sollten, so dass die Menschheit den gegenwärtigen und zukünftigen Anforderungen auf zufriedenstellende Weise begegnen kann. Daran kann überhaupt kein Zweifel bestehen: Es ist von überragender Bedeutung für den Menschen, Wissen über den befriedigenden und angemessenen Einsatz seines Organismus zu erwerben. Wenn wir den Anforderungen im Bereich der Erziehung und in allen anderen Handlungsbereichen genügen wollen, hängt unser jeweiliger Erfolg tatsächlich von diesem befriedigenden und angemessenen Einsatz ab.

Von der Diskussion der Prinzipien, die bei jedem Erziehungskonzept eine Rolle spielen, kommen wir auch schnell zur Analyse der *Mittel-und-Wege*, mit denen diese Prinzipien umgesetzt werden müssen. Auf den folgenden Seiten dieses Buches geht es um die Technik, die angewendet werden muss, um all die Prinzipien, die ich bis hierhin dargestellt habe, in der praktischen Anwendung bei Umschulung, Koordinierungsarbeit und bei der Aufgabe der Neuausrichtung auf einer bewussten Ebene umzusetzen.

Wir dürfen an dieser Stelle nicht vergessen, dass auf unterbewusster Basis alle Unterrichtsmethoden prinzipiell auf diese Weise vorgehen: Wenn ein Schüler an einem Defekt oder einem Mangel leidet, wenn er eine Eigenart entwickelt hat, die beseitigt werden muss, muss er sofort etwas TUN, um diesen Defekt oder diese Defekte zu beseitigen, und der Lehrer steht dabei für gewöhnlich hilfreich zur Seite. Ein Lehrer, der auf unterbewusster Basis unterrichtet, setzt voll und ganz auf dieses System zur Bekämpfung der Defekte. In einem solchen System ist es nämlich seine eigentliche Aufgabe, dem Schüler beizubringen, für die Beseitigung von Defekten etwas zu *tun*. In diesem Zusammenhang bedeutet das TUN für den Schüler dieses: *Er muss eine Reihe von Körperübungen ausführen. Der Lehrer hat ihn dazu aufgefordert und der Schüler geht davon aus, dass er die Lehrerinstruktionen in geeigneter Weise auch umsetzt.* In den allermeisten Fällen sind aber die Bemühungen des Lehrers nicht von Erfolg gekrönt. Diese Tatsache mag den Lehrer durchaus verwirren, aber sie erschüttert nicht sein grundsätzliches Vertrauen in seine Methoden. Sie verändert auch nicht seine Einstellung zu dem ursprünglichen Unterrichtsansatz. Er kann vielleicht auf den einen oder anderen Erfolg verweisen. Leider fehlt ihm aber die notwendige Schärfe bei der Beobachtung und er ist nicht auf dem wünschenswerten Bewusstseinsstand, um erkennen zu können, dass sein Erfolg nur ein spezieller ist. Er ist sich nicht darüber im Klaren, dass der Schüler bei dem Prozess, der den jeweiligen Defekt beseitigen sollte, etliche andere Defekte entwickelt hat, die weitaus schädlicher als die ursprünglichen sind. Erschwerend kommt hinzu, dass sowohl Lehrer als auch Schüler völlig ahnungslos von den neuen Defekten bleiben.

Das gesamte Unterrichtvorgehen, das die bewusste Kontrolle zum Umbau des Menschen verwendet, hat demgegenüber ein gegenteiliges Prinzip zur Grundlage. Jemand, bei dem sich ein so schlechter Zustand entwickelt hat, dass seine sinnliche Wahrnehmung, sein Gefühl, mehr oder weniger fehlerhaft und in die Irre führend ist, darf nämlich nicht erwarten, dass er diesen Zustand dadurch erfolgreich beseitigen kann, dass er sich bei seinen Bemühungen um Umschulung, Koordination und Neuausrichtung auf dasselbe trügerische Gefühl zur Steuerung dieser Prozesse verlässt. Und genauso wenig kann er sich auf dieses Gefühl verlassen, wenn er etwas in seinem geistig-körperlichen Organismus in Ordnung bringen will, von dem er weiß, dass es nicht in Ordnung ist. In dem Augenblick, da ein Kind oder ein Erwachsener eine Körperhandlung ausführen will, werden nämlich seine ererbten und seine neu erworbenen Instinkte, seine Gewohnheiten also, zu einem dominierenden Faktor. Und diese Instinkte und Gewohnheiten bestimmen die Art und Weise, wie er seinen geistig-körperlichen Organismus verwendet. Daraus folgt: Wenn ein Schüler mehr oder weniger schlecht koordiniert ist, wird auch der Einsatz seines geistig-körperlichen Selbst schlecht und mehr oder weniger schädlich sein. Dies bedeutet,

- dass er für Defekte anfällig ist,
- dass seine sinnliche Wahrnehmung, sein Gefühl, von dem, was er gerade tut, trügerisch ist und
- wenn er diese Defekte korrigieren will, ist seine Lage augenblicklich noch weitaus nachteiliger: Ihm fehlt die fehlerfreie Steuerung durch eine zuverlässige sinnliche Wahrnehmung.

Die ganze Tragweite dieses Sachverhalts im Zusammenhang mit Erziehung wird erst wirklich deutlich, wenn wir der Argumentation noch einen Schritt weiter folgen. Wenn dies nämlich den Tatsachen entspricht, was ich versichern kann, weil es möglich ist, dies praktisch zu demonstrieren, dann ist es zwecklos, ja sogar dumm, ein Kind, das bei einfachen Handlungen gewisse Schwierigkeiten hat oder bestimmte Mängel und Defekte ausgebildet hat, wie man ja bereits erkannt hat, dazu auffordert, *selbst etwas zu tun,* mit dem Ziel dem Kind so über die jeweiligen Schwierigkeiten hinwegzuhelfen oder seine Defekte zu beseitigen. *Die einzige Steuerung, die dem Kind nämlich zur Verfügung steht, wenn es etwas tut, um die Instruktionen des Lehrers umzusetzen, ist dieselbe trügerische unterbewusste Steuerung über eine unzuverlässige sinnliche Wahrnehmung, die schon maßgeblich daran beteiligt war, dass die Defekte überhaupt erst verursacht worden sind und sich dann weiterentwickeln und letztendlich zu festen Gewohnheiten werden konnten.* (Dieser Gesichtspunkt wird bei allen Reformplänen und bei jeglicher therapeutischer Arbeit vollständig übersehen. Niemals habe ich anderes erfahren.) Alle Defekte und Mängel sind nämlich Symptome eines Zustands schlechter Koordination und falscher Ausrichtung der Teile des Körpers zueinander. Und ein solcher Zustand geht immer Hand in Hand mit einer unzuverlässigen sinnlichen Wahrnehmung. Das gleiche gilt auch anders herum und alles, was ich in diesem Zusammenhang über die Kinder schreibe, hat in verstärktem Maße genauso Gültigkeit für die Erwachsenen. Wenn sich bei einem Kind oder Erwachsenen der Zustand unzuverlässiger sinnlicher Wahrnehmung entwickelt hat, wird man in der einen oder anderen Form auch den Zustand schlechter Koordination und falscher Ausrichtung antreffen. Wenn ein Kind die Lehreranweisungen gehorsam umsetzen und etwas tun will, um einen Defekt zu korrigieren, ist jeder Versuch, den ein schlecht koordiniertes Kind dabei unternimmt, zwingend das Ergebnis irgendeiner Form von fehlgesteuerter Aktivität. Der ursprüngliche Defekt oder Mangel wird sogar eher noch verstärkt und zusätzlich entwickeln sich völlig überzogene Angstreflexe.

Diese Ausgangslage führt auf direktem Wege zu der Forderung nach einer Unterrichtstechnik, die diesen Schwierigkeiten auch gerecht wird. Seitens des Lehrers schließt eine solche Technik mit ein, dass er auf eine geeignete Weise mit seinen Händen die richtigen Erfahrungen vermittelt, um bei einem Schüler in den Bereichen Umschulung, Koordination und Neujustierung die sinnliche Wahrnehmung zu schulen. Außerdem muss der Lehrer selbst in Besitz eines zuverlässigen, sensorischen Apparats sein, wenn er die entsprechenden sinnlichen Erfahrungen erfolgreich vermitteln will. Und er muss bereits ausreichende Erfahrungen in der Umschulung und Koordinierung eines Schülers gesammelt haben. Sie sind nämlich erforderlich, wenn ein Organismus wieder zufriedenstellend neu ausgerichtet und eingestellt werden soll.

In diesem Zusammenhang muss uns eines aber immer im Hinterkopf bleiben: Es ist nicht möglich, die richtigen Sinneserfahrungen, die mit dieser Technik erworben werden sollen, durch das geschriebene oder gesprochene Wort so darzustellen, dass daraus ein praktischer Nutzen gezogen werden könnte. Ein bekannter Wissenschaftler und Freund von mir hat in diesem Zusammenhang einmal auf eine Anfrage erwidert: „Wir können eine kinästhetische Wahrnehmung nicht beschreiben, wie wir auch die Empfindung eines Klanges nicht beschreiben können. Uns bleibt nichts anderes übrig, als die Symbole des Klanges aufzuschreiben, in der Musik z. B. als Noten."

Dieser Gesichtspunkt kann gar nicht stark genug betont werden, weil er beständig übersehen wird. So haben mich viele mit vielsagendem und freundlichem Blick angesprochen, um mir zu sagen, dass mein Buch *„Ein Vermächtnis der Evolution an die Menschheit von unschätzbarem Wert“* ziemlich clever gemacht sei. Wenn ich dann nachgefragt habe, was sie damit meinten, haben sie fast immer in der gleichen Weise geantwortet: „Sie haben uns genau so viel zu denken gegeben, dass Ihre Theorie uns neugierig gemacht hat. Und Sie haben uns an den Punkt geführt, an dem uns klar geworden ist, dass wir Unterricht nehmen müssen.“ Auch das Folgende hat sich immer wieder ereignet: Ich habe einem Schüler sehr eingehend erklärt, dass er einer Umschulung bedarf, weil seine sinnliche Wahrnehmung unzuverlässig ist. Ebenso habe ich ihm ganz praktisch demonstriert, dass er gerade in diesem Moment dabei ist, schädliche Defekte zu entwickeln, weil er sich bei seinen Bewegungen von einem „Gefühl“ leiten lässt, das in die Irre führt. Und was ist seine Reaktion? -„Haben Sie nicht ein Übungsprogramm für mich, mit dem ich zuhause arbeiten kann?“

In diesem Buch habe ich bereits betont, dass mit Manipulation durch einen Lehrer gearbeitet werden muss, wenn bei einem Menschen, bei dem Defekte vorhanden sind, eine zuverlässige sinnliche Wahrnehmung entwickelt und fest einrichtet werden soll. Denn bei allem, was dieser Mensch *selbst* unter Anwendung der normalen Methoden tut, um die Defekte zu heilen, steuert er sich selbst mit einem allzu unzuverlässigen Gefühlssinn. Und so fügt er den fehlerhaften Erfahrungen, die sich aus einer unzuverlässigen sinnlichen Wahrnehmung zwangsläufig ergeben müssen, noch weitere hinzu. Trotz all dem, was ich ausführlich zu dieser Thematik geschrieben habe, werde ich kritisiert, dass ich „Dinge zurückhalte“, weil ich in meinen Büchern keine Instruktionen und kein Übungsprogramm bereitstelle, die die Menschen bei sich zuhause einsetzen könnten. Dazu will ich Folgendes sagen: Auf der Stufe der Unterrichtserfahrung, auf der ich derzeitig stehe, will ich mich nicht schuldig machen, den unzähligen Büchern zum Thema Körperübungen noch weitere hinzugefügt zu haben. Und ich will auch nicht die schwere Verantwortung für die schädlichen

Konsequenzen tragen, die zwangsläufig entstehen, wenn Übungen nach schriftlichen Beschreibungen von Menschen ausgeführt werden, deren sinnliche Wahrnehmung unzuverlässig und bestenfalls trügerisch ist. Ich habe deshalb die Technik, für die ich eintrete, unter folgender Prämisse entwickelt: Wenn etwas mit uns nicht in Ordnung ist, liegt es daran, dass wir von unzuverlässigen sinnlichen Wahrnehmungen gesteuert worden sind, die zu falschen sinnlichen Erfahrungen geführt haben und deren Ergebnis letztendlich unsere fehlgeleiteten Aktivitäten sind.

Wir finden diese fehlgeleiteten Aktivitäten im Gebrauch der geistig-körperlichen Mechanismen, wenn sie bei allen Tätigkeiten des Lebens eingesetzt werden, und außerdem in unterschiedlichen Ausprägungen entsprechend unserer individuellen Überempfindlichkeiten. Sie werden beeinflusst und sind auch verwoben mit unseren falschen Vorstellungen, unserer schlechten sinnlichen Wahrnehmung, unseren unangemessen erregten Angstreflexen, unseren Emotionen und Vorurteilen, die wir nicht unter Kontrolle haben, und unseren nur sehr schlecht eingestellten Mechanismen. Solche gestörten, geistig-körperlichen Gegebenheiten sind ihrem Entstehungsprozess nach Vorläufer einer geistig- körperlichen Grundhaltung zum Leben allgemein, die man nur als pervers bezeichnen kann. Die fehlgeleiteten Aktivitäten sind so eng mit dieser pervertierten Grundhaltung verknüpft, dass sie wirklich ein großes Problem für Lehrer und Schüler darstellen: Unter solchen Bedingungen ist es sehr schwer, Kenntnisse zu vermitteln oder, aus Sicht eines Schülers, zu erwerben, insbesondere wenn es sich darum handelt, Kenntnisse zum Einsatz der geistig-körperlichen Mechanismen zu vermitteln. Der Zusammenhang dieser Problematik mit den falschen Vorstellungen soll nun im nächsten Kapitel analysiert werden.

II. FALSCHE VORSTELLUNGEN

In Bezug auf falsche Vorstellungen muss der Lehrer in einem ersten Schritt seinen Schüler zunächst einmal davon überzeugen, dass seine derzeitigen, fehlgeleiteten Aktivitäten das Ergebnis seiner falschen Vorstellungen und seiner fehlerhaften sinnlichen Wahrnehmung sind.

Was die Überzeugungsarbeit betrifft, muss ich allerdings all jene vor allzu großen Erwartungen warnen, die damit nur wenig Erfahrung haben: In aller Regel wird ein Schüler in diesem Punkt durch Argumentation und Diskussion nicht überzeugt werden können. Er wird zwar dem Lehrer oftmals versichern, dass er die Argumente einsieht. Und vom Standpunkt eines Schülers aus kann diese Aussage durchaus auch richtig sein. Meine Erfahrung ist jedoch eine andere. Es gibt nur den einen Weg, auf dem der Lehrer einen Schüler überzeugen kann, dass ihn sein Gefühlssinn in die Irre führt, wenn er sich daran macht, eine Bewegung auszuführen: *Es muss dem Schüler an seinem eigenen Organismus demonstriert werden.* Soweit dies möglich ist, sollten dabei Spiegel verwendet werden, so dass der Schüler auch sehen kann, was es zu sehen und zu demonstrieren gibt.

Da ist noch ein weiterer wichtiger Punkt: Der Schüler muss von der Notwendigkeit überzeugt werden, dass er den Worten des Lehrers sehr genau zuhören muss. Die Bedeutung dieser Worte muss ihm ganz klar sein, *bevor er einen ersten Versuch unternimmt, danach zu handeln.* Das hört sich nach einer Binsenweisheit an, ist aber tatsächlich der Punkt, an dem auch ein sehr erfahrener Lehrer Schiffbruch erleiden kann. Denn die Vorstellung des Schülers ist oft so widerstandsfähig wie ein Fels in der Brandung. Und in jedem einzelnen Fall wird sich seine Vorstellung von dem, was der Lehrer mit seinen Worten vermitteln will, *an der eigenen geistig-körperlichen Verfassung ausrichten.*

Wenn ein Schüler z. B. fixe Ideen in der einen oder anderen Richtung entwickelt hat, müssen diese fixen Ideen unweigerlich seine Fähigkeit „zum genauen Zuhören" einschränken. Dies hat zum Ergebnis, dass er die neuen Ideen, *die der Lehrer ihm vermitteln will*, nicht gut aufnimmt. Dabei sind wir doch so gerne bereit, diese Fähigkeit des Zuhörens als ganz selbstverständlich zu betrachten! In diesem Zusammenhang muss also ein Lehrer, der die Mängel eines speziellen Falls behandelt, sich sehr genau die festen Vorstellungen des jeweiligen Schülers anschauen. Eine Lösung der Probleme würde andernfalls für Lehrer und Schüler weitaus schwieriger. Es gibt einige fixe Ideen, die man nahezu bei jedem Schüler antrifft, der sich in die Technik einweisen lässt. Da sind z. B. fixe Ideen darüber, was die richtige und die falsche Methode ist, wenn man als Schüler in die Arbeit einsteigt. Es ist die fixe Idee, dass es notwendig sei, sich zu konzentrieren, wenn die Bemühungen von Lehrer und Schüler von Erfolg gekrönt sein sollen. Wenn ein Schüler aufgrund eines Defekts vom Lehrer korrigiert wird, führt seine unterbewusste Steuerung zu dem festen Glauben in ihm, dass ihm beigebracht werden solle, *etwas zu tun*, um diesen Defekt zu korrigieren. Er erkennt nicht, dass ihm als oberstes Prinzip vermittelt werden soll, *wie er (durch die Methode des Hemmens) verhindern kann, dass das Falsche getan wird.*

Ein in der Umschulungsarbeit erfahrener Lehrer, kann am Ausdruck der Augen und daran, wie ein Schüler seine Augen gebraucht, sofort die Diagnose stellen, welchen Einfluss die diesbezüglichen Vorstellungen auf den Schüler haben. Bei jedem neuen Schritt in der Ausbildung sollte der Lehrer deshalb Maßnahmen ergreifen, die diesen Einfluss ausschalten. Es ist nämlich völlig sinnlos, jemanden unterrichten zu wollen, der mehr oder weniger in einem Zustand der Beunruhigung oder gar der Besorgnis ist. Was wir aber brauchen, ist dieser Zustand der inneren Ruhe [A)], der so typisch ist für jemanden, der gerade über etwas nachdenkt.

Die Liste der festen Vorstellungen, die ich oben angelegt habe, könnte um das Hundertfache verlängert werden. Ihre Eigenarten [43)] sind nämlich so mannigfaltig wie die Eigenarten in der Handschrift. Sie unterscheiden sich beträchtlich bei jedem Einzelnen. Wie auch bei der Handschrift hängt die Form, die sie annehmen können, von der geistig-körperlichen Verfassung des einzelnen Menschen ab.

Ich habe inzwischen über 25 Jahre Unterrichtserfahrung gesammelt. Sie hat mich mit sehr profunden Kenntnissen über die geistig-körperlichen Schwierigkeiten, die bei der geistig-körperlichen Ausbildung auftreten, ausgestattet. Es sind diese Schwierigkeiten, die vielen Erwachsenen, die Umschulung und Koordinierung benötigen, im Wege stehen. Aufgrund meiner Erfahrungen zögere ich nicht festzustellen, dass die fixen Ideen und die festen Vorstellungen eines Schülers der Grund für die meisten seiner Probleme sind.

Wie ich aus Erfahrung weiß, sind bestimmte feste Vorstellungen sehr weitverbreitet und haben weitreichende und schädliche Auswirkungen auf das gesamte Leben im Allgemeinen. Sie sollen jetzt nacheinander erörtert werden. Den Anfang will ich mit einer Gewohnheit machen, die bei den meisten Schülern anzutreffen ist, die auf einer unterbewussten Basis unterrichtet worden sind. Sie wurde bereits erwähnt: *Es ist der Versuch, einen Defekt zu korrigieren, indem man etwas anderes tut.*

Falsche Vorstellungen illustriert am Beispiel der Aussage: „Ich will es richtig machen."

Nehmen wir die folgende Situation an: Jemand hat sich endlich entschlossen, Unterricht zu nehmen, um seinen geistig-körperlichen Gebrauch von einem Lehrer umschulen zu lassen. Es ist seine allererste Unterrichtsstunde. Der Lehrer wird folgendermaßen vorgehen: Zunächst wird er die geistig-körperlichen Eigenarten, Trugschlüsse und Defekte des Schülers analysieren, ihm danach die Ergebnisse seiner Diagnose vermitteln und vorschlagen, sie zu beseitigen. Zweitens wird er auch die *Mittel-und-Wege* zu ihrer Beseitigung aufzeigen.

Wenn der Lehrer dann seine Ausführungen beendet hat, ist dieses unweigerlich die Folge: Der Schüler wird sich bereits zu den Fakten, die ihm eröffnet worden sind, seine eigenen Vorstellungen und Gedanken gemacht haben. (Tatsächlich sind diese Vorstellungen oftmals das ganze Gegenteil von dem, was der Lehrer sich vorstellt.) Wenn es sich nicht um einen ganz außergewöhnlichen Menschen handelt, wird er auch schon zu dem einen oder anderen Entschluss gelangt sein, der sich mit seinen Vorurteilen deckt. Er wird ein Urteil darüber gefällt haben, was die Ursache ist oder die Ursachen sind, die hinter den ihm eröffneten Fakten liegen. Er will schon wissen, was dabei herauskommt, wenn die Ursachen beseitigt sind. Und er weiß auch schon sehr genau, welche Mittel er einsetzen will, um das von ihm Gewünschte zu erreichen. Gerade diese letzte Entscheidung hat gravierende Auswirkungen. Sie wird von seinem festen Glauben beeinflusst, dass es seine erste Aufgabe sein wird, *etwas zu tun,* so wie er ein „Tun" versteht, und dass es *richtig zu machen ist,* so wie er versteht, was *richtig machen* heißt, wenn er das, was er sich vorgenommen hat, erreichen will. Und dies ist auch überhaupt keine Überraschung. Es ist nämlich sehr wahrscheinlich, dass alle seine bisherigen Lehrer seit frühester Kindheit ihm die Vorstellung eingetrichtert haben, wenn etwas falsch sei, müsse er etwas tun, um es wieder in Ordnung zu bringen. Außerdem wird man ihm beigebracht haben, dass sich ein gewissenhafter Mensch generell darum bemüht, alles richtig und nichts falsch zu machen. So wird das Verlangen danach, Recht zu haben, mit der Zeit zu einer Besessenheit geworden sein, das dazu dient, sein Gewissen zu beruhigen, wie es auch auf vielerlei andere Weise beruhigt werden soll. [44)]

Deshalb wird ein Lehrer seinen Schüler auf das Folgende hinweisen müssen, sobald er beobachtet, dass dieser, seinen fixen Ideen folgend, sich daranmacht, etwas zu tun, von dem er annimmt, dass es ihn seinem gewünschten Ziel näher bringt: Wenn ein Schüler versucht, seine Defekte zu heilen, indem er „selbst etwas tut", verlässt er sich nämlich auf sein eigenes Urteilsvermögen. *Sein Urteilsvermögen kann hier aber gar nicht stimmig sein, weil die falschen sinnlichen Erfahrungen des Schülers, die er vorher gemacht hat, die Grundlage für dieses Urteilsvermögen sind.* Der Lehrer wird also seinem Schüler raten, sich in solchen Fällen besser nicht mehr auf sein eigenes Urteil zu verlassen. Er sollte stattdessen lieber den neuen Instruktionen Gehör schenken und es dem Lehrer erlauben, ihm die neuen sinnlichen Erfahrungen durch den geschickten Einsatz seiner Hände zu vermitteln.

Nur macht die Vorstellung, damit aufzuhören, das zu tun, was falsch ist, zunächst wenig oder keinen Eindruck auf einen normalen Schüler. Dabei ist dies die Grundvorrausetzung für jegliche Umschulung. In den allermeisten Fällen macht er einfach so weiter und versucht, trotz seiner negativen Erfahrungen und entgegen allem, was sein Lehrer vorbringen mag, das zu tun, was er für „richtig" hält. [45)]

Dafür gibt es viele Gründe. Eine Tatsache, auf die ich den Leser bereits mehrmals hingewiesen habe, ist meiner Meinung nach aber in diesem Zusammenhang sehr wesentlich: Unsere Vorstellung darüber, wie wir die verschiedenen Teile unserer Mechanismen verwenden sollen, wird fast ausschließlich von einer sinnlichen Wahrnehmung gesteuert, die mehr oder weniger unzuverlässig ist. Ganz gewohnheitsmäßig führen wir eine bestimmte Handlung auf eine bestimmte Art und Weise aus und das jeweilige Gefühl, das wir dabei erfahren, empfinden wir als „richtig". *So werden die Handlung und das jeweilig dazugehörige Gefühl in unserer Wahrnehmung zu einer Einheit.* Wenn es aber gelingt, unsere Vorstellung im Hinblick auf die Art und Weise, wie eine Handlung auszuführen ist, zu verändern und wenn wir eine andere, neue Methode aufgreifen, die mit der veränderten Vorstellung im Einklang steht, werden wir allerdings ein *neues Gefühlserlebnis* bei der Ausführung der Handlung erfahren, das wir ganz und gar nicht als „richtig" empfinden. Dann geht es uns hoffentlich auf, dass unser „Richtig" tatsächlich ein Falsch ist.

Nehmen wir z. B. einmal Folgendes an: Der Lehrer, der versuchen will, einen schädlichen Zustand bei seinem Schüler zu verändern, fordert ihn auf, die Knie zu beugen. Der Schüler wird sie zwar beugen, aber er wird es so tun, wie er sie immer schon gebeugt hat, mit viel zu viel Spannung und mit viel zu starkem Druck. Dabei wird sein Gleichgewicht gestört, er staucht und verkürzt so die Wirbelsäule [46)] und versteift seinen Hals, weil er bei der Beugung seiner Knie nur an die entsprechende Aufforderung seines Lehrers denkt und weil er den unbändigen Wunsch hat, es gut zu machen, so wie er „gut machen“ im Zusammenhang mit einer Beugung der Knie versteht. Nur wird seine Art der Kniebeugung teuer mit einer völlig unangemessenen Überbelastung der Knie und mit Nachteilen im Gebrauch des Organismus insgesamt erkauft. Ich will damit natürlich nicht sagen, dass der Schüler sich dieser Dinge irgendwie bewusst ist. Wahrscheinlich hat er niemals einen Gedanken darüber verloren, wie er (mit welchen Mitteln und auf welchen Wegen) derartige Handlungen wie das Beugen der Knie ausgeführt hat. Prinzipiell weiß er, dass etwas bei ihm nicht in Ordnung ist, (Warum sonst sollte er einen Lehrer aufgesucht haben?) aber er bringt es nicht damit in Verbindung, dass das, was nicht in Ordnung ist, etwas damit zu tun hat, *was er selbst macht.* Er bringt es nicht in eine ursächliche Verbindung mit seinen eigenen fehlgeleiteten Aktivitäten. Wenn er also auf Aufforderung des Lehrers seine Knie beugt, kommt es ihm gar nicht in den Sinn, dass etwas nicht in Ordnung sein könnte mit seiner Art und Weise, dies zu tun. Er wird sie so beugen, wie er es gewohnt ist, sie zu beugen. Er ist zufrieden damit und *es fühlt sich ja auch richtig für ihn an.*

Spielen wir unser Beispiel weiter durch. Der Lehrer hat seinem Schüler zunächst die Augen darüber geöffnet, auf welche äußerst nachteilige Art und Weise er sich bei dem Prozess der Kniebeugung gebraucht. Jetzt leistet er ihm dabei Hilfestellung (Auf Details werde ich in den nächsten Kapiteln eingehen.) und es gelingt ihm, seinen Schüler dazu zu bringen, die Knie so zu beugen, dass er dabei seine Mechanismen so vorteilhaft wie möglich gebraucht. Wenn dies geschafft ist, wird *das Beugen der Knie für diesen Schüler in jeder Hinsicht zu einer völlig neuen Handlung. Auch ein neues Gefühlserlebnis verbindet sich damit.* Dieses Mal ist die Handlung ungewohnt. Und deshalb *fühlt sie sich für ihn falsch an.*

Von nun an hat der Schüler jedes Mal die Wahl [A)], wenn in ihm die Vorstellung auftaucht, die Knie zu beugen, sei es, dass der Lehrer ihn dazu aufgefordert hat oder er es aus eigenem Antrieb tun will: Entweder er beugt die Knie auf die alte Art und Weise und es „fühlt sich richtig an", was aber mit erheblichen Nachteilen für ihn selbst verbunden ist, oder er wählt die veränderte Art und Weise, die Handlung auszuführen, und es „fühlt sich falsch an". Als dieser Punkt einem kleinen Mädchen erklärt wurde, das beständig etwas tat, was es in diesem Zusammenhang nicht tun sollte, sagte es in aller Unschuld: „Aha, ich verstehe! Wenn ich etwas fühle, muss es sich falsch anfühlen! Wenn es sich nicht falsch anfühlt, ist es besser, gar nicht nach Gefühl zu gehen! Ein normaler Schüler im Erwachsenenalter sieht das leider nicht in der Weise des kleinen Mädchens. Wenn er es doch so sieht, handelt er nicht danach. Wir können diese Tatsache nicht verleugnen: Normalerweise mögen die Menschen, wenn sie erwachsen sind, keine neuartigen Gefühlsempfindungen. In manchen Fällen haben sie sogar große Angst davor. Ein neues „Feeling" lässt in ihnen ein Gefühl von Unsicherheit entstehen, wenn sie es im Zusammenhang mit einer Handlung erfahren, bei der sie es ihr ganzes Leben lang gewohnt waren, sie mit einem anderen „Feeling" zu verbinden. Und vor allem macht sich dieses Gefühl von Unsicherheit bei Tätigkeiten wie Stehen, Gehen oder ähnlichen bemerkbar, wenn es darum geht, mit dem neu erworbenen „Feeling" sein Gleichgewicht zu bewahren. Dann kann es passieren, dass der Schüler sozusagen seinen Kopf verliert: Wenn er sich nämlich mit der Alternative konfrontiert sieht, seine Mechanismen auf eine schlechte Art und Weise zu benutzen und sich dabei gut zu fühlen oder sie auf eine gute Art zu verwenden und sich dabei unwohl zu fühlen, wird er nicht innehalten und er wird nicht daran denken, die gewohnte Art und Weise zu hemmen, sondern er wird sich wieder in sein altes gewohntes Gefühl von „richtig" fallen lassen.

Dies ist nur ein Beispiel für die Schwierigkeiten, die sich Schüler und Lehrer stellen, weil der Schüler falsche Vorstellungen entwickelt hat und seine Aktivitäten in bestimmte Richtungen fehlgeleitet werden. Diese Schwierigkeiten machen es weder dem Schüler einfach, Kenntnisse im geistig-körperlichen Bereich zu erwerben, noch ist es deshalb für einen Lehrer leicht, sie zu vermitteln. In Situationen, wie sie in dem Beispiel beschrieben worden sind, führen die fixen Ideen zu dem, was „richtig" und was „falsch" ist, unter Umständen an einen toten Punkt. Wie soll man denn auch einem Schüler neue und richtige Erfahrungen vermitteln, wenn er bei allen seinen Bewegungen, die er macht, unterbewusst daran arbeitet, die Gefühle zu reproduzieren, mit denen er aufgewachsen ist, an die er sich gewöhnt hat und die ihm durchaus gefallen? Eine solche Situation ist vertrackt. Kein Lehrer, ganz gleich wie erfahren er ist, wird sie zufriedenstellend lösen können. Sehr wahrscheinlich wird kein Lehrer einen Schüler aus dieser Lage befreien können, es sei denn der Schüler hört endlich auf, alles richtig machen zu wollen; hört auf, blind auf seine Zielsetzungen hinzuarbeiten, ohne die neuen *Mittel-und-Wege* [48)], die der Lehrer ihm an die Hand gegeben hat, zu bedenken, mit denen er seine Ziele verwirklichen kann.

Falsche Vorstellungen illustriert am Beispiel der Aussage: „Ich mache die Dinge auf meine Weise."

Ich will im Folgenden auf eine gleichermaßen feste wie unüberlegte Vorstellung eingehen. Sie ist bei den meisten Schülern anzutreffen, die einer Umschulung und der Koordination bedürfen: Es sind ihre fixen Ideen darüber, *was sie tun können und was sie nicht tun können.*

Die Schüler können darüber allein auf der Grundlage ihrer bisherigen Erfahrungen urteilen, die aber, wie wir bereits wissen, fehlgeleitet sind. Trotz dieses Sachverhalts sind sie aber nicht bereit, ihre Vorstellungen zu verändern, auch dann nicht, wenn der Lehrer es ihnen ganz praktisch nachgewiesen hat, dass sie ihrem Urteil in vielerlei Hinsicht tatsächlich nicht trauen können. Wenn sich aber jemand dazu entschließt, bei einem bestimmten Lehrer Unterricht zu nehmen, ist es doch nur vernünftig, den Worten des Lehrers Glauben zu schenken: Der Schüler ist nämlich sehr wohl in der Lage, das zu tun, wozu der Lehrer ihn aufgefordert hat. Allerdings zeigt sich im Unterricht sehr oft das Gegenteil. Wenn er vom Lehrer dazu auffordert wird, etwas zu tun, was zufällig zu den Dingen gehört, von denen er in der Zeit, als er noch keine Stunden genommen hatte, völlig überzeugt war, dass er sie nicht tun könne, wird er auf der Stelle davor zurückschrecken. Er muss seine Verweigerungshaltung nicht unbedingt offen zeigen und kann durchaus die neuen Anweisungen, die ihm an die Hand gegeben worden sind, befolgen. Er hat aber im Geiste Vorbehalte gegen sie, schon wenn er die neuen Instruktionen erhält, was eigentlich auf dasselbe hinausläuft. In seinem Unterbewusstsein steht nämlich fest, dass er besser als sein Lehrer weiß, was er tun kann und was er nicht tun kann. Wenn er dann seine Instruktionen erhalten hat, macht er sich wohl daran, führt sie aber nach seinem eigenen Plan aus, **auf seine Weise**! So versessen ist er auf seinen Ausführungsplan, dass die neuen Instruktionen sein Bewusstsein nicht im Ansatz erreichen. Sie hinterlassen in ihm nicht den nötigen Eindruck, um die neuen Befehle zur Zufriedenheit auszuführen. Tatsächlich erinnert er sich an sie auch gar nicht mehr so genau.

Dies ist schon seltsam: Das Vertrauen eines Schülers in *seine Weise*, die Dinge zu tun, wird nicht im mindesten von der Tatsache erschüttert, dass *seine Weise* in der Vergangenheit niemals gut funktioniert hat. Sein Vertrauen erleidet auch keinen Riss, wenn der Lehrer ihn sehr behutsam darauf hinweist, dass sie auch in der Zukunft aus einem einfachen Grund niemals funktionieren kann: *Seine Weise ist nämlich für das, was er im Sinn hat, gar nicht geeignet.* Es ist tatsächlich so, dass das, was er für seine „Schwierigkeit" hält, an sich gar keine ist. Was die Schwierigkeit ausmacht, ist *seine Weise*, an die Sache heranzugehen.

Im weiteren Verlauf wird der Lehrer etwa so argumentieren können: Ganz gleich, welche Gründe es für den Schüler gegeben haben mag, an *seiner Weise,* die Dinge zu tun, festzuhalten, sie haben ihre Gültigkeit vollständig verloren. Die praktische Hilfe, die der Lehrer ihm zu geben vermag, bringt ihn nämlich in eine vollkommen neue Lage, was seine individuellen „Schwierigkeiten" anbelangt. Alles, was er zu tun hat, ist nur dies: Er muss den Versuch aufgeben, seine Schwierigkeiten *auf seine Weise* überwinden zu wollen. Stattdessen sollte er sich an die neuen Instruktionen erinnern und sie befolgen. Das ist der Weg, der ihn ans gewünschte Ziel bringen kann.

So unvernünftig kann dieser Vorschlag nicht sein, allerdings nur, wenn wir darin übereinstimmen, dass man einem Lehrer doch wohl zutrauen kann, mehr als sein Schüler über die besondere Materie zu wissen, die Gegenstand der augenblicklichen Probleme ist. Aus meiner Erfahrung ergibt sich jedoch ein anderes Bild: Ein Schüler, der mit unterbewussten Methoden erzogen wurde, fühlt sich, wenn er sich einer „Schwierigkeit" gegenübersieht, in der Regel von einer solchen Form der Argumentation nicht angesprochen.

Und so passiert es immer wieder, dass der Schüler endlos versucht, *auf seine Weise* mit seiner Schwierigkeit fertig zu werden, obwohl der Lehrer ihm wieder und wieder nachgewiesen hat, dass er niemals in der Lage sein wird, das zu tun, was er beabsichtigt, *es sei denn er verändert seine* ***Mittel-und-Wege***, gibt es also auf, es *auf seine Weise* zu tun. [49)]

Genauso wird der Schüler auch keinen Versuch unternehmen, sich der neuen Mittel-und-Wege zu bedienen, obwohl ihm der Lehrer wohl schon tausend Mal versichert hat, dass *es ganz einfach ist, das zu tun, von dem er in dem Glauben ist, er könne es nicht tun,* wenn er die neuen Mittel-und-Wege nur verwenden würde, die ihm an die Hand gegeben worden sind. Nein, er macht jedoch einfach so weiter wie bisher. Er versucht auf seine Weise, das Richtige zu tun, aber es wird letztendlich immer das Falsche sein. Was das Verrückteste dabei ist? Nach einer gewissen Zeit kommt er an den Punkt, an dem er befürchtet, dass seine Weise nicht funktionieren könnte, weil er gesehen hat, dass er nicht weiterkommt.

Angenommen jemand macht sich auf den Weg. Er hat vor, eine Stadt zu besuchen, wo er verabredet ist. Er kommt an eine Stelle, an der sich der Weg gabelt. Ohne den richtigen Weg zu kennen, entscheidet er sich für den falschen. Als er erkannt hat, dass er sich verlaufen haben muss, kann er jemanden nach dem Weg fragen. Ihm wird gesagt, dass er die ganzen Strecke bis zur Weggabelung zurückgehen und den anderen der beiden Wege nehmen müsse. Auf dieser Straße werde er dann direkt zu dem Ort gelangen, den er suche. Was würden wir aber von jemandem halten, der zwar wie geheißen bis zu jener Gabelung zurückgegangen ist, dem es dann aber in den Sinn kommt, dass er letztendlich doch besser Bescheid weiß als sein Ratgeber und wieder auf der alten Straße in die gleiche falsche Richtung geht? Was würden wir von diesem Menschen denken, wenn er dies nicht nur einmal, nicht nur zwei Mal so macht, sondern wieder und wieder? Und was sollten wir dazu sagen, wenn uns zu Gehör käme, dass er sich ganz schreckliche Sorgen mache, weil er sich beständig verlaufe und er seinem Zielort augenscheinlich kein Stückchen näher komme?

Ich kann schon den skeptischen Blick des Lesers sehen, wenn er dies liest. Für ihn könne das ja wohl bestimmt nicht zutreffen! Er selbst würde immer *versuchen, das zu tun, von dem er weiß, dass er es auch tun kann*. Er würde auch *nicht darin nachlassen, weiterhin zu versuchen, was ihm in seinem besonderen Fall unmöglich ist*. Und was jeweils nicht möglich sei, habe ihm ja seine Erfahrung über Stunden, Monate, sogar Jahre gelehrt. Dies ist aber das, was so oder ähnlich in jedem Schüler vor sich geht. Und auch die intelligentesten, die bestens ausgebildeten, die wissenschaftlich am besten geschulten unter ihnen bilden hier keine Ausnahme, was nur meine Überzeugung untermauert, dass die Prinzipien der gegenwärtigen Erziehungsmethoden vollkommen falsch sind. Es hat den Anschein, dass durch unsere Ausbildungsmethoden in den Bereichen von Wissenschaft und Beruf ein

Defekt in unseren Erziehungssystemen entsteht und sich festsetzt, auf den ich schon hingewiesen habe. Es nur einen Defekt zu nennen, ist wahrlich eine starke Untertreibung für das, was der Verlust der Hälfte unseres geistig-körperlichen Rüstzeugs bedeutet. Denn nichts anderes ist das Ergebnis, wenn wir nach und nach den unverzichtbaren Prozess immer weniger einsetzen, der Hemmung genannt wird. Auf die Gefahr hin, dass ich mich jetzt wiederhole: Der verhältnismäßige Verlust dieser wertvollsten aller Fähigkeiten liegt hauptsächlich in den falschen Prinzipien begründet, die den Unterrichts- und Lehrmethoden in allen Bereichen zugrunde liegen. Diejenigen, die für diese falschen Methoden verantwortlich zeichnen, haben eines nicht verstanden: Es ist nämlich äußerst wichtig, dass sich in allen Lebensbereichen der Wunsch, etwas zu tun, und die Fähigkeit, diesen Wunsch zu unterdrücken, dass sich also die Willenskraft und die Fähigkeit zur Hemmung die Waage halten.

Auf diesen Seiten wird der Leser beständig auf die Worte *Hemmung* und *Wille* stoßen. Ich möchte an dieser Stelle klar verstanden wissen, dass damit zwei gegensätzliche Aktivitäten benannt werden: Der *Wille* steht dafür, mit einem bestimmten geistig-körperlichen Tun auf einen Reiz oder auf mehrere Reize zu antworten. *Hemmung* liegt vor, wenn die Antwort auf einen Reiz oder auf mehrere Reize unterdrückt wird und so eine geistig-körperliche Handlung **nicht** angeregt wird. Der Wille steht mit anderen Worten für die Kraft, die *ein Tun initiiert.* Und der Begriff Hemmung steht für die Kraft, die *ein Tun unterbindet, es unterdrückt, es verhindert.* Nicht mehr und nicht weniger!

Es liegt wahrlich nicht in meinem Interesse, hier in eine Kontroverse über die Frage hineingezogen zu werden, ob nun *Wille* und *Hemmung* Manifestationen ein- und derselben Kraft sind oder ob sie es nicht sind. Mich interessiert auch nicht so sehr, was diese Kraft ist. Es interessiert einen Handwerker, der für eine bestimmte Arbeit elektrischen Strom als Energiequelle benutzt, ja auch nicht unbedingt, was Elektrizität ist. Ich kann aber dieses voraussagen: Noch bevor wir exakte Kenntnisse über das Wesen der Kraft erlangt haben werden, die hinter dem Willen und der Hemmung steckt, werden wir wohl die Frage gelöst haben, ob Wille und Hemmung Teile derselben Kraft sind. [A)] Bewusst erworbene Kenntnisse, die wir erlangen, weil wir zu einem praktischen Verständnis unserer geistig-körperlichen Möglichkeiten kommen, werden diese Frage klären. Denn von der Ausschöpfung unserer Möglichkeiten hängt es ab, ob das Funktionsniveau des Menschen weiter und weiter ansteigt.

Ich vertrete die These, dass es in allen Bereichen daran fehlt, die Kraft der Hemmung einzusetzen. Hemmung ist als ein Prozess zu verstehen, der jemanden in die Lage versetzt innezuhalten; ein Prozess, bei dem es nicht darum geht, bestimmte „Zielsetzungen" zu erreichen, ganz gleich wie wertvoll und gut sie auch sein mögen; ein Prozess, bei dem die Ziele mit den entsprechenden *Mitteln-und-Wegen* so ganz nebenbei zustande gebracht werden können. Es gibt jedoch einen Bereich, in dem sich die Gefährlichkeit fehlender Ausbildung der Hemmungsfähigkeit sich ganz besonders zeigt: In allen Situationen, in denen die geistig-körperlichen Mechanismen des Menschen bei den Aktivitäten des täglichen Lebens konkret verwendet werden, ist die Gefährdung besonders groß. In ihm wird nämlich durch die fehlende Ausbildung der Hemmungskraft ein sehr unausgewogener geistig-körperlicher Funktionszustand im gesamten Organismus erzeugt. Es ist leider so, dass alle unsere gegenwärtigen Ausbildungsmethoden im Bereich der Pädagogik eher den Starrsinn als die Beweglichkeit in der Erziehung fördern. Es ist deshalb auch wirklich nicht verwunderlich, dass Erwachsene, bei denen schon in der Kindheit derartig starre geistig-körperliche Verhältnisse geschaffen worden sind, bei ihren Aktivitäten ein Verhalten an den Tag legen, das den gesunden Menschenverstand fast vollständig vermissen lässt. Und zusätzlich lassen sie auch noch erkennen, dass ihre sinnliche Wahrnehmung unzuverlässig ist.

Falsche Vorstellungen illustriert am Beispiel der Aussage: „Ich will mich gar nicht so sehen, wie die anderen mich sehen."

Vielleicht ist dies das auffälligste und gleichzeitig das erbärmlichste Beispiel menschlicher Wahnvorstellungen: die Haltung des Menschen zu seinen eigenen geistig-körperlichen Benachteiligungen, Eigenarten und Defekten auf der einen Seite und zu seinen Vorzügen und Vorteilen, zu seinen natürlichen Begabungen auf der anderen Seite. „Bleibe dir selbst treu!", ist ein beflügelnder Anreiz, wenn die grundsätzlich aufeinander abgestimmte Entwicklung von Körper und Geist des Menschen zuletzt einen Punkt erreicht hat, an dem dieses Selbst von den Empfindungen des Menschen nicht mehr ausgetrickst werden kann.

Als markantes Beispiel auf diesem weiten Feld der Wahnvorstellungen dient uns ein Stotterer und seine Haltung zu all den Dingen, von denen er glaubte, dass sie bei ihm „richtig" oder „falsch" waren, wenn er sich mit dem praktischen Problem konfrontiert sah, im alltäglichen Leben zu sprechen. Der vorliegende Fall ist ein Beispiel von vielen, die der Autor dieses Buches in den letzten dreißig Jahren bei seinen Untersuchungen erlebt hat. In diesem speziellen Fall war der Schüler jemand, der sehr stark gestottert hat. Im Unterricht hat er jedoch rasch große Fortschritte gemacht. Schon nach einer ungewöhnlich kurzen Zeit war er in der Lage, ohne irgendein Anzeichen von Stottern zu sprechen, solange er langsam gesprochen hat. Er erreichte den Punkt, dass er ein Gespräch mit seinem Lehrer führen konnte, ohne dass er einen einzigen Gedanken auf seine alten Defekte verschwenden musste. Voraussetzung war allerdings, dass er die Worte langsam und mit Bedacht artikulierte.

Im Laufe des Gesprächs konfrontierte der Lehrer nun seinen Schüler mit der Bitte, er solle ein Gespräch im normalen Alltag genauso führen, wie er es gerade jetzt tue. Sofort fiel der Schüler in Aufregung. Er verlor vorübergehend seine neue und noch im Aufbau befindliche

Kontrolle, fiel in seine alte Art des Stotterns zurück und antwortete: „Das könnte ich nicht tun! Es würde doch jedem auffallen!"

In einem nächsten Schritt möchte ich den Zustand eines Menschen analysieren, der allen Ernstes eine solche Bemerkung machen kann. Der Schüler meinte nämlich wirklich, was er gesagt hatte. Die genaue Analyse zeigt, dass seine Erregung die Ursache für den Rückfall in seinen früheren schlechten Koordinationszustand war. Denn in diesem Zustand war er es gewohnt, sich selbst im Hinblick auf seine Mängel und seine Eigenarten zu hypnotisieren. Man könnte seine Bemerkung vielleicht so erklären: Er hatte sich so an die Verhältnisse seines Stotterns gewöhnt, dass es ihn nicht mehr kümmerte, was die anderen darüber dachten. Eine andere Erklärung wäre der Entschluss seinerseits, die unangenehme Tatsache zu ignorieren, dass er stotterte. So täuschte er sich selbst, wenn er dachte, die anderen würden seine sprachlichen Verdrehungen und Verzerrungen gar nicht bemerken. [50)] Diese Tatsache war aber nicht zu verkennen: Er hatte ein Stadium so fehlerhafter sinnlicher Wahrnehmung und so tiefer Hingabe an Selbsthypnose erreicht, dass er einen chaotischen Eindruck hinterließ. Er sah die Dinge nicht mehr so, wie sie waren. Die Verbindung zu seinem Verstand war unterbrochen, wenn es darum ging, sich seiner Defekte bewusst zu werden. Deshalb war es ihm ein Leichtes, sich etwas vorzumachen. *In seiner Scheinwelt war der Normalzustand auffällig und das, was nicht normal war, konnte unbemerkt durchgehen. Bei dem, was er für normal und nicht normal hielt, verließ er sich fast ausschließlich auf seinen pervertierten Gefühlssinn.* An dieser Stelle möchte ich auf einen Punkt ausdrücklich hinweisen: Ein solcher Zustand von Täuschung und Selbstbetrug, wie ich ihn im obigen Beispiel beschrieben habe, ist mehr oder weniger bei allen Menschen anzutreffen, die schlecht koordiniert sind und deren sinnliche Wahrnehmung unzuverlässig ist.

Falsche Vorstellungen, illustriert am Beispiel einer Veränderung der Gestalt des Menschen

Der folgende Fall ist ein aufschlussreiches Beispiel dafür, wie die unzuverlässige sinnliche Wahrnehmung eines Menschen und seine pervertierten Vorstellungen und Gedanken über das, was „richtig" oder „falsch" ist, die Gebrauchsweisen seiner eigenen Mechanismen stark beeinflussen können. Ein kleines Mädchen konnte schon seit mehreren Jahren nur äußerst schlecht gehen. Man brachte es zu mir, um es zu untersuchen. Ich fand mehrere Defekte im Gebrauch seiner geistig-körperlichen Mechanismen, die für seinen mehr oder weniger verkrüppelten Zustand verantwortlich waren. Nach der Diagnose wurde ich aufgefordert, den Anwesenden doch einmal eine Demonstration der praktischen Seite meiner Arbeit zu geben. Man wollte sehen, was ich mit meinen Händen tat, wenn ich mit dem Mädchen arbeitete; wie durch Manipulation, zumindest zeitweise, die Teile des Körpers neu justiert und koordiniert werden. Ich sollte so zeigen, welche Möglichkeiten der Umschulung es auf einer allgemeinen Basis in einem Fall wie diesem gab, die auch die Ergebnisse der Diagnose mit einbezogen. Aus diesem Blickwinkel war die Demonstration durchaus ein Erfolg: Für einen bestimmten Zeitraum war der Körper des Mädchens verhältnismäßig gut aufgerichtet. Die extremen Verkrümmungen und die Entstellungen, die sofort ins Auge gesprungen waren, als das Mädchen den Raum betreten hatte, waren verschwunden. Als ich dann mit meiner Arbeit zu einem Ende gekommen war, schaute das kleine Mädchen die Mutter an und sagte zu ihr im Ton der Entrüstung: „Oh, Mutti, ich bin so verunstaltet! Er hat mich ganz verzogen!"

Dieser Fall gibt all jenen reichlich Stoff zum Nachdenken, die mit der Behandlung von geistig-körperlichen Defekten in der einen oder anderen Weise befasst sind. Im Verständnis und Urteil dieses armen, kleinen Mädchens waren die Verkrümmungen **gerade** und seine eigene sinnliche Wahrnehmung des Körpers, der tatsächlich verzogen war,

war die einer „aufrechten Gestalt." Jetzt kann man sich das Ergebnis leicht vorstellen, wenn es versucht, etwas „richtig" zu stellen, indem es selbst etwas tut. Auch die Ergebnisse seiner bisherigen Versuche waren nur traurig, wenn man es z. B. gedrängt hat, Übungen, die seiner Gesundung dienen sollten, unter der Anleitung und der Aufsicht eines Lehrers auszuführen. Kann es irgendjemanden verwundern, dass alle Versuche, es zu unterweisen, mit einem Fehlschlag endeten?

Wenn man diesen Fall genau analysieren will, muss man sich auch vor Augen führen, welche Auswirkungen die orthodoxen Lehrmethoden, in welchem Bereich auch immer, auf den geistig-körperlichen Zustand eines solchen Kindes in der Adoleszenz gehabt hätte, wenn diese Methoden angewendet worden wären, um dem Kind zu helfen. Die Bemerkung des Mädchens beweist eindeutig, dass sein Denken und seine Vorstellungen von seiner sinnlichen Wahrnehmung zu den Defekten dominiert wurden und dass diese sinnliche Wahrnehmung nicht nur sehr unzuverlässig war, sondern tatsächlich vollkommen in die Irre führte. Seine Erfahrungen im Zusammenhang mit den verschiedenen Funktionen seines Organismus waren deshalb in der Konsequenz falsch und schädlich. Es war auch nicht verwunderlich, dass seine Urteile darüber, was jeweils richtig oder falsch war, praktisch wertlos waren, weil seine Urteilsfähigkeit in allen diesen Bereichen das Ergebnis dieser Erfahrungen war. Außerdem stellten seine Urteile eine große Gefahr für seine zukünftige Entwicklung dar. Wenn in einem solchen Fall ein Kind nicht auf der Basis einer bewussten Kontrolle umgeschult und koordiniert wird, kann es keine neue und verlässliche sinnliche Wahrnehmung aufbauen. Ohne eine solche wird es jedoch heranwachsen und Empfindungen für seine Steuerung verwenden, die irreführend sind und zu denen sich mit der Zeit weitere hinzugesellen werden. In der Folge der fehlerhaften Erfahrungen und Fehlurteile wird auch die Steuerung seiner Mechanismen fehlerhaft und der Organismus wird in seinen Funktionen beeinträchtigt sein. Die Aktivitätsbemühungen des Kindes in den verschiedenen Lebensbereichen sind aber Spiegelbild dieser Funktionen.

* * * * * * * *

Bei allen diesen Fallbeispielen tritt zweierlei sehr deutlich zu Tage: *Die Vorstellungen, die hauptsächlich von einer unzuverlässigen sinnlichen Wahrnehmung beeinflusst wurden, sind falsch. Sie wirken unterbewusst und schädlich auf alle beteiligten Prozesse. Und zweitens geht in diesen Fällen die unzuverlässige sinnliche Wahrnehmung Hand in Hand mit fehlerhaften und trügerischen Erfahrungen, wie der geistig-körperliche Organismus zu funktionieren hat.*

Wenn wir uns in Erinnerung rufen, dass unser Urteilsvermögen auf Erfahrung beruht, wie es uns ja der Fall des kleinen Mädchens gerade gelehrt hat, werden wir auch einsehen müssen, dass Urteile, die sich auf diese fehlerhaften und trügerischen Erfahrungen berufen, irreführend sein und jeglichen Realitätssinn verloren haben müssen. *Daraus folgt zwingend die Erkenntnis, dass unsere sensorischen Eigenarten in der Tat die Grundlage für das sind, was wir für unsere Meinungen halten, und dass 90 % der Meinungen, die wir uns gebildet haben, eher Produkte von dem sind, was wir fühlen,* [51)] *als von dem, was wir denken.*

Und auch unsere Defekte im emotionalen Bereich sind mit unseren sensorischen Eigenarten in einem Maße verzahnt, dass wir schon bei den geringsten Störungen in dieser Richtung zwangsläufig eine Zeit lang in eine Gefahrenzone [52)] geraten, in der sich solche geistig-körperlichen Verhältnisse durchsetzen, die schwerwiegend und unkontrolliert sind.

So weit haben uns unsere Überlegungen also gebracht, dass aus all unseren Betrachtungen eine Tatsache auftaucht: Der allgemeine Zugang zu unserem Leben, unsere Aktivitäten, unsere Emotionen, Meinungen, Glaubensgrundsätze und Urteile, in welchem Bereich auch immer, sie alle sind *von den Vorstellungen konditioniert, die wir uns vorher gemacht haben. Diese Vorstellungen sind eng verbunden mit dem individuellen Gebrauch unserer geistig-körperlichen Mechanismen und hängen sehr entscheidend vom Verlässlichkeitsniveau der sinnlichen Wahrnehmung des Einzelnen ab.*

Diese Erkenntnis von weitreichender Bedeutung muss sich unseren Führungskräften aus Erziehung, Religion, Politik, Ethik und Moral, aus dem sozialen Bereich und aus allen anderen Bereichen des menschlichen Handelns erst einmal eröffnen, bevor man sich daranmachen kann, die Menschen aus den gegenwärtigen chaotischen Verhältnissen „herauszulösen“. Wir alle denken und handeln in Übereinstimmung mit den ganz speziellen Eigenarten unseres individuellen geistig-körperlichen Rüstzeugs. (Allein Zwang kann uns davon abhalten.) So lesen wir eine bestimmte Zeitung, weil die Politik, die in ihr vertreten wird, sich mit dem deckt, was wir glauben, weil wir dort lesen können, was wir lesen **wollen**. Wir bauen Freundschaften zu Menschen auf, die so denken, wie wir denken, und wir ignorieren oder sind sogar gegen all jene, die nicht so denken wie wir. Es zieht nur die Menschen in die Kirche, die auch in die Kirche gehen wollen. Und wir legen ein angefangenes Buch zur Seite, wenn wir auf eine Stelle treffen, der wir ganz und gar nicht zustimmen können, weil unsere verdorbene kinästhetische Wahrnehmung die Impulse, die die Verbindung zu unserem Verstand abreißen lassen, nicht kontrollieren kann, wenn sie erst einmal aktiviert worden sind. All dies hält aber die Menschen nicht davon ab, Bücher zu schreiben, Vorträge und Predigten zu halten oder Reden zu verfassen. Motivation dafür ist der feste Glaube daran, dass Ideen und Vorstellungen, die auf diesen Wegen vermittelt werden, von den Hörern und Lesern zufriedenstellend aufgenommen und verarbeitet werden könnten; dass auf diese Weise gute Ideen aus den Bereichen von Politik und Religion, aus dem Sozialbereich und auch aus anderen Aktivitätsfeldern weitergegeben werden könnten.

Dies ist aber ein großer Irrtum! Wie ich gezeigt habe, hängt nämlich unsere Fähigkeit, neue und ungewohnte Ideen aufzunehmen oder die Vorurteile im Zusammenhang mit lieb gewonnenen Vorstellungen und Credos abzubauen, von unserer individuellen Konzeption dieser Credos und Vorstellungen ab. Und unsere Vorstellungs- und Glaubenswelt wird von unserem individuellen geistig-körperlichen Koordinationsniveau und von der Zuverlässigkeit unserer sinnlichen Wahrnehmung konditioniert. Wenn diese Tatsache nicht übersehen worden wäre, hätten diejenigen, die Vorträge halten, hätten Autoren Redner, Priester, Schauspieler usw. schon lange ein praktisches Interesse an den *Mitteln-und-Wegen* gezeigt, mit denen ihre Zuhörer und ihre Leser ein solches Funktionsniveau ihres geistig-körperlichen Organismus erreichen könnten, dass sie in die Lage versetzt, die neuen Ideen und die Lehrinhalte auf eine zufriedenstellende Weise aufzunehmen. Niemand jedoch, der den Zustand unzuverlässiger sinnlicher Wahrnehmung entwickelt hat, kann Ideen, die nicht in seinen Erfahrungshorizont passen, problemlos assimilieren [53)] ,weil nämlich sein Erfahrungshorizont von fehlerhaften Erfahrungen, Fehlurteilen und von Irrglauben geprägt ist, die, wie wir wissen, auf unvermeidliche Weise mit dem Zustand unzuverlässiger sinnlicher Wahrnehmung verknüpft sind. Eine verlässliche sinnliche Wahrnehmung und richtiges Verständnis sind nicht voneinander zu trennen!

Die Bevölkerung besteht aus Individuen. Deshalb kann eine zuverlässige sinnliche Wahrnehmung nicht auf Rezept verordnet, als dringender Appell eingefordert oder in einem Massenspektakel vermittelt werden. Sie kann allein durch individuellen Unterricht und Arbeit des Einzelnen aufgebaut werden. Und was wir auch nicht übersehen dürfen: Wenn die Menschen in Massen auftreten, werden sie leicht vom „Herdentrieb“ gelenkt. Um dem Menschen zu helfen, seinem Einfluss zu entkommen, ist es wichtig, die sinnliche Wahrnehmung bewusst und individuell zu entwickeln.

III
FEHLERHAFTE SINNLICHE WAHRNEHMUNG

So stellt sich uns also dieses Problem: Wir müssen herausfinden, mit welchen *Mitteln-und-Wegen* eine zuverlässige sinnliche Wahrnehmung entwickelt und dann auch im gesamten Organismus erhalten werden kann. Die Grundlage meiner ganzen Argumentation ist es, dass sich das Individuum in der Erziehung und auch bei einer etwaigen Umschulung dabei auf eine *bewusste Steuerung und Kontrolle* verlassen muss, *die dem Verstand gehorcht,* und nicht auf eine unterbewusste.

Es ist nämlich tatsächlich so, dass der Mensch unter den gegenwärtigen Zivilisationsbedingungen Defekte und Unzulänglichkeiten beim Gebrauch des Organismus entwickelt, auch wenn eine zuverlässige sinnliche Wahrnehmung *bereits vorhanden war,* wenn auch nur auf einer unterbewussten Basis. Bei der sehr viel größeren Anzahl der Fälle, in denen sich Defekte bereits entwickelt haben, können zufriedenstellende Ergebnisse nur dann erzielt werden, wenn es gelingt, eine neue und zuverlässige Wahrnehmung im Prozess der Umschulung allmählich aufzubauen. Unter Zivilisationsbedingungen haben nahezu alle Menschen einen Zustand entwickelt, in dem ihre sinnliche Wahrnehmung (Gefühl) mehr oder weniger fehlerhaft und trügerisch ist. Die Folge ist natürlich, dass der Mensch sich auf diese Wahrnehmung nicht mehr verlassen kann, wenn er umgeschult werden will, wenn seine Teile des Körpers neu justiert und neu koordiniert werden sollen oder er sich darum bemüht, etwas an seinem geistig-körperlichen Selbst zu korrigieren, von dem er weiß, dass es falsch ist. Ein Lehrer muss deshalb bei seiner praktischen Umschulungsarbeit den Zusammenhang zwischen den geistig-körperlichen Defekten und der fehlerhaften Steuerung über die Sinne [54)] berücksichtigen. Und wenn er darauf Rücksicht nimmt, wird er von einem Schüler nicht erwarten, dass dieser eine geistig-körperliche Handlung zufriedenstellend ausführen kann, *bevor er die richtigen und neuen Erfahrungen mit den sinnlichen Wahrnehmungen, die mit dieser Handlung verknüpft sind, gemacht und integriert hat.*

Im nächsten Schritt will ich, so klar wie nur möglich, das allgemeine Verfahren beschreiben, das ich empfehle, um eine zuverlässige sinnliche Wahrnehmung zu entwickeln. Ich stelle zunächst die Prinzipien vor, auf denen das Verfahren basiert. Als nächstes zeige ich an einem Beispiel, wie diese Prinzipien bei der praktischen Koordinierungs- und Umschulungsarbeit angewendet werden.

Bei den geistig-körperlichen Prozessen eines Schülers gibt es eine fast schon alarmierende Dominanz fehlerhafter sinnlicher Wahrnehmung, wenn dieser Schüler einen Versuch unternimmt, eine geistig-körperliche Handlung auszuführen. Die Anerkennung dieses Sachverhalts ist eine Grundforderung, die insbesondere an den Lehrer zu stellen ist. Deshalb ist dies von überragender Bedeutung: Der Lehrer muss erkennen, dass sein Schüler eine unzuverlässige sinnliche Wahrnehmung hat, es muss ihm gelingen, seinem Schüler für diese Tatsache die Augen zu öffnen, und er sollte bei ihm die neue und zuverlässige sinnliche Wahrnehmung während der Prozesse aufbauen und entwickeln, die an der Ausführung der praktischen Arbeit beteiligt sind. Von dieser neuen Wahrnehmung hängt nämlich ein zufriedenstellendes Koordinationsniveau ab.

Um das zu erreichen, geht der Lehrer folgendermaßen vor: Er stellt seine Diagnosen über die Ursache oder die Ursachen der Mängel und Defekte, die der Schüler bei seinem falschen Gebrauch entwickelt hat. Durch den geschickten Einsatz seiner Hände vermittelt der Lehrer ihm die neuen Sinneserfahrungen, die notwendig sind, um die jeweiligen Mechanismen auf zufriedenstellende Weise benutzen zu können. Er gibt ihm gleichzeitig die richtigen Steuerungsbefehle oder Anweisungen an die Hand. Diese Steuerungsbefehle sollen die neuen Sinneserfahrungen, die der Lehrer durch seine Manipulationen zu entwickeln sucht, genau spiegeln.

Diese Vorgehensweise stellt die *Mittel-und-Wege* bereit, mit denen es einem Lehrer möglich gemacht wird, die fehlgeleiteten Aktivitäten, die die Ursache für die geistig-körperlichen Probleme des Schülers sind, durch Hemmung zu *verhindern*. Und der Prozess der Hemmung muss bei dieser Arbeit die allererste Stelle einnehmen. Er muss auch der allesbestimmende Faktor bei jeder weiteren neuen Erfahrung bleiben, die es zu machen gilt und die bei dem Aufbau und bei der Weiterentwicklung einer zuverlässigen sinnlichen Wahrnehmung zu einer festen Größe werden muss. Denn von einer zuverlässigen sinnlichen Wahrnehmung hängt ein befriedigendes Koordinationsniveau ab.

Unter der Maßgabe, die fehlgeleiteten Aktivitäten von vornherein zu verhindern, erklärt der Lehrer dem Schüler gleich zu Beginn eindringlich, dass sein Anteil an diesem Verfahren ein völlig anderer ist als der, den man einem Schüler üblicherweise bei anderen Lehrmethoden zuweist: Er darf nämlich keinen Versuch unternehmen, die erhaltenen Anweisungen oder Steuerungsbefehle auszuführen. Und mehr noch, *er muss Befehl für Befehl sein Verlangen unterdrücken, die Befehle, die ihm erteilt worden sind, in die Tat umzusetzen.* Stattdessen erteilt er sich selbständig die an die Hand gegebenen Steuerungsbefehle weiter und gleichzeitig wird der Lehrer durch geschickte Manipulation die erforderlichen Justierungen vornehmen und die notwendigen Koordinationsverhältnisse herstellen, indem er seinen Schüler durch die dazugehörige Bewegung oder die jeweiligen Bewegungen führt. So vermittelt er ihm die neue, jetzt aber zuverlässige sinnliche Wahrnehmung und er gibt ihm die bestmögliche Gelegenheit, die einzelnen Steuerungsbefehle einen nach dem anderen miteinander zu verknüpfen, bevor der Schüler selbst versucht, sie in die Praxis umzusetzen. Diese Verknüpfung der Steuerungsbefehle oder der Anweisungen ist überaus wichtig, denn spiegelbildlich werden auch die Teile des Organismus hintereinandergeschaltet, die das ausmachen, was wir Koordination nennen. Die Zielsetzung einer Umschulung auf einer allgemeinen Basis und für jede Gelegenheit ist es nicht, eine Reihe von richtigen Stellungen oder Haltungen herbeizuführen. Vielmehr ist es das Ziel, *ganz allgemein einen koordinierten Gebrauch der Mechanismen zu ermöglichen.*

Es gibt einen zweiten Punkt, der im Zusammenhang mit der von mir empfohlenen Technik betont werden muss: Die Anweisungen oder die Steuerungsbefehle, die dem Schüler an die Hand gegeben worden sind, haben in jedem einzelnen Fall zum Prinzip, ihn nicht weiter in blindem „Zielstreben" an die Arbeit gehen zu lassen. Stattdessen ist es erforderlich, dass er genau die *Mittel-und-Wege* beachtet, *mit denen* dieses „Ziel" erreicht werden kann. In seiner allgemeinen Anwendung ist dieses Prinzip bereits diskutiert worden, aber mir liegt es am Herzen, es an dieser Stelle noch einmal gesondert herauszuheben. Der Schüler muss nämlich dieses Prinzip nicht nur akzeptieren, er muss es auch anwenden, wenn er an seiner Umschulung arbeitet. Diese Forderung hat die höchste Dringlichkeitsstufe. Mit keiner anderen Methode kann er besser seine alten unterbewussten Gewohnheiten hinter sich lassen und mit keiner anderen wird er in der Lage sein, bewusst den neuen und verbesserten Zustand herzustellen, den er so sehr herbeisehnt.

Bei genauer Überlegung werden wir auch den Grund dafür erkennen. Wenn nämlich ein Schüler ein bestimmtes „Ziel" für erstrebenswert hält und es auf direktem Wege erreichen will, wird er zu diesem Zweck mit hoher Wahrscheinlichkeit den Weg einschlagen, den er unter ähnlichen Bedingungen aus Gewohnheit wählt. Mit anderen Worten wird er seiner gewohnten Vorgehensweise folgen. Wenn diese aber für seinen Zweck schlecht geeignet ist, verstärkt die neuerliche Verwendung dieses Verfahrens bloß seine falschen Erfahrungen damit. Wenn der Schüler aber andererseits *aufhört*, auf seine gewohnte Weise zu Werke zu gehen und diese Weise *hemmt*, ersetzt er seine alten unterbewussten Mittel und Wege durch neue und bewusste, die ihm sein Lehrer aufgezeigt hat und von denen er wirklich allen Grund hat anzunehmen, dass mit ihnen die gewünschten Resultate erzielt werden können. So wird er den ersten und wichtigsten Schritt getan haben, um eine Gewohnheit aufzubrechen und eine bewusste, überlegte Kontrolle für seinen Umbau zu erlangen, die das Zeug dazu hat, die Problemsituation zu meistern. [55)]

Das muss also einem Schüler von Anfang an eingeimpft werden: *Er muss sich weigern, auf direktem Wege für sein „Ziel" zu arbeiten. Er muss seine Aufmerksamkeit einzig und allein auf die Mittel-und-Wege richten, mit denen sein „Ziel" erreicht werden kann.* Für eine erfolgreiche Arbeit seinerseits ist dies die wesentliche Voraussetzung.

Im nächsten Kapitel erfahren wir, dass es der Besonnenheit eines Lehrers überlassen bleibt, ob er seinem Schüler im Voraus mitteilt, was im Falle einer speziellen Entwicklung das „Ziel" ist, für das Schüler und Lehrer gemeinsam arbeiten, oder ob er darauf verzichtet. Aber in beiden Fällen muss alles Mögliche dafür getan werden, dass das „Ziel" nicht die geringste Rolle spielt. Wenn drei Bedingungen erfüllt sind, dann ist es nämlich nur eine Frage der Zeit [56)], bis sich das gewünschte „Ziel" von allein einstellt:

- Der Lehrer weiß um die richtigen *Mittel-und-Wege*, mit denen das avisierte „Ziel" erreicht werden kann.
- Der Schüler hat die Steuerungsbefehle (Anweisungen), die sich auf diese *Mittel-und-Wege* beziehen, richtig verstanden und wiederholt sie nicht als eine Litanei, sondern in klarer Bewusstheit.
- Der Lehrer vermittelt durch eine fachmännische Manipulation die zuverlässige sinnliche Wahrnehmung, die sich aus den jeweiligen Steuerungsbefehlen ergeben sollte.

Mit anderen Worten ist der Schüler dazu aufgefordert, sich allein um die *Mittel-und-Wege* zu kümmern. **Das „Ziel" bleibt sich vollkommen selbst überlassen und erfüllt sich schließlich selbst.**

Auf diesem Wege wird der Schüler von jeglicher Verantwortung für das Ergebnis, das sich letztlich einstellen soll, vollkommen entlastet. Es gibt für ihn überhaupt kein zu erarbeitendes „Ziel" und so ist auch nichts richtig oder falsch zu machen. Alles, was von einem Schüler erwartet wird, ist **zuzuhören und abzuwarten**, wenn er die Steuerungsbefehle erhalten hat. Er soll abwarten, weil er nur so sicher sein kann, dass er nicht in seine alten unterbewussten Gewohnheiten zurückfällt. Und er soll zuhören, damit er lernt, sich allmählich an die Steuerungsbefehle zu erinnern und sie miteinander in Verbindung zu setzen. Sie sind nämlich das passgenaue Gegenstück [A)] für die *Mittel-und-Wege*, die der Lehrer verwendet, um das gewünschte „Ziel" in die Wege zu leiten. Der Schüler soll also bewusst das Prinzip der Vorsorge als Basis für seine Mitarbeit einsetzen und ansonsten seinem Lehrer vollkommen freie Hand lassen.

Nun sollte man im Vertrauen auf den gesunden Menschenverstand doch annehmen, dass eine Vorgehensweise, die den Schüler von jeder Verantwortung für die Ergebnisse entlastet, ihn auch von allem Stress und von allen Ängsten befreit. Schüler, die sich damit zufrieden geben, dass sie nichts darüber wissen, wie sie die Dinge bei sich richtig stellen können; die deshalb bereit sind, ruhig zu bleiben; die sich nur, nachdem der Lehrer sie dazu aufgefordert hat, ganz bestimmte Steuerungsbefehle erteilen, und die aber bei allen Dingen, die es ihnen ermöglichen können, die gewünschten „Ziele" zu erreichen, alle Verantwortung dem Lehrer überlassen, sollten doch in der Lage sein, ohne Anspannung, die neuen und richtigen Erfahrungen zu machen. Und sie sollten in der Lage sein, einen allmählich anwachsenden Sinn für den Energieaufwand und die Kontrolle zu entwickeln.

Aber der Lehrer, der erfahren genug in der Umschulungsarbeit auf einer allgemeinen Basis ist, ist sich der Schwierigkeiten sehr genau bewusst, die sich die Schüler bei diesem Verfahren in der Praxis selber bereiten. Umgehend und ohne Unterlass ruft sich nämlich die instinktive Gewohnheit in Erinnerung. Wenn ein Schüler nicht lernt, diesem Ruf zu widerstehen, wird er ohne jeden Zweifel in seine alte und schädliche Gewohnheit zurückfallen, um blind seinem „Ziel" zuzustreben: Er wird vergessen, sich die Steuerungsbefehle zu erteilen, die der Ausdruck der *Mittel-und-Wege* sind. Er wird bei seiner Steuerung auf seine trügerische und unzuverlässige sinnliche Wahrnehmung (Gefühl) zurückfallen. Wenn er aber seine Fähigkeit zur Hemmung einsetzt und weiter ausbaut, kann er diesem Ruf widerstehen.

Und es ist meiner Erfahrung nach auch selten, dass man einen Schüler im Erwachsenenalter findet, der sich darüber im Klaren ist, dass er nicht in seine alten unterbewussten Gewohnheiten zurückfallen darf. Dabei spielt es auch keine Rolle, dass ihm die Notwendigkeit dafür wieder und wieder aufgezeigt worden ist. Ebenso haben auch nur sehr wenige eine Vorstellung davon, wie man sich selbst einen Steuerungsbefehl oder eine Anweisung erteilen kann, ohne diesen Befehl auch ausführen zu wollen. Sie können den erteilten Befehl einfach nicht von der Handlung oder den Handlungen trennen, deren Wegbereiter er zunächst nur ist. Wenn man ihnen dann aufträgt, sich einen bestimmten Dauerbefehl zu erteilen, stürzen sie sich vehement in Tätigkeit und verwenden die betreffenden Teile so, wie sie sie immer schon gewohnheitsmäßig und unterbewusst benutzt haben. Dabei hatte der Lehrer doch seinen Schüler aufgefordert, diesen Rückfall in alte Gewohnheiten zu vermeiden. Er macht nämlich ein erfolgreiches Ergebnis von Anfang an vollkommen unmöglich und er verstärkt all die falschen Erfahrungen noch, die der Schüler beim Einsatz der betreffenden Teile hat. Genau die Erfahrungen werden verstärkt, die der Lehrer durch neue und richtige ersetzen will.

Da ist z. B. der Fall eines Schülers, der sich angewöhnt hat, bei allen seinen Tätigkeiten des Tages die Muskulatur seines Halses zu versteifen. Der Lehrer hat ihn darauf hingewiesen und ihm auch erklärt, warum er das tut: Er will mit seinem Hals Aufgaben erledigen, die eigentlich andere Teile seines geistig-körperlichen Mechanismus ausführen sollten. Somit haben wir es hier nicht nur mit einem isolierten Defekt zu tun. Er steht vielmehr in Verbindung mit anderen schädlichen Mängeln im Gebrauch des Schülers. Tatsächlich ist sein versteifter Hals nur ein Symptom einer allgemeinen Fehlkoordination im Gebrauch der Mechanismen. Bei jedem Versuch jedoch, den Hals auf direktem Wege zu entspannen, behandelt der Schüler das Problem als eine „Ursache“ und nicht als ein „Symptom“. Ein derartiger Versuch muss aber mit einem relativen Misserfolg enden. Erst wenn ein befriedigender koordinierter Gebrauch der Mechanismen im Allgemeinen wieder hergestellt ist, ist ein Erfolg in naher Reichweite. Der Lehrer hat dem Schüler auch dieses erklärt: Weil seine sinnliche Wahrnehmung unzuverlässig ist, ist es mehr als unwahrscheinlich, dass er selbst irgendetwas tun kann, um diese Defekte zu heilen. Wenn aber sein Verlangen, den Hals zu versteifen, gehemmt wird und er sich selbst die Steuerungsbefehle oder Anweisungen zur Entspannung des Halses erteilt, kann der Lehrer mit seinen Händen eine allgemeine Justierung seines Körpers bewirken, die in der Folge seinen Hals sich entspannen lässt.

Nach dieser Aufklärung erteilt sich also der Schüler den Befehl, seinen Hals zu entspannen und kann so sein Verlangen unterdrücken, den Hals zu versteifen. Ein Lehrer, der die notwendige Erfahrung und die nötigen Kenntnisse mitbringt, kann nun dem Schüler helfen, *solche Verhältnisse allgemeiner Art herzustellen, von denen eine Entspannung des Halses abhängt.* Wenn der Schüler aber andererseits trotz der Aufforderung des Lehrers, den Befehl zur Entspannung des Halses zu erteilen, es vergisst, sein Verlangen zu unterdrücken und eine Entspannung auf direktem Weg versucht (So wie er es eben versteht, was „den Hals entspannen" heißt.), wird er bei diesem Versuch genau das tun, was er immer schon mit dem Hals getan hat: Er wird ihn versteifen. Oder er wird in einem Teil oder in mehreren Teilen, vielleicht sogar in seinem gesamten Organismus, für mehr oder weniger kollabierte Verhältnisse sorgen. Solange ein Schüler nicht davon ablässt, die Entspannung des Halses auf direktem Wege zu versuchen, kann der Lehrer, ganz gleich wie erfahren er ist, nur wenig tun, um jene Verhältnisse herzustellen, die einen zufriedenstellenden Entspannungszustand des Halses gewährleisten.

Es gibt für die Schüler noch eine Schwierigkeit bei der Erteilung der Steuerungsbefehle oder der Anweisungen. Auch sie ist hausgemacht: Die Schüler tun manchmal so, als ob es etwas ganz Außergewöhnliches und Neues wäre, sich selbst Befehle zu erteilen. Nur vergessen sie dabei, dass sie dies bereits von frühsten Kindesbeinen an beständig unterbewusst getan haben. Anders wäre es ihnen nämlich gar nicht möglich, ohne Hilfe von außen aufzustehen, geschweige denn umherzugehen. Das Neue in dem System, das wir gerade analysieren, ist für den Schüler allein, dass er sich jetzt die Befehle bewusst erteilen soll. Diese Forderung ergibt sich aus der genauen Analyse der Voraussetzungen für einen bewussten und überlegten Gebrauch des Organismus, der nun nicht mehr unterbewusst ist. Ein solcher Gebrauch erfordert außerdem einen zufriedenstellenden Einsatz der Befehle und Anweisungen, der von dem Schüler ein klares Verständnis darüber verlangt, ob diese Befehle nun Primärbefehle sind, die zwar erteilt werden müssen, die aber nicht aktiv ausgeführt werden dürfen, sondern gehemmt werden sollen oder ob es Befehle sind, die wirklich befolgt und tatsächlich ausgeführt werden sollen.

Ich will dies verdeutlichen. Nehmen wir einmal an, der Lehrer fordert seinen Schüler auf, sich hinzusetzen. Wenn er nun diesem Befehl auf der Stelle gehorcht und sich hinsetzt, wird er bei diesem Vorgang von seiner unzuverlässigen sinnlichen Wahrnehmung gesteuert, die sich in seinem Fall im Zusammenhang mit der Ausführung dieses Aktes herausgebildet hat. Er wird also nur seine gewohnte, fehlerhafte, unterbewusste Art und Weise wiederholen, sich hinzusetzen. Gegenstand seiner Umschulung ist es, genau solche geistig-körperlichen Fehler zu beseitigen. Deshalb muss er ohne zu zögern „**Nein**" sagen, wenn er sich hinsetzen soll, und *er muss sich den Befehl erteilen, sich **nicht** hinzusetzen.* Auf diese Weise kann er die fehlgeleiteten Aktivitäten seines Organismus hemmen, die bis dahin die Tätigkeit „Sich Setzen" begleitet haben. Dieses Verfahren verhindert, dass er in seine alten unterbewussten Fehler zurückfällt, die er mit der Zeit so liebgewonnen hatte.

Durch die soeben beschriebenen Prozesse wird die alte fehlerhafte Aktivität verhindert. Jetzt kann der Schüler seine ganze Aufmerksamkeit auf die verschiedenen Steuerungs- und Ausführungsbefehle lenken, die aus Sicht des Lehrers für eine richtige Ausrichtung und Kontrolle der Psychomechanik des „Sich Setzens" wichtig sind. Diese Befehle bilden die richtigen *Mittel-und-Wege* für einen zufriedenstellenden Gebrauch des gesamten Organismus bei diesem Vorgang ab. Und *es sind die Befehle, die der Schüler letztlich ausführen soll.*

Daraus folgt: Es gibt Befehle, die erteilt werden müssen, aber nicht ausgeführt werden dürfen, weil sie ansonsten zu dem gewohnten und fehlerhaften Gebrauch der Mechanismen führen würden. Ich will sie deshalb mit dem Begriff „Präventivbefehl" kennzeichnen. Alle Befehle, die auf diese „Präventivbefehle" folgen, sind tatsächlich auszuführen. (In der ersten Phase der Ausbildung übernimmt der Lehrer diese Aufgabe.) Wenn nämlich die Unterrichtstechnik des Lehrers zuverlässig ist, werden die Ausführungsbefehle genau die richtigen *Mittel-und-Wege* betreffen, *mit denen* der neue und koordinierte Gebrauch der Mechanismen sichergestellt werden kann.

Auch darauf habe ich bereits hingewiesen: Von Anfang an bauen Schüler in ihrem Schulleben ihre Fähigkeit zur Hemmung nicht weiter aus. In den meisten Fällen lernen sie, Befehlen sofort zu gehorchen [58)], ohne dass sie die Gelegenheit erhalten, über das „Warum" und das „Wofür" nachzudenken. Diese Tatsache trägt entscheidend zu diesem schädlichen Zustand bei, in dem die Hemmungsfähigkeit unterentwickelt bleibt.

Das Ergebnis dieser frühen Einübung zum Befehlsgehorsam liegt auf der Hand: Viele Schüler sind daran gewöhnt, auf jede Anweisung, die sie erhalten, oder auf jeden Gedanken, der ihnen vorschwebt, so schnell und unterbewusst zu reagieren, dass diese überschnelle und unüberlegte Reaktion zu einer Gewohnheit geworden ist, die nur schwer überwunden werden kann.

Wenn Schüler also behaupten, dass das Erteilen von Befehlen für sie ein großes Problem darstellt, meinen sie tatsächlich etwas anderes. Sie empfinden es vielmehr als schwierig, innezuhalten, abzuwarten, sich damit zufrieden zu geben, nur die Befehle zu erteilen und „Nein!" zu sagen, wenn der Impuls kommt, die Befehle auszuführen. Jahrelange Einübung hat nämlich die Gewohnheit gefestigt, schnell und unüberlegt auf eine Anweisung zu reagieren. Anders ausgedrückt empfinden sie es als schwierig, wenn sie den Wunsch haben, ungehorsam zu sein; wenn sie nicht den Wunsch haben, alles gut und richtig zu machen; wenn sie nicht direkt auf ihre Ziele hinarbeiten wollen. Dabei steckt das Problem gar nicht einmal in der Schwierigkeit selbst, was übrigens für die meisten Schwierigkeiten des Menschen zutrifft. Die eigentliche Schwierigkeit liegt vielmehr darin, dass eine liebgewonnene Gewohnheit abgelegt werden muss. Denn diese verhindert nicht nur den Fortschritt eines Schülers, sie macht es ihm auch unmöglich, sein gewünschtes „Ziel" überhaupt zu erreichen, wenn er an ihr festhält.

Man kann mit Fug und Recht behaupten, dass in jedem einzelnen Fall der Erfolg eines Schülers davon abhängt, ob er diese Tatsache akzeptiert: Nur wenn der Schüler beständig auf die *Mittel-und-Wege* achtet, die für die Erreichung seines „Zieles" entscheidend sind, kann auch ein Ergebnis erzielt werden, das zufriedenstellend ist. Und dies gilt unabhängig davon,

- ob sich der Schüler noch im frühen Stadium seiner Arbeit befindet, in dem er nur aufgefordert ist, sich selbst die Befehle zu erteilen, deren konkrete Ausführung dem Lehrer überlassen bleibt;
- ob er bereits die nächste Stufe erreicht hat, auf der er unter der Supervision seines Lehrers allmählich eine zuverlässige sinnliche Wahrnehmung entwickelt, auf die er sich bereits verlassen kann, wenn er selbst die Befehle ausführen soll;
- oder ob er außerhalb, auf sich allein gestellt, an seinen normalen täglichen Aktivitäten arbeitet.

Unsere Diskussion über Hemmung führt uns dazu, eine Fähigkeit des Menschen in Augenschein zu nehmen, die es ihm möglich macht abzuwarten [59)], bevor er auf einen Stimulus (oder auf mehrere Stimuli) reagiert, um irgendein „Ziel" in seinem normalen Leben zu verfolgen. Aus den Erfahrungen, die in diesem Zusammenhang von Menschen gemacht worden sind, die Sprech-, Gesangs- oder Atemunterricht genommen haben, können einige interessante Fakten herausgefiltert werden.

Die meisten Menschen, die Sprechunterricht benötigen, haben die Tendenz, zu schnell zu sprechen. Es gelingt ihnen nicht, zwischen den Sätzen eine Pause zu machen und zu warten. Diese Tendenz muss schon eingedämmt werden. Das steht außer Frage. Aber bei einer Umschulung auf bewusster Ebene wird ihre Eindämmung nicht auf direktem Wege versucht. Vielmehr bedient man sich ausgewählter *Mittel-und-Wege*, die dann indirekt die gewünschten Resultate bewirken werden. So sagt man einem Schüler nicht, er solle an dieser oder jener Stelle eine Pause beim Sprechen machen. Stattdessen wird der Schüler darauf hingewiesen, dass ihm jeweils am Zeilen- oder Satzende die Luft wegbleibt, dass er die Luft hörbar durch den Mund einzieht oder dass er „nach Luft schnappt". Der Lehrer sorgt dafür, dass dem Schüler eines klar wird: Die schlechte Gewohnheit, die Luft durch den Mund einzusaugen, ist das Ergebnis von falschen unterbewussten Vorstellungen in Verbindung mit der Atmung und eines falschen Gebrauchs der geistig-körperlichen Mechanismen, von denen eine richtige und befriedigende Atmung abhängt. Dies hat zur Konsequenz, dass der Schüler eine richtige Vorstellung von der Natur des Atemvorgangs erlangen muss, immer wenn er seine Stimme gebraucht. Ihm müssen die Prinzipien nicht nur bewusst sein, die bei der Atmung an einem richtigen Einsatz des psychomechanischen Apparats beteiligt sind, er muss sie auch verstanden haben, bevor er sie in der Praxis umsetzen kann.

Erst wenn das erreicht worden ist, ist es gerechtfertigt, den Schüler aufzufordern, beim Lesen oder Sprechen am Satzende (oder beim Singen am Zeilenende) eine Pause zu machen, zu warten und nicht eher einen neuen Atemzug zu nehmen, bevor er nicht seine gewohnte falsche und unterbewusste Steuerung und Ausrichtung bezüglich des Atemvorgangs gehemmt und sie durch die neuen, richtigen und bewussten Befehle zu den falschen Gebrauchsweisen ersetzt hat. (In seinem Fall ist nämlich die falsche Steuerung verantwortlich für die fehlerhaften Gebrauchsweisen des Atemmechanismus, so wie es der Lehrer ja auch diagnostiziert hat.) Diese neuen Befehle bewirken dann mit der Zeit mehr und mehr ihren befriedigenden Gebrauch. Vom Schüler wird also zweierlei verlangt:

- Er soll einen Akt der Hemmung ausführen, indem er **seine** Art und Weise hemmt, einen Atemzug zu nehmen. Mit anderen Worten soll er im Zusammenhang mit der Atmung die falsche unterbewusste Steuerung und Ausrichtung verhindern oder wenigstens in Schach halten, die ja die schlechte Gewohnheit, an jedem Satzende einen Atemzug zu nehmen, erst ermöglicht hat.
- Der Schüler soll einen Willensakt ausführen. Er soll sich ausgewählte Befehle erteilen. Sie sind die *Mittel-und-Wege, mit denen* allmählich eine befriedigende Einatmung aufgebaut werden kann. Sie kommen zum Einsatz *bevor der nächste Satz von ihm in Angriff genommen wird.*

Sehr wahrscheinlich wird der Schüler im Zusammenhang mit dem Willensakt einiges einzuwenden haben: Wenn er eine Pause mache, um die neuen Befehle zu erteilen, werde er eine Aufmerksamkeit auf sich ziehen, die ihm unangenehm sei. Wenn er so lange zwischen den Sätzen warten müsse, würde seine Sprechweise als langsam und gestelzt erscheinen. Solche Einwände zeigen aber nur, dass er überhaupt nicht wahrgenommen hat, wie sehr seine alte Gewohnheit, hörbar durch den Mund und nicht durch die Nase zu atmen und seine Sätze ohne Ansatz ineinander übergehen zu lassen, von seinen Mitmenschen als Defekte bemerkt worden sind, obwohl sie ihm selbst kaum bewusst waren. Mit Argumenten gegen die neue Art zu sprechen, von der er glaubt, dass sie unliebsame Aufmerksamkeit auf ihn lenkt, ist er schnell bei der Hand. Genauso schnell ist er mit Einwänden gegen die neuen Anweisungen. Wenn er sie nämlich tatsächlich umsetzen würde, wäre er gezwungen, mit alten Gewohnheiten zu brechen, die ihm lieb und teuer sind. Vor den Defekten bei seiner alten Art des Sprechens verschließt er aber lieber die Augen. Dabei würden sie allmählich verschwinden, wenn ihn erst einmal gelehrt worden ist, in Übereinstimmung mit den neuen Anweisungen zu handeln. Er hätte dann nämlich gelernt, wie er den falschen Gebrauch der Mechanismen, die verantwortlich für diese Defekte sind, verhindern kann. Die notwendige Pausenlänge zwischen den Sätzen ergibt sich aus der Zeit, die aufgewendet werden muss, um erstens die Präventivbefehle für die Pause und das Warten mit dem nächsten Sprecheinsatz zu geben und zweitens die richtigen Steuerungs- und Kontrollbefehle zu erteilen, die im Zusammenhang mit den Prozessen beim Atemvorgang stehen. Danach ist es nur noch eine Frage der Zeit, bevor die Handlungen, die sich aus den Serien geistig-körperlicher Erfahrungen ergeben und die im Detail beschrieben worden sind, beständig wirksam werden. Und weil der Schüler sie nun bewusst einsetzt, werden sie von da an unter seiner bewussten Steuerung und Kontrolle bei seinem Auf- und Umbau stehen.

Mit den gleichen Schwierigkeiten hat ein Schüler mit fehlerhafter Atmung zu kämpfen, wenn er Gesangsunterricht nimmt. Auch er ist so versessen auf sein „Ziel“, so versessen darauf, singen zu können, dass er das Warten für einen Atemzug ohne Fehler als lästig empfindet. Und auch er „japst“ und saugt in aller Regel die Luft hörbar durch den Mund und nicht durch die Nasenflügel ein.

Mit Prozessen, wie sie bei „Atemübungen“ oder bei „Unterweisungen zum Tiefatmen“ ablaufen, ist es mehr als unwahrscheinlich, dass man die vorhandenen Defekte bei der Atmung beseitigen oder die Entwicklung neuer Defekte verhindern kann. Wenn ein Schüler seine Schwierigkeiten jedoch mittels Umschulung auf der Ebene bewusster und aufbauender Kontrolle angeht, kann ihm in zweifacher Hinsicht geholfen werden, die Probleme (seinen allgemeinen Zustand der Fehlkoordination) tatsächlich zu überwinden: Zum einen lernt er, in einem Akt der Hemmung sein unterbewusstes Verlangen in Schach zu halten, an jedem Satzende Luft zu holen. Zum anderen lernt er, Steuerungsbefehle und Anweisungen im Zusammenhang mit den richtigen psychodynamischen Prozessen der Atmung zu erteilen. Dies ist dann ein Akt des Willens.

Ein Gesangsschüler wird vielleicht auch den Einwand vorbringen, dass er überhaupt keine Pause machen könne. Wenn er Pausen einschieben würde, könne er nämlich nicht dem Tempo des Liedes folgen. Nur ist der Einwand so unhaltbar wie jener, man werde seltsam angesehen, wenn man Sprechpausen einlege. Wenn nämlich erst einmal die notwendige Kontrolle über den Vorgang erlangt worden ist, wird die Pause, die für die Hemmung und die Erteilung der notwendigen Befehle erforderlich ist, nur so lange dauern wie ein Augenblick.

Aber selbst wenn wir nur hypothetisch annehmen, dass der Einwand haltbar sein könnte, müssen wir immer noch diese Frage beantworten: Welchen Nutzen hat es, den Takt zu halten, wenn wir dabei beständig grundlegende Gesangsprinzipien verletzen? Für ein gutes Ergebnis beim Singen ist nämlich ein richtiger und angemessener Einsatz der geistig- körperlichen Atemmechanismen entscheidend und man darf ihn in der Praxis wirklich nicht als nebensächlichen Faktor abtun.

Bei unseren Betrachtungen dürfen wir eines aber nicht außer Acht lassen: Wenn wir zufriedenstellende geistig-körperliche Funktionsverhältnisse zwischen den Teilen herstellen wollen, kann aus einer Geschwindigkeit, die nur auf Kosten eines fehlerhaften Einsatzes jener Teile erzielt worden ist, kaum ein richtiger Gebrauch dieser Teile folgen. Auf der anderen Seite kann sich aber aus dem richtigen Gebrauch der betreffenden Teile sehr wohl Schnelligkeit ergeben.

Damit sind nun die Prinzipien dargestellt, die meinem allgemeinen Programm zur Entwicklung einer zuverlässigen sinnlichen Wahrnehmung zugrunde liegen. Im Folgenden beschreibe ich eine Verfahrenstechnik [60)], die ich in meinem Unterricht einsetze. Dabei will ich erläutern, welcher Art die Einstellung eines Schülers zu der praktischen Arbeit sein sollte, die im Zusammenhang mit dem Aufbau und der Weiterentwicklung einer neuen sinnlichen Wahrnehmung an den Prozessen zur Ausführung dieser Technik beteiligt sind. *Ganz besonders möchte ich die Mittel-und-Wege aufzeigen, mit denen wir eine solche sinnliche Wahrnehmung mit einem Minimum an sogenannter „Körperspannung“, entwickeln können.* Das ist nämlich im Bereich der sinnlichen Wahrnehmung das Problem, das in den meisten Fällen am schwierigsten zu lösen ist: Wie kommen wir zu einer richtigen Einschätzung darüber, *ob die Höhe der „Muskelspannung“ in einer bestimmten Situation tatsächlich angemessen und passend ist?*

Es ist natürlich nicht möglich, dem Schüler in absoluten Zahlen das Maß an Muskelspannung mitzuteilen, das in einer bestimmten Situation das Minimum ist. Aber selbst wenn dies möglich wäre, stellt sich doch diese Frage: Wie hoch wäre die Chance, dass der Schüler überhaupt in der Lage wäre, dieses Minimum genau abzuschätzen, da doch der Faktor, auf den er sich in diesem Zusammenhang zur Steuerung stützen kann, seine sinnliche Wahrnehmung nämlich, unzuverlässig, ungenau und oft auch äußerst trügerisch ist? Ich weiß von Beispielen, bei denen Schüler keinen Unterschied in der Muskelspannung erkannt haben, ob sie nun, wie beim Gehen, die Arme locker an der Seite hängen ließen oder ob sie die Arme einsetzten, um eine Tätigkeit auszuführen, die eine extreme Muskelspannung erforderte.

Auch unter dem Gesichtspunkt der Vermittlung ist also die Frage des richtigen oder falschen Maßes an „Körperspannung“ wahrscheinlich das schwierigste Problem, das es in dem vorliegenden System zu lösen gilt. Klar ist, dass dieses Problem nicht durch eine Technik bei der Ausführung von „Körperübungen“ per se gelöst werden kann. Die hauptsächliche Gefahr bei der Ausführung von Übungen im Zusammenhang mit Körper- und Haltungsschulung liegt aber in der Tatsache begründet, dass dabei dieses fundamentale Problem vollkommen ignoriert wird. Es muss aber zufriedenstellend gelöst sein, wenn jemals ein Ausbildungsprogramm erfolgreich sein wollte, das mittels Übungen Körper oder Haltung schult und das die Übungen allein mit Worten und Bildern erklärt, ohne dass dabei ein Lehrer durch Manipulation Hilfestellung gibt. Ich nehme für mich in Anspruch, dass ich dieses

Problem auf sehr praktische Weise gelöst habe, wenn ich eine Verfahrenstechnik einsetze, die in der Folge beschrieben werden soll. Wenn ich jetzt diesen Teil der Technik darlege, sollte dies für den Lernenden von weitreichender Bedeutung sein. Ich will den Leser in diesem Zusammenhang besonders auf die Anweisungen aufmerksam machen, die im folgenden Kapitel erläutert werden. Sie sind einem Schüler zu erteilen, wenn er mit seinen Händen die Rückenlehne eines Stuhles auf eine bestimmte Weise umfassen soll. Bei dieser Arbeit wird ein besonderes Augenmerk auf das gelegt, was die Hände und Arme tun müssen, wobei der Körper bereits mehr oder weniger koordiniert ist. Und eine ganz besondere Beachtung wird den Positionen der Finger, der Handgelenke und der Ellenbogen geschenkt.

Ich sollte unterstreichen, dass die richtige Ausführung dieser Technik einen koordinierten Gebrauch von Körper, Beinen und Armen und des Muskelsystems im Allgemeinen verlangt. Ganz besonders ist ein solcher koordinierter Gebrauch vonnöten, wenn der Körper nach vorne gebracht wird, wenn die Hände auf der oberen Sprosse der Stuhllehne in Position gebracht werden und wenn die Hände und Arme in dieser Position ihre abschließenden Aufgaben erledigen sollen. Darüber darf es jedoch kein Missverständnis geben: Wenn ich von Armen, Beinen, Händen, Füßen usw. spreche, *setze ich immer auch ihren koordinierten Gebrauch* mit dem Körper voraus, so dass sie von ihm gestützt werden. Man könnte wahrlich sagen, dass in diesem Sinne der Körper für einen Baumstamm steht und die Arme für seine Äste.

Ebenso darf es keinerlei Missverständnisse über die Konsequenzen geben: Bevor ein Schüler irgendeine Anweisung, die ihm erteilt worden ist [61)], ausführen will, muss grundsätzlich gewährleistet sein, dass er den grundlegenden Prinzipien eine besondere Beachtung schenkt, die sein Lehrer ihm vermittelt hat. Wenn diese Bedingung aber erfüllt ist, sollte die Mehrzahl der Erfahrungen, die ein Schüler mit diesem Verfahren macht, verlässliche Erfahrungen sein. So kann sich dann seine Zuversicht entwickeln und die Prozesse, die an der Beseitigung der Defekte beteiligt sind, erhalten Beständigkeit.

IV

ERLÄUTERUNGEN

In dem technischen Verfahren, das nun dargestellt werden soll, ist es notwendig, bestimmte Ausdrücke zu benutzen, mit denen im Unterricht besondere technische Inhalte transportiert werden. Allerdings können diese Ausdrücke nicht ohne Kommentar bleiben, weil sie nicht immer auf angemessene Weise das ausdrücken, was ich wirklich meine. Und man kann auch nicht unbedingt sagen, dass sie auffallend genau sind.

Jetzt wird sich der Leser sofort und mit Recht fragen, warum ich sie dann überhaupt benutze. Diejenigen, die mein Buch *„Ein Vermächtnis der Evolution an die Menschheit von unschätzbarem Wert"* gelesen haben, werden sich an den Ausdruck „Positionen mit mechanischem Vorteil" erinnern. Schon damals habe ich darauf hingewiesen, dass ich diesen Ausdruck in Ermangelung eines besseren verwende. Zahlreiche Freunde aus Wissenschaft und Literatur hatte ich um Hilfe gebeten.

Und so habe ich es auch mit den Ausdrücken gehalten, die nun folgen. Ich halte sie nicht für besonders treffend. Dies habe ich ja bereits gesagt. Aber sie werden ihren Zweck erfüllen, wenn ein Lehrer zugegen ist, der persönlich demonstrieren kann, was er damit meint.

Verkürzung der Wirbelsäule (1)

Jemand könnte berechtigt einwenden, dass es praktisch unmöglich sei, die Wirbelsäule zu verkürzen. Aber hier geht es um ihren *Gebrauch*. Einer der häufigsten Defekte des heutigen Menschen ist die übermäßige Krümmung der Wirbelsäule, wenn er die ganz normalen Tätigkeiten des Alltags ausführt. Natürlich ist die Folge einer derartigen Verkrümmung die Verkürzung der Statur. Man kann dies sehr gut an einem praktischen Beispiel demonstrieren. Man lege zwei Din A 4-Seiten übereinander und klebe sie dann oben mit Tesafilm zusammen. Wenn man nun das freie Ende der oberen Seite leicht in Wellen legt, wird man sofort sehen, dass das obere Blatt Papier nicht mehr die Länge des unteren erreicht.

Verlängerung der Wirbelsäule (2)

Aus dem gerade Beschriebenen wird ersichtlich, dass die Veränderung der Wirbelsäulenkrümmung auch zu einer Verlängerung der Wirbelsäule führen kann. Schauen wir uns noch einmal das Beispiel an: Wenn wir die wellige Verformung des oberen Papierblatts entfernen und es wieder in den ursprünglichen Zustand versetzen, deckt es sich wieder vollständig mit dem unteren Blatt. Wir sehen also, dass im Verlaufe des Experiments ein Verlängerungsprozess stattgefunden hat.

Entspanne den Hals! (3)

Von Seiten eines Schülers entsteht erhebliche Konfusion, wenn er Anweisungen gehorchen will, irgendeinen Teil seines Organismus zu entspannen. Bei den herkömmlichen Unterrichtsmethoden sind Schüler und Lehrer ziemlich davon überzeugt, dass sie einen beliebigen Teil des Organismus, der allzu angespannt ist, entspannen können, dass *sie also die Entspannung auf direktem Wege bewirken können.* Dies ist aber ein Trugschluss und es ist äußerst schwierig, sie davon zu überzeugen. Wenn es ihnen tatsachlich einmal gelingen sollte, eine spezifische Spannung loszuwerden, würde dies durch den teilweisen Zusammenbruch des betreffenden Teils oder ganz anderer Teile, möglicherweise sogar durch einen allgemeinen Zusammenbruch des gesamten Organismus zustande kommen. Und auch dies liegt doch wohl auf der Hand: Wenn ein Teil des Organismus übermäßig angespannt wird, hat dies seine Ursache darin, dass der Schüler mit diesem Teil Arbeiten verrichten will, für die ein anderer Teil oder andere Teile eigentlich vorgesehen sind. Und oftmals ist der übermäßig angespannte Teil gar nicht für die zu verrichtende Arbeit geeignet.

Kopf nach vorne und oben! (4)

Kein Ausdruck löst größere Konfusion aus als der Ausdruck „Kopf nach vorne und oben." Es ist die Anweisung, die am wenigsten passend ist, um die dahinterstehenden Vorstellungen in Worte zu kleiden. Und es ist zudem nicht ungefährlich, einem Schüler diese Anweisung mit auf den Weg zu geben, wenn der Lehrer ihm nicht vorher demonstriert hat, was die Anweisung bedeutet, indem er ihn mit den exakten Erfahrungen vertraut macht, die damit verbunden sind. Dies geschieht *durch das Instrument der Manipulation.*

Weite den Rücken! (5)

Die Anweisung „den Rücken weiten" konkurriert in Bezug auf ihre Mängel sehr stark mit der vorherigen. Als Ausdruck soll sie dem Schüler eine bestimmte Vorstellung vermitteln, wobei erwartet wird, dass der Schüler diese richtig deuten kann. Deshalb soll diese Anweisung nur von einem Lehrer erteilt werden, der auch in der Lage ist zu demonstrieren, was er meint, indem er den Organismus des Schülers so neu justiert, dass die gewünschten Verhältnisse hergestellt werden.

Was dann wirklich passiert, ist folgendes: Es wird eine sehr markante Lageveränderung der knöchernen Strukturen des Thorax bewirkt. Diese Veränderung ist besonders zu erkennen, wenn man den Brustkorb von hinten betrachtet. Und es kommt zu einer permanenten Vergrößerung des Brustkorbhohlraums in Verbindung mit einer erstaunlichen Zunahme der Beweglichkeit des Brustkorbs bei minimaler Spannung aller dabei beteiligten Mechanismen.

Stütze den Körper mit den Armen! [A] (6)

Die Anweisung „Stütze den Körper mit den Armen“ wird verwendet, wenn der stehende oder sitzende Schüler die Rückenlehne eines Stuhles ergriffen hat. Sie ermöglicht es dem Lehrer, dem Schüler schneller und leichter bestimmte wichtige Erfahrungen auf der jeweiligen Stufe der Koordinierungsarbeit zu vermitteln. Die variierenden Details der *Mittel-und-Wege,* mit denen der betreffende Arm- und Körpergebrauch erreicht werden muss, kann nicht schriftlich festgehalten werden, denn mit jeder leichten Stufe des Fortschritts verändern sich auch die Anforderungen an jeden einzelnen Schüler. Das ist der Grund, warum „richtige Positionen“ oder „Haltungen“ keinen Platz in der Unterrichtstechnik finden, die bei dieser Umschulungsarbeit angewendet wird. Eine „richtige“ Position oder Haltung ist nämlich eine Position, die fixiert ist. Und jemand, der sich in einer fixierten Position hält, kann nicht wachsen, so wie Wachsen hier verstanden wird. Was sich heute für jemanden als eine sogenannte richtige Position darstellt, kann für ihn eine Woche später nicht die richtige Position sein. Er entwickelt sich nämlich bei der Koordinations- und Umschulungsarbeit beständig weiter.

Die Arme ausbreiten! Stütze und hebe dabei den Körper(7)

Aus der Liste der hier dargestellten Anweisungen ist der Befehl zum „Ausbreiten der Arme und zum Stützen und zum Heben des Körpers“ derjenige, der am leichtesten in die Irre führt. An erster Stelle ist es eine in sich widersprüchliche Anweisung, wenn sie ohne manipulative Hilfe ausgeführt wird. Wenn man nämlich die Arme ausbreitet, so wie man diese Tätigkeit im Allgemeinen versteht, wird der Körper eher tiefer gedrückt als angehoben. Und von Seiten eines Schülers ist eine starke Neigung festzustellen, bei dieser Bewegung die inneren Muskeln der Oberarme übermäßig zu kontrahieren. Die Kontraktion der Oberarmmuskulatur auf der Innenseite stört die Arbeit, die der Lehrer sich vorgenommen hat. Deshalb muss die Störung unbedingt verhindert werden und ein geübter Lehrer kann die Anweisungen oben erfolgversprechend für seine Zwecke verwenden.

Soweit die vorbereitenden Bemerkungen. Ich komme jetzt zu dem, was ich eigentlich erläutern will. DER SCHÜLER WIRD AUFGEFORDERT, SICH AUF EINEN STUHL ZU SETZEN. ER BEACHTET DABEI DIE PRINZIPIEN UND DIE TECHNIK, DIE SPEZIELL FÜR DEN VORGANG DES SICH SETZENS UND DES STEHENS IN *„Ein Vermächtnis der Evolution an die Menschheit von unschätzbarem Wert"* DARGESTELLT WORDEN SIND. Wenn er dann auf dem Stuhl sitzt, wird sein Körper von der Rückenlehne des Stuhles, auf dem er sitzt, gestützt. Ein zweiter Stuhl wird so vor ihn gestellt, dass die Rückenlehne dem Schüler zugewandt ist.

DER SCHÜLER WIRD NUN AUFGEFORDERT, SICH DIE FOLGENDEN PRÄVENTIVBEFEHLE ZU ERTEILEN: ER SOLL SICH DEN BEFEHL ZUR ENTSPANNUNG DES HALSES ERTEILEN. ER WIRD AUFGEFORDERT, DEN KOPF NACH VORNE UND OBEN ZU BEFEHLEN, WOMIT EINE LÄNGUNG DER WIRBELSÄULE VERBUNDEN IST. Dies alles geschieht auf dem Wege über eine richtige Ausrichtung und Steuerung.

Eines möchte ich an dieser Stelle klar verstanden wissen: Sowohl bei der vorherigen manipulativen Arbeit als auch bei der anderen Arbeit im Zusammenhang mit der Technik muss der Schüler in Theorie und Praxis mit dem ersten Befehl ganz intensiv vertraut gemacht worden sein. (Hals frei! Kopf nach vorne und oben, damit die Wirbelsäule sich längen kann!) Er kann sich bestimmte Befehle richtig erteilen und kann sie zur Wirkung kommen lassen. Im vorliegenden Beispiel wird ihm genau erklärt, dass der erteilte Befehl allein der Prävention dient. Er ist bloß ein projizierter Wunsch. *Von Seiten des Schülers soll aber kein Versuch unternommen werden, ihn erfolgreich auszuführen.*

DER LEHRER WIEDERHOLT DIE BEFEHLSKETTE. UND ALS NÄCHSTES BRINGT ER MIT SEINEN HÄNDEN DEN KÖRPER DES SCHÜLERS VON DEN HÜFTEN AUS BEHUTSAM NACH VORNE.

Der folgende Hinweis ist an dieser Stelle wichtig: Jemand, der nicht gut koordiniert ist, wird im Allgemeinen seine Statur *verkürzen* und *den Kopf nach hinten ziehen,* wenn er diese Bewegung nach vorne machen soll. Seine alte Gewohnheit wird sich als zu stark für ihn erweisen, wenn er sich dieser unterbewussten Neigung zur Verkürzung nicht bewusst wird und er nicht auf die neuen Steuerungsbefehle achtet, die sie in ihre Schranken verweist. Schon bei der ersten Berührung durch den Lehrer, um den Körper des Schülers nach vorne zu bringen, wird der Schüler sich selbst nach vorne bewegen. Diese Bewegung ist zu angenommenen 75 % die Reaktion auf seine alte unterbewusste Gewohnheit und nur zu 25 % bewusste Antwort auf die neuen Ausrichtungs- und Steuerungsbefehle. Diese Schätzung ist in aller Regel und in den meisten Fällen sogar noch zu optimistisch, denn die leichteste Berührung löst die alten sensorischen Aktivitäten aus, mit der die „Vorwärtsbewegung" in der Vorstellung des Schülers unterbewusst verknüpft sind. Diese Bewegung ist für ihn ein „Ziel". Und trotz aller Warnungen hat er sich bereits zu der Bewegung entschlossen. Er wird so dominiert von der Vorstellung, „sich nach vorne zu bewegen", dass er sich die neuen bewussten Steuerungsbefehle nicht mehr erteilt. Stattdessen übernehmen die alten Steuerungsbefehle und damit seine schlechten Gewohnheiten und seine unzuverlässige sinnliche Wahrnehmung wieder die Herrschaft über ihn. Anstatt also den Befehl zur Entspannung des Halses zu erteilen, anstatt den Kopf nach vorne und oben zu befehlen, um so die notwendige Verlängerung der Wirbelsäule zu erzeugen, wird er tatsächlich seinen Kopf zurückwerfen, seinen Hals versteifen und in der Tendenz die Wirbelsäule verkürzen, weil er sie übermäßig verbiegt. All dies geschieht in völliger Übereinstimmung mit seinen alten festen Gewohnheiten bei der Vorwärtsbewegung. Diese Fehler werden mehr oder weniger von einer übermäßigen und falschen Spannung in den Beinen und in anderen Teilen des Organismus begleitet. Weitere Begleitumstände sind eine Versteifung der Hüftgelenke und der fehlerhafte Gebrauch der einzelnen Teile. Im Verhältnis zu dem, was für den Ablauf eigentlich erforderlich wäre, bedeutet dies eine ungeheure Energievergeudung.

Wenn es soweit gekommen ist, muss der Lehrer seinen Schüler darauf hinweisen, dass er nicht ganz verstanden hat, was von ihm verlangt wird. Und er muss noch einmal von vorne anfangen und dem Schüler erneut die Position aus so vielen Blickwinkeln wie nur möglich darstellen, bis der Lehrer sicher sein kann, dass der Schüler dieses wirklich verstanden hat: Die Befehle, die er sich als erstes erteilen soll, sind nur *Präventivbefehle*. Wenn er sich diese *Präventivbefehle* erteilt, hemmt er damit seine alten, fehlerhaften Aktivitäten. Wenn er nicht aufhört, sich die neuen Befehle zu erteilen, *wird seine Wirbelsäule ihre größtmögliche Länge behalten,* sich nicht verkürzen und der Körper kann leicht und zufriedenstellend von den Hüften aus nach vorne bewegt werden. Es kommt nicht zu einer Störung der allgemeinen, relativen Position des Torsos. Nur der Winkel zwischen Hüfte und Beinen wird verändert, so wie sich eine Tür in ihren Angeln bewegt.

DER LEHRER FORDERT DEN SCHÜLER NUN ERNEUT AUF, SICH DIE BEFEHLE ZU ERTEILEN. MIT SEINEN HÄNDEN STEUERT ER FÜR IHN DIE TATSÄCHLICHE DURCHFÜHRUNG DER BEWEGUNG, die den Befehlen entspricht. Manchmal kann auch dieses Verfahren sinnvoll sein: Man unterbreitet dem Schüler den Vorschlag, dass dieser den Lehrer darum bittet, den Körper für ihn zu bewegen, während der Schüler sich nur die Befehle und Anweisungen erteilt.

Erst wenn der Lehrer wirklich damit zufrieden ist, dass der Schüler den Steuerungsbefehlen bis zu diesem Punkt die nötige Aufmerksamkeit schenkt, dass er sie in ihrem Wert als primäre, sekundäre und folgende Faktoren einschätzen kann und dass auch die richtigen sensorischen Erfahrungen, die mit Hilfe des Lehrers auf dem Wege über Neujustierung und Umschulung möglich gemacht worden sind, oft genug wiederholt worden sind, kann der Schüler in seiner Entwicklung einen Schritt weiter gebracht werden.

Auf jeder Arbeitsstufe ist es wesentlich, dass der Schüler die Befehle von Anfang an in der richtigen Reihenfolge memoriert. Denn aus diesen ersten Befehlen setzen sich die *Mittel-und-Wege* zusammen, *mit denen* der nächste Schritt erfolgreich unternommen werden kann. Wenn der Schüler sich die Befehle erteilt, muss er immer wieder mit den primären Befehlen beginnen, um dann mit den Sekundär- und den Tertiärbefehlen usw. weiterzumachen.

DER SCHÜLER SOLL NUN WIEDER DEN BEFEHL ZUR ENTSPANNUNG DES HALSES ERTEILEN UND ER SOLL SEINEN KOPF NACH VORNE UND OBEN BEFEHLEN. WÄHRENDDESSEN POSITIONIERT DER LEHRER DEN OBERKÖRPER DES SCHÜLERS IN EINE STELLUNG, IN DER MAN DAVON SPRECHEN KANN, DASS DER RÜCKEN GEWEITET IST. Diese Befehlskette sollte mehrere Male wiederholt werden. Der Schüler sollte sie sich auch dann weiter erteilen, WÄHREND DER LEHRER MIT SEINEN HÄNDEN DEN RECHTEN ARM DES SCHÜLERS ERGREIFT UND IHN SOWEIT NACH VORNE BEWEGT, BIS SICH DIE SCHÜLERHAND OBERHALB DER RÜCKENLEHNE DES STUHLES BEFINDET. AN DIESER STELLE WIRD DER SCHÜLER ERNEUT AUFGEFORDERT, DIE BEFEHLE ZU WIEDERHOLEN, DIE GANZ AM ANFANG DIESES ABSCHNITTS FORMULIERT WORDEN SIND. DANN ERGEHT AN IHN DIE AUFFORDERUNG, DAS GEWICHT DES ARMES VOLLSTÄNDIG SELBST ZU ÜBERNEHMEN. GLEICHZEITIG LÖST DER LEHRER SEINE HÄNDE VON DEM BISHER GESTÜTZTEN ARM.

Wenn der Schüler sich nun anschickt, das Gewicht des Armes selbst zu übernehmen, muss mit großer Sorgfalt darauf geachtet werden, dass an dieser Stelle der Schüler den Mechanismus des Torsos noch nicht gestört hat. Eine solche Störung kann auf verschiedenen Wegen eintreten, aber immer ist damit verbunden, dass der Schüler seine Befehle vergessen hat und dass er die eine oder andere seiner unterbewussten Gewohnheiten wieder aufgegriffen hat. Von entscheidender Bedeutung ist an dieser Stelle der *koordinierte Gebrauch* der Arme. Und der einzige Weg, dies zu erreichen, führt darüber, dass der Schüler sich zunächst die notwendigen Primärbefehle erteilt, dass er auch die Reihe neuer Befehle memoriert, die ihm der Lehrer an die Hand gegeben hat und mit der die Bewegung der Arme und der Gebrauch der anderen Körperteile verlinkt wird.

Wenn der Schüler den Mechanismus des Torsos nicht gestört hat, als er das Gewicht des Armes übernehmen wollte, KANN ER IM NÄCHSTEN SCHRITT DAZU AUFGEFORDERT WERDEN, DIE OBERSTE SPROSSE DES STUHLRÜCKENS ZU ERGREIFEN, BEHUTSAM ABER DOCH BESTIMMT. DIE FINGER SOLLTEN SO GERADE UND SO FLACH WIE MÖGLICH GEGEN DIE VORDERSEITE DER STUHLLEHNE GEHALTEN WERDEN. UND AUCH DER DAUMEN, DER AUFGABEN AUF DER RÜCKSEITE DER STUHLLEHNE ZU ERLEDIGEN HAT, VERBLEIBT SO GERADE WIE NUR EBEN MÖGLICH. UND DAS HANDGELENK WIRD LEICHT NACH INNEN LINKS GEDREHT. [A)] Natürlich leistet der Lehrer im Rahmen seiner Möglichkeiten Hilfestellung.

Sehr oft kommt es allerdings vor, dass der Schüler seine Befehle nicht weiter memoriert und er so den Mechanismus des Torsos stört, wenn er die Arme zum Stuhl hinbewegt. *Dann muss der Schüler dazu aufgefordert werden, noch einmal auf der ersten Stufe der Entwicklung zu beginnen. Und dies muss solange wiederholt werden, bis gewährleistet ist, dass ein zufriedenstellendes Resultat erzielt werden kann.* Dieses Prinzip muss so in jedem einzelnen Fall von Neujustierung und Umschulung verwendet werden. Wir müssen uns nämlich darüber im Klaren sein, dass im Verlauf der Arbeit ein Aufbauprozess vonstattengeht. Auf allgemeiner und nicht auf spezifischer Basis wird so eine grundlegende sinnliche Wahrnehmung aufgebaut. Dieser Sachverhalt kann vielleicht etwas aufgehellt werden, wenn wir uns analog dazu das Bauen mit Ziegelsteinen vor Augen führen. So wie das Maurerhandwerk den Einsatz von Ziegelsteinen erforderlich macht, verlangen **die Aufbauprozesse einer fundamentalen sinnlichen Wahrnehmung nach Steuerungsbefehlen**.

ERNEUT WIRD DER SCHÜLER DAZU AUFGEFORDERT, DEN BEFEHL ZUR ENTSPANNUNG DES HALSES ZU ERTEILEN UND ER SOLL AUCH SEINEN KOPF NACH VORNE UND OBEN BEFEHLEN. WÄHRENDDESSEN BEMÜHT SICH DER LEHRER ERNEUT DARUM, EINEN ZUSTAND VON TORSO UND RÜCKEN HERZUSTELLEN, DER EINE ZUFRIEDENSTELLENDE ARBEIT DER ARME ZULÄSST. JETZT WIRD DER ABLAUF, DER DEN RECHTEN ARM AUF DIE RÜCKENLEHNE DES STUHLES GEBRACHT HAT, GANZ GENAUSO FÜR DEN LINKEN ARM DES SCHÜLERS WIEDERHOLT. DER SCHÜLER HÄLT AM ENDE DIESES VORGANGS

DIE STUHLRÜCKENLEHNE DANN MIT BEIDEN HÄNDEN AUF DIE GLEICHE WEISE. Der Lehrer gibt dabei die Hilfestellung, die er im Lichte seiner Erfahrung für notwendig erachtet.

Es wird sich zeigen, dass ein Schüler an dieser Stelle, wie auf jeder anderen Stufe der Arbeit auch, mehr Hilfe braucht als der andere. Ein Schüler ist bei dem einen Teil der Bewegung auf Hilfe angewiesen, ein anderer braucht sie bei einer anderen Teilbewegung. In manchen Fällen kann es notwendig sein, dem Schüler für die zweite Hand genauso viel Hilfestellung zu leisten, wie der Lehrer für die erste Hand aufgewendet hat. Bei all diesen Fragen liegt die Entscheidung darüber im Ermessen des Lehrers. *Wenn die Arbeit erfolgreich sein soll, müssen das Erteilen der richtigen Ausrichtungs- und Steuerungsbefehle und die richtigen Erfahrungen bei der sinnlichen Wahrnehmung aufeinander folgen. Wenn dieser Prozess beständig wiederholt wird, erreicht der Schüler letztlich ein Stadium, in dem er sich voller Vertrauen auf sich verlassen kann.*

An dieser Stelle SOLLTE NUN DER SCHÜLER AUFGEFORDERT WERDEN, NOCH EINMAL DIE VERSCHIEDENEN *Mittel-und-Wege* ZU BEDENKEN, MIT DENEN ES IHM MÖGLICH GEMACHT WORDEN IST, DIESE STUFE SEINER ARBEIT ZU ERREICHEN. ER SOLLTE DESHALB DIE AUSRICHTUNGS- UND STEUERUNGSBEFEHLE NOCH EINMAL LAUT WIEDERHOLEN, UND ZWAR GENAU IN DER REIHENFOLGE, IN DER DER LEHRER SIE IHM ERTEILT HAT: ALS PRIMÄRE, SEKUNDÄRE UND NACHFOLGENDE FAKTOREN. So wird es dem Lehrer ermöglicht, in diesem Zusammenhang u. a. die Genauigkeit des Schülers zu überprüfen. *Während der Schüler die Befehle repetiert, muss er in dem Koordinationszustand verbleiben, den der Lehrer im Laufe der Entwicklungsarbeit geschaffen hat.*

Wenn der Lehrer mit dem Ergebnis seines Schülers bis zu dieser Stelle zufrieden ist, kann er den nächsten Schritt einleiten und seinem Schüler bestimmte zusätzliche Steuerungsbefehle zur Verfügung stellen. Er kann ihm dabei helfen, sie im Laufe der weiteren Entwicklung wirkungsvoll in der Praxis einzusetzen.

Es folgen nun diese neuen Ausrichtungsbefehle.

- Der Schüler wird aufgefordert, WEITERHIN DIE RÜCKENLEHNE DES STUHLES ZU UMGREIFEN. DIE FINGER LIEGEN DABEI VOM ERSTEN FINGERGELENK BIS ZU DEN FINGERSPITZEN GANZ GESTRECKT UND WIE AUCH DIE DAUMEN FLACH AUF DER RÜCKENLEHNE, SO WIE ES OBEN DARGESTELLT WORDEN IST.
- Der Schüler wird aufgefordert, ES DEM HANDGELENK DES LINKEN ARMES ZU ERLAUBEN [A)], SICH NACH INNEN RECHTS ZU DREHEN UND DAS HANDGELENK DES RECHTEN ARMES SOLL SICH NACH INNEN LINKS DREHEN DÜRFEN.
- ER SOLL ES DEM ELLENBOGEN DES LINKEN ARMES ERLAUBEN, DASS DIESER SICH ZUR LINKEN SEITE AUSSEN DREHT. DER ELLENBOGEN DES RECHTEN ARMES SOLL SICH ZUR RECHTEN SEITE NACH AUSSEN DREHEN DÜRFEN. [A)]

Um zu bewirken, dass der Schüler die Stuhlrückenlehne tatsächlich so umfasst, dass Finger und Handgelenke in den Positionen verbleiben, die oben beschrieben worden sind, SOLLTE DER SCHÜLER ALLE BEFEHLE ZUR AUSRICHTUNG MEMORIEREN, DIE IHM BISHER ERTEILT WORDEN SIND UND DIE ER JA AUCH SCHON LAUT VOR SEINEM LEHRER REPETIERT HAT.

Das Anliegen des Lehrers ist es dann, dem Schüler die notwendigen Erfahrungen für einen sanften Unterarmzug von den Fingern aus zu vermitteln. Um dies zu erreichen, ERGREIFT ER DIE ELLENBOGEN DES SCHÜLERS UND RICHTET SIE NACH AUSSEN UND LEICHT NACH UNTEN. In der Folge wird er ihm die sensorischen Erfahrungen übermitteln, die erforderlich sind. Dies erreicht er, INDEM ER DIE OBEREN TEILE DER ARME, DIE TEILE ALSO, DIE SICH OBERHALB DER ELLENBOGEN BEFINDEN, SO DIRIGIERT, DASS SIE SICH VONEINANDER ENTFERNEN. DER RECHTE ARM WIRD FOLGLICH NACH RECHTS UND DER LINKE ARM NACH LINKS BEWEGT. UND DIES GESCHIEHT AUF EINE WEISE, DASS DIE ARME DES SCHÜLERS EINE STÜTZE FÜR DEN TORSO SIND.

ALS NÄCHSTES WIRD DER SCHÜLER DAZU AUFGEFORDERT, SEINEN TORSO WEITERHIN AUF DIESE WEISE ZU STÜTZEN. UND WÄHREND ER SEINE BEFEHLE BESTÄNDIG MEMORIERT, justiert der Lehrer den Torso des Schülers so, dass die großen Muskeln des Rückens, die den Körper heben, mit den anderen Teilen des Organismus eine koordinierte Einheit bilden. Dies führt zu einem solchen Gebrauch der Atemmechanismen, dass sie auf den jeweiligen Entwicklungsstufen, die täglich neu erreicht werden, auf dem jeweils höchsten Niveau funktionieren. Ein Erfolg bei diesem Teil der Entwicklung sorgt für eine solche Veränderung der Rückenverhältnisse, die ein normaler Beobachter als „Weitung des Rückens" beschreiben würde.

Diese Befehle stellen die *Mittel-und-Wege* dar, mit denen ein solcher Gebrauch der Mechanismen gewährleistet werden kann, der gemeinsam mit einer zufriedenstellenden Justierung des Rückens die freien Rippen dazu bringt, sich ohne Einschränkung zu bewegen. Sie bewirken, dass sich allmählich die maximale innere Brustkorbkapazität entwickelt und sie führen dazu, dass sowohl im Schlaf als auch im Wachzustand ein höchst effektiver Gebrauch von den Atemmechanismen gemacht wird.

Meiner Meinung nach ist es an dieser Stelle ratsam, auf einige der störenden Bedingungen hinzuweisen, die man mehr oder weniger bei jedem Schüler antreffen kann, der auf dieser Stufe seine Bewegungen koordinieren will. Die Muskelspannung, die beim Gebrauch der Finger und Arme aufgewendet wird, ist z. B. fast immer schädlich und unnötig. Und sehr oft verhindert die übermäßige Anspannung der Armmuskulatur sogar, dass der Schüler seine Finger auf vorteilhafte Weise gebraucht, wenn sie die Rückenlehne des Stuhles halten. Ich habe Fälle erlebt, bei denen der Schüler tatsächlich seine Finger vom Holz der Rückenlehne weggehalten hat, ohne dass er es gemerkt hat. Besonders bemerkbar ist diese übermäßige Spannung bei den Beugemuskeln in der Region des Bizeps und bei den vorderen Brustmuskeln. Denn diese Muskeln würden während der Bewegung mehr oder weniger entspannt bleiben, wenn der Zustand der sinnlichen Wahrnehmung befriedigend wäre. Naturgemäß würde der größere Arbeitsanteil nämlich den Muskeln auf der Rückseite des Armes und der Rückenmuskulatur, insbesondere dem M. latissismus dorsi, zufallen. Diese Muskeln sind auch die Hauptfaktoren, die für eine maximale Aktivierung der Atemprozesse bei minimalem Einsatz sorgen. Und sie bewirken, dass sich der Brustkorbinnenraum vergrößert und die Rippenbögen breiter werden. Dies wiederum führt zu einer Steigerung der Vitalkapazität der Lungen.

Andere Störfaktoren können auftreten, wenn ein Schüler das erste Mal versucht, die Arme vorsichtig auseinander zu ziehen. Bei diesem Versuch wird entweder ein Finger oder es werden alle Finger gekrümmt und die Handgelenke werden auswärts gedreht. *Und das ist das genaue Gegenteil von dem, was die vorgestellten Befehle verlangen* oder auch was wünschenswert ist. *Das Versagen, die erteilten Befehle auszuführen, liegt hauptsächlich in der Tatsache begründet, dass im Zusammenhang mit einer angemessenen und richtigen Muskelspannung die sinnliche Wahrnehmung des Schülers bei Weitem unterentwickelt ist.* Tatsächlich sind dies meine Erfahrungen im Unterricht!

Dies führt uns direkt zu einer Beurteilung der eingeschlagenen Wege, auf denen eine zuverlässige sinnliche Wahrnehmung entwickelt werden soll. Diese *Mittel-und-Wege* ermöglichen es dem Schüler, die Entwicklung mit *minimaler Muskelspannung* zu machen. Und diesen Sachverhalt will ich noch einmal ganz besonders herausstreichen: Der Schüler muss tatsächlich nur *minimale Muskelspannung aufbringen,* wenn er seine Unterarme nach außen ziehen soll, wenn er gleichzeitig darauf achten soll, dass sich die oberen Teile der Arme in der Breite öffnen und wenn er es weiterhin als einen Faktor von überragender Bedeutung betrachtet, dass die Finger gerade gehalten und die Handgelenke einwärts gedreht werden. In dem Augenblick, da der Schüler die Lage der Finger und der Handgelenke verändert (Im Falle der Handgelenke heißt dies, dass sie sich eher auswärts als einwärts drehen.) weist dies darauf hin, dass *wir uns schon jenseits des Bereiches befinden, an dem man noch von minimaler Muskelspannung sprechen kann.*

Eigentlich befindet sich der Schüler in einer idealen Position, um zu sehen, was er mit seinen Händen und Handgelenken macht. Wenn er sie wirklich genau beobachten würde, könnte er die falschen Bewegungen, die oben beschrieben worden sind, schon im Ansatz erkennen und er könnte sie in dem Augenblick unterbinden, in dem sie sich zeigen. Nur handelt es sich auch hier um einen der zahllosen Fälle, wo jemand nicht das tut, was er sehr wohl tun könnte. (In diesem Beispiel beobachtet er nicht seine Hände, obwohl es für ihn ein Leichtes wäre.) Er zieht es vor, sich stattdessen auf die alte willkürliche Methode zu verlassen, die ihn dazu zwingt, alles richtig machen zu wollen. Und er lässt sich dabei von seinem Gefühlsempfinden lenken, obwohl er die Erfahrung gemacht hat, dass sein „Gefühl" unzuverlässig und sogar in die Irre führend war, wenn er sich bisher darauf verlassen hat.

* * * * * * *

Es gibt nicht unerhebliche Einwände von außerhalb im Zusammenhang mit dem Prozess des Hemmens als ersten und grundlegenden Faktor der von mir empfohlenen Vorgehensweise. Sie wollen begründen, dass der Einsatz der Hemmung auf schädliche Weise die Individualität der jeweiligen Person unterdrückt. Ich werde im Folgenden zeigen, dass dieser Einwand nur von jemandem erhoben werden kann, der die fundamentalen geistig-körperlichen Prozesse im Zusammenhang mit der Anwendung der Prinzipien der Prävention, die in meiner Technik zum Tragen kommen, vollkommen missverstanden hat.

Es gibt schon seit etlicher Zeit vermehrt Versuche, die Kinder in ihrer häuslichen Umgebung und in der Schule von unangemessenen äußeren Zwängen zu befreien. Für die altmodischen Methoden war es geradezu charakteristisch, Zwänge aufzuerlegen. Mit diesen Zwängen hatten sich auf Seiten der Kinder Hemmungen entwickelt. Man nahm an, dass die natürliche Folge dieser Hemmungen Verdrängung war.

Indem man die Kinder von den Zwängen befreite, sollten die schädlichen Mechanismen der Verdrängung verhindert werden. Nur stand hinter dieser Idee der Wunsch, spezifische Krankheitsbilder zu heilen. Sie war ganz allgemein akzeptiert und gerne wurde sie auch in Schulen aufgegriffen, die es sich auf ihre Fahnen geschrieben hatten, Beschäftigungsmöglichkeiten und Umweltbedingungen zu schaffen, die auch den Bedürfnissen der Kinder genügen sollten. An dieser Stelle möchte ich ganz besonders zwei Punkte herausstreichen:

- Der Hemmungsprozess, von dem oben die Rede war, wird im Zusammenhang mit Vorstellungen verwendet, die direkt mit der Erreichung von „Zielen" in Verbindung stehen. Diese Vorstellungen sind die Reaktion auf einen Stimulus (oder auf mehrere Stimuli), der (oder die) sich aus einem ursprünglichen Wunsch oder Bedürfnis ergibt (ergeben).
- Und der zweite Punkt ist noch wichtiger: Der Reiz (oder die Reize), der (die) diese Reaktion hemmen soll (sollen) kommt (kommen) von außerhalb. Der Hemmungsprozess wird dem Schüler *aufgezwängt.* Und dies bedeutet, dass der Wunsch des Kindes durch einen Befehl einer äußeren Autorität vereitelt wird, wenn es sich fügsam zeigt. Dies könnte den verstörten emotionalen Zustand erklären, der mit dem verbunden ist, was allgemein als Verdrängung bezeichnet wird.

Der Hemmungsprozess, der in meiner Technik Verwendung findet, hat aber nur wenig bis nichts mit dem Prozess gemein, auf den soeben Bezug genommen worden ist. Denn in meiner Technik ist die Vorstellung von Hemmung so konzipiert, dass die Gesundheitsprobleme von vornherein verhindert werden sollen. Der dabei beteiligte Prozess der Hemmung wird in erster Linie im Zusammenhang mit Vorstellungen verwendet, die weit davon entfernt sind, auf direktem Wege ein „Ziel" erreichen zu wollen. Sie sind stattdessen verknüpft mit einer indirekten Vorgehensweise. Und diese ist nicht zu trennen von der praktischen Anwendung der Prinzipien, die die *Mittel-und-Wege* bestimmen, *mit denen* ein Ziel erreicht werden kann. Diese Vorstellungen sind die Reaktion auf einen Stimulus (oder auf mehrere Stimuli), der (die) aus einem wohl überlegten, konstruktiven und bewussten Verständnis entstanden ist (sind). Sie basieren darauf, dass der Schüler die Prinzipien akzeptiert hat, die sich mit den *Mitteln-und-Wegen* befassen. Eine Vorgehensweise, bei der man sich dafür entschieden hat, diese Prinzipien anzuwenden, verhindert ein rein „zielorientiertes" Handeln, das immer auch mit fehlgeleiteten Aktivitäten verbunden ist. Daraus folgt in der Konsequenz dies: Wenn der Schüler die Wirksamkeit und die Notwendigkeit eines solchen Vorgehens einsieht, muss er damit auch das Prinzip akzeptieren, wonach das spontane Bedürfnis gehemmt werden muss, „direkt auf ein Ziel zuzustreben". Dies wiederum bedeutet in der Tat, dass der Prozess der Hemmung, der in meiner Technik also *ein Akt ist, bei dem die betreffende Person eine Reaktion auf den spontanen Wunsch, ein Ziel zu erstreben, verweigert*, eine bewusste Entscheidung für diese Reaktion ist, dass er zu einem Willensakt wird. Der Prozess der Hemmung ist die bewusste Reaktion auf den Wunsch, ganz bewusst und überlegt die *Mittel-und-Wege* einzusetzen, *mit denen* ein „Ziel" erreicht werden kann.

In diesem Fall kommt also der Reiz zur Hemmung aus dem Inneren des Schülers und der Hemmungsprozess wird ihm nicht aufgezwängt. Sein Wunsch oder seine Wünsche werden befriedigt und nicht vereitelt. Wir finden wünschenswerte emotionale und andere geistig-körperliche Bedingungen vor, die nicht in irgendeiner Form das bewirken, was man allgemein als Verdrängung bezeichnet. [62)]

Die Neigung der Menschen, auf unterbewusster Ebene zu sprechen und zu handeln, ohne dass sie sich über das, was sie sagen oder tun auch nur einen angemessenen Gedanken gemacht haben, wird dann zu einem besonders markanten Merkmal, wenn ein ungewöhnlich starker Reiz für solche Prozesse vorhanden ist, die das betreffen, was man allgemein als Vorurteil und als emotionale Störung kennt. „Warum überlegst du nicht, bevor du handelst?", „Erst denken, dann sprechen!" sind Ausdrücke, die uns allen vertraut sind. Wenn aber die Aktivitäten des Menschen auf der Ebene konstruktiver, bewusster Kontrolle sind, werden die Prozesse der Hemmung, wie ich sie in der von mir skizzierten Technik empfehle, eine neue Stufe der Entwicklung und des Gebrauchs erreicht haben. So wird es dem Menschen dann ermöglicht, die mit den Hemmungsprozessen befassten Prinzipien genauso in der Tätigkeitspraxis seiner äußeren Welt einzusetzen, wie er sie schon beim Gebrauch seines geistig-körperlichen Selbst eingesetzt hat. In beiden Anwendungsbereichen, in der äußeren Welt und im Bereich des geistig-körperlichen Selbst, wird ihr Nutzen beständig zunehmen.

Diesen Zusammenhang bestätigt ein Beispiel, das für den Leser von besonderem Interesse ist und auch eine außerordentliche Bedeutung für ihn hat. Es zeigt nämlich den Einsatz der Technik, wie sie auf allgemeiner Basis in der Umschulungsarbeit bei den praktischen Dingen des Lebens verwendet wird. Und dieser Fall belegt auch die Übereinstimmung, die zwischen den Prozessen besteht, auf der einen Seite die Vorstellungen hintereinander zu schalten, die sich im Verlaufe der Unterrichtsstunden entwickelt haben, und andererseits das, was in den Unterrichtsstunden erworben worden ist, mit den Erfahrungen des täglichen Lebens gut zu verzahnen. Drittens kann ich mit diesem Beispiel erneut den Nachweis erbringen, dass das Prinzip der Hemmung, das daran beteiligt ist, einen außerordentlichen Wert besitzt.

Ein Schriftsteller, der dann bei mir Unterricht nahm, hatte schon seit einiger Zeit mit ernsten gesundheitlichen Problemen zu kämpfen. Er hatte schließlich einen Punkt erreicht, an dem es ihm unmöglich wurde, seine literarische Arbeit weiter fortzuführen. Kaum hatte er sein letztes Buch beendet, stellte sich eine Krise ein, die als allgemeine Erschöpfung diagnostiziert wurde. Das Ergebnis war, dass ihn schon nach wenigen Arbeitsstunden eine große Müdigkeit und ein Zustand schmerzhafter Depression befielen. Mit der allerersten Unterrichtsstunde machte ich es deshalb zur Bedingung, dass eine Pause einzulegen sei, wenn er dreißig Minuten gearbeitet hatte. Ich forderte ihn auf, nach jeder Arbeitsphase fünfzehn Minuten lang an seiner Atmung zu arbeiten. Alternativ sollte er einen Spaziergang an der frischen Luft machen, bevor er sich wieder dem Schreiben widmete.

Eines Nachmittags kam er ungewöhnlich depressiv und genervt zum Unterricht. Meine Vermutungen bestätigten sich leider. Er gab zu, sich an jenem Morgen vier Stunden lang ununterbrochen in seine Arbeit vertieft zu haben. Er hatte sich über unsere Vereinbarung, häufig eine Pause einzulegen, einfach hinweggesetzt. So war sein miserabler Zustand für mich tatsächlich keine Überraschung! Unmissverständlich machte ich ihm auch deutlich, warum er in so einem schlechten Zustand war, wenn er stundenlang ohne eine einzige Pause am Schreibtisch gesessen und gearbeitet hatte: Wenn nämlich jemand tief in Gedanken versunken ist, wird die Aktivität der Atemprozesse auf ein Minimum reduziert, ähnlich wie im Schlaf. In seinem Fall wurden sie sogar auf ein sehr schädigendes Minimum herabgesetzt, weil seine innere Brustkorbkapazität ohnehin schon völlig unzureichend war. Tatsächlich war die Reduktion seiner Atemprozesse ein Symptom seines allgemeinen Erschöpfungszustands. „Ich kann einfach nicht aufhören, wenn ich mich erst einmal in meine Arbeit vertieft habe“, äußerte mein Schüler zu seiner Rechtfertigung. Wenn dies so sei, müsse das ja wohl an irgendeinem Kontrollverlust seinerseits liegen, war meine Erwiderung. „Aber es muss doch ein Fehler sein, seine Gedankengänge zu unterbrechen“, argumentierte er weiter. Ich antwortete ihm ausführlich. Das Gegenteil sei der Fall. Dies zeigten meine Erfahrungen. Es sei sehr wohl leicht, eine Arbeit zu unterbrechen und wieder aufzunehmen, die geistige Anstrengung erforderte. Genauso einfach sei es, einen Gedankengang während eines Spaziergangs mit all seinen kleinen, natürlichen Unterbrechungen fortzuführen. Dies sollte einem Menschen nicht nur möglich sein, ohne dass er den Faden seiner Gedanken verliert. Es sei für ihn sogar von großem Nutzen.

Diese Argumentation bereitete in Wirklichkeit den Weg dafür, eine bestimmte Tatsache meinem Schüler deutlich zu machen. Ich wollte ihm zeigen, dass es eine Übereinstimmung zwischen der aktuell diskutierten Frage und seinen Schwierigkeiten gab, bestimmte einfache

Technikteile im Unterricht auszuführen: Seine Abneigung dagegen, ein Stoppzeichen zu setzen. Ich wollte ihn davon überzeugen, dass, *wenn es ihm gelänge, die Kontrolle über die kleinen geistig-körperlichen Abläufe zu erlangen, an denen er im Unterricht beteiligt ist, er früher oder später auch in der Lage sein würde, Kontrolle über die praktischen Bereiche des täglichen Lebens auszuüben.* Er hatte nämlich einen Zusammenhang zwischen der Umschulungsarbeit und seinen Aktivitäten in der Welt außerhalb des Unterrichts bisher überhaupt nicht gesehen, so wichtig er auch war. Ihm war vollkommen entgangen, dass es eine enge Verbindung gab zwischen seinem Problem, im Unterricht innezuhalten, und seiner Schwierigkeit, mitten in seiner literarischen Arbeit eine Pause einzulegen.

Mit seinem Verhalten steht er allerdings nicht allein. Abertausende sehr gut ausgebildeter und intelligenter Menschen können gedankliche Zusammenhänge, die ganz offensichtlich sind, in bestimmten Situationen nicht erkennen. Es gelingt ihnen nicht, die notwendigen Verbindungen zwischen den verschiedenen Faktoren eines Falles herzustellen. In dem vorliegenden Fall wäre der Schriftsteller sicherlich zu einem ganz neuen Verständnis gelangt, wenn er den unbedingten Zusammenhang gesehen hätte, der zwischen seinen Schwierigkeiten bestand, bei den Aktivitäten außerhalb eine Pause zu machen und im Unterricht innezuhalten. In der Tat wäre dies ein zusätzlicher Impuls für den geistig-körperlichen Einsatz gewesen, von dem eine erfolgreiche Erarbeitung der Technik abhängig ist. [A)]

V
DIE MECHANISMEN DER ATMUNG

In keinem anderen Bereich kann wahrscheinlich besser verdeutlicht werden, wie wichtig richtige sinnliche Erfahrungen bei der Steuerung und Kontrolle sind als im Bereich der Atmung. Für die Psychomechanik der Atmung ist nämlich die sinnliche Wahrnehmung von überragender Bedeutung. Bei der großen Mehrzahl der Menschen sind bereits schädliche Defekte festzustellen, wenn sie die Atemmechanismen gebrauchen. Damit geht ein enormer Verfall der Brustkorbkapazität und seiner Beweglichkeit einher. Dies wird inzwischen auch weltweit anerkannt. In der medizinisch-wissenschaftlichen Literatur finden sich Fälle, bei denen Kinder schon von Geburt an mit zu wenig Sauerstoff versorgt werden, weil sie bereits bei ihrer Geburt schlecht koordiniert sind und weil ihre Organe nur mit minimaler Kapazität als an ihrem oberen Limit arbeiten. Heute finden wir diesen schlechten Zustand der Vitalfunktionen bei der Mehrzahl der Männer, Frauen und Kinder. Dazu kommt noch das, was im Allgemeinen eine „schlechte Atmung" genannt wird. Zwar sagt man, dass jemand „schlecht atmet". Aber dabei ist nicht vergessen, dass die sogenannte „schlechte Atmung" nicht die wesentliche Ursache für den schlechten Allgemeinzustand der Menschen ist, sondern nur ein Symptom. Die Qualität der Atmung hängt nämlich davon ab, dass die geistig-körperlichen Mechanismen generell auf einem entsprechenden Koordinationsniveau gebraucht werden. Wir sollten deshalb nicht davon sprechen, dass jemand „schlecht atmet", sondern vielmehr davon, dass er schlecht koordiniert ist. Wenn der schlechte Koordinationszustand als „schlechte Atmung" bezeichnet wird, machen wir fälschlicher Weise einen schlechten Allgemeinzustand zu einem spezifischen Defekt. Die falschen Vorstellungen vom Atemprozess, die einen solchen Fehler erst möglich machen und die sogar die Art und Weise beeinflussen, wie wir darüber sprechen, sind ein weiteres Indiz dafür, dass unsere allgemeine Einstellung vom Prinzip des „Zielstrebens" dominiert wird.

Dieses Prinzip ist wieder vorherrschend, wenn man zu dem Schluss gelangt, dass jemand, der „schlecht atmet“, spezielle „Atemübungen“ machen oder „das Atmen im Unterricht“ neu lernen sollte. Es wird sich tatsächlich zeigen, dass hier, wie in so vielen anderen Bereichen auch, ein Teufelskreis entsteht.

Um dies deutlich zu machen, müssen wir zunächst die fundamentalen Prinzipien analysieren, auf denen die Atemübungen, gewöhnlich als Übungen zur Tiefatmung bezeichnet, oder die Atemschulung basieren. Nehmen Sie irgendein Lehrwerk zur Atemschulung zur Hand, ob nun von einem wissenschaftlichen Autor oder von einem Stimmbildungsexperten oder von einem Fachmann der „Körperkultur“ geschrieben, und lesen Sie die Anweisungen zu den darin empfohlenen Atemübungen! Wenn dies möglich ist, nutzen Sie auch einmal die Gelegenheit, um zu beobachten, wie den unglückseligen Kindern und Erwachsenen Atemunterricht in der Turnhalle erteilt wird oder wie sie ihre Atemübungen ausführen! Immer wird sich erweisen, dass die Gesamtheit der entsprechenden Prozesse auf eine spezifische und nicht auf eine allgemeine Verbesserung zielt. Im Detail der Methodik mag es Unterschiede geben, aber allen Methoden liegt als Arbeitsgrundlage dasselbe Prinzip des „Zielstrebens“ zugrunde. Auf einer solchen Basis Atemübungen zu vermitteln, ist allerdings ein großer Frevel.

Soweit zum Grundsätzlichen. Es folgt nun eine Analyse der beteiligten Prozesse im Detail. Der Schüler wird aufgefordert, einen tiefen Atemzug zu machen. Es kann auch die zusätzliche Aufforderung an ihn ergehen, dabei gleichzeitig eine sportliche Übung auszuführen, in der Absicht, auf diese Weise die Expansion des Brustkorbs zu vergrößern. Es ist jedoch wissenschaftlich belegt, dass jegliche körperliche Anspannung eher noch die Versteifung des Brustkorbs und die Atemlosigkeit (durch Verlust der Atemkontrolle) begünstigt. Aber gerade Versteifung des Brustkorbs und Atemlosigkeit müssen bei den Schülern so weit wie möglich vermieden werden, wenn die Verhältnisse, die symptomatisch für eine schlechte Atmung sind, überwunden werden und

Verhältnisse hergestellt werden sollen, die eine zufriedenstellende Funktion der Atmung gewährleisten.

Allerdings wird es notwendig sein, dass ein Laie sehr genau hinschaut, wenn er die Schüler in ihrem Bemühen beobachtet, die schriftlichen oder mündlichen Instruktionen zur „Tiefatmung" in die Tat umzusetzen. Ich habe bereits in meinem Buch *„Ein Vermächtnis der Evolution an die Menschheit von unschätzbarem Wert"* auf die Auffälligkeiten und die Defekte hingewiesen, die *spezifisch* bei dem Prozess sind. An dieser Stelle soll der *allgemein* schädliche Gebrauch des geistig-körperlichen Organismus bei solchen Atembemühungen das Thema sein. Wenn wir wirklich zum Kern des Problems durchdringen wollen, müssen wir davon ausgehen, dass Schüler oder Lehrer oder gar beide bestimmte Anzeichen erkannt haben müssen, die nicht in Ordnung sind und von denen sie glauben, dass diese Anzeichen es erfordern, Maßnahmen zu ergreifen, die die Methode der „Tiefatmung" anbietet. Dies hat sie dann veranlasst, „Tiefatmung" zur Beseitigung der Defekte einzusetzen.

Tatsächlich sind diese schädlichen Anzeichen aber das Resultat bestimmter falscher Gebrauchsweisen des Organismus. Und dies deutet darauf hin, dass die sinnliche Wahrnehmung im Bereich der Steuerung und Kontrolle der betreffenden geistig-körperlichen Mechanismen unzuverlässig und fehlerhaft geworden ist. Im vorliegenden Fall sind bestimmte Defekte beim Gebrauch der Atemmechanismen für Lehrer und Schüler besonders auffällig geworden.

Alle Bemühungen, diese falschen Gebrauchsweisen auf dem Wege über solche Prozesse wie „Tiefatmen" oder „Atemschulung" zu heilen, sind nur der Versuch, einen *allgemeinen* und fehlerhaften Zustand der Psychomechanik mit einem *spezifischen* Prozess zu korrigieren. Mit anderen Worten ist es der Versuch, die falschen Gebrauchsweisen dadurch zu korrigieren, dass der Schüler die eine oder andere Übung ausführen soll. Nur sind bei der Ausführung der Übungen seine Kontrolle und Steuerung an genau dieselbe fehlerhafte sinnliche Wahrnehmung gekoppelt, die schon zu Beginn des Unterrichts vorhanden war. Dies hat weitreichende, negative Folgen: Durch die beständige Ausführung der Übungen werden die ursprünglichen Defekte im allgemeinen Gebrauch der Mechanismen immer noch ausgeprägter und, was noch gravierender ist, es kommen weitere hinzu.

Aber immer wieder höre ich diese Argumentation: Als Ergebnisse der Atemschulung sei eine Zunahme des Brustumfangs festzustellen und der Schüler „fühle sich besser“. Ich will durchaus eingestehen, dass dies der Fall sein kann. Nur ist ja die sinnliche Wahrnehmung des Schülers nicht zuverlässig. Deshalb kann das, was er fühlt, genauso gut eine Täuschung sein, wie es stimmig sein kann. Und was nutzt es dem Schüler, wenn er sich bloß „besser fühlt“, aber weiterhin mit einer fehlerhaften sinnlichen Wahrnehmung allein gelassen wird, die ihn bei allen seinen Aktivitäten im Wachzustand und im Schlaf steuert? Es ist nur eine Frage der Zeit, bis der unglückselige Schüler aus seinem Traum erwacht und erkennt, dass sich andere schwerwiegende Verhältnisse herausgebildet haben. Ich will an dieser Stelle betonen, dass sich solche Verhältnisse in Ermangelung einer zuverlässigen, steuernden sinnlichen Wahrnehmung früher oder später zwangsläufig einstellen müssen. Und genauso mangelt es deshalb an einer geistig-körperlichen Koordination. Dieser Koordinationsmangel nimmt sogar beständig weiter zu, solange an den Verhältnissen nichts verändert wird.

Und auch das zweite Argument, die Zunahme des Brustumfangs, ist nicht stichhaltig, obwohl es nicht wenige gibt, die behaupten, dass sich ihr Brustumfang im Laufe des Trainings vergrößert habe. Der Autor hat aber aus Berufsgründen viele solcher Fälle in den letzten dreißig Jahren untersucht. In der Mehrzahl der Fälle war die vorgebliche Zunahme des Brustumfangs auf die muskuläre Entwicklung auf der äußeren Seite des knöchernen Brustkorbs zurückzuführen und nicht auf den koordinierten Gebrauch des geistig-körperlichen Systems, der Voraussetzung für eine wirkliche Zunahme des inneren Brustkorbvolumens [63)] ist. In anderen Fällen wiederum waren Verformungen des Körpers, die sich im Laufe des Trainingsprozesses eingestellt hatten, der Grund für die Vergrößerung des Brustumfangs.

Sowohl bei denjenigen, die sich aufgrund der Übungen zur Tiefatmung „besser fühlen", als auch bei denjenigen, die mit ihnen an Brustumfang zugelegt haben, kann der gut geübte Beobachter die Merkmale deutlich erkennen, die früher oder später schwerwiegende Nasen-, Ohren-, Hals- und Augenprobleme verursachen müssen:

- die Gewohnheit, die Luft aktiv einzusaugen,
- das Niederdrücken des Kehlkopfes,
- die Kontraktion der Nasenflügel und
- den fehlerhaften Gebrauch des Organismus im Zusammenhang mit der Übungsausführung.

Jemand, der sich einem solchen Atemübungsprogramm aussetzt, ist voll und ganz auf die „Ziele" des Programms fixiert. Er bemerkt gar nicht, wie schädlich die *Mittel-und-Wege* sind, mit denen diese „Ziele" erreicht werden sollen. Genauso bemerkt er die falschen Gebrauchsweisen nicht, die sich im Laufe des Übungsprozesses nach und nach einstellen.

Das methodische Vorgehen bei der „Tiefatmung" ist, wie wir gesehen haben, das genaue Gegenteil der Vorgehensweise, die dem Justierungs-, Koordinations- und Umschulungsprozess auf allgemeiner, bewusster Basis zugrunde liegt. In einem nächsten Schritt werden wir untersuchen, wie diese Prozesse so verwendet werden, dass sich ein befriedigender Gebrauch der geistig-körperlichen Mechanismen einstellt.

Zunächst will ich die grundlegenden geistig-körperlichen Prinzipien analysieren, die dem Atemprozess zugrunde liegen. Die Analyse wird offenlegen, dass die Atmung um Längen von dem uns hier betreffenden Ausgangsprinzip entfernt ist. [A)] Deshalb ist es auch von vornherein ein falscher und schädlicher Ansatz, jemandem „das Atmen beibringen" oder ihm „Atem- oder Tiefatmungsunterricht" erteilen zu wollen.

Bei unterbewusst kontrollierten Menschen führt ein derartiger Stimulus augenblicklich dazu, dass all die falschen und stark eingeschliffenen Steuerungsbefehle erteilt werden, die mit den unangemessenen und falschen Atemprozessen im Zusammenhang stehen. Knapp und bündig könnte man auch sagen: Ein solcher Reiz aktiviert all unsere schlechten Atemgewohnheiten.

Vom Prinzip her ist das Atmen die geistig-körperliche Handlung eines Lebewesens, mit der frische Luft in die Lungen hinein und verbrauchte Luft wieder aus ihnen heraus befördert wird. Und die Lungen sind ein sehr bemerkenswerter Teil unserer Anatomie. Sie bestehen aus zwei „Airbags“ [A)], die ein Zellengeflecht enthalten. Das Lungengewebe hat die Fähigkeit sich zusammenzuziehen und sich auszudehnen. Blutgefäße und Atemwege sind in dem Gewebe so konstruiert und angeordnet, dass der in der Atemluft enthaltene Sauerstoff, wenn er in die Lungen gelangt ist, vom Gewebe der Blutgefäße, von den Lungenbläschen und von den Atemwegen aufgenommen werden kann. Umgekehrt gelangt das giftige Kohlendioxid über das Gewebe der Blutgefäße in die Lungen und wird von dort ausgeschieden. Nun hat der Brustkorb eine knöcherne Struktur. Sie besteht aus dem Brustbein (Sternum), den Wirbeln der Wirbelsäule und den verschiedenen Rippen. Die Rippen, die sowohl am Sternum als auch an der Wirbelsäule befestigt sind, sind sehr viel weniger beweglich als die Rippen, die nicht direkt am Brustbein Halt finden. Und die Rippen mit der höchsten Beweglichkeit haben sogar eine spezielle Bezeichnung: „falsche Rippen“. Die Lungen werden von der knöchernen Thoraxhöhlung vollständig umschlossen, wobei das Zwerchfell ihren Boden bildet. In diese Höhle gibt es nur einen Eingang: die Luftröhre (Trachea).

Vom allerersten Atemzug an besteht nun ein Druck im Inneren der Lungen, der mehr oder weniger konstant ist. An der Lungenaußenseite gibt es jedoch zunächst keinen Druck. Der innere Luftdruck, der dem atmosphärischen Druck entspricht, reicht aus, um die Elastizität des Gewebes der Lungenbläschen zu überwinden und die Lungenbläschen sich ausdehnen zu lassen, wenn ihre Dehnung nicht durch den Druck der Brustkorbwand auf die Lungensäcke eingeschränkt wird. Die Lunge ist diesem Druck, der von den Wänden des Brustkorbs ausgeübt wird, bei der Kontraktion ausgesetzt und sie ist ihm ausgesetzt, wenn sich der Druck, der sich während der Expansion der Brustkorbhöhle aufgebaut hat, wieder abbaut. Nun ist der Druck, der von der Brustkorbwand auf die Außenseite der Lungensäcke ausgeübt werden kann, weitaus größer als der Druck im Lungeninneren, der das Ergebnis des atmosphärischen Drucks ist. Wenn wir also, wie man so sagt, „einen Atemzug nehmen" wollen, brauchen wir nur den Druck zu reduzieren, der von den Wänden des Brustkorbs ausgeübt wird. Und auch die koordinierten, muskulären Abläufe müssen zum Einsatz kommen, die die Lungenkapazität durch Ausdehnung des Brustkorbs erhöhen. Dadurch wird in den Lungenzellen ein partielles Vakuum erzeugt, das der atmosphärische Druck ausnutzt: Er lässt die Lungenzellen größer werden und erhöht so die Luftmenge in den Lungen.

Wenn wir dann ausatmen wollen, brauchen wir andererseits bloß den Druck auf die Lungen erhöhen. Dies wird dadurch erreicht, dass sich die Wände des Brustkorbs zusammenziehen. Der atmosphärische Druck im Innern der Lungen wird bei diesem Vorgang überwunden und so die Luft aus ihnen herausgepresst. Bei all dem müssen wir berücksichtigen, dass der Boden der Brustkorbhöhle, das Zwerchfell, bei dem Wechselspiel von Kontraktion und Expansion seinen Teil beiträgt: Es bewegt sich je nach der jeweiligen Justierung des knöchernen Thorax bei einer Kontraktion oder Expansion auf oder nieder. [A)]

Diese detaillierte Analyse soll den Leser davon überzeugen, dass *es für ihn wirklich keine Notwendigkeit gibt, auch nur einen Gedanken darauf zu verschwenden, dass er einen Atemzug machen will.* Und wenn die geistig-körperlichen Verhältnisse so sind, dass eine Umschulung auf allgemeiner Basis erforderlich ist, ist dies in der Tat sogar mehr oder weniger schädlich. Um einen vollen Atemzug mit maximaler Kontrolle zu gewährleisten, sei es nun mit Hilfe eines Lehrers oder ganz eigenständig, muss der Mensch nur in der Lage sein, die geistig-körperlichen Mechanismen, die eine befriedigende Kontraktion und

Expansion der Wände des Brustkorbs ermöglichen, so zu steuern, dass sie an ihrem Maximum funktionieren.

Nur gibt es bei der ganzen Angelegenheit ein größeres Problem: Wie kann man die Kontrolle über Expansion und Kontraktion des Brustkorbs erlangen, so dass Kapazität und Beweglichkeit des Brustkorbs nachhaltig erhöht werden? Wenn wir diese Frage beantworten wollen, müssen wir die primären, sekundären und nachfolgenden Faktoren analysieren, die daran beteiligt sind.

Der mächtigste Stimulus, die Atemmechanismen zu gebrauchen, ist natürlich die Notwendigkeit, für einen ausreichenden Nachschub von Sauerstoff und für die Eliminierung des Kohlendioxyds aus dem Blut zu sorgen. Allerdings dürfen wir dabei die Tatsache nicht übersehen, dass es bei jedem Versuch eines Schülers, diese gewünschte Kontrolle über den Zuwachs der Brustkorbkapazität zu erlangen, einen Störfaktor gibt: den fehlerhaften Gebrauch seiner daran beteiligten Mechanismen. Wie kann aber ein solcher fehlerhafter Gebrauch korrigiert werden? Um das zu erreichen, müssen wir der Entwicklung und dem Einsatz der Fähigkeit zur Hemmung auf Seiten des Schülers höchste Beachtung schenken. Mit ihr können nämlich die geistig-körperlichen Aktivitäten unterdrückt werden, die für den fehlerhaften Gebrauch verantwortlich sind. Zunächst einmal verlangt dies von einem Lehrer, dass er die schlechten Gewohnheiten, die im täglichen Leben des Schülers im Zusammenhang mit der Atmung so zahlreich vorhanden sind, richtig diagnostiziert. Außerdem verlangt es von ihm ein tiefes Verständnis für all die Wahrnehmungs-, Vorstellungs-, Justierungs- und Koordinationsfehler, die die schlechten Gewohnheiten offenlegen.

Wenn der Lehrer die entsprechenden Diagnosen gestellt hat, erklärt er seinem Schüler als nächstes, warum in seinem Fall bestimmte neue Justierungen notwendig sind und warum und an welchen Stellen es sehr wichtig ist, seine Koordination zu verbessern. Und dann werden ihm die *Mittel-und-Wege* vorgestellt und erklärt, auf denen die

Neujustierungen und die verbesserte Koordination erreicht werden sollen. Zu diesem Zweck benennt der Lehrer zunächst die Befehle oder die Anweisungen, die den Fehlern des Schülers vorbeugen sollen. Die Befehle muss er sich selbst erteilen. Auf diese Weise *hemmt* er seine falschen Empfindungen, wenn er die Mechanismen, die für das verantwortlich zeichnen, was man schlechte Atemgewohnheiten nennt, fehlerhaft gebraucht. Der Lehrer muss aber wirklich dafür sorgen, dass die Steuerungsbefehle genau in der Reihenfolge vom Schüler memoriert werden, in der sie verwendet werden müssen. Erst wenn dies gelungen ist, kann der Schüler in die praktische Arbeit einsteigen, die seine schlechten Gewohnheiten in der Zukunft von vornherein verhindern soll. Wenn der Schüler dabei jeweils den Impuls hemmt, direkt auf ein „Ziel" loszustürmen, wenn er innehält, um seine Ausgangsfehler zu bedenken, die ihm sein Lehrer im Einzelnen aufgezählt hat, und wenn er sich weigert, sie zu wiederholen, macht er eine ganze Reihe von Erfahrungen.

Nehmen wir als Beispiel den Schüler, der den speziellen Wunsch hat, seine Brustkapazität zu vergrößern. Sein Wille wirkt als ein Stimulus auf die daran beteiligten geistig-körperlichen Prozesse. Auch setzt er alle seine unzuverlässigen Empfindungen frei, die im Zusammenhang mit seiner starren Vorstellung einer Vergrößerung der Brustkorbkapazität stehen und die den Steuerungs- und Ausrichtungsprozess begleiten. Es gibt deshalb nur einen Weg, wie der Schüler verhindern kann, dass seine alten unterbewussten Gewohnheiten die Oberhand gewinnen: Er muss es überhaupt *ablehnen, entsprechend seiner Vorstellung zu handeln*. Dies könnte sich in der Praxis so darstellen: Sobald die Vorstellung oder der der Wunsch auftaucht, seinen Brustkorb zu vergrößern, muss er ein sehr deutliches Stoppzeichen setzen und in etwa so zu sich sprechen: „Nein! Und noch einmal nein! Ich werde nicht tun, was ich gerne tun würde, um die Kapazität meines Brustkorbs zu vergrößern. Wenn ich dabei meinem Gefühl für das, was ich für richtig halte, folge, werde ich meine Mechanismen bloß wieder so gebrauchen, wie ich sie bisher benutzt habe. Und was hat es gebracht? Nichts! Mir ist doch klar geworden, dass ich sie schon lange und bis zum heutigen Tag falsch gebrauche. Was sonst ist Grund dafür, dass ich Unterricht nehme?“ Auf diese oder ähnliche Weise wäre es ihm möglich, seinen Handlungswunsch zu hemmen, ein Handeln zu verhindern.

Es ist natürlich die Aufgabe des Lehrers zu entscheiden, wann der Schüler soweit ist, dass er in seiner Arbeit von der Stufe, in der er allein seine schädlichen Verhaltensweisen verhindern soll, zur nächsten Stufe fortschreiten kann. Das weitere Vorgehen sieht dann so aus, dass dieser seinem Schüler die neue Befehlsebene vorstellt und die neuen Befehle benennt. Gleichzeitig vermittelt er die befriedigenden Wahrnehmungen zur Steuerung der jeweils beteiligten Mechanismen bei ihrem richtigen Gebrauch. Der Schüler muss diese Steuerungsbefehle nachsprechen und sie sich dann selbst erteilen. Gleichzeitig steht ihm der Lehrer zur Seite, wenn er durch den Einsatz von Manipulation die Teile, die für die jeweils gewünschte „Zielsetzung“ von Bedeutung sind, richtig neujustiert und koordiniert. Eine solche Vorgehensweise ist die Garantie für eine ganze Reihe zufriedenstellender Erfahrungen, die solange wiederholt werden sollten, bis die schlechten Gewohnheiten gelöscht und durch die neuen und richtigen Erfahrungen ersetzt worden sind.

Die Wiederholung dieser richtigen Erfahrungen ist alles, was nötig ist, um einen befriedigenden und koordinierten Gebrauch der betroffenen geistig-körperlichen Mechanismen zu festigen. So kann durch den Einsatz des Willens die Zu- und Abnahme der inneren Brustkorbkapazität mit minimaler Anstrengung und mit mathematischer Präzision gewährleistet werden. Die angesprochene Zunahme der inneren Brustkorbkapazität vermindert den Druck auf die Außenwände der Lungensäcke und führt augenblicklich zu einem partiellen Vakuum in den Lungen. Es wird wegen des atmosphärischen Drucks, der auf die Innenseite des Lungengewebes ausgeübt wird, genauso prompt mit Luft gefüllt. Es ist dieser Prozess, der die Luftmenge in den Lungen vergrößert und das ist es, was wir „einen Atemzug machen“ oder Einatmung nennen. Die wunderbare Effizienz dieser Atemmaschine [A)] zeigt sich, sofern sie richtig funktioniert, wenn wir uns das Folgende vor Augen führen: Wir müssen nur weiterhin genau dieselben *Mittel* einsetzen, mit denen eine Expansion des Brustkorbs in die *Wege* geleitet wird, um eine Kontraktion zu ermöglichen. Bei diesem Prozess der Kontraktion üben die Wände des Brustkorbs zunehmenden Druck auf die Lungen aus, so dass der Luftdruck in ihrem Inneren letztlich überwunden und die Luft infolgedessen ausgestoßen wird. Ein solcher Ablauf ist eine „Ausatmung". Zusammengenommen bilden Ausatmung und vorherige Einatmung einen kompletten Atemvorgang.

Wenn es dann gelungen ist, einen zufriedenstellenden, koordinierten Gebrauch der Mechanismen, die bei der Ein- und Ausatmung beteiligt sind, herzustellen, kann der Lehrer den nächsten Schritt ins Auge fassen: Er kann dann dem Schüler dabei helfen, diesen koordinierten Gebrauch der Atemmechanismen einzusetzen, wenn er seine Stimme auf jede nur erdenkliche Weise benutzt. Allerdings sollte die Stimmbildung zu Beginn nur ein *Flüstern* sein. Darauf habe ich bereits in meinem ersten Buch hingewiesen. Der Vokallaut „Ah" ist bestens dafür geeignet. Weil diese Form des Vokalgebrauchs im täglichen Leben so wenig verwendet wird, ist es auch sehr selten, dass bei der Stimmbildung damit die schlechten geistig-körperlichen Gewohnheiten verknüpft sind, die normalerweise anzutreffen sind.

Der Lehrer wird also seinen Schüler zunächst anleiten, auf einem nur geflüsterten „Ah" auszuatmen. Dies erfordert auf Seiten des Lehrers ein Wissen darüber, wie der geistig-körperliche Organismus *im Allgemeinen* einzusetzen ist, wie der Mund geöffnet wird, wie Lippen, Zunge, weicher Gaumen usw. zu gebrauchen sind, ohne dass Druck und Anspannung auf die Atemmechanismen einwirken. Unter diesen Gesichtspunkten wird eine ganz besondere Technik [A)] verwendet. Der daran beteiligte Prozess verhindert, dass man nach Luft schnappt und sie „schniefend" oder „keuchend" [A)] einsaugt; er verhindert, dass der Kehlkopf übermäßig niedergedrückt wird, dass sich die Muskeln der Sprechorgane, des Rachens und des Halses zu sehr versteifen, dass die Front des Brustkorbs während der Einatmung zu sehr angehoben wird und noch viele andere Defekte mehr, die sich zwangsläufig entwickeln, wenn jemand, der schlecht koordiniert ist, das „Atmen“ oder „Tiefatmen“ neu lernen will. Er wird dabei nämlich von einer unzuverlässigen sinnlichen Wahrnehmung gesteuert, die man immer antreffen wird, wenn sich die Verhältnisse der geistig-körperlichen Mechanismen so darstellen, dass von schlechter Koordination gesprochen werden muss.

VI

DIE ÜBERMÄSSIGE ERREGUNG VON ANGSTREFLEXEN, STARRE VORURTEILE UND UNKONTROLLIERTE EMOTIONEN

Daran besteht wirklich kein Zweifel: Das logische Denken entwickelt sich bei einem Menschen schneller, wenn er (oder sie) eine Einstellung zum Leben hat, die als ruhig und gesammelt beschrieben werden kann. Und mit einer solchen Einstellung gelangt man auch zu weitaus tieferen und genaueren Einsichten. Die geistig-körperlichen Prozesse, die wir als „Gewohnheiten" bezeichnen, laufen bei den besonnen reagierenden Menschen in abgeschwächter Form ab. Die Entsagungsprozesse sind in allen Aktivitätsbereichen vollkommen ausreichend entwickelt und nicht auf jene vergleichsweise wenigen Bereiche beschränkt, in denen es die Gesellschaft für notwendig erachtet hat, Tabus aufzustellen. (Die Tabus sind in den frühen und späteren Perioden entstanden, als der Mensch mit den Problemen zu kämpfen hatte, die auf den verschiedenen Stufen des Zivilisationsprozesses aufgetaucht waren.) In den Bereichen, in denen Tabus das Leben regelten, entwickelten sich die Entsagungsprozesse im überzogenen und schädigenden Maße. Oftmals führte dies dazu, dass aus den Tugenden nahezu Untugenden wurden. In anderen Bereichen aber entwickelten sich die Entsagungskräfte vergleichsweise mangelhaft. Dies war besonders in den Bereichen der Fall, die mit dem Einsatz der geistig-körperlichen Mechanismen bei den Tätigkeiten des täglichen Lebens in Verbindung standen. So wurde dieser wunderbare Prozess [A)], der dazu führt, dass man einem Reiz widerstehen kann, vollkommen unausgewogen eingesetzt. Ergebnis war, dass sich ein Zustand als ganz normal ausbildete, in dem der geistig-körperliche Organismus insgesamt unausgewogen funktionierte. Und es wurde ein Prozess etabliert, den ich als „übermäßigen Angstreflex" bezeichnen will.

Das Unausgewogene im geistig-körperlichen Zustand des zivilisierten Menschen zeigt sich in den meisten seiner Aktivitätsbereiche. Ein Kind von heute hat eher eine größere Disposition für die Faktoren, die einen derartigen Zustand ausmachen, als noch seine Elterngeneration und deren Vorfahren. So startet dieses Kind seine Schullaufbahn und ist nur relativ schlecht dafür gerüstet, sich einem Reiz zu widersetzen.

Nun hat der Mensch von Geburt an das unveräußerliche Recht auf einen eigenen Willen und das Recht, nein zu sagen. Beide Qualitäten sollten sich aber gleichmäßig ausprägen. Ihre Entwicklung sollte Hand in Hand verlaufen. Vom ersten Schultag an und bis ins Erwachsenenleben erhält das Kind aber eine Ausbildung, die geeignet ist, die ausgewogene Entwicklung von Wille und Entsagung zu stören [64)]. Ihre unausgewogene Entfaltung wird zu einem zusätzlichen Faktor bei der Entwicklung solcher geistig-körperlichen Defekte und Anomalien, die jene unausgewogenen Verhältnisse schaffen, auf die ich bereits hingewiesen habe.

Übermäßig erregte Angstreflexe, ungezügelte Emotionen, Vorurteile und feste Gewohnheiten sind Faktoren, die die Entfaltung des Menschen verzögern. Ihnen muss unsere ganze Aufmerksamkeit gelten, denn sie sind auf der Ebene des Unterbewusstseins an all die geistig-körperlichen Prozesse gekoppelt, die bei Wachstum und Entwicklung des Menschen Verwendung finden. Bis zum Eintritt ins Erwachsenenalter sind diese verzögernden Faktoren dann mehr oder weniger ausgebildet. Wenn der geistig-körperliche Organismus eingesetzt wird, führen die Prozesse, die sich auf diese Weise gebildet haben, dazu, dass sich die verzögernden Faktoren weiter ausprägen. Insbesondere trifft dies auf einen Menschen zu, der sich darum bemüht, etwas zu lernen, das von ihm verlangt, neue Erfahrungen zu machen.

Beobachten Sie einmal Schüler im Erwachsenenalter im Unterricht! Sie werden sofort feststellen, dass das auffälligste Merkmal bei ihrem Bemühen, die Instruktionen richtig auszuführen, mehr oder weniger ungezügelte Emotionen sind. Der Gesichtsausdruck dieser Schüler gleicht einer Maske. Ihre Bewegungen sind ungelenk und unkontrolliert. Es gibt eine Tendenz, den Atem anzuhalten, wenn sie eine schädliche Haltung eingenommen haben und ihr Kraftaufwand ist viel zu hoch. Man könnte annehmen, sie führten eine anstrengende Körpertätigkeit aus. In vielen Fällen kommt es zu Muskelzucken im Mund- und Wangenbereich oder der Finger. In jedem einzelnen Fall ist die Vorstellung oder auch das Konzept des Schülers, er müsse versuchen, alles ganz *richtig* zu machen, wozu ein Lehrer ihn auffordert, der Reiz für diese fehlgeleiteten Aktivitäten. Wie wir bereits gesehen haben, besteht ja auch ein normaler Lehrer, der auf unterbewusster Ebene arbeitet, darauf. Ein Lehrer, der seine Schüler auf bewusster Ebene anleitet, stellt eine solche Forderung jedoch nicht. Er weiß nämlich aus Erfahrung eines ganz sicher und berücksichtigt diese Tatsache auch in seinem Unterricht: *Ein Individuum kann gar nicht immer das richtig umsetzen, was man ihm zu tun aufgetragen hat.* Er hat vielleicht den Willen dazu und vielleicht versucht er es auch wieder und wieder. Solange aber seine Psychomechanik, mit der er die Instruktionen seines Lehrers umsetzen will, nicht zufriedenstellend arbeitet, ist jeder Versuch, den er unternimmt, um die Instruktionen „richtig" auszuführen, von vornherein zu einem relativen Scheitern verurteilt. Denn ihm steht bei allen seinen Bemühungen allein sein eigenes Urteilsvermögen zur Verfügung, wenn er entscheiden soll, was richtig oder nicht richtig ist. Nur ist die Basis für seine Beurteilung eine falsche Ausrichtung und eine trügerische Sinneswahrnehmung. Solange er versucht, die Anweisungen „richtig" auszuführen, bleibt er gefangen im Teufelskreis seiner alten Gewohnheiten. So paradox es klingen mag: Der Schüler hat nur Aussicht auf Erfolg, wenn er nicht das „Richtige", sondern das „Falsche" (nicht das objektiv Falsche, sondern das „Falsche" gemäß seines eigenen Maßstabs) tun will. In diesem Zusammenhang müssen wir uns unbedingt dieses in Erinnerung rufen: Jeder einzelne erfolglose „Versuch" verstärkt nicht nur die alten geistig-körperlichen Gewohnheiten eines Schülers, die er in seiner Vorstellung mit der betreffenden Handlung in Verbindung bringt. Gleichzeitig sind damit neue emotionale Erfahrungen der Entmutigung, der Sorge, der Beklemmung und der Angst verknüpft. Diese falschen Erfahrungen und der Prozess übermäßiger Erregung des Angstreflexes, der mit diesen Erfahrungen ebenfalls zusammenhängt, werden in der Wahrnehmung des Schülers zu einer Einheit. So wird in der Tat erzeugt, was gerade verhindert werden soll. Je gründlicher Lehrer und Schüler sich um das „Richtige“ bemühen, umso schlechter wird die Situation für beide.

Das ist der Grund, warum ein Lehrer, der auf der Bewusstseinsebene arbeitet, von einem Schüler wirklich nicht erwarten kann, dass er eine neue Handlung, für die neue Erfahrungen erforderlich sind, „richtig“ ausführt. Die neuen Erfahrungen werden stattdessen durch den Einsatz der Lehrerhände vermittelt. Dieses Verfahren wird solange wiederholt, bis sich die neuen Erfahrungen eingeschliffen haben. In Kapitel 3 habe ich auf Folgendes hingewiesen: Der Lehrer erklärt seinem Schüler, dass er sich nicht um das kümmern darf, was die jeweilige „Zielsetzung“ ist. Er solle sich stattdessen nach und nach die neuen Steuerungsbefehle oder neuen Anweisungen einprägen. Diese Steuerungsbefehle sind nämlich die Vorbereiter der *Mittel-und-Wege, mit denen* das jeweilige „Ziel“ eines Tages erreicht werden wird. Nicht heute oder morgen und auch nicht übermorgen, aber der Tag wird kommen! Dann wird der Schüler in der Lage sein, die jeweilige Handlung eigenständig zu wiederholen, und das zu jeder Tages- und Nachtzeit, unter allen Umständen und mit der Präzision eines Uhrwerks. Denn in diesem gerade umrissenen Prozess ist kein Platz für solch verzögernde Faktoren, wie es übermäßig erregte Angstreflexe, unkontrollierte Emotionen und starre Vorurteile sind. Ein auf diese Weise strukturierter Prozess, der von einem Schüler tatsächlich solange keine eigenständige Handlung verlangt, bis sein Lehrer den Weg dafür bereitet hat, wird sicherstellen, dass die Erfahrungen des Schülers, mit nur seltenen Ausnahmen, zufriedenstellend sein werden. Auf diesem Weg werden das Koordinationsniveau und das Niveau der sinnlichen Wahrnehmung angehoben und derartig zufriedenstellende Verhältnisse hergestellt, dass der Schüler die Handlung schließlich mit spielerischer Leichtigkeit ausführen kann. Und die Erfahrungen, die der Schüler dann machen wird, stärken sein Selbstvertrauen und haben keinen

Bezug zu jenen emotionalen Störungen, die dazu führen, dass der Organismus eher auf Sparflamme als so gut wie nur möglich funktioniert.

Dies alles, was wir auf den vorangehenden Seiten dieses Kapitels erfahren haben, hat aber einen Bezug zu einer äußerst wichtigen Frage: Ist ein Mensch in der Lage, in kritischen Momenten „einen kühlen Kopf" zu bewahren? Für die Beantwortung dieser Frage könnte es durchaus sehr aufschlussreich sein, die Dinge, die bislang besprochen worden sind, auf den sportlichen Wettkampf und auf andere vergleichbare Tätigkeiten zu übertragen, die sowohl technische Fertigkeiten als auch sogenannte Geistesgegenwart erfordern. Sind in diesem Zusammenhang nicht sehr oft Bemerkungen wie die Folgenden zu hören? „Zunächst habe ich ganz gut gespielt, aber mit zunehmender Spieldauer lief es immer schlechter." In einem Leserbrief wurde ein merkwürdiges Kennzeichen des Golfspiels erwähnt: Je mehr man darüber wisse, umso schwieriger werde es, Golf zu spielen. Und auch ein Profispieler hat eingestanden, dass Golf inzwischen fast zu viel für ihn geworden sei. Natürlich trifft dies gleichermaßen auch auf andere Sportarten zu. Ich habe Golf für meine Darstellung allein deshalb gewählt, weil man darüber zufälligerweise in den letzten Jahren des Öfteren berichtet hat. Und darunter fanden sich auch Kommentare zu außergewöhnlichen Situationen, die sich beim Golf ergeben hatten. Unwissentlich haben die Redakteure in diesen Kommentaren betont, dass das Problem tatsächlich existiert, das Thema dieses Kapitels ist und das den Geständnissen oben zugrunde liegt. So haben die Journalisten von ausgezeichneten Golfspielern berichtet, denen es nicht gelungen ist, einen Schlag, der eigentlich ganz einfach war, erfolgreich auszuführen, als sie unter außergewöhnlicher Anspannung standen und ihr Erfolg insgesamt davon abhing, dass sie diese Chance nicht einfach wegwarfen. Andere Reporter haben beschrieben, dass der ein oder andere Spieler dazu neigt, konfus zu werden und seine Schläge allzu hastig auszuführen, weil die Angst ihn dazu verleitet, „es schnell hinter sich zu bringen." Und einmal wird ein solcher Fehlschlag als „niederschmetternd" bezeichnet. Viele, die bei anderen Gelegenheiten als beim Golf ähnlich entmutigende Erfahrungen gemacht haben, werden eine solche Einschätzung sehr wohl teilen können.

„Das ist reine Nervensache." So oder ähnlich lautet dann oftmals die Begründung für das jeweilige Versagen. Daran besteht aber wirklich kein Zweifel: Wenn der Spieler den Ball verschlägt, den er im Normalfall ganz sicher nicht verschlägt und den er auf seinem Spielniveau auch nicht verschlagen darf, ist es bei ihm in aller Regel ein Fall von übermäßiger Erregung des Angstreflexes. Ich erinnere mich an einen Schüler, der es so ausgedrückt hat: „Ich komme immer wieder in Situationen, von denen ich genau weiß, dass ich sie meistern kann. Trotzdem versage ich dann, wenn es darauf ankommt." Dies ist leider oftmals die Realität: Bei den Lernprozessen sind die Angstreflexe über alle Maßen und schädigend erregt. Dies liegt an den gegenwärtig eingesetzten Lernmethoden, die an den Lernenden Anforderungen stellen, die sie wahrlich nicht erfüllen können. Deshalb wird immer wieder einmal ein schlechtes Ergebnis erzielt und gleichzeitig entwickeln sich, wie wir bereits gesehen haben, übermäßige und schädliche Reflexprozesse, die unweigerlich mit einem erfolglosen Versuch verbunden sind. Und trotzdem trainieren wir einfach nach den falschen Prinzipien weiter, wenn wir auf unterbewusster Grundlage eine Schlagtechnik entwickeln wollen. Aber bei jedem weiteren Versuch, den Schlag zu verbessern, spielt der schlechte Einsatz der geistig-körperlichen Mechanismen eine nicht zu unterschätzende Rolle. Die Erfahrungen, die sich daraus ergeben, verursachen Verärgerung, schwere Turbulenzen auf der Gefühlsebene und eine Erregung des Angstreflexes, die das normale Maß überschreitet. In diesem späten Stadium des Lernprozesses wird rein gar nichts dafür getan, dass die Effekte dieser geistig-körperlichen Erfahrungen, die sich während des frühen Stadiums in dem Lernprozess entwickelt haben, ausgelöscht werden. Weil nun aber die emotionalen Turbulenzen mit einem unausgewogenen geistig-körperlichen Zustand, einem Zustand der Verwirrung und Angst, untrennbar verwoben waren, kann daran kein Zweifel bestehen: Bedingungen, die mehr oder weniger außergewöhnlich sind, führen mit hoher Wahrscheinlichkeit dazu, dass sich der Spieler in derselben geistig-körperlichen Lage der Beunruhigung wiederfindet, in der er sich schon bei seinen ersten Schlagversuchen befunden hat.

Abgesehen davon ist es, in welcher Sportart auch immer, nur eine kleine Minderheit von Ausnahmeathleten, die wirklich weiß, ***wie*** sie ihre guten Ergebnisse und Wirkungen [65)] erzielt, ***wie*** sie z. B. beim Golf ihre Schläge ausführen muss, damit diese so überaus erfolgreich sind. Alle anderen können ohne Weiteres jederzeit durch irgendetwas „den Zugriff zum Spiel verlieren" und haben dann auf jeden Fall auch beträchtliche Schwierigkeiten, wieder ins Spiel zu finden. Es gibt nur eine vernünftige Möglichkeit, Schlagsicherheit und Selbstvertrauen zu erlangen: Man muss eine klare Vorstellung darüber gewinnen, was für die erfolgreiche Ausführung eines Schlages oder einer anderen Handlung notwendig ist, und man muss die geistig-körperlichen *Mittel* kennen, *mit denen* die Bedingungen für einen guten Schlag (oder die andere Handlung) erfüllt werden können.

Ich kann meine Leser an dieser Stelle auf mein erstes Buch hinweisen. Dort habe ich dieses Problem im Zusammenhang mit dem Golfspiel sehr ausführlich behandelt. Ich zögere auch keinen einzigen Augenblick, dies zu tun, weil das, was ich dort geschrieben habe, die volle Zustimmung von einem sehr renommierten Golffachmann erhalten hat. Und ich muss auch zugeben, dass mich dies natürlich mit großer Genugtuung erfüllt hat. Was ich dort klarmachen wollte, ist dieses: Der Erfolg eines jeden einzelnen Prozesses im Golf, der Schlagbewegung durchgängig mit den Augen zu folgen, ist z. B. ein derartiger Ablauf, hängt zwangsläufig in der Hauptsache von der *allgemeinen* geistig-körperlichen Verfassung und der vorhandenen Kontrolle ab. Ein Spieler mit einer Sinneswahrnehmung, die in der einen oder anderen Weise gestört ist, kann die Anweisungen, die ihm erteilt werden, nämlich gar nicht zufriedenstellend ausführen. Für jeglichen Erfolg ist aber eine sinnliche Wahrnehmung, auf die man sich verlassen kann, unbedingte Voraussetzung. Sie wird dem Spieler den Weg weisen, wenn er sich darum bemüht, *während des Schlagablaufs* ein angemessenes Koordinationsniveau im *allgemeinen* Gebrauch seines Organismus zu erreichen und aufrechtzuerhalten. Für einen *speziellen* Einsatz der Mechanismen, der auch den Anforderungen genügt, ist ein solch zufriedenstellender *allgemeiner* Gebrauch nämlich entscheidend. Es ist zwar durchaus möglich, dass jemandem aus purem Zufall oder aus Glück ein guter Schlag gelingt, ohne dass er ein gutes Niveau in seinem *allgemeinen* Gebrauch erreicht hat. Er wird sich aber niemals sicher sein, ihn wiederholen zu können. Und auch die Erfahrungen, die er mit diesem Zustand der Unsicherheit macht, eignen sich nicht unbedingt dafür, sein Selbstvertrauen zu stärken. Vielmehr bewirken sie die Entwicklung von ernsthaften Affektstörungen und übermäßigen Angstreflexen.[66)]

Dies lässt sich in der Tat nicht von der Hand weisen: Wenn jemand ein Fortgeschrittenenstadium erreichen soll, in dem er einigermaßen sicher sein kann, seine „Ziele“ zu verwirklichen, müssen bestimmte Prinzipien unbedingt beachtet werden. Diese Prinzipien setzen voraus, dass man sich bei allen Handlungen auf die *Mittel-und-Wege* verlässt, *mit denen* ein „Ziel“ erreicht werden kann. Dabei ist es unerheblich, ob im Zuge der Weiterentwicklung einer Handlung die tatsächliche Ausführung zum jeweiligen Zeitpunkt richtig oder falsch ist.

Die Anwendung dieser Prinzipien verlangt von einem Lehrer, ganz gleich in welchem Lernbereich, dass er in der Lage sein muss, während der Lektionen den Bedürfnissen seiner Schüler gerecht zu werden und die Schüler mit verlässlichen sinnlichen Wahrnehmungen zu versorgen. In jeder Unterrichtsstunde wird der Lehrer also dafür Sorge tragen, dass er die notwendigen Erfahrungen vermittelt, die sich im Laufe der Zeit einschleifen werden. Für jede Technik, die diesen Anforderungen nicht genügt, auf die ich hier hingewiesen habe, wird sich zeigen, dass sie kein ausreichendes Instrumentarium ist, einen Schüler in geeigneter Weise umzuschulen. Einer solchen Technik wird es nicht gelingen, dass der Lernende eine Handlung auf allgemeiner Basis und auf gleichbleibend hohem Niveau bewusst ausführt. Wenn ein solches Niveau aber erreicht worden ist, ist der Einzelne soweit, dass er sich auf die *Mittel-und-Wege* grundsätzlich verlassen kann. So entfällt ein

Störfaktor. Er braucht sich wahrlich keine Gedanken mehr darüber zu machen, ob die jeweilige Handlung richtig oder falsch ist. Warum sollte er sich auch darum Sorgen machen? Waren nicht die allermeisten Erfahrungen, die er auf diese Weise gemacht hat, erfolgreiche Erfahrungen, ohne dass seine Angstreflexe über die Maßen erregt worden sind? Das Selbstvertrauen, mit dem er seine Aufgaben angeht, ist genau aus diesen Erfahrungen erwachsen. Und es wird durch sein Vertrauen in seine sinnliche Wahrnehmung noch weiter gestärkt. Sie stellt nämlich sicher, dass jeder störende Eingriff seinerseits in den koordinierten Gebrauch seines geistig-körperlichen Organismus ihm in dem Moment zu Bewusstsein kommt, da die Störung auftritt. Dieses Bewusstsein ist in der Tat extrem ausgeprägt. Es hat sich in ihm während der Umschulungs- und Koordinationsprozesse auf allgemeiner Basis nach und nach entwickelt. Das damit verbundene Selbstvertrauen wird ihn mit Sicherheit auch in Krisenmomenten nicht verlassen. Zwar wird auch er vom richtigen Pfad abkommen. Er weiß jedoch, dass dies nur eine Momentaufnahme sein wird. Er kann sich nämlich sicher sein, dass sein Bewusstsein, das ja an eine sinnliche Wahrnehmung gekoppelt ist, die zuverlässig ist, ihn in solchen Situationen oder Krisen nicht im Stich lässt, sondern sich als ein zuverlässiger Krisenmanager und Beschützer erweisen wird. Sein Bewusstsein wird sich in einem Zustand befinden, der es ihm in Krisenmomenten möglich macht, sein Erinnerungs-, Denk-, und Urteilsvermögen zu aktivieren. (Somit ist er also in der Lage, eine vollständige Analyse seiner Situation vorzunehmen.) Folglich wird eine sich daraus ergebende Beurteilung fundiert und verlässlich sein, denn sie beruht auf realen Erfahrungen, die mit einer zuverlässigen sinnlichen Wahrnehmung und ohne eine übermäßige Erregung der Angstreflexe gemacht worden sind.

Die Auswirkungen übermäßiger Erregung des Angstreflexes sind schon im ersten Kapitel ausführlich behandelt worden. An dieser Stelle möchte ich in diesem Zusammenhang als nächstes die Testverfahren diskutieren, denen Kinder unterworfen werden. In einigen Schulen werden nämlich standardisierte Tests eingesetzt, um herauszufinden, welche besonderen Fähigkeiten und Eigenschaften ein Kind besitzt.

Ein solches Verfahren ist aber für den jungen und noch sehr wenig entwickelten Organismus des kindlichen Denkapparats eine wahre Tortur. Die Ergebnisse in diesen Tests sind entscheidend für die intellektuelle Einordnung der Kinder und möglicherweise auch für ihr weiteres Ausbildungsschicksal. Man will mit den Tests doch tatsächlich herausfinden können, welche Maßnahmen die Schullaufbahn eines Schülers im Einzelnen fördern kann. Und auf diese Weise soll auch bestimmt werden können, welche Berufslaufbahn für den Getesteten als Erwachsener am besten geeignet ist.

In diesem Zusammenhang hat mir eine Lehrerin vor nicht allzu langer Zeit von einer eigenen interessanten Erfahrung berichtet. Sie hatte in einer der modernen Schulen hospitiert. Dort war ein Psychologe damit beschäftigt, die Kinder auf Beobachtungsgabe, Genauigkeit, Motorik und ähnlichen Kriterien zu testen. Man führte sie in einen kleinen Raum, der für solche Tests vorgesehen war. Ein etwa siebenjähriger Junge wartete bereits dort. Seine motorische Kontrolle sollte getestet werden. Es war bei ihm aufgrund verschiedener Symptome ein Nervenleiden festgestellt worden. Der verwendete Test sollte es der Schulleitung ermöglichen, einen speziellen Lehrplan aufzustellen, um den besonderen Bedürfnissen des Schülers gerecht zu werden.

Ich beschreibe als nächstes Aufbau und Ablauf des Tests: Vor das Kind wurde eine Apparatur platziert, die an eine Batterie angeschlossen war. Sie bestand aus einer Metallplatte, die zwei Reihen flacher, kreisrunder Vertiefungen hatte. Diese Vertiefungen waren unterschiedlich groß. Ihr Durchmesser nahm schrittweise von der Größe eines 2-Euro-Stücks [A)] bis zur Stecknadelkopfgröße ab. Die Aufgabe des Jungen bestand nun darin, einen kleinen Metallstab so auf den Mittelpunkt einer jeden Vertiefung zu setzen, als ob er den Punkt mit der Spitze eines Bleistifts berührte. Wenn er allerdings einen Fehler machen und den Rand und nicht den Mittelpunkt der Vertiefung treffen würde, würde ein Lichtblitz erzeugt.

Die Lehrerin erzählte mir, dass das Kind schon in Angst und Schrecken versetzt war, bevor es überhaupt mit der Aufgabenstellung konfrontiert worden war. „Fang jetzt an und berühre jede Vertiefung genau in der Mitte. Aber achte darauf, dass du nicht den Rand des Lochs triffst, sonst verursachst du einen Lichtblitz!“ Sofort geriet er in helle Aufregung *aus Sorge, er könne einen Fehler machen.* Seine Hand fing bereits bei seinem ersten Versuch an zu zittern. Er verspannte seinen gesamten Körper und verkrampfte. Deshalb war er auch gar nicht in der Lage, seine Hand so zu kontrollieren, dass sie den Mittelpunkt des ersten Loches treffen konnte. Natürlich berührte er den Rand und es kam zu einem Lichtblitz, was nur seine Angst steigerte. Er geriet noch mehr in Sorge, abermals das Falsche zu tun. So ging es von einem Loch zum nächsten. Jedes Mal verursachte er ein Aufblitzen. Und er sah auch, dass der Tester sich bei jedem Fehler Notizen machte. Dies ließ ihn glauben, dass man sein Fehlverhalten im Einzelnen dokumentierte. Als er dann das letzte Loch erreicht hatte, war er in einem Zustand hochgradiger Erregung.

Das kann ja wohl niemand bestreiten: Ein Test, der unter derartigen Bedingungen durchgeführt wird, kann von vornherein die motorische Kontrolle eines Menschen nicht zuverlässig erkunden. Und er kann auch niemandem als Maßstab dienen, die Fähigkeiten und die allgemeinen Eigenschaften dieses Menschen so zu beurteilen, dass man dem Urteil trauen könnte. Weitere Faktoren, die solche Tests eher wertlos machen, sind die schlechte Koordination und die große Anzahl schwerwiegender geistig-körperlicher Defekte, die die Kinder heute mitbringen. Ich kann durch Demonstration belegen, dass dies bei neun von zehn Kindern, die sich diesen Tests stellen müssen, der Fall ist.

Nun kann der menschliche Organismus ja als eine belebte Maschine betrachtet werden. Wenn wir den Wert solcher Tests einzuschätzen wollen, könnte es deshalb hilfreich sein, einmal eine unbelebte Maschine, sagen wir ein Auto, näher zu untersuchen. Würde denn jemand, der einigermaßen bei klarem Verstand ist, auf die Idee kommen, ein Auto auf offener Straße zu testen, wenn er die Gewissheit hat, dass eine ganze Reihe wichtiger Teile des Mechanismus schlecht eingestellt sind? Und wenn jemand doch so verrückt ist, dies zu tun, kann man von dem Test erwarten, dass er die allgemeine Konstruktion des Autos bewerten kann, da das Modell durch die schlechte Einstellung der Maschine doch gar nicht gut funktionieren kann? Jegliche Aussagen auf einer solchen Grundlage wären vollkommen unvernünftig und kein Mechaniker würde sie auch nur einen Augenblick in Erwägung ziehen. Aber im Erziehungsbereich ist es leider nicht normal, an die Sache so heranzugehen wie im Bereich der Mechanik. Hier ist das Prinzip der „Lernzielorientierung" vorherrschend. Und was die geistig-körperlichen Aktivitäten betrifft, die wir gerade genauer untersuchen, spielt eine vernünftige Herangehensweise nur eine sehr untergeordnete Rolle. Wenn der Verstand eine gewichtige Rolle spielen würde, würde der Psychologe für die Tests fordern müssen, dass ein Kind zunächst in einem Zustand befriedigender Koordination und Ausrichtung sein muss. Erst dann könnte ein Test befürwortet werden, der die Fähigkeiten eines Kindes einschätzen will. Erst dann hätte man es mit einem Organismus zu tun, der zufriedenstellend funktionierte. Und erst unter derartigen Bedingungen könnte ein Test einen gewissen Wert haben. Es wäre dann unter Umständen auch möglich, Aussagen zu den Voraussetzungen zu machen, die ein Kind für sein Wachstum, seine Entwicklung und seine zukünftige Laufbahn mitbringt.

Was nun das schlecht koordinierte Kind angeht, so sind Neujustierung und Koordination auf der Ebene bewusster Kontrolle das, was zuallererst notwendig ist. Sie sind solange vonnöten, bis ein wirklich angemessenes Funktionsniveau im geistig-körperlichen Gebrauch des Organismus bei dem Kind erreicht worden ist. Dann wird dieser Organismus so nahe wie nur möglich an seinem Maximum funktionieren. Das Potenzial für sein verbessertes Funktionieren wird weiterhin Bestand haben und das Kind wird ganz allmählich ein Niveau bewusster Steuerung und Kontrolle im Gebrauch von GeistundKörper [A)] entwickeln, das derartige Verhältnisse schafft, die die Voraussetzung für eine volle Entfaltung seiner latent vorhandenen Fähigkeiten und Talente sind.

* * * * * * *

Wir haben alle schon von Taten, ja von Meisterleitungen gehört, die Menschen in einem emotionalen Ausnahmezustand gelungen sind. Man findet auch Berichte über vollbrachte „Wunderheilungen“, als sich der „Geheilte“ in einem dermaßen unkontrollierten und schädlichen geistig-körperlichen Zustand befand, der allein mit Verhältnissen verglichen werden kann, wie man sie bei Trunkenheit vorfindet, und die manchmal einer leichten Geisteskrankheit nahekommen. Ich selbst war mit einem Mann bekannt, der nur etwas in seinem speziellen Lebensbereich zu Stande gebracht hat, das erwähnenswert wäre, wenn er vollkommen betrunken war. Und ich kenne einen Grafiker, der nicht in der Lage ist, eine gerade Linie zu zeichnen, wenn er nicht unter Alkoholeinfluss steht. Vielen von uns sind bestimmt auch Beispiele von Männern und Frauen bekannt, die in einem unkontrollierten emotionalen Zustand äußerst bemerkenswerte Dinge vollbracht haben, die aber dabei für sich und andere zur Gefahr geworden sind. Halbtrunkene Männer wurden immer schon in die Schlacht geschickt. Ihre Kontrollmechanismen sollten auf diese Weise zeitweise außer Kraft gesetzt werden. Seit Jahrhunderten ist der Einsatz von Musikkapellen im Krieg nichts Ungewöhnliches mehr. So gelang es, einen emotionalen Zustand zu erzeugen, in der die Soldaten weniger Kontrolle über ihr Handeln hatten.

„Sich irgendwie durchzuwursteln“ ist ja nicht unbedingt eine kluge Verhaltensweise. Im Menschen aber durch aufgesetzte Verfahren absichtlich einen Zustand verminderter Kontrolle herbeizuführen, in dem Verstand und Intelligenz durch unkontrollierte Emotionen ersetzt werden, ist eine Vorgehensweise, die einen auch nur schwach entwickelten Geist beleidigen muss. (Solche aufgesetzten Verfahren sind Prozesse, die an den Methoden der „Wunderheiler“, der Autosuggestion oder derartiger Glaubensrichtungen wie der „Bewegung der Wiedererweckung“ beteiligt sind.) Alle Betroffenen, die solche Verfahren einsetzen, um ihre Ziele zu erreichen, gelangen in ein Grenzgebiet zur Geisteskrankheit. Die geistig-körperlichen Erfahrungen, die mit diesen

Verfahren gemacht werden, müssen nur oft genug wiederholt werden, um die Menschen im Laufe der Zeit in den Wahnsinn zu treiben.

Bei allen diesen Beispielen kommt das Prinzip des „Zielstrebens" zur Anwendung. Die Menschen, die solchen unnatürlichen und schädlichen Erfahrungen ausgesetzt sind, werden von ihnen in ihrem späteren Leben mehr oder weniger beeinflusst. Die unkontrollierten Kräfte, die in einer solchen Situation Amok laufen, werden nämlich nur sehr selten wieder gebändigt. Vielmehr tauchen sie in der einen oder anderen Form in ganz anderen Bereichen oftmals wieder auf, wo sie eine Gefahr darstellen und sogar in einer wahren Tragödie enden können.

Es ist keine allzu große Überraschung, dass wir uns nach den beiden Weltkriegen (1914/18 und 1939/45) beim menschlichen Handeln auf breiter Front mit Kräften konfrontiert sahen, die auf eine gefährliche Weise unkontrolliert waren. Vor den Kriegen hatten sich solche Energien jedoch nur bei einer kleinen Minderheit gezeigt. Wenn das Individuum aber von seinen unkontrollierten Emotionen dominiert wird, ist sogar schon eine kleine Reizung ausreichend, um es in gefährliche Aktivitäten zu verstricken. Dies lässt es zeitweise Erfahrungen machen, die im Allgemeinen nur in einem geistig-körperlichen Zustand gemacht werden, den man „Geisteskrankheit" nennt. Mit der Wiederholung solcher Erfahrungen wird die Bildung von dem, was wir eine Gewohnheit bezeichnen, initiiert. In diesem speziellen Fall ist es die Gewohnheit unausgewogenen geistig-körperlichen Handelns. Nun wissen wir alle, dass es gar nicht allzu lange dauert, bis sich eine schlechte Gewohnheit [67)] ausgeprägt hat. Und es sind die sogenannten geistigen Verdrehungen, die weitaus häufiger sind als „rein körperliche" [A)]. Auch das ist uns allen bewusst: Wenn man sich solchen Kunstgriffen hingibt, werden sie sehr schnell zu einer schlechten Gewohnheit. Im Normalfall führt aber Nachgiebigkeit gegenüber einer schlechten Gewohnheit dazu, dass sich weitere schlechte Gewohnheiten bilden. Und auch das Ausmaß der Nachgiebigkeit nimmt rapide zu.

Im Zusammenhang mit schlechten Gewohnheiten und mangelnder Kontrolle, die zwangsläufig mit einer schlechten Gewohnheit verbunden ist, müssen wir eine Tatsache unbedingt berücksichtigen: Man kann von einem Menschen wahrlich nicht erwarten, dass er in den verschiedenen Bereichen seiner Zivilisationsaktivitäten Kontrolle ausübt, wenn er nicht im Besitz einer zuverlässigen sinnlichen Wahrnehmung ist und die daran beteiligten Mechanismen nicht zufriedenstellend gebraucht. Menschen, denen es an Kontrolle mangelt, sind im Allgemeinen immer eher schlecht koordiniert. Zudem ist ihre sinnliche Wahrnehmung unzuverlässig. Kein wie auch immer geartetes Studienfach oder kein äußerer Einfluss kann unter solchen Voraussetzungen ein befriedigendes geistig-körperliches Funktionsniveau gewährleisten, so dass der Einzelne Befehlsgewalt über ein befriedigendes Kontrollniveau sowohl im Inneren des Organismus als auch außerhalb erlangen könnte.

Überall dort, wo jemand nur eine mangelhafte Kontrolle ausübt, ist es nötig, ihn auf allgemeiner Ebene umzuerziehen. So kann seine sinnliche Wahrnehmung wieder zuverlässig werden und er kann seine geistig-körperlichen Mechanismen wieder befriedigend verwenden. Allerdings verlangen es die Prozesse einer derartigen Umschulung, dass die *Mittel-und-Wege* zur Erreichung jedes beliebigen „Ziels" folgerichtig eingesetzt werden. Grundlage dafür müssen allgemeine Überlegungen sein, nicht spezielle. Durch eine beständige Verwendung dieser Denkprozesse wird die Dominanz der unkontrollierten Impulse und Gefühlsausbrüche mit der Zeit verschwinden. Am Ende wird der Organismus dann nicht mehr gezwungen sein, ungesunde Begierden zu befriedigen, die sich immer in Kombination mit einer unzuverlässigen und trügerischen Wahrnehmung finden, insbesondere in Verbindung mit verdorbener kinästhetischer Wahrnehmung.

Tatsächlich ist es vollkommen ausreichend, dem gesunden Menschenverstand zu folgen, wenn auf einer allgemeinen Grundlage die *Mittel-und-Wege* folgerichtig bedacht werden sollen, *mit denen* wir unser jeweiliges „Ziel" durchsetzen wollen. Es gibt nicht wenige Menschen, die sich heutzutage auf den gesunden Menschenverstand berufen und wir alle haben unsere eigene Vorstellung von seiner Bedeutung. Für den Einzelnen kann das, was mit gesundem Menschenverstand gemeint ist, ebenso unterschiedlich sein, wie sich die Meinungen in religiösen, politischen, pädagogischen und sozialen Fragen unterscheiden. Deshalb will ich im Folgenden meine Sicht der Dinge in Bezug auf den gesunden Menschenverstand darlegen. Ich verwende dafür das Beispiel eines Menschen, der in der gegebenen Situation ohne Verstand und Vernunft handelt.

Jemand hat die Gewissheit, dass seine Leber nicht richtig arbeitet und dass er Verdauungsstörungen hat. Er weiß auch sehr genau, dass die Ursache für diese Probleme in seinem übermäßigen Alkoholkonsum und in seiner Maßlosigkeit beim Essen zu suchen ist. Die Schmerzen und die negativen Auswirkungen, die daraus resultieren, hindern ihn aber nicht daran, an diesen beiden Gewohnheiten festzuhalten. Auch sein Hausarzt hat ihm bestätigt, dass Mäßigung im Essen und Trinken ihn wieder auf den Weg der Besserung und zu guter Gesundheit führen wird. Kann man von einem solchen Menschen behaupten, dass er in Übereinstimmung mit seinem gesunden Menschenverstand handelt? Sicherlich nicht!

Nun könnte der Leser einwenden, dass es in diesem Beispiel gar nicht in der Macht dieses Menschen liegt, sich vom Alkohol fernzuhalten und der Völlerei zu entsagen. Deshalb ist es vielleicht von Vorteil, sich über die Unfähigkeit des Kranken Gedanken zu machen, seinem gesunden Menschenverstand zu folgen. Halten wir also fest: Der Kranke ist sich darüber im Klaren, dass er krank ist. Er hat einen Arzt aufgesucht. Dies beweist, dass ein solcher Stimulus sein Bewusstsein erreicht haben muss. Er wäre zweifelsohne auch bereit gewesen, eine Medizin zu schlucken und eine verschriebene Behandlung auf sich zu nehmen, aber nur unter der Voraussetzung, dass die Medizin oder die Behandlung keinen Einfluss auf seine unmäßigen Ess- und Trinkgewohnheiten nehmen wollten. Dies muss doch allen klar sein: Mit solch einem unklugen Verhalten ist eine Wiederherstellung der ersehnten Gesundheit wahrlich nicht möglich. Die schlechte Gewohnheit ist und bleibt weiterhin das störende Element für eine Gesundung. Medizin und Behandlung werden im vorliegenden Fall nur sehr wenig ausrichten können. Zuerst müssen gewohnheitsmäßiger Alkoholmissbrauch und Völlerei beseitigt worden sein.

Und damit gelangen die geistig-körperlichen Aktivitäten im Inneren des Organismus in den Fokus der Aufmerksamkeit, die sich u. a. auch als sogenannte Gewohnheiten ausdrücken. Wenn ein Mensch mit einem befriedigenden geistig-körperlichen Koordinationsniveau gesegnet ist, wird Mäßigung die allgemeine Regel und Exzess die Ausnahme von dieser Regel sein. Bei jemandem, der schlecht koordiniert ist, wird es umgekehrt sein: Das Ausmaß der Exzesse wird allerdings variieren und sie können auf einen einzigen Bereich begrenzt sein oder sie können sich in mehreren Bereichen zeigen. Die gewohnheitsmäßigen Exzesse werden sich nämlich bei allzu häufiger Wiederholung der mit ihnen verbundenen sinnlichen Lust zu Ausschweifungen mehr und mehr verfestigen. In dem vorliegenden Fall werden der Alkoholmissbrauch und die Völlerei so zum Regelfall und sind nicht mehr die Ausnahme.

Im weiteren Verlauf der Diskussion wird nun der Weg nachgezeichnet, auf dem sich die Gewohnheit des übermäßigen Alkoholkonsums bei dem Menschen in unserem Beispiel entwickelt hat. Zunächst einmal sage ich, dass *sich die Gewohnheit entwickelt hat*. Daraus lässt sich ableiten, dass es eine Zeit in der Geschichte des Trunkenbolds gegeben hat, in der er es sich noch nicht zur Gewohnheit gemacht hatte, Alkohol in den Mengen zu trinken, die seine Leber schädigen und zu anderen inneren Problemen führen konnten. Es würde nicht wirklich helfen, die Ereignisse zu kennen, so gesichert sie sein mögen, die ausschlaggebend dafür waren, dass dieser Mensch zu einem bestimmten Zeitpunkt in seinem Leben mit dem Trinken angefangen hat. Wir sollten uns aber an dieser Stelle daran erinnern, dass seine sinnliche Wahrnehmung bereits unzuverlässig und pervertiert und sein geistig-körperlicher Organismus in einem nur wenig befriedigenden Koordinationszustand war. So wurde er allmählich von seiner sinnlichen Verwahrlosung dominiert, die Ergebnis des exzessiven Alkoholkonsums und anderen Suchtverhaltens war. Und er wurde Opfer der deprimierenden und strapazierenden Verhältnisse, die sich daraus ergeben haben. Solche Verhältnisse gehören zu den mächtigsten Reizen, die zu einer Wiederholung der Exzesse in immer kürzeren Abständen führen. Für eine kurze Zeit wird der deprimierende und strapazierende Zustand zwar ausgeblendet, den der erneute Absturz bewirkt hat. Nur ist dieser Prozess unglücklicherweise ein unheilvoller Kreislauf: Das Ausmaß der sinnlichen Verwahrlosung nimmt rapide zu, bis die Funktionen des Organismus' aufs Äußerste gestört sind.

Wir können mit ziemlicher Sicherheit davon ausgehen, dass sich der Trinker in den frühen Stadien seiner Alkoholerfahrungen gar nicht seiner unbefriedigenden Koordination und seiner unzuverlässigen sinnlichen Wahrnehmung bewusst gewesen ist. Tatsächlich ist es eher sehr wahrscheinlich, dass er seinen körperlichen Zustand niemals in seine Überlegungen einbezogen hat. Er hat gelegentlich Alkohol zu sich genommen, so wie er auch viele andere Dinge verspeist und getrunken hat. Der Alkoholkonsum sollte nie und nimmer zu einer Gewohnheit werden. Auch kam ihm nie in den Sinn, dass er unfähig sein könnte, Alkohol nur hin und wieder zu trinken oder auf seinen Konsum ganz zu verzichten, wenn er es denn wollte. An dieser Stelle tritt das Ausmaß der Selbstbezogenheit, die sich unterbewusst in einem Menschen entwickelt haben kann, deutlich zu Tage. Tatsächlich kann sie zu einem so mächtigen Faktor werden, dass die Prozesse, die im Zusammenhang mit unterbewussten und unüberlegten Entscheidungen stehen, davon beeinflusst werden. Auch im vorliegenden Beispiel hat der Mensch eine solche falsche Schlussfolgerung gezogen: Er handelte doch tatsächlich in dem Glauben, dass er frei entscheiden könne, ob er nur hin und wieder dem Alkohol zusprach oder ihm ganz entsagte. Wenn er aber bewusst nach den richtigen Prämissen gefahndet hätte, von denen er seine Entscheidung abgeleitet hatte, und wenn seine Bemühungen von Erfolg gekrönt gewesen wären, dann wäre es ihm vielleicht aufgegangen, dass sein allgemeines Funktionsniveau gänzlich unbefriedigend war. Dies hätte ihn zu einer wichtigen Erkenntnis geführt: Er musste auf jeden Fall dafür Sorge tragen, dass seine sinnliche

Wahrnehmung und sein geistig-körperliches Koordinationsniveau zufriedenstellend waren, bevor er es wagen konnte, ein selbstbezogenes Urteil darüber zu fällen, ob er in der Lage war, seine schlechten Gewohnheiten zu bekämpfen. Eine Analyse der an der Entscheidungsfindung beteiligten Faktoren hätte dann zu der Erkenntnis führen müssen, *dass das Niveau der sinnlichen Wahrnehmung der alles überragende Faktor ist, wenn es darum geht, eine Gewohnheit abzulegen.* Die Alkoholsucht hat sich wahrscheinlich ganz allmählich bei ihm entwickelt. Mit zunehmendem Suchtverhalten sank aber das Niveau seiner sinnlichen Wahrnehmung und seiner Koordination entsprechend. So bekam das Glücksempfinden, das er erfuhr, wenn er seine bereits abnorme Alkoholsucht befriedigte, bald schon große Macht über geistig-körperliche Prozesse, die andernfalls im Bereich des Denkens und des gesunden Menschenverstands eingesetzt worden wären. Mit Verstand und Vernunft aber hätte er die Konsequenzen bedacht, die sich daraus ergeben würden, wenn er es zuließ, dass sein Alkoholkonsum zu einer bedrohlichen Gewohnheit würde.

Die wieder und wieder gemachten Erfahrungen bringen ihn mit der Zeit dazu, dass er letztlich gezwungen ist, sich die schädlichen Wirkungen seiner Gewohnheit einzugestehen. Oftmals unternimmt ein Trinker dann Anstrengungen, um seine Sucht zu bekämpfen und von der Gewohnheit zu lassen. Nur ist es allzu oft so, dass die Bemühungen eher halbherzig sind oder dass Wege gegangen werden, die keinen Erfolg versprechen. Es gibt auch Freunde, die es nur gut meinen und dem Trinker empfehlen, mit „Willenskraft", wie man es nennt, seine Sucht zu bekämpfen und zu kontrollieren. *Seine Sucht ist aber eine sinnliche Begierde. Und in seinem Fall hat die verdorbene sinnliche Wahrnehmung im Zusammenhang mit seiner Sucht schon lange von den Prozessen Besitz ergriffen, die man im Allgemeinen „Willenskraft" nennt.* Das ist auch der Grund, warum seine Hoffnung, von der Sucht befreit zu werden, allein darin liegt, dass der normale Zustand der sinnlichen Wahrnehmung wiederhergestellt wird. Bei einem abnormen und ungesunden Suchtverhalten ist nämlich eine normale sinnliche Wahrnehmung niemals anzutreffen. Schon in *„Ein Vermächtnis* *der Evolution an die Menschheit von unschätzbarem Wert"* habe ich auf den degenerierten Zustand des Organismus hingewiesen, in dem ein Mensch dadurch eine Art sinnlicher Befriedigung erfährt, dass ihm auf seinen Wunsch hin Schmerzen zugefügt werden. Und auch im Falle von Alkoholexzessen endet jeder Absturz mit Leid und Schmerzen. Trotzdem hat dies keine abschreckende Wirkung. Deshalb müssen wir wohl oder übel davon ausgehen, dass pervertierte sinnliche Begierden einen enormen Einfluss auf den Menschen haben. Und wir müssen einsehen, dass eine zufriedenstellende Entwicklung bei der Kontrolle der geistig-körperlichen Prozesse allein möglich ist, wenn eine zuverlässige sinnliche Wahrnehmung Hand in Hand mit ganz normalen sinnlichen Freuden geht.

Ein letzter Punkt noch: Die fundamentalen Bedürfnisse und zentrales Verlangen müssen befriedigt werden. Wenn dies nicht geschieht, kommt es früher oder später zu ernsthaften Problemen. Und es ändert nichts an dieser Kernaussage, dass es Menschen gibt, die Exzessen und Missbrauch verfallen, wenn sie ihre Bedürfnisse und ihr Verlangen stillen wollen. Der Exzess und der Missbrauch sind nämlich immer Anzeichen einer Störung. Und Störungen haben ihren Grund in gestörten Verhältnissen der geistig-körperlichen Funktionen des Organismus. Dies gilt gleichermaßen für die Exzesse der Völlerei, den Alkoholmissbrauch und auch für jedes andere Verlangen und alle anderen Bedürfnisse, denen sich der Mensch exzessiv und im Missbrauch hingibt. Missbrauch und Exzess sind ein Versuch, ein ursprünglich normales Bedürfnis oder Verlangen zu stillen, das nun aber übermäßig geworden ist. Solange dieses übermäßige Verlangen oder das allzu große Bedürfnis weiterbesteht, ist es zwecklos, diesem Menschen die „Mittel" zu verweigern, „mit denen" er sich dem Missbrauch hingibt und den Exzessen erliegt. Wir sollten vielmehr unsere Energien darauf verwenden, die gestörten Verhältnisse zu beseitigen, die für die Exzesse und den Missbrauch verantwortlich sind. So würden die ganz normalen geistig-körperliche Funktionsweisen und auch eine zuverlässige sinnliche Wahrnehmung wiederhergestellt. Es ist nämlich eine solche sinnliche Wahrnehmung, die es gewährleistet, dass ein normales Niveau unserer Bedürfnisse und unseres Verlangens nicht überschritten wird.

VII

DIE GLEICHGEWICHTSPROBLEMATIK BEIM MENSCHEN

Bei allen menschlichen Aktivitäten ist das Fehlen eines befriedigenden Zustands geistig-körperlichen Gleichgewichts [A)] eines der sehr auffälligen Kennzeichen schlechter Funktionsweisen des Organismus. Und dieser Zustand fehlerhaften Gleichgewichts weitet sich allmählich aus. Dafür verantwortlich zeichnet der gegenwärtig unterbewusste Gebrauch der geistig-körperlichen Mechanismen im Erziehungsbereich wie auch in anderen Bereichen. Es hat fast den Anschein, dass wir diese Tatsache im Allgemeinen als unvermeidlich hinnehmen: Von einem bestimmten Alter an erwarten wir einfach, dass wir unser Gleichgewicht schlechter halten können, so wie wir auch davon ausgehen, dass das Bauchgewebe mit der Zeit erschlafft und sich ein Bauch entwickelt, der hervorsteht. Man sagt auch: „Übung macht den Meister." Diese Behauptung hat sich bei einer solchen Erwartungshaltung ja wohl erledigt. Und es wird auch deutlich, dass etwas daran falsch sein muss, wenn das Gehen eingeübt wird.

Dies ist eine Tatsache: Die Menschen gehen, ohne dass sie ein klares Verständnis von den Steuerungs- und Kontrollbefehlen haben, die bei der Tätigkeit des Gehens zu einer zufriedenstellenden Koordination und Einstellung der geistig-körperlichen Mechanismen führen. Wenn sich aber erst einmal ein oder mehrere Fehler in die Funktionsweise dieser Mechanismen eingeschlichen haben, sind die Menschen nicht in der Lage, ein solches Niveau zuverlässiger sinnlicher Wahrnehmung wieder aufzubauen, das es ihnen ermöglichen würde, diese Defekte zu beseitigen. Selbst wenn sie die Ursache oder die Ursachen kennen würden, würde sich daran nichts ändern, denn für ihre Beseitigung ist ein Umschulungsprozess auf allgemeiner Basis notwendig. Nur durch einen solchen Prozess kann es gelingen, die befriedigende Funktionsweise des gesamten Organismus wiederherstellen. Und so kann sich auch in allen Lebensbereichen das geistig-körperliche Gleichgewichtsniveau beständig verbessern.

Was ich als nächstes zeigen will, ist dieses: Mit nahezu jedem Versuch, einen angenommenen oder einen realen geistig-körperlichen Schaden zu korrigieren, entwickeln sich neue Defekte, die in der Tendenz das geistig-körperliche Gleichgewichtsniveau weiter absinken lassen. In diesem Zusammenhang muss ich noch eine interessante, aber mehr als unglückliche Tatsache erwähnen: Ein Zustand fehlenden Gleichgewichts entwickelt sich Hand in Hand mit dem Wunsch, die Dinge mit unangemessener Hast zu erledigen. Der jeweils betroffene Mensch will auf diese Weise seinen zunehmenden Gleichgewichts- und Kontrollverlust ausgleichen. In der Tat kann ein solches Verhalten in Extremfällen sehr ausgeprägt sein. Bei einer solchen Person entwickelt sich zunächst nur eine Schwäche oder eine Schwierigkeit, die Auswirkungen auf das Gehen hat. Ohne sich einen Gedanken darüber zu machen, was die Ursache (oder die Ursachen) für ihre neu entdeckte Schwäche oder Schwierigkeit ist (sind), unternimmt sie als nächstes Versuche, „richtig zu gehen", wie sie es nennen würde. Sie bemüht sich also ohne dieses leichte Schwanken, das sie bemerkt hat, zu gehen. Nur sind ihr Steuerungsempfinden und ihre allgemeinen geistig-körperlichen Koordinationsverhältnisse des Organismus gestört. Allein schon die Tatsache, dass sich diese Schwäche oder Schwierigkeit bilden konnte, ist dafür ein Beweis. Es ist deshalb nur logisch, dass ihre Versuche, „richtig", d. h. schwankungsfrei zu gehen, gar nicht gelingen können. Sie werden nämlich nach denselben gestörten Empfindungen und mit denselben falsch koordinierten Mechanismen ausgeführt.

Eines dürfen wir dabei nicht vergessen: Bei allen diesen Erfahrungen nach dem Prinzip „Versuch und Irrtum" werden die Angstreflexe dieses Menschen übermäßig erregt. Er hat große Angst zu fallen und er hat Versagensängste, weil die geistig-körperlichen Prozesse, die er bei seinen unterbewusst gesteuerten Bemühungen verwendet, unzuverlässig und unbeständig sind. Wenn man diesen Prozess als Ganzes betrachtet, wird man erkennen müssen, dass sich höchst schädliche geistig-körperliche Bedingungen entwickelt haben, die sich bald auch in anderen Bereichen der geistig-körperlichen Funktionen zeigen. Und sehr oft steht am Ende der Entwicklung eine schwere Krise.

Die Entwicklung eines Gleichgewichtsverlustes im „rein körperlichen" Bereich, wie es für gewöhnlich gesehen wird, nachzuzeichnen, ist relativ einfach. Der hypothetische Fall eines Jungen soll uns hier als Illustration dienen. Nach den üblichen Kriterien würde man ihn als einen Menschen einstufen, dem das Gehen keine besonderen Probleme bereitet. Im Alter von ungefähr dreizehn Jahren, so die Annahme weiter, wird er schwerer verletzt, als ein Pferd ihn abgeworfen hat oder er eine Treppe hinunter gestürzt ist. Oder er hat einen anderen Unfall erlitten, der eine ärztliche Behandlung notwendig gemacht hat und aufgrund dessen er für einige Zeit ans Bett gefesselt ist. Ganz offensichtlich würden seine Verletzung und der erzwungene Verzicht auf seine normalen Aktivitäten bei dem Patienten einen mehr oder weniger geschwächten Allgemeinzustand, aber auch bestimmte spezifische Schwierigkeiten im Zusammenhang mit den verletzten Teilen seines Organismus bewirken und negative Folgen haben. In dem psychologisch wichtigen Moment, wenn der Patient den ersten Versuch unternimmt, das Gehen wieder aufzunehmen, würden sich bestimmte Störfaktoren einstellen. Er würde sich dann auf der Stelle daranmachen, ihnen zu begegnen und versuchen, „richtig zu gehen", so wie er gehen versteht. Seine „richtigen" Gehversuche müssen allerdings zwangsläufig einer unterbewussten Planung nach „Versuch und Irrtum" gehorchen. Es ist nämlich nahezu ausgeschlossen, dass er sich jemals irgendwelche Gedanken darüber gemacht hat, wie er geht, und dass er irgendeine Vorstellung von den notwendigen Steuerungsbefehlen hat, die jene Koordinationsverhältnisse herstellen, die so wesentlich für die Tätigkeit des Gehens und für die Entwicklung eines befriedigenden Gleichgewichts dabei sind. [68)]

Es wäre an dieser Stelle notwendig, die geistig-körperlichen Prozesse zu analysieren, die beteiligt sind, wenn er sich darum bemüht, das Gehen wieder aufzunehmen. Wenn er dabei erfolgreich sein wollte, müsste nämlich ein relativ hohes Funktionsniveau seines Organismus vorhanden sein. Zudem müssten die Funktionen fein koordiniert sein. Die Erfahrung lehrt uns aber, dass ein Mensch, der eine solch schwere Verletzung erlitten hat, der daraufhin länger behandelt wurde und der sich dann allmählich soweit erholt hat, dass man von Genesung sprechen kann, nicht über ein derartiges Funktionsniveau verfügt. Ein wirklicher Erfolg ist so praktisch unmöglich. Ich will dies im Folgenden ausführen.

Seine ersten Gehversuche würde der Patient zu einer Zeit machen, zu der ihm die unterschiedlichsten Dinge im Kopf herumgehen. Er macht sich Gedanken über

- seine Schwächung, die sich im gesamten Organismus bemerkbar macht,
- einen vergleichsweisen starken Kontrollverlust,
- eine Störung seines geistig-körperlichen Gleichgewichts,
- seine fehlende Zuversicht,
- eine ganze Reihe von Hoffnungen und Befürchtungen, was ihm gelingen oder misslingen könnte.
- Hoffnungen und Befürchtungen sind eng mit zusätzlichen Ängsten verbunden. Sie haben ihren Ursprung in den Schmerzen, die er hat, weil er die bei dem Unfall verletzten Teile falsch benutzt, wenn er seine unterbewussten Gehversuche macht.

Eine solche Gemengelage geistig-körperlicher Verhältnisse muss zu einer ganzen Reihe von Erfahrungen führen, die für ihn vollkommen neu sind, wenn man sie mit jenen vergleicht, die er vor dem Unfall gemacht hat. Mit jedem unterbewussten Gehversuch kommen ihm Fehler und fremde, oftmals alarmierende Gefühle zu Bewusstsein. Zudem führen diese Erfahrungen dazu, dass die tatsächlichen Schwierigkeiten eher noch weiter zunehmen: Es wird für ihn noch schwieriger, seinen geistig-körperlichen Organismus generell in der Art und Weise zu benutzen, von der „richtiges Gehen" abhängt.

So wird eines nur allzu deutlich: Jeder Versuch, richtig zu gehen und sich dabei auf eine unterbewusste Steuerung zu verlassen, ist bloß die Rückkehr zu der alten Gewohnheit oder den alten Gewohnheiten, die sich vor dem Unfall bei der Tätigkeit des Gehens aufgebaut haben. Diese Art zu gehen ist eine instinktive. Nun ist der jeweilige instinktive Prozess das Ergebnis von gewissen geistig-körperlichen Verhältnissen, die, wie man so sagt, auf Instinktebene wirken. Wenn man diese Verhältnisse allzu **schnell** ändert, wird das zuverlässige Arbeiten des jeweiligen Instinkts aber gestört.

Diese Illustration zeigt uns an einem ausgezeichneten praktischen Beispiel, dass **neue** Erfahrungen im geistig-körperlichen Gebrauch des Menschen unbedingt notwendig sind. Da ist als erstes der Wunsch zu gehen. Der Stimulus, dies zu tun, erzeugt augenblicklich bei dem Jungen eine Reaktion, an der die gewohnheitsmäßigen Prozesse beteiligt sind, die einer unterbewussten Steuerung und Kontrolle unterliegen. Aus Effektivitätsgründen erfordern diese Prozesse auch ein angemessenes Funktionsniveau des Organismus. Leider ist dieses Niveau aber aufgrund der Erfahrungen im Zusammenhang mit dem Unfall nicht mehr gegeben. Die geistig-körperliche Maschinerie läuft nicht mehr so rund wie zuvor. Tatsächlich läuft sie in der Mehrzahl der Fälle vollkommen unzureichend. Der Patient ist durchaus in der Lage, die Ergebnisse seiner gegenwärtigen Gehbemühungen mit denen zu vergleichen, die er vor seiner Verletzung gemacht hat. In der Tat stellt er große Unterschiede zu Ungunsten der augenblicklichen Verhältnisse fest. Dies veranlasst ihn jedoch bloß zu zusätzlichen intensiven Anstrengungen, „richtig zu gehen". Solange er nämlich auf unterbewusster Grundlage handelt, bleibt ihm in der Tat nichts anderes übrig, als mit der wenig intelligenten Methode „Versuch und Irrtum" weiterzumachen.

Wenn man in dem vorliegenden Fall jedoch gemäß der Prinzipien der Umschulung auf bewusster und allgemeiner Basis vorgeht, werden seine Erfahrungen andere sein. Diese Erfahrungen werden im nächsten Schritt umrissen. An erster Stelle muss dies stehen: Es darf einem

Patienten erst dann erlaubt werden, praktische Experimente mit „der richtigen Art des Gehens" anzustellen, wenn ihm die richtigen Erfahrungen im generellen Gebrauch der geistig-körperlichen Mechanismen vermittelt worden sind. Dies geschieht durch geschickte Manipulationen eines Lehrers, der sein Metier wirklich versteht. Und ebenso muss der Umschüler zuvor gut mit den richtigen Steuerungs- und Kontrollbefehlen vertraut sein, die ihm dabei helfen, die *Mittel* einzusetzen, *mit denen* er die Mechanismen bei jedem Versuch, richtig zu gehen, benutzen sollte.

Wenn eine Schwäche oder eine Schwierigkeit zu erkennen ist, ist dies ein Zeichen dafür, dass die geistig-körperlichen Mechanismen, die am Gebrauch seines Organismus in seiner Gesamtheit beteiligt sind, genauer untersucht werden sollten. Aufgrund einer solchen Untersuchung könnte der Fachmann wiederum die Defekte und Eigenarten des Umschülers im Gebrauch dieser Mechanismen bei seiner spezifischen Art des Gehens feststellen. Und die Technik, für die ich eintrete, würde es in der Praxis erfordern, dass er seine Versuche, sein Gehen zu verbessern, beendet. Ich würde ihn davon überzeugen wollen, indem ich ihm demonstriere, dass seine Anstrengungen, besser zu gehen, nicht nur zwecklos, sondern auch ziemlich absurd sind, wenn er sich, geleitet von seinem Instinkt, einfach so „durchwurschtelt". Und eine Demonstration könnte ihm auch dieses zeigen: Er muss mit seiner Umschulungsarbeit in dem Augenblick beginnen, wenn der Stimulus zu gehen ihn erreicht. Dann muss er alle seine Entsagungskräfte aktivieren, um zu verhindern, dass seine falsche unterbewusste Ausrichtung und Steuerung in Verbindung mit seiner Vorstellung vom Gehen zum Einsatz kommen. An dieser Stelle wird ihm auch erklärt, was die Ursache dafür ist, dass die Mechanismen schlecht benutzt werden: Die unterbewussten Steuerungsbefehle bezüglich der Tätigkeit Gehen sind falsch und seine sinnliche Wahrnehmung in Bezug auf diese Mechanismen ist weitgehend unzuverlässig! Das Ergebnis sind die Schwächen und Schwierigkeiten, mit denen es gilt, fertig zu werden.

Wenn der Umschüler ausreichende Erfahrungen mit dem Prozess der Entsagung gesammelt hat, kann ich einen Schritt weitergehen: Ich mache ihn mit den neuen und richtigen Ausrichtungs- und Steuerungsbefehlen vertraut, die den befriedigenden Gebrauch der Mechanismen im Sitzen, im Liegen oder in anderen Positionen herbeiführen sollen. Und ich leiste ihm durch Einsatz meiner Hände dabei Hilfestellung. Diese Erfahrungen müssen dann solange wiederholt werden, bis die neue und zuverlässige Wahrnehmung zu einer festen Größe geworden ist. Im Laufe dieser Zeit wird eine markante Veränderung im Gebrauch der geistig-körperlichen Mechanismen des Organismus insgesamt stattgefunden haben. Diese Veränderungen haben zudem auch zufriedenstellende Ausrichtungs- und Koordinationsverhältnisse herbeigeführt. Wenn es dann gelungen ist, die notwendige Verbesserung der allgemeinen Koordinationsverhältnisse und der Ausrichtungen in die Wege zu leiten, werden die Prozesse, die ich hier umrissen habe, mehr oder weniger bewusst zur Anwendung kommen. Das Ergebnis wird sein, dass das Gleichgewicht beim Gehen entsprechend verbessert worden ist.

Details zu derartigen Prozessen können in diesem Rahmen leider nicht dargestellt werden, weil sie sich von Fall zu Fall doch sehr unterscheiden. Von den allerersten Stunden an ist es zudem die Absicht des Lehrers, den Schüler zu animieren, dass er sich selbst darüber Gedanken macht, was er tun und was er **nicht** tun sollte. Und der Lehrer will seine Hilfestellung so gestalten, dass der Schüler in die Lage versetzt wird, die beteiligten Prinzipien sofort in die Praxis umzusetzen, mehr oder weniger bei allen Tätigkeiten des täglichen Lebens und nicht nur bei seinen Gehversuchen.

Wenn Störungen des Gleichgewichts im sogenannten körperlichen Bereich vermehrt auftreten, wird in jedem einzelnen Fall nachgewiesen werden können, dass sie mit entsprechenden Gleichgewichtsstörungen im sogenannten geistigen Bereich Hand in Hand gehen. Und bei jeglicher Analyse „geistiger“ und „körperlicher“ Phänomene dürfen wir eine Tatsache nicht vergessen: Was das Ausmaß unterbewussten Handelns angeht, ist im gegenwärtigen Stadium der Evolution die Reaktion auf einen Stimulus oder auch auf mehrere Stimuli zu mindestens 75 % eine unterbewusste Reaktion, in der Hauptsache ein Gefühl. Nur 25 % bleiben für alle anderen Reaktionen. Und diese Schätzung ist sehr wahrscheinlich noch eine Untertreibung.

Erst wenn sich diese Fakten voll und ganz in den Köpfen bei all denen festgesetzt haben, die an der Erziehung und an der Lebensführung ganz allgemein interessiert sind, wird es vielleicht eine gewisse Chance geben, dass jene lobenswerten Ideale verwirklicht werden, die die Menschheit auf höhere Stufen heben können und die von führenden Köpfen aus der Politik, der Religion aus dem Sozialbereich so geschätzt werden.

TEIL 3

DIE BEDEUTUNG DER SINNLICHEN WAHRNEHMUNG FÜR DIE BEDÜRFNISSE DES MENSCHEN

I
„ERKENNE DICH SELBST“

Diejenigen, die sich über die augenblickliche Richtung der menschlichen Anstrengungen in den Bereichen der Politik, der Industrie und Wirtschaft, im Sozialbereich und noch in verschiedenen anderen Bereichen Gedanken machen, werden sehr leicht erkennen, dass unsere Zeiten „aus den Fugen geraten“ sind. Viele von ihnen werden auch zugeben, dass die meisten Menschen, die in dieser Zeit der Zerrissenheit leben, mehr oder weniger die Verbindung zu ihrem Verstand verloren haben. Inmitten dieser Ruhelosigkeit und dieser Ungewissheit strampelt sich der Einzelne blind für sein individuelles Weiterkommen ab, ohne dass er ein klares Verständnis hätte für die Ursache oder die Ursachen seiner großen Schwierigkeiten und ohne dass er die fundamentalen Prinzipien kennen würde, die, wenn sie angewendet würden, die befriedigenden *Mittel* bereitstellen würden, *mit denen* diese Schwierigkeiten zu überwinden wären, oder, besser noch, *mit denen* sie gar nicht erst auftreten würden.

„Erkenne Dich selbst!“ Dies ist eine sehr alte Maxime der Menschheit. Ich bin jedoch der Meinung, dass eine andere Forderung eine sehr viel größere Bedeutung für den Menschen hätte: „Mensch, wisse um Deine wahren Bedürfnisse!“ Auf den ersten Blick würde der folgende Einwand natürlich stichhaltig erscheinen: Jemand, der sich selbst kenne, wisse ganz gewiss auch um seine Bedürfnisse und wer seine Bedürfnisse sehr genau kenne, wisse umgekehrt auch, wer er sei. Nur hat dieser Einwand für die große Mehrzahl der Menschen, deren sinnliche Wahrnehmung unzuverlässig ist, keine Gültigkeit. Dies ist uns bis jetzt ja schon sehr klar geworden: Eine zuverlässige sinnliche Wahrnehmung ist für die koordinierte geistig-körperliche Entwicklung und für ein koordiniertes Wachstum des Individuums sehr entscheidend. Koordiniertes Wachstum und koordinierte Entwicklung des Individuums sind aber die Grundvoraussetzung für eine zufriedenstellende Entwicklung und ein zufriedenstellendes Wachstum des Gemeinwesens. An dieser Tatsache führt kein Weg vorbei! Deshalb ist es wesentlich, über die *Mittel* zu verfügen, *mit denen* die wahren Bedürfnisse des Individuums erkannt und gestillt werden können, wenn Wachstum und Entwicklung des Gemeinwesens nicht gefährdet werden sollen.

Leider haben sich aber unsere Versuche, diesen Bedürfnissen in den Bereichen der Pädagogik, der Politik, der Wirtschaft und Industrie, der Moral, im Sozialbereich und in vielen anderen Bereichen zu genügen, bis jetzt mehr oder weniger als Fehlschläge erwiesen. Eine Tatsache ist in hohem Maße dafür verantwortlich: Unsere Bemühungen waren auf einer unterbewussten Ebene angesiedelt und sie haben hauptsächlich darauf gezielt, Lehr-, Lern-, Behandlungs-, Führungs-, Steuerungs- und Kontrollmethoden zu entwickeln, um den Anforderungen zu genügen, die eine Durchschnittsmenge der Menschen betrafen. Sie haben das daran beteiligte Prinzip (die daran beteiligten Prinzipien) nicht in erster Linie auf den Einzelnen zugeschnitten und haben es (sie) nicht auf einer bewussten Basis verwendet. Das bisher Gesagte muss uns dazu führen, die Zukunftspläne und das Streben der Menschheit auf den bewussten und unterbewussten Ebenen des Lebens genauer zu untersuchen, um so die relativen Möglichkeiten eines Fortschritts auf jeder dieser Ebenen zu erkunden.

Auf unterbewusster Ebene ist es bisher der Plan gewesen und ist es weiterhin, die „körperlichen“ Defekte und Eigenarten durch Schulung des Körpers, Fitnessübungen und ähnliches zu beseitigen. Die „geistigen“ Einschränkungen und Überempfindlichkeiten wollen die verschiedenen Sekten angehen, die „mentale“ Trainingsformen und spezifische Systeme zur Entwicklung des Willens, der Erinnerung usw. anbieten. Eine genaue Analyse wird zeigen, dass die Annahmen, die diese Methoden entstehen ließen, von völlig falschen Voraussetzungen ausgegangen sind, denn das fundamentale Prinzip bewusster Steuerung und Kontrolle wurde dabei vollkommen ignoriert. Es wird sich auch zeigen, dass überall dort, wo „physische“ und „mentale“ Methoden zum Einsatz kommen, jeglicher Vorteil allein in einem sehr spezifischen Rahmen sichtbar wird. Dieser Gewinn ist aber mit schädlichen Defekten verbunden, die sich zunächst im Verborgenen entwickeln, ohne dass Schüler und Lehrer sie erkennen. Früher oder später werden sie jedoch zum Vorschein kommen und sich allmählich als Gewohnheiten ausprägen.

In den letzten Jahren hat die Psychologie große Fortschritte gemacht. Ihre Erkenntnisse lassen keinerlei Zweifel daran, dass sich die Menschen allzu oft auch ihrer auffälligsten geistig-körperlichen Eigenarten und Defekte nicht bewusst werden. Neigungen, die sich aus diesen Defekten und Eigenarten entwickeln, geraten ebenso oftmals nicht ins Blickfeld ihres Bewusstseins. Aber erst wenn es uns gelungen ist, bei unseren bewussten Bemühungen in Verbindung mit unserer geistig-körperlichen Entwicklung von den Denkprozessen vermehrt Gebrauch zu machen, können wir in diesem Zusammenhang vielversprechende Versuche starten, um auf eine zufriedenstellende Bewusstseinsstufe zu gelangen. Erst auf einer solchen Bewusstseinsstufe wären wir in der Lage, uns selbst zu erkennen. Wenn wir dann ein zufriedenstellendes Ausrichtungs- und Koordinationsniveau erreicht haben, weil eine neue, jetzt zuverlässige sinnliche Wahrnehmung installiert worden ist, ist es in der Folge unsere Aufgabe, diesen befriedigenden bewussten Gebrauch bei allen unseren Handlungen des täglichen Lebens auch in der Praxis einzusetzen.

Auch um diesen Herausforderungen zu begegnen, habe ich meine spezielle Technik entwickelt. Der Leser, der mit ihren Prinzipien nach und nach vertraut wird, wird erfahren, dass „Selbsterkenntnis“ untrennbar mit seinem Erfahrungsprozess verbunden ist und dass seine vermehrten Kenntnisse Schritt halten mit der Entwicklung seiner bewussten geistig-körperlichen Steuerung und Kontrolle. Diese Kenntnisse sollten in jeder Lebenslage der Grundstein sein für jede beliebige Lebensäußerung. Dies kann erreicht werden, wenn Erziehung und allgemeine Entwicklung der Kinder von den Prinzipien bewusster Kontrolle bei ihrem Aufbau gelenkt werden. Auf diese Weise geht „Selbsterkenntnis" mehr und mehr in die Tiefe. Es ist auch der sicherste Weg, um das Niveau von allem anderen zu steigern, wovon wir Kenntnis haben, und um befriedigende Ergebnisse in allen Lernbereichen zu gewährleisten.

Einer meiner Freunde wollte bei mir Eindruck machen: Er werde sehr zu Recht als eine Autorität der heutigen Psychologie angesehen. Und er begründete seinen Anspruch damit, dass er fundierte Kenntnisse über die Geschichte der Menschheit habe, die er in langen und sorgfältigen Studien über die Arbeit herausragender Historiker erworben habe. Diese Überzeugung war ihm eine große Genugtuung. Deshalb sah ich keinen Sinn darin, ihn damit zu konfrontieren, dass bis zum jetzigen Zeitpunkt die Geschichte des menschlichen Strebens, die eine Richtschnur für die Psychologie unserer Zeit sein könnte, von den Historikern noch gar nicht geschrieben, dass damit tatsächlich noch nicht einmal begonnen worden ist und dass man schon gar nicht über den Zeitpunkt ihrer möglichen Vollendung spekulieren darf.

Wenn ich vom Streben des Menschen schreibe, meine ich damit das Streben des Individuums im Zusammenhang mit seinem individuellen Wachstum und seiner individuellen Entwicklung. Wir müssen deshalb aus jeglicher Geschichtsschreibung über das menschliche Streben alle Berichte eliminieren, die die Kriegsaktivitäten des Menschen zum Thema haben und die Aktivitäten in jenen Bereichen beschreiben, die in der Hauptsache vom Herdeninstinkt beherrscht werden, wenn das gute oder das schlechte Beispiel, wenn der Befehl einer einzelnen Person von den Übrigen augenblicklich befolgt wird und diese sich als gedankenlose, wenig intelligente, dressierte Masse zeigen. Ich kann ja verstehen, dass es für viele Menschen höchst interessant ist, die Menschheitsgeschichte der Kriege und anderer Bereiche von Massenaktivierungen zu verfolgen. Wenn es aber darum geht, die Zukunftsaussichten des Menschen zu bewerten, ist eine solche Geschichtsschreibung von sehr geringem Wert und sie hat auch nur minimale Aussagekraft. Ganz anders jedoch eine Geschichtsschreibung, die Mühsal und täglichen Kampf des Individuums in den Mittelpunkt stellt, wenn es seine großen und kleinen Probleme löst, die ganz direkt sein Wohlergehen betreffen. Diese Probleme sind die ganz natürliche Konsequenz der Anstrengungen des Menschen, sich an die sich beständig verändernden geistig-körperlichen Bedingungen anzupassen. Und sie sind die Folge seiner Versuche, das unzivilisierte Stadium hinter sich lassen und die Stufe der Zivilisation zu erreichen. In Bezug auf seine Erziehung und allgemeine Entwicklung beruhten aber seine Bemühungen und Versuche auf unterbewussten Vorstellungen, die sich schon sehr früh gebildet hatten.

In gleicher Weise greift die Menschheit auch bei den kleinen täglichen Veränderungen und bei den allgemeinen Erfahrungen jedes normalen Menschen in allen seinen Aktivitätsbereichen auf jene unterbewussten Vorstellungen zurück, um mit den widerstreitenden und zersetzenden Kräften fertig zu werden, von denen die Arbeit des geistig-körperlichen Organismus eines jeden Individuums bedroht wird. Und dazu kommt noch Folgendes: Mit sich rasant steigernder Geschwindigkeit entwickeln sich die sogenannten geistigen Prozesse, wie man es zuvor niemals erlebt hat, und wir unternehmen den Versuch, sie zusammen mit den sogenannten körperlichen Prozessen einzusetzen. Allerdings werden diese „körperlichen“ Prozesse schon jahrelang weniger und weniger zufriedenstellend kontrolliert und ausgerichtet, was dazu geführt hat, dass das Koordinationsniveau ständig gesunken ist.

Der langen Reihe täglicher Probleme und Schwierigkeiten, die wir in der heutigen Zeit zu bewältigen haben, stehen ganze Serien zerstörter Hoffnungen gegenüber, die jedem zielorientierten und unterbewusst gesteuerten Versuch folgten, eine Lösung für diese Schwierigkeiten und Probleme herbeizuführen. Jeder Fehlschlag diesbezüglich führte dann zu weiteren Versuchen und zu weiteren enttäuschten Hoffnungen. Aber man hielt beharrlich an der Methode des Menschenaffen fest, obwohl diese Methode des Versuch und Irrtum doch in den meisten Bereichen der Zivilisation versagt hatte und auch weiterhin versagt.

Aus diesem Blickwinkel werde ich nun bestimmte Erziehungssysteme und Entwicklungsmodelle durchleuchten, die im Augenblick im Fokus der Aufmerksamkeit stehen. Sie wurden entworfen, um bestimmte Defekte und Schwierigkeiten zu bekämpfen. Ich werde aber aufzeigen müssen, dass die diesbezüglichen Hoffnungen wahrlich nicht gerechtfertigt sind, weil diese Systeme und Modelle für spezielle Ziele konzipiert worden sind. Zudem verlangen es die Prozesse, die an ihrer Verwendung in der Praxis beteiligt sind, dass nur auf unterbewusste Erfahrung zur Ausrichtung und Kontrolle zurückgegriffen wird. Wir haben aber ein Stadium in unserer Evolution erreicht, in dem wir uns überhaupt weigern sollten, Vorzüge und Nachteile neuer Erziehungssysteme oder Entwicklungsmodelle zu analysieren, die nicht auf der Basis von Bewusstheit aufgebaut sind.

In den letzten Jahren ist das eine oder andere dieser Systeme als eine neue und wertvolle Erziehungsform in England und Amerika vermehrt aufgegriffen worden. Die darin enthaltenen Prinzipien sind aber kein bisschen anders als die eines Ausbilders im Zirkus zu den Zeiten unserer Großväter: Sie fanden Verwendung, wenn z. B. den Pferden beigebracht werden sollte, sich zur Musik im Kreise zu drehen oder die Gangart zu wechseln, wenn sich die Musik änderte. Im Zuge einer Diskussion über die allgemeine geistig-körperliche Entwicklung des Menschen kann ein solches System aber gar nicht erst in die Bewertung kommen und es ist überflüssig, darüber überhaupt ein Wort zu verlieren.

Ein weiteres System wird als eine neue und fortschrittliche Bewegung über den Klee gelobt. Diese Bewegung nimmt für sich in Anspruch, dass mit ihrem System insbesondere die Sinne des jungen Kindes angeregt werden könnten. Es sei besonders geeignet, das Sehen, Hören, Fühlen, Tasten, Schmecken, usw. zu schulen, so die allgemeine Meinung. Eine ganze Palette ausgewählten Materials oder Erziehungsspielzeugs steht dieser Technik zur Verfügung, um die angestrebte Entwicklung der Sinne zu gewährleisten. Wer aber die Kinder in der Klasse bei der Arbeit einmal beobachtet hat, dem wird klar, dass mit dieser Technik auch hier wieder nur eine spezielle und nicht eine allgemeine Entwicklung anstrebt wird. Was für ein fataler Fehler, wenn wir die enge Verzahnung dessen bedenken, was man im menschlichen Organismus als „körperlich" und „geistig" ausdifferenziert hat. Es ist durchaus möglich, dass ein Kind eine gewisse Fertigkeit im Gebrauch seiner Hände oder eine spezielle Entwicklung des Tastsinns erlangen kann, wenn es dieses Material benutzt. Nur verlässt es sich beim allgemeinen Gebrauch seines Organismus auf die Steuerung einer fehlerhaften sinnlichen Wahrnehmung, wenn es die Bewegungen ausführt, die für die jeweilige Tätigkeit, mit der es gerade beschäftigt ist, notwendig sind. Daraus folgt zwangsläufig, dass jegliche Verbesserung seines Tastsinns mit einem sich weiter verschlechternden fehlerhaften Gebrauch seines geistig-körperlichen Mechanismus, der ja schon von Beginn an fehlerhaft war, einhergeht. Die Verschlechterung verstärkt sich noch, je mehr sich das Kind bemüht und je mehr es sich in die Arbeit vertieft [69], um unterbewusst an sein Ziel zu gelangen. Dabei ist es wohl möglich, dass es in der einen oder anderen Richtung zu einer speziellen Verbesserung kommt. Es werden sich aber weitere schwerwiegende Defekte entwickeln, wenn es seine Mechanismen **in ihrer Gesamtheit** gebraucht. Kinder, die eine solche Schulung in ihren frühen Jahren durchlaufen haben, zeigen mehr geistige Defekte und Störungen, als man eigentlich erwarten könnte. Ihre sinnliche Wahrnehmung ist sehr viel unzuverlässiger als gewöhnlich. [70] Dies sind meine Erfahrungen und jeder, der meiner Argumentation bis hierhin gefolgt ist, wird einsehen, dass eine fehlerhafte sinnliche Wahrnehmung und ein falscher Gebrauch des geistig-körperlichen Organismus sich einstellen müssen, wenn eine spezielle Entwicklung angestoßen und auf unterbewusster Basis erreicht worden ist.

Allgemein sind bei geistig-körperlichen Handlungen das „Geistige" und das „Körperliche" sehr eng im Muskelmechanismus verzahnt. Dies ist in der Theorie schon lange nachgewiesen worden. Trotzdem bleiben weiterhin Erziehungsmethoden in Mode, die eine spezielle Entwicklung anstreben. [71)]

Was die Frage der spezifischen Entwicklung der verschiedenen Sinne betrifft, gibt es inzwischen gesicherte Erkenntnisse. Wir wissen z. B. ganz genau, dass das Sehvermögen vom Zug der Muskeln im Organismus stark beeinflusst wird. Und was für das Sehen Gültigkeit hat, gilt entsprechend auch für die anderen Sinne. Dass bei einem Schüler eine Verbesserung des Sehvermögens bewirkt werden kann, wenn er auf der allgemeinen Basis bewusster Kontrolle umgeschult und koordiniert worden ist, hat sich schon jahrelang in meiner praktischen Arbeit erwiesen. In jedem Einzelfall hat sich mit der Verbesserung des koordinierten Gebrauchs des gesamten Organismus auch das Sehvermögen verbessert.

Wer für Umschulung und Koordination auf einer allgemeinen Basis im Gegensatz zu Umschulung und Koordination auf spezieller Basis eintritt, kommt nicht umhin, diesen Punkt in aller Deutlichkeit herauszustellen: Jemand, der Probleme mit dem Sehen hat, wird auch eine ganze Reihe anderer geistig-körperlicher Defekte haben. Deshalb muss auch allen speziellen Umschulungsbemühungen eine Umschulung auf allgemeiner Basis vorausgehen. Dies gilt im gleichen Maße in all den Fällen, in denen die Sprechorgane oder die Arme und die Beine falsch gebraucht werden, und es hat ebenso Gültigkeit für jeden anderen Defekt oder Mangel und für jede andere Eigenart.

Wenn die Kinder auf der Ebene bewusster Kontrolle umgeschult und koordiniert würden, würden den Lehrern, die im Pädagogikbereich und in vergleichbaren Bereichen arbeiten, drei Viertel der ganz normalen Sinnesprobleme und der Technikschwierigkeiten bei diesen Kindern gar nicht begegnen. Es ist ein Leichtes zu erkennen, wieviel Zeit und Energie gespart werden könnte, wenn das umfassende Aufbauprinzip verwendet würde, das mit einer bewussten Kontrolle verbunden ist. Es sollte in der Tat bei allen Formen der Entwicklung und des allgemeinen Wachstums des Menschen Verwendung finden. Dies würde unsere Bemühungen um einen Zivilisationsfortschritt auf eine sehr gesunde Basis stellen.

Ein auf der Ebene bewusster Kontrolle befriedigend koordiniertes Kind wird in Besitz eines geistig-körperlichen Mechanismus sein, der je nach erreichtem Koordinationsniveau in allen Bereichen eher an seinem Maximum arbeitet. Wenn derartige Bedingungen erst einmal geschaffen worden sind, kann ein Lehrer aus dem Kind das Allerbeste herausholen, was dessen geistig-körperlicher Organismus, der jetzt wie geschmiert funktioniert, zu geben vermag. Er kann voller Vertrauen darauf bauen, dass sich das Kind in seinem Rahmen ohne übermäßige Erregung seiner Angstreflexe und ohne übermäßige Anstrengung zunehmend verbessert.

Auf der anderen Seite gilt es, die schädlichen geistig-körperlichen Auswirkungen der Störfaktoren zu bedenken, denen ein Kind ausgesetzt ist und die das Ergebnis seines schlechten Koordinationszustands sind. Als Beispiel soll uns das Erlernen der Schrift dienen. Wenn ein solches Kind das erste Mal seinen Stift in die Hand nimmt, um damit zu schreiben, hält es ihn mit verspannten und verkrampften Fingern. Ein solcher Fingereinsatz ist das Resultat eines schädlichen Stress- und Spannungszustands beim Einsatz des geistig-körperlichen Organismus ganz allgemein. Selbst wenn das Kind nicht ausdrücklich darauf hingewiesen wird, dass es seinen Stift nicht so benutzt, wie es sein sollte, wird es wahrscheinlich selbst schon einen gewissen Kontrollmangel festgestellt haben. Und es wird auch erkannt haben, dass die Schreibergebnisse nicht das normale Niveau erreichen. Früher oder später wird der Lehrer sich dann darum bemühen, das Schriftbild des Kindes zu verbessern. Und bis zu einem gewissen Punkt wird ihm dies vielleicht auch gelingen. Nichtsdestotrotz bleibt das Ergebnis im Vergleich zu dem Niveau, das das Kind erreichen könnte, wenn es vorher umgeschult und ausgerichtet worden wäre, nur allzu dürftig. Umschulung und Ausrichtung hätten das Kind in die Lage versetzt, den Stift ohne all die generellen Mängel zu halten, auf die ich bereits hingewiesen habe.

Dies habe ich bereits mehrfach betont und ich bin auch in der Lage, den Beweis dafür anzutreten: Wenn die normalen, auf unterbewusster Ebene arbeitenden Methoden zum Einsatz kommen, um ganz bestimmte Bedingungen herzustellen oder um Fehler oder Mängel zu beseitigen, kommt es im Laufe des Beseitigungsprozesses zur Bildung einer ganzen Reihe anderer Fehler und Mängel, die oftmals sehr viel schädlicher sind als die ursprünglichen. Im Laufe des Fortschritts und der Entwicklung, die wir anstreben, werden wir deshalb in sich wiederholenden Zyklen mit neuen und zunehmenden Schwierigkeiten konfrontiert, die tunlichst beseitigt werden sollten. Nur haben sich die eigentlichen Ursachen für diese Schwierigkeiten bereits im Verlauf der Erziehung und bei anderen Prozessen gebildet. Ich werde als nächstes die verschiedenen Versuche beschreiben, die im Erziehungsprozess unternommen worden sind, um mit spezifischen Mitteln die verzögernden Einflüsse bestimmter Defekte und Eigenarten zu bekämpfen, die sich durch den Erziehungsprozess selbst erst gebildet haben. Mit ein wenig Überlegung wird es dem Leser möglich sein, die Komplikationen zu erkennen, die sich aus einer solchen Konstellation entwickeln müssen.

Tatsächlich kommt diese Negativspirale in Schwung, sobald das Kind die Schule besucht. Die Erfahrungen, die es dort macht, führen nämlich allzu oft zu Komplikationen, wenn seine Funktionen von Anfang an näher an ihrem Minimum als an ihrem Maximum arbeiten. Eigentlich sind es die verschiedenen, im Unterricht eingesetzten Methoden, die es dem Kind schwerer machen. Diese Beschwerlichkeiten sind eine Folge der mannigfaltigen Versuche, die vielen Defekte und Beschränkungen zu heilen, die sich bei den Bemühungen des Kindes im Unterricht gezeigt haben. Die meisten dieser Defekte und Mängel wären aber gar nicht erst entstanden, wenn die geistig-körperlichen Funktionen des Kindes zum Schulbeginn zufriedenstellend gewesen wären. Das Hauptaugenmerk sollte deshalb bei jedem Schulcurriculum, das den Ansprüchen genügen will, zuallererst darauf gelegt werden, einen solch zufriedenstellenden Zustand herzustellen. Es ist nämlich nicht gerade sehr klug, ein schlecht koordiniertes Kind ausbilden zu wollen, indem man seine spezifischen Defekte und Beschränkungen auf spezielle Weise behandelt. Dies gilt insbesondere, wenn wir die wichtige Rolle bedenken, die der Prozess der Nachahmung im Leben eines Kindes spielt. Das folgende Kapitel macht diesen Punkt zum Thema.

II
IMITATION

Allem Anschein nach kommt der geistig-körperliche Prozess, den wir Imitation nennen, im Vergleich zu anderen fundamentalen Prozessen bei den Menschen in einem hohen Maße zum Einsatz. Wir erkennen auch bei unseren Mitmenschen Nachahmung, die wir als ein Talent ansehen. Die unterbewusste Imitation der charakteristischen Merkmale anderer ist ein Faktor, der bei Entwicklung und Wachstum des Menschen eine große Rolle spielt. Und Imitation spielt auch beim Gebrauch unseres eigenen geistig-körperlichen Selbst eine entscheidende Rolle. Es ist überhaupt nicht zu bestreiten, dass es eine natürliche Begabung und eine unterbewusste Neigung zur Imitation gibt. Und auch die schädlichen Konsequenzen, die durch Imitation bewirkt werden können, sind unbestreitbar. Einige der Faktoren, die verantwortlich sind für die enttäuschenden Ergebnisse beim Einsatz dieser natürlichen Begabung unter Zivilisationsbedingungen, sollen im Folgenden beleuchtet werden.

Dieses Buch handelt von Defekten, Eigenarten, falschem Gebrauch usw. des geistig-körperlichen Organismus‘ des Menschen. Ich habe in dieser Schrift auch behauptet, dass die Mehrzahl der Menschen mehr oder weniger große Schwächen ausgebildet hat. Und eine ganze Reihe dieser Schwächen ist so extrem, so meine Behauptung weiter, dass man bei der Gattung Mensch bereits von einem Zustand der Deformation sprechen muss. In diesen Schwächen liegen die enttäuschenden und schädlichen Resultate begründet, die sich aus Nachahmung ergeben. Der Imitationsprozess ist nämlich nur dann wirksam, wenn es auch etwas Außergewöhnliches zu imitieren gibt. Und der hauptsächliche Impuls zur Nachahmung geht von unserer bewussten oder auch unterbewussten Wahrnehmung einer sehr charakteristischen Auffälligkeit eines anderen Menschen aus. Solche Auffälligkeiten sind aber in aller Regel geistig-körperliche Defekte oder Eigenarten. In allen Bereichen des täglichen Lebens ist die Gefahr heute sehr groß, dass das Individuum die Defekte anderer imitiert. Deshalb kommt es besonders darauf an, diese Gefahr bei jeglichem kognitiven und motorischen Lernen auszuschalten oder wenigstens einzudämmen. Insbesondere gilt dies für das Verhältnis zwischen Lehrer und Schüler in unseren Schulen und Sporthallen und auch überall dort, wo Lehrer und Schüler einen so engen Kontakt haben, dass der Nachahmungsprozess zur Wirkung kommen kann.

Die meisten Kinder in den Schulen zeigen bei den ganz normalen Tätigkeiten Defekte, wenn sie ihr Selbst dabei einsetzen. Diese Defekte sind zu einem großen Teil durchaus sehr schwerwiegend. Und es werden alle nur denkbaren Verfahren und therapeutischen Übungen zu ihrer Beseitigung angewendet. Allerdings haben sich bei den Lehrern, die in unseren Schulen in diesen Bereichen eingesetzt werden, bis auf sehr wenige Ausnahmen allzu oft verstärkt Formen derselben oder anderer Defekte und Eigenarten ausgeprägt. Ein Lehrer, der diese Bezeichnung wirklich verdient, beeinflusst seine Schüler mit Sicherheit nicht nur in einer Weise. Die meisten Schüler haben die unterbewusste Neigung, ihre Lehrer generell zu imitieren. Ich habe ja schon die Aussage gemacht, dass die Auffälligkeiten eines Lehrers, die am stärksten ins Auge fallen, sich für die Schüler als die mächtigsten Anreize des Imitationsprozesses erweisen. Solche Auffälligkeiten sind beispielsweise Eigenarten der Stimmqualität, bestimmte Weisen, den Mund zu öffnen, die Arme zu gebrauchen, oder es sind Fehler beim Sprechen, bei der Stimmproduktion, beim Stehen, Gehen, Sitzen usw. Wenn es darum geht, die Begabung eines Schülers zur Imitation anzuregen, finden wir wahrlich alle möglichen auffälligen und charakteristischen Defekte und Eigenarten eines Lehrers, die dazu geeignet sind. Unter diesem Gesichtspunkt müssen wir uns ernsthaft Gedanken machen und uns auch Folgendes eingestehen: Alle Lehrer mit Eigenarten und Defekten, die das Ergebnis ihrer eigenen unzuverlässigen sinnlichen Wahrnehmung und eines unbefriedigenden Gebrauchs ihres geistig-körperlichen Organismus sind, sind für ihre Schüler nicht nur ein schlechtes Beispiel sondern ganz bestimmt auch eine Gefahr. Aufgrund dieses Störfaktors ist die Wahrscheinlichkeit gering, dass Lehrer und Schüler zufriedenstellende geistig-körperliche Ergebnisse erwarten können. Durch Nachahmung werden eher Defekte und negative Eigenarten erworben.

In allen Bereichen, in denen auf unterbewusster Basis gelernt wird, ist diese Tatsache zu berücksichtigen: Lehrer und Schüler haben die falsche Vorstellung, dass ein Schüler, der seinen Lehrer dabei beobachtet, wie er erfolgreich etwas vormacht, in der Lage ist, das gleiche zu tun und dabei ebenfalls erfolgreich zu sein. Dabei ist der Schüler davon durchaus überzeugt. Und der Lehrer hat die Gewissheit, dass er erfolgreich seinem Schüler zum Erfolg verhelfen kann, wenn er ihn lehrt, genau das zu tun, was er vermeintlich zu tun glaubt. [71)]

Wenn Schüler der schönen Künste den Auftrag erhalten, Künstler ihres Fachs zu beobachten, wie es in den heutigen Tagen so oft der Fall ist, ist den meisten von uns durchaus klar, dass sich diese Schüler fast ausschließlich von solchen charakteristischen Merkmalen beeindrucken lassen, die man eher zu den Fehlern des Künstler als zu ihren Vorzügen rechnen würde. Diese Charakteristika werden dann von den Schülern aufgegriffen und zu bestimmenden Faktoren, die ihre künstlerischen Gestaltungsmöglichkeiten verbessern sollen. Erfahrung lehrt uns aber beständig, dass diese Hoffnung ein Trugschluss ist. Zunächst einmal müssen wir feststellen, dass diese Charakteristika durchaus Fehler sein können, die bei dem betreffenden Künstler aufgrund seines Genies nicht so sehr ins Gewicht fallen. Es besteht die ganz reale Möglichkeit, dass der Künstler *trotz* und nicht wegen *dieser Fehler* erfolgreich ist. [72)] Aber nehmen wir ruhig einmal an, dass die übernommenen Charakteristika einen gewissen Wert besitzen. Dann gäbe es für einen Schüler nur einen Weg, um daraus in der Praxis einen Nutzen zu ziehen: Erstens müsste er an der Person, die ihm als Vorbild dienen soll, sehr genau studieren, wie sie ihren geistig-körperlichen Organismus verwendet, weil die jeweiligen Charakteristika bloß Ausdruck dieser Art des Organismusgebrauchs sind. Und zweitens wäre es notwendig, den Schüler so umzuschulen, dass er über denselben allgemeinen Gebrauch seines Organismus‘ und über dasselbe Niveau bei dessen Gebrauch verfügen könnte wie der Künstler, den er zu imitieren sucht.

III
EINE KONTINUIERLICHE BEFEHLSÜBERTRAGUNG ANSTELLE VON KONZENTRATION

Die im letzten Kapitel beschriebenen Erfahrungen lassen in der Tat keinen Zweifel: Ein so gebrauchter Imitationsprozess ist der spezifische Versuch, ein „Ziel“ zu erreichen. Oder anders ausgedrückt: Man wählt spezifische Merkmale aus, um sie auf spezifische Weise nachzuahmen. So führt der Imitationsprozess dazu, dass man nur auf spezifische Punkte oder Merkmale fixiert ist. Und eine derartige Fixierung bezeichnet man gemeinhin als „Konzentration“.

Eine solche Auffassung von Konzentration ist aber verhängnisvoll und einengend. Dies zeigt sich, wenn wir Konzentration danach beurteilen, wie sie sich in der Praxis darstellt und welche schädlichen Auswirkungen bei einem Menschen entstehen, der „sich konzentrieren“ will. Sie sind umso auffälliger, je mehr ein Lehrer darauf besteht, dass seine Schüler diese zweifelhafte Fähigkeit einsetzen.

Wie ist die Vorstellung entstanden, dass Konzentration hilfreich sein könnte? In welchem Stadium des Erziehungsverlaufs wurde sie als notwendig erachtet? Sehr wahrscheinlich steht hinter der Idee und dem Einsatz von Konzentration der Wunsch nach Leichtigkeit, Spontaneität und gesundem Vergnügen. Man wollte seinen Organismus in einer Weise benutzen, wie sie für die Menschen charakteristisch ist, von denen man sagt, sie könnten ihre Aufmerksamkeit vollständig auf das richten, was sie gerade tun wollen, und von der man annahm, dass sie erfolgreich sein würde. In diesem Zusammenhang wurde jedoch eines nicht berücksichtigt: Wenn ein Lehrer seinen Unterricht vernünftig aufgebaut hat und davon wollen wir gerne ausgehen, zeigen nur solche Kinder Symptome abschweifenden Denkens, wie es fehlende spontane Beobachtungsfreude und fehlende natürliche Neugierde sind, deren geistig-körperlicher Organismus nur schlecht funktioniert. Und dies kann man als gesichert annehmen: Ein Kind wurde noch vor 200 Jahren mit einem relativ verlässlichen Instinkt, mit einer normalen Atmung und mit all dem notwendigen geistig-körperlichen Rüstzeug geboren, das seine befriedigende Entwicklung ermöglicht hätte, wenn der Prozess seiner Erziehung über die Ebene bewusster Kontrolle verlaufen wäre und man dabei prinzipiell auch die *Mittel-und-Wege* bedacht hätte. Leider wurde er aber auf unterbewusster Basis erarbeitet, was nichts anderes heißt, als dass das Prinzip des „Zielstrebens" zur Anwendung kam. In der Folge haben die schädlichen Auswirkungen dieses Prinzips rasend schnell zugenommen. Bald war ein Stadium erreicht, in dem neben anderen Mängeln auch der Verlust an Aufmerksamkeit bei den Kindern beklagt werden musste. Der Zustand wurde auch als „Abschweifen der Gedanken" bezeichnet. Als dies dann ein Ausmaß erreicht hatte, dass etwas getan werden musste, war es nur natürlich, dass die pädagogisch geschulten Fachleute, die selbst allesamt unterbewusst gesteuert und kontrolliert und deshalb auch vom Prinzip des „Zielstrebens" dominiert waren, darauf verfielen, das Übel dadurch zu bekämpfen, dass Denken und Aufmerksamkeit nur auf ein einziges Thema oder einen einzigen Plan gerichtet zu sein haben. [73)] Nun definiert das Wörterbuch „konzentrieren", wie folgt:

- *sich oder etwas um einen Mittelpunkt zusammendrängen, sammeln, verstärken oder verdichten*
- *sich geistig sammeln, alle Aufmerksamkeit auf einen Gedanken, auf ein Ziel lenken* [A)]

Gerade diese zweite Definition ist allgemein geläufig und findet an dieser Stelle Anwendung. Das ist es also, wovon man sich Heilung versprochen hat. Wie wir alle wissen, hat man schon viele, viele Jahre darauf gesetzt und heute sind Anziehungskraft und Vertrauen in das, was die jeweilig betroffene Person unter „Konzentration" versteht, universell verbreitet. Es gibt heute kaum noch jemanden, der „Konzentrationsfähigkeit" nicht als wertvoll einschätzt. Wenn man jemanden damit konfrontiert, dass es sinnlos ist, sich zu konzentrieren, wird man mit Sicherheit Bemerkungen wie diese zu hören bekommen:

- „Sie wollen doch nicht etwa behaupten, dass wir unser Denken nicht auf das konzentrieren sollen, was wir gerade tun?“
- „Wie sollen wir denn unser Denken auf das gerichtet halten, was wir gerade tun, wenn wir uns nicht konzentrieren?“
- „Wir wollen doch immer unser Bestes geben! Der jeweilige Erfolg ist doch wohl abhängig von unserer Konzentrationsfähigkeit! Das kann man doch nicht bestreiten!“

Auch wird man argumentieren, dass man doch nur bei völliger Ruhe arbeiten könne oder dass jede Unterbrechung auch den Gedankenfluss unterbreche. Noch viele weitere Punkte werden gerne angeführt, um das Vertrauen zu rechtfertigen, das der Konzentration entgegengebracht wird. Tatsächlich gibt es nur einen vernünftigen Weg, um dieser Flut an fragwürdigen Argumenten zu entkommen: Ein Lehrer, der auf der Basis bewusster Kontrolle arbeitet, versucht seinen Gesprächspartner mittels geistig-körperlicher Demonstration zu überzeugen. Denn Argumente und Aussagen zu geistig-körperlichen Aktivitäten haben nur dann wirkliche Aussagekraft, wenn die jeweilige Person, die das Argument vertritt, eine praktische Demonstration von ihrem Wahrheitsgehalt geben kann. Und sie sollte auch hinter ihrer Argumentation stehen. Persönlich kann ich auf meinem Spezialgebiet jeden überzeugen, der willens und in der Lage ist, seinen Augen während einer solchen Demonstration zu trauen.[A)] Im Zuge einer Demonstration gehe ich dann folgendermaßen vor: Ich weise auf die geistig-körperlichen Verhaltensweisen einer Person hin, die an den Wert von Konzentration glaubt, wenn sie liest, schreibt, denkt oder wenn sie eine der vielen anderen Verrichtungen des Tages ausführt. Man wird feststellen, dass der Ausdruck der Augen dabei sehr angespannt ist. Es ist ein Ausdruck von Angst und Unwohlsein in ihnen zu erkennen, was zeigt, dass die Angstreflexe übermäßig erregt sind. Manchmal kann es vorkommen, dass die Augen auch verdreht sind. Insgesamt haben sie den Ausdruck des Starrens, den man immer bei Selbsthypnose antrifft. Des Weiteren ist auf den allgemeinen Gesichtsausdruck und das Gebaren von Rumpf und Gliedern hinzuweisen. Im gesamten Organismus ist ein unangebrachtes und schädliches Maß an Spannung zu erkennen. Und es kann auch gar nicht anders sein. Ein Mensch, dem Konzentration wichtig ist, sucht gar nicht bewusst und mit Verstand nach der Ursache oder den Ursachen, die seinen Defekt wahrscheinlich haben entstehen lassen. Er geht vielmehr unterbewusst vor, wenn er mit der Methode Versuch und Irrtum seine Probleme bewältigen will. Dies führt aber nur dazu, dass er ein Paket falscher „geistiger" Ansichten und „körperlicher" Spannungen durch ein anderes ersetzt, das noch weitaus gefährlicher ist.

Nehmen wir einmal folgenden Fall an: Jemand hat die Angewohnheit, eine bestimmte Handlung, sich hinsetzen ist ein gutes Beispiel dafür, mit sehr viel unnötiger „Körperspannung" auszuführen. Sein Lehrer hat ihn bereits auf seine Eigenart hingewiesen und hat mit ihm auch die Art und Weise erarbeitet, wie er oder sie sich ohne die überflüssige Anspannung hinsetzen kann: Er hat die für diesen Zweck notwendigen Anweisungen als Befehlskette an die Hand gegeben und hat die zuverlässige sinnliche Wahrnehmung vermittelt, ohne die eine befriedigende Ausführung der Befehle nicht möglich ist. Gehen wir jetzt weiter von folgendem Szenario aus: Anstatt die Anweisungen einfach der Reihe nach zu befolgen, ist es der Ansatz des Schülers, sich auf die Befehle zu „konzentrieren", wie er es nennen würde. Aber was wird dann wirklich geschehen? Er wird sich einen der Befehle aus der Befehlskette herauspicken und sich auf eine sehr spezifische Weise darauf konzentrieren. Die anderen wird er im Vergleich dazu eher vernachlässigen. Insgesamt missachtet er damit das neue Paket bewusster Befehle, die er sich im Zusammenhang mit der Tätigkeit des Hinsetzens erteilen sollte. Stattdessen wird ein anderes Befehlspaket Macht über ihn erlangen, das sich mit seiner Vorstellung davon deckt, was erforderlich sei, *wenn man sich konzentrieren will*. Gerade dieser letzte Teil seines Vorgehens ist so unvernünftig, wie nur irgendetwas sein kann. Er erreicht damit nämlich nur, dass seine alten, fehlgeleiteten Mitbewegungen aktiviert werden, die er unterbewusst mit dem Hinsetzen verbindet. Aber seine neuen, durchdachten Anweisungen im Zusammenhang mit dieser Handlung wirft er über den Haufen. Er baut einen Zustand auf, den ich an anderer Stelle als Bürgerkrieg im Organismus bezeichnet habe, mit all der großen, zusätzlichen Spannung und all dem großen, zusätzlichen Stress, die mit einem solchen Zustand immer einhergehen. Wenn der Lehrer dies dem Schüler sehr eindringlich dargelegt und ihn in der Konsequenz dazu aufgefordert hat, einfach in Ruhe dazusitzen und nichts zu tun, während die jeweiligen Körperteile vom Lehrer bewegt werden, kommt es erfahrungsgemäß zu folgendem Schülerverhalten: Sobald die Aufforderung, nichts zu tun, an ihn ergeht, zeigt er augenblicklich all die Anzeichen von angespannter und fixierter Aufmerksamkeit, die man genauso findet, wenn jemand aufgefordert worden ist, etwas Bestimmtes zu tun. Es ist die Art von Aufmerksamkeit, die wir auch mit jedem Konzentrationsversuch in Verbindung bringen. Wenn man mit einem Schüler darüber spricht, werden neun von zehn Schülern etwa so antworten: „Ich bemühe mich wirklich, nichts zu tun!“ Sie glauben doch tatsächlich, dass man etwas *tun* müsse, um nichts zu tun. Soweit kann es kommen, wenn wir uns von unserem Vertrauen in die Konzentration leiten lassen!

Allerdings ist die ganze Angelegenheit auch äußerst lehrreich, zeigt sie uns doch die Gefahr, in die wir uns begeben, wenn wir, um einen geistig-körperlichen Defekt wie das Abschweifen der Gedanken zu bekämpfen, ein spezielles Verfahren zu seiner Beseitigung einsetzen. Die Basis für diesen Defekt ist nämlich ein genereller falscher Gebrauch des geistig-körperlichen Organismus. Wenn sich bei einem Menschen der Hang zum mentalen Abschweifen ausgeprägt hat, finden wir bei ihm immer auch den Zustand unzuverlässiger sinnlicher Wahrnehmung und es zeigen sich in seinen Handlungen übermäßiger Stress und Anspannung, auf die man immer trifft, wenn jemand schlecht koordiniert ist. Ein Mensch in einem solchen Zustand wird in eine gefährliche Lage gebracht, wenn man ihn mit einem Verfahren zu heilen sucht, das auf ein spezielles Gebrechen abzielt. Auf der Ebene bewusster Kontrolle ist es durchaus möglich, der Gefahr zu entgehen, auf unterbewusster Basis ist diese Chance jedoch praktisch gleich null.

Nach den Gefahren, die mit sogenannter Konzentration verbunden sind, nun zu ihren einengenden Wirkungen. Wer Erwachsene unterrichtet, hat dies bestimmt schon festgestellt: Es ist schwierig, einen erwachsenen Menschen zu finden, der, wie man im Scherz oftmals sagt, gleichzeitig an mehr als eine Sache denken oder der etwas zufriedenstellend zustande bringen kann, wenn es den koordinierten Gebrauch von mehr als einem Teil seines Organismus erfordert. Wenn im Laufe einer Lernentwicklung verschiedene Teile koordiniert werden müssen, erfordert dies nämlich, dass bewusst und kontinuierlich Befehle an die jeweilig beteiligten Teile übertragen werden. Dabei dient der primäre Befehl [A)] der Steuerung und Kontrolle des primären Teils des Bewegungsablaufs. Und dieser primäre Befehl bleibt weiter bestehen, während die Befehle, die den sekundären Teil der Bewegung betreffen, übertragen werden, und immer so weiter, je nachdem, wie viele Befehle erforderlich sind. (Ihre Anzahl ist von den Anforderungen der Prozesse abhängig, die an der jeweiligen Bewegung beteiligt sind.) Gewöhnlich wird leider anders vorgegangen: Wenn zwei oder mehr Teile an der Erarbeitung einer Lösung beteiligt sind, wird die Übertragung des primären Befehls eingestellt, sobald diese Teile bei der primären Bewegung eingesetzt worden sind, sei es nun auf richtige oder falsche Weise. Dies betrifft ebenso alle anderen Befehlsübertragungen zu den anderen Teilbewegungen. Derartige Bemühungen, die sich von Teilbewegung zu Teilbewegung konzentrieren, sind ein weiteres Beispiel für das Prinzip des „Zielstrebens". Auf der anderen Seite verlangt eine kontinuierliche und bewusste Übertragung der Befehle eine offene und bedachte Geisteshaltung. Erst in dieser Haltung erlangt der Mensch eine klare Vorstellung von den Befehlen, die für die Ausführung der jeweiligen Bewegung notwendig sind. Erst dann ist er in der Lage, sie auch in einem richtigen Verhältnis zueinander zu übertragen. Dann führen die auf diese Weise koordinierten Befehlsreihen zu einem koordinierten Gebrauch des Organismus.

Es ergibt sich daraus im Umkehrschluss das Folgende: Wenn nun der Organismus des Menschen schlecht koordiniert gebraucht wird, ist auch die Bereitschaft nicht vorhanden, die Dinge rational und aufgeschlossen zu durchleuchten. Mit der fehlenden Bereitschaft kommt es auch nicht zu der Entwicklung einer immer klarer werdenden Vorstellung bezüglich der Befehle. Nun haben aber die meisten Menschen einen mehr oder weniger schlecht koordinierten Gebrauch ihres Gesamtorganismus und sind Vertreter der „Zielorientiertheit". So ist es auch nicht verwunderlich, dass so viele Schüler die Gewohnheit haben, die jeweiligen Befehle ohne Überlegung und *isoliert voneinander* zu übertragen. Befehle, die nicht unter dem Gesichtspunkt des koordinierten Gebrauchs der betroffenen Teile übertragen werden, führen aber dazu, *dass die jeweilige Bewegung falsch koordiniert ist.* Ein Schüler wird natürlich große Schwierigkeiten haben, seine Gewohnheit abzulegen, die sich aus seiner sprunghaften Aufmerksamkeit und aus seiner planlosen und unterbewussten Kontrolle und Steuerung gebildet hat, wenn er dann zum Unterricht kommt und aufgefordert wird, eine Abfolge miteinander verbundener Befehle zu übertragen, um seine Probleme auf einer Ebene bewusster Kontrolle anzugehen. In aller Regel wird es sich erweisen, dass der Schüler in der Tat keine Vorstellung davon hat, wie die verschiedenen Bewegungsteile und die dazugehörenden Befehle miteinander verbunden werden sollen. Er wird zwar, wie schon gesagt, die primären Befehle oder Anweisungen erteilen, die für den ersten Teil der Bewegung erforderlich sind. Wenn er aber an diesem Punkt angekommen ist, macht er keine Anstalten mehr, die Primärbefehle in Verbindung mit den Befehlen zu übertragen, die für den nachgeordneten Teil der Bewegung notwendig sind, auch wenn man ihn auf den wesentlichen Zusammenhang zwischen diesen beiden Teilen wieder und wieder hingewiesen hat. Hauptsächlich liegt dies an seiner irrigen Annahme, dass sein Geist nicht in der Lage sei, auf mehr als einen Punkt gleichzeitig Einfluss zu nehmen. „Ich kann nicht an so viele Dinge gleichzeitig denken", ist eine beliebte Schüleräußerung. Eine derartige Aussage korrespondiert vollständig mit obiger Definition des Begriffs Konzentration. Sie basiert aber auf einer Täuschung: Sein ganzes Leben lang beeinflusst der Mensch nämlich mit seinem Denken unterbewusst verschiedene Dinge gleichzeitig. Wenn dies nicht der Fall wäre, könnte er selbst die einfachsten täglichen Aktivitäten gar nicht erledigt haben.

Ein einfaches Beispiel soll dies verdeutlichen: Jemand sitzt auf einem Stuhl. Als ein Freund den Raum betritt, steht er auf, weil er etwas mit ihm besprechen will. Dies ist die Ausgangslage, in der der Stimulus ihn erreicht, sich aus der Sitzposition zu erheben. Seine Antwort auf den Reiz ist seine Entscheidung aufzustehen. In demselben Augenblick, da er zu dieser Entscheidung gelangt ist, werden die Befehle, die in Verbindung mit der stark eingeschliffenen Gewohnheit stehen, sich aus der Sitzposition zu erheben und sich hinzustellen, an die beteiligten geistig-körperlichen Mechanismen übertragen. Es kommt zur Durchführung des Vorgangs, der Aufstehen genannt wird. Sie endet in einer Position, von der die betreffende Person annimmt, dass es die sogenannte Standposition ist. Nehmen wir nun weiter an, dass dieser Mensch sofort in ein normales halbstündiges Gespräch oder eine längere wissenschaftliche Diskussion mit dem Freund verwickelt wird. Diskussion oder Gespräch nehmen ihn voll und ganz in Anspruch. Tatsächlich wird er unterstreichen wollen, dass er sich auf das Thema der Diskussion konzentrieren müsse, weil er ja eine gute Figur abgeben wolle. Was uns an dieser Stelle interessiert, ist die Analyse der *Art und Weise, wie* er sich verhält, wenn er steht, hat er sich doch über seine *Art und Weise zu stehen noch niemals Gedanken gemacht und macht es sich auch jetzt nicht bewusst.* Ich habe ja bereits von den Befehlsübertragungen gesprochen, die im Zusammenhang mit seiner Entscheidung aufzustehen, geleistet werden müssen. Sie müssen solange aufrechterhalten werden, bis er einen anderen Entschluss fasst und sich z. B. an eine andere Stelle hinbewegen will. Daraus lässt sich sehr klar erkennen, dass die Menschheit im Laufe ihres unterbewussten Entwicklungsprozesses auch die Fähigkeit entwickelt hat, Übertragungen von Befehlen kontinuierlich aufrecht zu erhalten. Sie sind also durchaus kein neues Prinzip in der Menschheitsentwicklung, sondern ein sehr altes und grundlegendes. Die Dauerübertragung von Befehlen ist tatsächlich wichtige und notwendige Grundlage, wenn es darum geht, einen Schüler zu koordinieren und umzuschulen. Sie ist bei dieser Arbeit unverzichtbar!

Bei all diesen Überlegungen ist dies ein Punkt, der von besonderem Interesse ist: Das vorherrschende Vertrauen, das man der Konzentration im Allgemeinen entgegenbringt, geht Hand in Hand mit der Akzeptanz des Prinzips „Zielorientierung". Konzentration ist nicht darauf gerichtet, prinzipiell und im Zusammenhang die *Mittel-und-Wege* zu bedenken, *mit denen* ein „Ziel" zu erreichen ist. Sie zielt nicht darauf, das Denken auf so viele Bereiche (durch unablässige Befehlsübertragung) Einfluss nehmen zu lassen, wie für den jeweiligen Zweck notwendig sind. Jemand, der die Meinung vertritt, dass für jeglichen Erfolg Konzentration eine Voraussetzung ist, hat vielmehr die geistig-körperliche Neigung, mit seinem Denken nur ein einziges Objekt beeinflussen zu wollen. Ein solcher Denkansatz folgt dem Prinzip „Zielorientierung". Dieses Prinzip ist der direkte Gegenpol des Prinzips, das die *Mittel-und-Wege* bedenken will. Ein Denkansatz, der jedoch die *Mittel-und-Wege* in den Fokus stellt, erfordert die Fähigkeit, auf ein Dutzend und mehr Gegenstandsbereiche Einfluss zu nehmen, wenn es notwendig ist. Und er hat *eine ganze Reihe* von Dingen unter genauer Beobachtung, die alle gleichzeitig geschehen und auf eine gemeinsame Konsequenz hinauslaufen: die Dauerübertragung bestimmter Befehle.

Bei nahezu allen Menschen ist die Meinung vorherrschend, dass es sich als ein Hindernis oder eine Störung erweisen würde, wenn man sich zu den Bereichen des alltäglichen Lebens beim Gebrauch des geistig-körperlichen Selbst Gedanken über die *Mittel-und-Wege* machte. Diese Menschen sind sich ganz sicher, dass sie ihre Aufmerksamkeit nicht zwei Dingen gleichzeitig schenken können, dass sie also nicht in der Lage sind, gleichzeitig auf sich selbst und ihre Arbeit, ihr Geschäft oder ihren Beruf zu achten. Es scheint ihnen gar nicht in den Sinn zu kommen, dass ihr geistig-körperliches Selbst das Instrument oder die Maschine ist, mit dem (der) sie ihre Geschäftstätigkeit oder ihren Beruf ausüben. Und es scheint Ihnen auch nicht klar zu sein, dass deshalb die Erfolgsaussichten ihrer geschäftlichen oder beruflichen Aktivitäten weitestgehend von dem Funktionsniveau dieses Instruments oder dieser Maschine abhängen. Da dieses Instrument aber das *Werkzeug* ist, *mit dem* sie erst in die Lage versetzt werden, ihr Geschäft oder ihren Beruf erfolgreich fortzuführen, muss dieses doch wohl die natürliche Konsequenz sein: Sie sollten dafür sorgen, dass dieses Instrument, diese Maschine bestens funktioniert. Erst wenn dies gewährleistet ist, können sie ihrem Geschäft oder ihrem Beruf die ausreichende Aufmerksamkeit zu Teil werden lassen, die dafür nötig ist. So kommt das Eingeständnis, dass es ihnen unmöglich sei, diese beiden so wichtigen geistig-körperlichen Prozesse, die zudem vollständig miteinander verwoben sind, Hand in Hand auszuführen, einem anderen Eingeständnis gleich: Sie drücken damit aus, dass die Aufmerksamkeit, die sie den *Mitteln* zu Teil werden lassen, *mit denen* sie ihre „Ziele“ wohl erreichen könnten, es ihnen unmöglich macht, diese „Ziele“ tatsächlich zu erreichen. Dies ist wahrlich absurd! Ein solches Eingeständnis würde in der Tat dazu führen, dass die Entwicklung der Menschheit insgesamt auf der gegenwärtigen Stufe eingefroren bleiben würde. Die erreichte Stufe ist wahrlich nicht sehr hoch, wenn wir das Potenzial des Menschen in Betracht ziehen und wenn wir berücksichtigen, dass beide Prozesse bereits in der Entwicklung der Tiere und der wilden Stämme voneinander abhängig waren: Wenn die Kreatur sich selbst gebrauchte und wenn sie dieses Selbst bei den Aktivitäten des Lebens einsetzte, waren dies schon damals Prozesse, die sich gegenseitig befruchtet haben. [A)]

In einer Welt, in der der Mensch gewöhnlich nicht nur dem vertraut, was „Konzentration“ genannt wird, sondern in der sie auch beständig in der Praxis verwendet wird, werden schon bei der bloßen Vorstellung des Wortes selbst und seiner nur vorgestellten Verwendung in der Praxis all die geistig-körperlichen Defekte des betroffenen Menschen aktiviert. Wenn er einige dieser Defekte wahrnimmt, glaubt er doch tatsächlich, dass das, was er unter „Konzentration“ versteht, sie beseitigen wird. So ist es auch nicht verwunderlich, dass er sich nicht in der Lage sieht, mehr als eine Sache gleichzeitig zu tun oder zu bedenken, wenn er sich erst einmal in einen dermaßen einengenden Prozess hat hineinziehen lassen. Die schädliche geistig-körperliche Verfassung, die sich so eingestellt hat, ist keineswegs geeignet, einen so zufriedenstellenden Funktionszustand herzustellen, der allumfassend wäre.

Wenn wir uns auf der anderen Seite die Fortschritte ansehen, die die Schüler gemacht haben, die auf allgemeiner Basis umgeschult worden sind, finden wir in ihnen den Beweis, dass jemand sehr wohl lernen kann, den *Mitteln-und-Wegen* die nötige und kontinuierliche Aufmerksamkeit zu schenken, *mit denen* seine geistig-körperlichen Mechanismen mehr als nur zufriedenstellend gebraucht werden können. Es ist der Beweis, dass man sein Denken durchaus unablässig auf diese *Mittel-und-Wege* gerichtet halten kann, während die Mechanismen bei den normalen Tätigkeiten des Lebens zum Einsatz kommen, ob als Geschäftsmann, im Berufsleben oder bei jeder anderen Tätigkeit. Das Ergebnis dieser Fähigkeit, für die sich wirklich jede Mühe lohnt, ist eine beständige Zunahme allgemeiner geistig-körperlicher Gesundheit. Die Maschine Mensch ist sehr wohl in der Lage, viele Dinge gleichzeitig zu tun. Und in den Fällen, in denen ein durchgängiger geistig-körperlicher Koordinationszustand vorhanden ist, (in einem solchen Zustand ist auch der Prozess wahrer Konzentration gegenwärtig,) ist es dem Handelnden überhaupt nicht bewusst, dass er im Einklang mit dem Prozess der Konzentration handelt, genauso wenig wie er den Prozess der Koordination wahrnimmt. Es ist auf jeden Fall sehr unwahrscheinlich, dass ein Mensch, der bestens koordiniert ist, einen Gedanken daran verschwendet, dass es für die Bewältigung einer Aufgabe notwendig sein könnte, sich zu konzentrieren. Und da er keine Notwendigkeit dafür sieht, wird er diesen Konzentrationsprozess auch nicht unter dem Gesichtspunkt betrachten, dass er diesem Prozess bei der Bewältigung seiner Aufgabe eine spezielle Aufmerksamkeit widmen sollte. Zufriedenstellende Koordinationsverhältnisse und die Handlungen eines so koordinierten Lebewesens, wie ich sie dargestellt habe, stehen für eine Form von Konzentration, wie sie niemals erreicht werden kann, wenn man darauf achtet, „konzentriert zu sein“ oder wenn man einen anderen dazu anhält, „sich zu konzentrieren“.

Mit diesem Buch will ich vor allem einen Trugschluss entlarven: Einen schlecht koordinierten Menschen dazu aufzufordern, er solle mit Hilfe von schriftlichen oder mündlichen Instruktionen einen Defekt oder eine Eigenart beseitigen, sei erfolgversprechend. Dies ist wahrlich nicht der Fall! Nun ist jeder, dem es nicht gelingt, „sich zu konzentrieren", in dem Sinne, dass er nicht bei der Sache bleiben kann und seine Gedanken abschweifen, zweifelsohne ein schlecht koordinierter Mensch. Jemanden aufzufordern, er solle seinem Konzentrationsmangel begegnen, indem er „sich konzentriert" oder indem er „lernt sich zu konzentrieren", so wie er diese Vorgänge versteht, kann eine starke und künstlich herbeigeführte Persönlichkeitsspaltung bewirken. Wenn ein Defekt oder eine Eigenart wirklich beseitigt werden soll, ist es notwendig, auf einer allgemeinen Basis zufriedenstellende geistig-körperliche Koordinationsverhältnisse wiederherzustellen. Bei einem solchen Vorgehen kommen dann auch die Prozesse wahrer Konzentration zur Anwendung.

IV
GEDÄCHTNIS UND SINNESEINDRÜCKE

Die Lehrer der meisten Schulformen von heute nehmen durchaus den wachsenden Verlust an Aufmerksamkeit auf Seiten der Schüler wahr. Sie scheinen darüber sogar ungewöhnlich beunruhigt zu sein, wenn sie dann feststellen müssen, dass sich ihre Kinder nicht mehr so „konzentrieren können", wie sie es nennen. Was sie allerdings nicht so sehr beunruhigt, ist ihr zunehmender sogenannter „Gedächtnisverlust". Kann es sein, dass er ihnen gar nicht in dem Maße auffällt, wie es eigentlich sein sollte, ist er doch bereits zu einem Problem geworden? Wie dem auch sei. Es kann kein Zweifel daran bestehen, dass den Lehrern eine Tatsache vollständig entgeht: Wenn Schüler lernen sollen, „sich zu konzentrieren", dann führt dies im Allgemeinen zu einer Störung der Erinnerungsprozesse. Und auch die daraus folgenden Bemühungen im Zusammenhang mit der Tätigkeit „sich konzentrieren" mindert ihre Gedächtnisleistung. (Sich erinnern ist hier im weitesten Sinne zu betrachten.) Diese Störung bewirkt, dass die Eindrücke, die gespeichert werden, unausgewogen, eingeschränkt und oft auch einfach falsch sind.

Es gibt allerdings heute auch schon viele Menschen, die die Einsicht gewonnen haben, dass ihre „Gedächtnisleistung" abnimmt. So werden vermehrt Versuche unternommen, diesen Gedächtnisverlust mit Hilfe von systematischer Gedächtnisschulung, in „mentalen Trainingskursen" und ähnlichem auszugleichen. Und auch hier ist es wieder die gleiche Vorgehensweise, die kritisch zu hinterfragen ist, denn alle diese Systeme basieren auf dem Prinzip „Zielorientierung". Keines davon unternimmt den Versuch, die jeweilige fehlerhafte Ausdrucksform, in diesem Fall die schlechte Gedächtnisleistung, mit den anderen geistig-körperlichen Defekten in einen Zusammenhang zu bringen, die sich zusammen mit dem schlechten Gedächtnis sicherlich ausgebildet haben. (Wir erinnern uns: Nicht anders war der Umgang mit dem Phänomen abschweifender Gedanken.)

Wenn jetzt ein Stadium in der Menschheitsentwicklung erreicht ist, dass das, was man gemeinhin als „Gedächtnisverlust“ bezeichnet, zu einem mehr oder weniger allgemeinen Defekt geworden ist, steht es uns gut zu Gesicht, die daran beteiligten geistig-körperlichen Bedingungen zu untersuchen, wie es auch eine gute Idee ist, die verschiedenen falschen Gebrauchsweisen der geistig-körperlichen Mechanismen genau unter die Lupe zu nehmen, die die Entwicklung dieser Bedingungen überhaupt erst ermöglicht haben. Nun sind es aber Eindrücke, die in Folge eines Stimulus oder mehrerer Stimuli im Gedächtnis gespeichert werden. Wie lange sie aber im Gedächtnis verbleiben, ist abhängig von bestimmten geistig-körperlichen Prozessen, die die Abspeicherung der Eindrücke betreffen. Die Effektivität dieser Prozesse hängt wiederum vom geistig-körperlichen Allgemeinzustand des Menschen ab. Eine ganz wesentliche Rolle spielt dabei auch das Niveau der sinnlichen Wahrnehmung zu dem Zeitpunkt, wenn die Eindrücke jeweils im Gedächtnis gespeichert werden. Zudem haben die äußeren Bedingungen einen gewissen Einfluss: Sie führen bei dem betroffenen Menschen zusammen mit seinem geistig-körperlichen Funktionsniveau zu Veränderungen der Prozesse, die die Abspeicherung regeln. Und ein weiterer Faktor dabei ist die Frage, in welchem Maße das Individuum in der Lage ist, das neue Wissen und die neuen Erfahrungen, die durch den Stimulus oder durch mehrere Stimuli übermittelt worden sind, mit dem vorhandenen Wissen und den vorhandenen Erfahrungen zu verknüpfen. Unsere Lebensgewohnheiten sind nun einmal Ausdruck unserer geistig-körperlichen Funktionsweisen. So werden auch unsere Gewohnheiten von ihnen regiert, wenn es darum geht, Eindrücke zu registrieren und im Gedächtnis zu speichern. Und eigentlich werden alle unsere Aktivitäten von unseren Funktionsweisen beeinflusst.

Wer wollte also daran zweifeln? Die sich ausbreitende Gewohnheit der Lektüre von Zeitung und Unterhaltungsliteratur und, was damit in direktem Zusammenhang steht, die abnehmende Auseinandersetzung mit Büchern und anderen Materialien, die zu wertvollen Erkenntnissen führen können, ist von schädlichen geistig-körperlichen Gewohnheiten begleitet worden, die starke Auswirkungen auf die Gedächtnisleistung des heutigen Menschen haben. Und diese Auswirkungen prägen sich je nach geistig-körperlichem Funktionsniveau des Einzelnen stärker oder schwächer aus. Warum studieren die Menschen das Gedruckte, das in bestimmten Büchern enthalten ist, und wollen es auch im Gedächtnis behalten? Sie erhoffen sich doch wohl, dass sie dadurch dauerhafte Erkenntnisse erlangen können! In der Regel lesen sie aber das Gedruckte in den Zeitungen, Illustrierten, Magazinen und was es sonst noch von dieser Art gibt nur hastig und unternehmen nichts, um das Gelesene zu memorieren. [A)] Auf dieselbe Art und Weise werfen sie einen Blick auf die Tagesnachrichten und registrieren davon nur das Wenigste. Für den Tag oder die Woche mag dies vielleicht genügen. Wenn sie sich aber nach einem Monat erinnern wollen, verschwimmt das Gelesene bereits im Dunst des Vergessens und nach einem Jahr wird der Gedächtniseindruck schließlich völlig verschwunden sein. Beim Lesen nur eher oberflächliche Eindrücke aufzunehmen, ist eine Gewohnheit, der tagtäglich Millionen von Menschen erliegen, die nur sehr selten zu Studienzwecken ein Buch lesen. Diese Form des Lesens würde es ihnen aber ermöglichen, genaue und dauerhafte Gedächtniseindrücke zu sammeln. Das „Überfliegen" eines Textes, womit eher nur schwache Eindrücke von den gelesenen Inhalten aufgenommen werden, ist dahingegen eine wahrlich schädliche Angewohnheit. Es wird aber sehr schnell zu einer Gewohnheit, wenn es erst einmal als Lesemethode akzeptiert worden ist. Sehr schnell merkt die betreffende Person, dass ihr Gedächtnis in allen Bereichen nachlässt.

Das, was wir mit „Gedächtnisverlust" bezeichnen, ist ein mehr oder weniger genereller Defekt, wenn es darum geht, Wissen zu erinnern und sich ins Gedächtnis zu rufen. Dieser Defekt hat sich immer mehr in den letzten zwanzig, dreißig Jahren ausgeprägt. Letztendlich muss er, wenn er nicht rechtzeitig entdeckt wird, die Zweckmäßigkeit unserer geistig-körperlichen Prozesse untergraben, wie es jede Geisteskrankheit oder jedes andere hartnäckige Übel auch tut. Das Denken ist nämlich davon abhängig, dass erinnerte Fakten mit neuen anderen Fakten, die der Reiz für die entsprechenden Prozesse sind, assoziiert werden. Daraus ergibt sich: Wenn das Gedächtnis versagt, wird es auch nicht zu befriedigenden Denkprozessen kommen.

Wir wollen ja die Wirkungen bestimmter Gewohnheiten im Gebrauch der Sinne in Verbindung mit der Gedächtnisleistung untersuchen. Unter diesem Gesichtspunkt ist es sinnvoll, die gegenseitige Abhängigkeit von Aktion und Reaktion der sinnlichen Wahrnehmung und der sogenannten geistigen Aktivitäten zu beleuchten. Das, was die Stimme des Menschen überträgt, erreicht unser Bewusstsein über das Gehör. Das geschriebene Wort wird über den Sehsinn aufgenommen. Dann gibt es noch all die Reize, die vom Gefühl, vom Tast- und vom Geruchssinn u. a. verarbeitet werden. Auf eine ganz allgemeine Weise spielen unsere Sinne bei allen Denk- und Erinnerungsprozessen die führende Rolle. Tatsächlich gilt dies für die große Spannbreite der geistig-körperlichen Aktivitäten insgesamt. Das Funktionsniveau der sinnlichen Wahrnehmung bestimmt direkt oder indirekt das Funktionsniveau der Denk- und Erinnerungsprozesse.

Der Leser kann wahrscheinlich auf Beispiele äußerst bemerkenswerter Gedächtnishöchstleitungen verweisen, die Menschen in dem einen oder anderen Bereich erbracht haben. Meine Erfahrung ist es jedoch, dass in derartigen Fällen den exzellenten Gedächtnisleistungen in dem einen Bereich Minderleistungen in allen anderen Bereichen gegenüberstehen. Zudem kann man sagen, dass all diese Fälle nicht der Normalfall sind. So kenne ich einen jungen Mann, dessen Abnormität sich in der Art und Weise äußerte, wie er mit Fahrplänen u. ä. umging. Wenn man ihn bat, eine Zugverbindung zu einem bestimmten Ort und zu einer bestimmten Zeit herauszusuchen, hat er im Kursbuch [A)] die entsprechende Seite aufgeschlagen und seine Augen über alle aufgelisteten Verbindungen wandern lassen, um die gewünschte Verbindung herauszufinden. Ganz offensichtlich hat er den Fahrplan nur flüchtig überflogen. Dies reichte aber vollkommen aus, um die gesamte Liste im Gedächtnis zu behalten. Wenn er dann, sagen wir etwa drei oder vier Monate später, die Zugabfahrtszeiten in einem beliebigen Zeitfenster von zwei Stunden aufzählen sollte, konnte man sicher sein, die richtigen Auskünfte zu erhalten. Ständig vergaß dieser selbe junge Mann aber seinen Regenschirm im Bus. Wenn er irgendeinen Artikel kaufen wollte, der durchaus häufiger im Haushalt gebraucht wird, hatte er im Geschäft vergessen, was er eigentlich kaufen wollte und er kehrte ohne diesen Gegenstand nach Hause zurück. Wenn man ihn unter ganz normalen Intelligenzmaßstäben beurteilen sollte, und von dem her, was das normale Leben von einem Menschen verlangt, war er in der Tat ein ziemlich hoffnungsloser Fall.[74)] Er war das typische Beispiel für einen Menschen, dem bemerkenswerte Gedächtnishöchstleitungen in einem singulären Bereich gelangen, der aber gleichzeitig erhebliche Defizite in seinem Denken und in seinem Erinnerungsvermögen bei den normalen Tätigkeiten des Lebens offenbarte. Dieser Zustand war gekoppelt an eine sinnliche Wahrnehmung, die ihn in die Irre leitete. Davon habe ich mich persönlich überzeugen können.

Darüber gibt es ja wohl kaum einen Zweifel: Der Boden für das, was wir „Gedächtnisverlust" nennen, wird schon im Laufe der verschiedenen Prozesse bei allen Formen der Erziehung bereitet. Besonders auffällig in diesem Zusammenhang ist die Entwicklung schlechter Gewohnheiten bei allen Lehrprozessen, bei denen der Schüler aufgefordert ist, irgendeine „körperliche" Aktion auszuführen. Wir waren so unbesonnen, von jedem Kind die Teilnahme am Sportunterricht zu verlangen, ganz gleich welches Niveau der sinnlichen Wahrnehmung der einzelne Schüler hatte. Deshalb steht es auch zu erwarten, dass bei der Mehrzahl von ihnen schneller das Erinnerungsvermögen nachlässt als noch in den vorherigen Jahren. Ich bin darauf vorbereitet, den Wahrheitsgehalt dieser Aussagen vor jeder wissenschaftlichen Institution und vor jeder Versammlung intelligenter Menschen unter Beweis zu stellen. Als Beleg will ich ein Beispiel aus dem Unterrichtsbereich nehmen.

Wenn man sich die Mühe macht, Sportunterricht mit all den Spielen, Übungen und Trainingsformen in der Schule, in der Sporthalle oder im Freien genauer zu beobachten, wird man Folgendes feststellen können: Jedes der Kinder oder auch jeder Erwachsene müht sich hauptsächlich dabei ab, die Lektionen des Lehrers zu erlernen. Sie tun dies, indem sie sich das kleine Stückchen aus den Lehrerinstruktionen herauspicken, das sie besonders anspricht. Sie sind so konzentriert und so erfüllt von der Durchführung dieses Teilaspekts, dass sie die anderen Teile der Lektion völlig außer Acht lassen. Man braucht die Kinder nur zu fragen, um feststellen zu können, dass dies genau so der Fall ist. Ein Fachmann für geistig-körperliche Umschulung kann aus dem Ausdruck ihrer Augen und aus bestimmten anderen Verhaltensmerkmalen ganz sicher darauf schließen.

In diesem Zusammenhang kann ich von einer Situation berichten, die sich erst kürzlich während einer meiner Unterrichtsstunden zugetragen hat. Ich hatte einen Schüler gebeten, sich einige einfache Instruktionen anzueignen, die u. a. auch den Gebrauch der Lippen, der Zunge und der Kinnlade betrafen, genau in der angegebenen Reihenfolge. (Der Schüler war natürlich bereits darin eingewiesen, wie er seinen Organismus im Unterricht allgemein und koordiniert gebrauchen sollte.) Als ich ihm nun die Instruktionen das erste Mal erteilte, war deutlich zu erkennen, dass der Schüler, noch ehe ich mit meinen Ausführungen geendet hatte, den Versuch unternahm, die Instruktionen als einen „körperlichen" Prozess, als ein Körpergefühl zu verinnerlichen. Er wollte die Instruktionen in dem Moment, da sie gesprochen wurden, in ein Gefühl umsetzen, anstatt sie sich als einen Erinnerungsprozess anzueignen, anstatt, wie man sagt, sie „sich ins Gedächtnis einzuprägen".

Ich habe den Schüler erneut gebeten, nur zuzuhören, wenn ich ihm die Instruktionen vermittelte. Er sollte auf keinen Fall versuchen, mit den angesprochenen Teilen irgendeine Bewegung zu machen. Ich bat ihn eindringlich, sich nur auf den Prozess einzulassen, die Instruktionen im Gedächtnis zu speichern. Noch bevor ich überhaupt angesetzt hatte, ihm zum zweiten Mal die Instruktionen zu vermitteln, war der Schüler heftig damit beschäftigt, bestimmte Hals-, Lippen- und Unterkieferbewegungen zu machen. Als ich ihn dann fragte, warum er diese Bewegungen mache, war dies die prompte Antwort: „Ich will mich vergewissern, dass ich die Instruktionen verstanden habe.“ Ich erklärte ihm, dass seine Methode ganz bestimmt nicht der richtige und zufriedenstellende Weg sei, um sich ihrer zu vergewissern. Zuerst einmal solle er sich die Instruktionen stattdessen im Gedächtnis einprägen. Erst wenn ihm dies gelungen sei, wäre überhaupt eine gewisse Chance vorhanden, dass er sie im geistig-körperlichen Bereich umsetzen könnte, und das auch nur unter der Voraussetzung, dass bei der auszuführenden Handlung nicht nur die Instruktionen richtig umgesetzt würden, sondern auch die richtigen *Mittel-und-Wege* dabei zum Einsatz kämen.

Die mündlichen Instruktionen erreichen unser Bewusstsein über das Gehör, die schriftlichen über das Auge. Die Aktionen und Reaktionen, die Folge dieser Instruktionen sind, werden vom allgemeinen geistig-körperlichen Funktionsniveau des Organismus beeinflusst. Nur ist bei einem ganz normalen Kind oder Erwachsenen unserer Zeit das geistig-körperliche Funktionsniveau völlig unzureichend. Augenblicklich gerät ein Mensch deshalb in eine gefährliche Lage, wenn er eine beliebige Aktivität ausführen will, die nach neuen geistig-körperlichen Erfahrungen verlangt. Bei einer großen Anzahl der Fälle ist dieses Funktionsniveau inzwischen sogar so weit abgesunken, dass man von den betroffenen Menschen leider dieses feststellen muss: Sie befinden sich beständig in einer solch gefährlichen Lage, weil die Empfindungen, die sie steuern, unzuverlässig und auf eine schädliche Weise reine Täuschungen sind.

Auch das Folgende ist sehr leicht nachzuvollziehen: Da jeder Stimulus durch sinnliche Wahrnehmung in unser Bewusstsein gelangt, wird er von den geistig-körperlichen Bedingungen beeinflusst, die jeweils zur Zeit der Wahrnehmung vorgelegen haben. Es besteht auch nicht der geringste Zweifel daran, dass dieser Einfluss Auswirkungen auf die

Reaktion hat, die auf den Stimulus folgt. Ein und derselbe Reiz oder dieselben Reize können zu ganz verschiedenen Reaktionen führen. Dieser Tatsache sind wir uns ja durchaus bewusst. Wenn jetzt die Empfindungen, von denen ein Mensch geleitet wird, unzuverlässig und fehlerhaft sind oder auf Täuschungen beruhen, finden wir ganz bestimmte geistig-körperliche Bedingungen vor. Unter solchen Bedingungen können wir aber bei den ganz normalen „geistigen" Tagesaktivitäten mit Sicherheit nicht ein geistig-körperliches Funktionsniveau erwarten, das den Ansprüchen genügt. Bei Menschen, deren sinnliche Wahrnehmung unzuverlässig ist, ist gründliches und logisches Denken eine Seltenheit, insbesondere wenn ihre Kinästhesie verdorben ist.

Aber kehren wir zurück zu unserem Beispiel. Die vorliegenden Fakten zeigen eines sehr deutlich: Als der Schüler so zu Werke ging, wie er es tat, folgte er einem festen Plan, um sich die Instruktionen einzuprägen. In seiner Vorstellung war der Vorgang des Einprägens sehr viel mehr eine „körperliche" als eine „geistige" Leistung. In seinem speziellen Fall wäre sein Plan vielleicht sogar aufgegangen, wenn seine geistig-körperlichen Funktionen auf einem Niveau gewesen wären, wie sie es tatsächlich nur sein können, wenn die sinnliche Wahrnehmung zuverlässig ist. Aber das in diesem Zusammenhang interessanteste Erlebnis bei dieser Erfahrung insgesamt habe ich noch gar nicht erwähnt. Am Morgen nach besagter Unterrichtsstunde ließ ich den Schüler die Instruktionen wiederholen. „Ich kann mich jetzt nicht daran erinnern", war seine Reaktion. Wenn es noch eines Beweises bedurft hätte, hier war er erbracht: Der vorgefasste Plan, sich die Instruktionen einzuprägen, indem er sie zu erspüren sucht, war gescheitert. Wie hätte es auch anders sein können, verfügte er doch über eine wirklich sehr unzureichende sinnliche Wahrnehmung?

Die Gewohnheit, eine Handlung ausführen zu wollen, bevor man sich die dazu gehörigen Regel- und Steuerungsbefehle in Erinnerung gerufen hat, ist in einem solchen Fall verbunden mit einem im Vergleich zu den Willensprozessen unzureichenden Gebrauch der Entsagungsprozesse. Wenn ein Schüler nun neuen Erfahrungen gegenübersteht, bleiben die Prozesse, die eine Hemmung bewirken, deshalb weitgehend unwirksam. So entwickeln sich in ihm allmählich unausgewogene geistig-körperliche Verhältnisse, in denen die „geistigen" Eindrücke, die ihn während des Lernvorgangs erreichen, viel zu schwach und äußerst unzuverlässig sind.

Um in einem solchen Fall die Ausgewogenheit wiederherzustellen, ist es notwendig, zuallererst die Fähigkeit zu bewusster und durchdachter Entsagung zu entwickeln. Dazu muss die jeweilige Person lernen, vorsorglich erst einmal „Nein" zu sagen auf jeglichen Stimulus zu einer geistig-körperlichen Aktivität, und zwar solange, wie sie braucht, um genau zu beurteilen, *mit welchen* vernünftigen *Mitteln* das gewünschte Ziel zu erreichen ist. Und sie muss dann die Befehle wiederholen und sich ins Gedächtnis zurückrufen, die in Relation zu diesen Mitteln stehen. Erst danach darf der Schüler sie benutzen, um die Mechanismen, die für die jeweils auszuführende Handlung entscheidend sind, zu aktivieren und zu steuern.[75)]

V
STRESS UND ANSPANNUNG IN EINER KOMPLEXEN UND KOMPLIZIERTEN WELT

So oft bekommen wir zu hören, dass die Ursache für die allermeisten unserer Schwierigkeiten in den komplexen Anforderungen zu suchen sei, die das Leben im gegenwärtigen Stadium der Zivilisation an uns stellt. Es trifft aber viel mehr den Kern des Problems, wenn wir uns eingestehen, dass sich unsere tatsächlichen Schwierigkeiten primär aus dem Prinzip des „Zielstrebens“ ergeben, das noch so wenig entwickelt ist und das wir aber trotzdem fast weltweit im praktischen Leben verwenden, um den Anforderungen des Lebens zu begegnen. Die Folgen sind erheblich: In unserem unterbewussten und nicht unbedingt klugen Bemühen, uns an eine sich beständig verändernde Umwelt anzupassen, haben wir einen Zustand von Stress und Anspannung in unserem Inneren entwickelt. In unserer Unwissenheit betrachten wir ihn aber als etwas, das uns von außen bedrängt. Das Ganze nennen wir dann Zivilisationsfortschritt.

Da sind also zum einen Stress und Anspannung in unserem Inneren, wenn die geistig-körperlichen Mechanismen bei unseren ganz normalen Aktivitäten zum Einsatz kommen und wenn die zwingenden Bedürfnisse unseres Organismus‘ zur Aufrechterhaltung der Gesundheit befriedigt werden müssen. Die Fehler und Defekte im Bereich der Psychomechanik, von denen hier die Rede ist, sind nun die Folge von ungesunden und in die Irre führenden Prinzipien, die Auswirkungen auf unsere individuelle Entwicklung und unser individuelles Wachstum haben.

Und da sind zum anderen der Stress und die Anspannung, die aus dem erwachsen, was wir oftmals als den „täglichen Überlebenskampf“ oder auch als „Komplexität des Lebens“ usw. umschreiben. Wir erfahren Stress und Anspannung in unserem Bemühen, die Räder der komplexen, von Menschenhand geschaffenen Maschinerie des Lebens in

Schwung zu halten. Die Menschen sind diesbezüglich in vielen Bereichen gefordert: im Gesellschafts- und Sozialbereich, in Religion und Moral, in Industrie und Wirtschaft, in der Politik, in Erziehung und Ausbildung, und, und, und.

Diese beiden soeben skizzierten Bereiche von Stress und Anspannung können niemals getrennt voneinander betrachtet werden, denn unser ganzes gesellschaftliches, wirtschaftliches, politisches, moralisches und religiöses Leben hängt in seiner Gestaltung von den sehr speziellen Erfahrungen in unserem individuellen Leben ab. Die falschen Prinzipien, die in beiden Sphären für die Lebensäußerungen verwendet werden, sind ohne jegliche Einschränkung für diese schädlichen Bedingungen der Anspannung und für die instabile Lage, die sich genau in diesen Zeiten breit macht, verantwortlich. Wenn die Propheten, die Philosophen und die gesellschaftlichen Lenker die negativen Auswirkungen dieser falschen Prinzipien erkannt hätten, hätten sie in der Vergangenheit Weitsicht und Fähigkeit zu klarer Analyse bewiesen. Dass ihnen diese Analysefähigkeit und Weitsicht fehlten, ist mehr als nur bedauerlich. Genau diese Tatsache trägt wohl auch dazu bei, dass es eine wachsende Tendenz zur Uneinigkeit und nicht zur Einigkeit gibt, dass Unzufriedenheit anstelle von Zufriedenheit vorherrscht und dass Zwietracht und Feindschaft Frieden und Freundschaft ersetzen. Diese Bedingungen sind in ihrer Gesamtheit deutliches Anzeichen dafür, dass wir uns in einem ganz und gar nicht befriedigenden Stadium der Evolution befinden. Überall, wo wir auch hinblicken, gibt es Unruhen. In den Menschen ist eine Ruhelosigkeit, die „nervlicher Anspannung“ oder anderen ähnlichen Symptomen zugeschrieben wird. Das wirklich Alarmierende an all diesem ist aber die Tatsache, dass die Spannungen immer noch weiter zunehmen. [A)] Die giftigen Wurzeln des Krebsgeschwürs der Uneinigkeit dringen in alle lebenswichtigen Teile unseres geistig-mechanischen Lebens wie auch in unser Gesellschafts- und Wirtschaftsleben immer tiefer ein und breiten sich auch weiter aus. Uneinigkeit ist die Ursache für Verschlechterungen in diesen Bereichen und hat in vielen Fällen auch schon zur Demoralisierung geführt. Tatsächlich ist bereits ein alarmierendes Maß erreicht worden. Es gibt große Schwierigkeiten, die Prinzipien zur Anwendung zu bringen, die Einigkeit schaffen könnten. Zwar ist weltweit der Ruf nach Einigkeit in allen Bereichen zu vernehmen. „Vereint können wir widerstehen, als Einzelner sind wir dem Untergang geweiht“, ist eine Parole, die uns durchaus vertraut ist. Trotzdem finden wir in fast allen Bereichen menschlichen Handelns eine rasch wachsende Tendenz zur Trennung, ob nun in der Religion, in der Politik, in Fragen der Erziehung, in der Gewerkschaftsbewegung oder bei sozialen Fragen. Man muss sich nur die Geschichte der menschlichen Unternehmungen in den letzten paar Jahrhunderten vor Augen führen und sich fragen, warum die Zahl der verschiedenen Glaubenssekten, die Anzahl der unterschiedlichsten Erziehungssysteme, die Anzahl der politischen Parteien zugenommen hat oder warum es immer neue Gesellschaftsreformen gibt. Und was unter diesem Gesichtspunkt vielleicht am meisten auffällt, ist dies: Unter dem Banner der Gewerkschaftsbewegung gibt es Tendenzen, Maßnahmen zu ergreifen und Prinzipien zu verfolgen, die Einigkeit sogar verhindern. Es ist deshalb nicht ganz unberechtigt, diesen gesicherten Schluss zu ziehen: Die Ursache oder die Ursachen für die wachsende Zersplitterung in all diesen Bereichen sind in einem grundsätzlichen Fehler oder in mehreren solcher Fehler dieser Institutionen, die von den Menschen ja selbst eingerichtet worden sind, zu suchen. Wenn die Prinzipien dieser Institutionen in sich wirklich schlüssig gewesen wären, hätte ihre Anwendung tendenziell zu mehr Übereinstimmung geführt. Die Menschen, die unmittelbar damit befasst waren, haben es aber noch nicht einmal geschafft, Einigkeit über den relativen Wert der Prinzipien [A)] zu wahren, nach denen sie handeln wollten. Dies ist ein sicherer Beleg dafür, dass die Prinzipien an sich nicht schlüssig sind. Wie dem auch sei, einer wichtigen Tatsache müssen wir auf jeden Fall ins Auge blicken: Wir müssen feststellen, dass Uneinigkeit in einer Weise zugenommen hat, die höchst alarmierend ist und die zu Komplikationen bei den Aktivitäten der Menschen führen müssen, treten doch immer Komplikationen bei fehlgeleiteten Aktivitäten auf. Wenn das gegenwärtige System zur Strukturierung unseres Lebens so beibehalten wird, wird das Leben in hundert Jahren noch viel komplizierter geworden sein. Und es ist kein Ende dieser Entwicklung abzusehen. Es ist durchaus wahrscheinlich, dass die Komplikationen dann so zahlreich sein werden, dass die Menschen für das eigentliche Leben keine Zeit mehr haben!

Was ich damit sagen will, ist dieses: Die unbedachten Prozesse, die im Erziehungsbereich zu schädlichen Komplikationen führen, müssen auch in jedem anderen Lebensbereich zu Komplikationen führen, und zwar in einem noch stärkeren Maße. Das Versagen unserer Erziehungsmethoden findet seine Parallele in dem Versagen, Fortschritte in den Bereichen von Politik, Gesellschaft, Wirtschaft und Industrie, Religion und anderen zu machen. Die Lösungen für die Probleme in diesen Bereichen sind zudem sehr oft schädlicher als die Probleme selbst. Wie widersinnig ist es, die Menschen im Industriebereich aufwerten zu wollen, wenn man dies mit einer Vorstellung verknüpft, die ihre Moral untergräbt? Wenn sich die Tagesleistung des Arbeiters am schwächsten unter ihnen orientieren soll, führt ein derartiges System zwangsläufig zu einem Absinken des geistig-körperlichen Funktionsniveaus des Einzelnen. Bei der täglichen Arbeit unser Bestes zu geben, hat aber positive geistig-körperliche Wirkungen. Darüber sind wir uns doch wohl alle einig. Jemand, der aus dieser Quelle nicht länger Zufriedenheit und Glücksgefühle schöpfen kann, hat in der Tat ein nicht zu unterschätzendes Problem.

Oder nehmen wir den Politikbereich: Vernunft und Ehrlichkeit bleiben auf der Strecke, wenn Politiker Maßnahmen die Unterstützung versagen oder gar in Misskredit bringen, die sie durchaus für richtig und wertvoll für die gesellschaftliche Entwicklung halten, die sie aber allein deshalb ablehnen, weil diese Maßnahmen zufällig von einer politischen Partei vertreten werden, der sie selbst nicht angehören. Ein solches Verhalten ist dumm, aber leider gar nicht so unüblich. Wie man sieht, führt es beim Einzelnen zu Verrat, Vorurteilen, Selbstbezogenheit und zu „emotionalen Ausbrüchen". So wie die Dinge im Moment laufen, bedingen sich Politik und Verrat gegenseitig. Wenn der jeweilige Politiker danach trachtet, wiedergewählt zu werden, wird er auf Formen des Verrats zurückgreifen, zu denen er sich in anderen Lebenssituationen keinesfalls herablassen würde. So wird er insbesondere Versprechungen machen, die nie und nimmer zu erfüllen sind. Es macht ihm auch nichts aus, dass die Wähler dies sehr wohl erkennen könnten, wenn sie kritisch darüber nachdenken würden. Nur befindet sich die Menschheit noch in einem Stadium der Evolution, in dem das Denken noch vom Herdeninstinkt überlagert wird. Dieses Instinktverhalten lässt die Wähler auf die Persönlichkeit oder die Worte des Politikers hereinfallen, oder auf beides.

Die schädigenden Auswirkungen, die die Aktivitäten jedes Einzelnen haben, der schwerwiegende geistig-körperliche Defekte aufweist, sind in allen Lebensbereichen allgegenwärtig. Dies ist eine Tatsache, die wir akzeptieren müssen: Nicht die Menschen, die bei ihren Unternehmungen den Mitmenschen Schaden zufügen, drehen die Uhr der Zivilisation heute zurück. Es sind vielmehr all jene, die aufgrund ihrer Fehlsteuerung unter dem Einfluss von Vorurteilen und verdrehten Empfindungen stehen und die es sich trotzdem zur Aufgabe gemacht haben, sich für das Wohl ihrer Mitmenschen einzusetzen.

In den letzten 300 Jahren hat die Geschichte unserer Gesellschaft in den Bereichen Wirtschaft und Industrie, Politik, Religion, Erziehung, Medizin u. a. einen höchst bemerkenswerten Verlauf genommen: Es hat sich deutlich gezeigt, dass die Menschen, die mit Reformen, Fortschritt, Organisation und Zusammenhalt in der Gesellschaft befasst sind, in ihrer Grundeinstellung ohne Ausnahme ein spezifisches und „zielorientiertes" Vorgehen favorisiert haben und weiterhin favorisieren. Dort, wo das „Ziel" erreicht worden ist, waren neue Komplikationen das Ergebnis. Sie führten zu sozialen Spannungen und schädlicher Zersplitterung. Unter diesem Gesichtspunkt betrachtet, ist die Welt gegenwärtig wahrlich aus dem Gleichgewicht geraten. Wir müssen diese Tatsache berücksichtigen, wenn wir uns zufriedenstellend weiterentwickeln wollen. Es ist zwingend erforderlich, das geistig-körperliche Koordinationsniveau des Einzelnen nach und nach anzuheben. Es wird auch notwendig sein, auf eine Stufe bewusster Kontrolle zu gelangen, wenn es darum geht, den Menschen auf- und umzubauen. Auf dieser Stufe wird es möglich sein, die „Mittel-und-Wege“ grundsätzlich in den Fokus der Aufmerksamkeit zu stellen und den Grundsatz des „Zielstrebens“ aufzugeben.

Teil 4

DER ZUSAMMENHANG VON SINNLICHER WAHRNEHMUNG UND GLÜCKSEMPFINDEN

Ein kleines Mädchen wäscht seine Spielzeugtassen und trocknet sie ab oder es kleidet seine Puppe immer wieder an und aus. Ein kleiner Junge bastelt aus Holzklötzen und Bindfaden ein Auto oder eine Lokomotive oder setzt aus Legosteinen ein Haus, eine Brücke oder sogar das Modell einer funktionierenden Maschine zusammen. Wenn wir ein normales Kind beobachten, das eifrig damit beschäftigt ist, etwas zu tun, das sein Interesse voll und ganz in Anspruch nimmt, sind in seinem Spiel in der Tat alle charakteristischen Merkmale von Glück zu erkennen.

Es ist das Bedürfnis eines jeden normalen Kindes herauszufinden, „wie etwas funktioniert“. Dies ist der Grund, warum Kinder von Maschinen magisch angezogen werden. So ist dies auch nicht verwunderlich: Die Kinder haben in den Schulen ein gesteigertes Interesse an der Arbeit der Umschulung auf allgemeiner Basis gezeigt, in denen mit Experimenten gearbeitet worden ist. An den anderen Schulaktivitäten waren sie nur normal interessiert. Dies haben sie nämlich sehr schnell erkannt, dass sie selbst höchst interessante Maschinen sind und dass bei dem Prozess der eigenen Umschulung ihr natürliches Interesse an mechanischen Dingen reichlich Nahrung findet.

Es ist meine Erfahrung, dass dieses Interesse an der Funktionsweise ihres eigenen geistig-körperlichen Mechanismus‘ – es ist ein Zeichen von Klugheit - beständig und in allen Bereichen wächst. Kinder haben grundsätzlich den Wunsch, Kenntnisse über die Funktionsweise unbelebter Maschinen zu erwerben. Die geistig-körperlichen Prozesse, die diesen Wunsch erst einmal entstehen lassen und ihn begleiten, sind nämlich die gleichen, die im Zusammenhang mit dem Kenntniserwerb über den befriedigenden Gebrauch der eigenen Mechanismen in Aktion gerufen werden. Dies müsste doch jetzt allen Betroffenen klar sein: Bei allen Wachstums- und Entwicklungsprozessen eines Kindes oder Erwachsenen sollten zunächst einmal Erfahrungen beim Einsatz der Mechanismen des eigenen geistig-körperlichen Organismus' gesammelt werden. Erst danach ist es sinnvoll, in den anderen mechanischen Bereichen Erfahrungen zu machen. Wenn diese Reihenfolge eingehalten wird, werden die Erfahrungen, die später im Bereich unbelebter, mechanischer Experimente gewonnen werden, substantiell einen höheren Wert haben.

Man kann in einem Kind den Ausdruck von Interesse, Zufriedenheit und Glück hervorrufen, wenn man es geschafft hat, ihm das erste Mal das Verständnis[76)] dafür zu vermitteln, dass sein allzu verspannter Hals und vielleicht auch sein nach hinten gezogener Kopf tatsächlich nicht auf einem generellen Fehler seines Halses beruhen. Das Kind zeigt Glück und Zufriedenheit, wenn es verstanden hat, dass die Verspannungen seines Halses eine andere Ursache haben: Seine Halsmuskulatur tut nämlich Dinge, die eigentlich von anderen Mechanismen erledigt werden sollten.

Man wird auch die ungewöhnlichen Reaktionen der Befriedigung nicht vergessen, wenn das Kind schließlich gelernt hat, sich einer Reaktion auf einen Stimulus zu enthalten.[77)] Dann hat es die Fähigkeit erworben, auf einen Reiz „**Nein**" zu sagen, der zu einer fehlgeleiteten Aktivität führen würde. (In unserem letzten Beispiel würde dies bedeuten: Es sagt „**Nein**" zu seinem unterbewussten Wunsch, seinen Kopf zurückzuziehen und so den Hals zu verspannen.) Wenn das Kind die Befehle oder Anweisungen dann erteilt, die das Resultat durchdachter Vorstellung zu den richtigen *Mitteln-und-Wegen* sind, wird man in ihm den Ausdruck erwachenden Selbstvertrauens erkennen, weil dieser ganze Vorgang eine übermäßige Erregung der Angstreflexe prinzipiell verhindert.

Die Erfahrung hat uns gelehrt, dass Kinder an der Arbeitsweise ihrer eigenen geistig-körperlichen Maschinerie dann ein außergewöhnliches Interesse zeigen, wenn es bei den angewendeten Prozessen darum geht, auf allgemeiner und bewusster Basis umgeschult zu werden. Sie finden einen ganz neuen Zugang zu all den Handlungen, bei denen sie ihren sich beständig verbessernden Gebrauch tatsächlich anwenden können. Wenn sie z. B. herausfinden, dass sie durch die allgemeinen Anweisungen, die sie sich selbst bewusst erteilt haben, in ihrem Spiel ein höheres Niveau erreicht haben, sind sie glücklich. Und je mehr sie sich geistig-körperlich verbessern, umso glücklicher werden sie. (Diese bewussten, allgemeinen Anweisungen sind so grundsätzlich verschieden von all den spezifischen Anweisungen, die sie gewöhnlich von ihren Trainern und Sportlehrern erhalten haben.)

Was ist der Grund, dass die Mehrzahl der erwachsenen Menschen in der heutigen Zeit so unglücklich ist? Meine These lautet: Die Menschen machen die Erfahrung, dass sich der Gebrauch ihres geistig-körperlichen Selbst beständig verschlechtert anstatt sich zu verbessern. Diese These will ich im Folgenden belegen.

Die Verfallserscheinungen der Menschen zeigen sich in den Defekten, Mängeln, negativen Veranlagungen, Wutanfällen und ganz und gar nicht wünschenswerten Charaktereigenschaften, die sowohl im Schlaf als auch in den Wachzeiten einen Zustand von Aggressivität und Druck erzeugen. Für Menschen, die schlecht koordiniert sind, ist es charakteristisch, dass sie sich mit bestimmten Fehleinstellungen ihres Organismus durch das Leben kämpfen. Und diese Fehleinstellungen werden sich Tag für Tag, Woche für Woche weiter verschlechtern, solange sie erhalten bleiben. Sie fördern jenen unbefriedigenden Zustand, den wir „unglücklich sein“ nennen. Wie sollte jemand, der unter solchen Bedingungen sein Leben gestalten muss, nicht unglücklich und gereizt sein? Glücklich-Sein und Gereiztheit schließen sich aber gegenseitig aus! Und doch ist der Mensch gezwungen, seinen ohnehin schon gereizten Organismus bei all seinen geistig-körperlichen Aktivitäten einzusetzen, die das moderne Leben in der Zivilisation von ihm verlangen. Folglich ist dies nur logisch: Jegliche Anstrengung, die ein Mensch unternimmt, dessen Organismus bereits in gereiztem Zustand ist, macht den Menschen tendenziell noch gereizter. Deshalb werden seine Chancen, Glück zu empfinden, mit der Zeit weiter abnehmen und außerdem werden seine Glückserfahrungen von immer kürzerer Dauer sein. Am Ende wird ihm nichts anderes übrig bleiben, als im Zustand des Unglücklich-Seins Zuflucht zu suchen. Jedoch ist ein solcher geistig-körperlicher Zustand nicht weniger pervers als der Zustand, in dem ein Mensch eine verzerrte Form der Befriedigung daraus zieht, dass er Schmerzen erleidet, wenn es ihm sozusagen „eine Freude bereitet, bei schlechter Gesundheit zu sein."

Zu der Perversion, im Unglücklich-Sein Zuflucht zu suchen, kommen dann noch jene rein animalischen Verhaltensweisen, wie sie häufig bei pathologischen Verhältnissen auftreten. Diese animalischen Züge zeigen sich über die Maßen und auf schädliche Weise sowohl im Zustand tiefer Depression als auch im Zustand außergewöhnlicher Erregung, wenn bei dem Betroffenen Vernunft und Verstand auf der Strecke geblieben sind und er von seinen emotionalen Ausbrüchen beherrscht wird.

Die Erfahrungen, die ein Mensch macht, der unter derartigen Druck- und Erregungsbedingungen zu leben hat und der dann versucht, seinen gestressten Organismus auf allgemeine Weise bei seinen Aktivitäten des Lebens einzusetzen, lassen auf jeden Fall eine Erkenntnis zu: Sogar die nur gelegentlichen Glückserfahrungen werden bloß von außergewöhnlich kurzer Dauer sein und ihre Zahl wird im Laufe der Zeit weiter abnehmen. Ganz gleich, in welchen Bereichen der Einzelne sie auch macht, ob in der Ruhe und der Abgeschiedenheit, im Beruf, im Bereich der Allgemeinbildung, bei Spiel und Sport, bei Vergnügen oder bei seinen Freizeitaktivitäten, die Störfaktoren, wie es z. B. Druck und Gereiztheit sind, bleiben dabei mehr oder weniger unverändert. Die gleichen Erfahrungen, die jemand relativ schadlos übersteht, der im Besitz eines vergleichsweisen hohen Niveaus sinnlicher Wahrnehmung ist und der eher über vergleichsweise zufriedenstellend koordinierte geistig-körperliche Mechanismen verfügt, richten aber mit Sicherheit beträchtlichen Schaden an, wenn jemand in Folge einer sinnlichen Wahrnehmung, die in einem unzuverlässigen und schädlichen Zustand ist, vorher schon unter Druck und Erregung steht. Auf einen solchen Menschen haben Erfahrungen negative Auswirkungen, die für einen Menschen, dessen sinnliche Wahrnehmung zuverlässig ist, völlig problemlos sind.

Die geistig-körperlichen Bedingungen eines Menschen, der unter generellem Druck und Erregung steht, werden all seine Bemühungen, in welche Richtung auch immer, mehr oder weniger zum Scheitern bringen, je nach der Größe des Drucks und der Erregung. Nun gibt es wahrscheinlich keinen äußeren Stimulus, der stärkere Auswirkungen auf die Reizbarkeit eines Menschen hat, als Leistungsversagen, ganz gleich ob es relativ oder absolut ist. Nichts hat schlimmere Auswirkungen auf unsere emotionale Lage, auf unseren Selbstrespekt, auf unser Glücksempfinden oder unser Selbstvertrauen, ja sogar auf unser Naturell und auf unseren Charakter allgemein als das Scheitern an einer Leistung. Man braucht sich nur den Ausdruck und das Erscheinungsbild eines Menschen ansehen, der Erfolg im Leben hat, und diese vergleichen mit jemandem, dem der Misserfolg an den Fersen klebt. Oder vergleichen Sie einen Menschen, der gerade bei einer noch so einfachen Aufgabe Erfolg gehabt hat, ob bei der Arbeit, im Spiel oder beim Lernen, mit einem Menschen, dem soeben etwas nur relativ oder vollständig missglückt ist. Wenn wir dann diese Menschen an Tagen beobachten, an denen ihren Bemühungen Erfolg beschieden ist, wie klein er auch immer sein mag, muss auch dem letzten Zweifler klar geworden sein, dass Erfolg einen außerordentlichen Einfluss hat und für Glückserfahrungen zuträglich ist. Beobachten Sie einmal ein Kind im Schulalter oder in der Zeit davor bei seinen frühesten Bemühungen oder beobachten Sie einen Erwachsenen bei seinen Aktivitäten des Lebens, ganz gleich in welchem Bereich! Immer wird sich zeigen, sofern beide ihren Organismus richtig einsetzen, dass höchstes Glück und höchste Zufriedenheit herrschen. Die Brutstätte der Zuversicht ist der Erfolg und nicht der Misserfolg. Deshalb müssen auch die Erziehungsprozesse und unsere allgemeine Art zu leben auf Prinzipien basieren, die uns in die Lage versetzen, genau die *Mittel* zu ergreifen, *mit denen* wir unsere Ziele auf zufriedenstellende Weise erreichen können. Der Einsatz dieser *Mittel* wird sicherstellen, dass wir über einen hohen Anteil zufriedenstellender Erfahrungen verfügen, die Zuversicht vermitteln. Auf der anderen Seite bleibt der Anteil unbefriedigender Erfahrungen, die unsere Zuversicht unterminieren und uns unglücklich machen könnten, eher klein.

Ein anerkannter Spezialist hatte einen seiner Patienten zu mir geschickt. Er wollte meine Diagnose zu dem Fall hören, um dann meine Sicht der Dinge mit mir zu diskutieren. Ich musste ihm sagen, dass es kein Leichtes sein würde, seinen Patienten nach meinem System umzuschulen. Grund dafür seien sein wirklich ungewöhnlich unausgewogener Gemütszustand und seine überaus schädliche Reizbarkeit. Darauf war seine Erwiderung: „Beruflicher Misserfolg hat ihm ziemlich zugesetzt."

Im Folgenden werde ich auf diesen Punkt noch näher eingehen. Wir müssen dazu einen Blick auf die allgemeinen Erfahrungen werfen, die ein Mensch bei Spiel und Erholung macht. Wir können nämlich davon ausgehen, dass er zumindest in diesem Umfeld so handelt, wie es seine Wünsche und Begierden von ihm verlangen, und dass er hofft, bei Sport und Erholung geistig-körperliche Erfahrungen zu machen, die in ihm Glücksgefühle auslösen können.

Uns allen ist die Vorfreude nichts Unbekanntes, die sich durchaus bis zur freudigen Erregung steigern kann, wenn man erste Lernerfolge beim Golf, Kricket, Tennis, bei anderen Spielen oder bei anderen Formen der Freizeitgestaltung gehabt hat. Woher kommt diese Vorfreude? Es wird wohl so sein, dass die Menschen das, was sie mit dem Begriff Glück verbinden, bei diesen Aktivitäten im Überfluss zu finden hoffen. Es ist ja auch ohne Zweifel wünschenswert, dass uns Bereiche zur Verfügung stehen, die uns kontinuierlich zu Glückserfahrungen verhelfen. Und wir sollten auch mit zunehmender Erfahrung in dem jeweiligen Spiel oder bei der jeweiligen Form der Freizeitgestaltung immer zufriedener mit dem Ergebnis unserer persönlichen Anstrengungen bei der Ausübung des Spiels werden. Trotzdem wissen wir, dass in der Mehrzahl der Fälle die Glücksmomente entgegen jeder Erwartung mit den zunehmenden praktischen Erfahrungen bei diesen Formen der Freizeitgestaltung eher weniger werden, als dass sie zunehmen. Weil dies für die meisten von uns zutrifft, ist es sicherer Beweis dafür, dass etwas grundsätzlich falsch ist an der Art und Weise, wie die geistig-körperlichen Mechanismen von uns gebraucht werden. Es beweist, dass wir diese Mechanismen bei den jeweiligen Spielanforderungen oder der jeweiligen Freizeitgestaltung tatsächlich falsch einsetzen.

Und der Grund dafür wird sich uns sehr schnell eröffnen. Wir müssen uns nur vor Augen führen, welche geistig-körperlichen Erfahrungen ein Mensch machen wird, der sich dafür entschieden hat, sagen wir, Golf zu spielen. Als Beispiel soll uns ein ganz normaler Mensch dienen und nicht jemand, der eine außerordentliche Begabung dafür hat. Es ist seine erste Unterrichtsstunde mit einem Lehrer. Dabei ist es unerheblich, ob es sich um einen professionellen Golflehrer oder nur um einen Laien handelt. Wir können durchaus als gesichert annehmen, dass erstens die sinnliche Wahrnehmung des Schülers mehr oder weniger unzuverlässig ist. Damit verbunden ist, dass er seine geistig-körperlichen Mechanismen auf eine schlecht koordinierte Weise verwendet. Und wir können zweitens davon ausgehen, dass er bis jetzt noch keine *Umschulung auf allgemeiner Basis* erfahren hat. All dies, eine unzuverlässige sinnliche Wahrnehmung, eine schlechte Koordination und die fehlende *Umschulung auf allgemeiner Basis* treffen leider auch auf den Lehrer zu. Und das bedeutet auch, dass sich bei Lehrer und Schüler die Kenntnisse darüber, auf welche Weise die geistig-körperlichen Mechanismen tatsächlich zu verwenden sind, die in der aktuellen Unterrichtsstunde zum Einsatz kommen sollen, aufgrund nicht ausreichender und sogar schädlicher unterbewusster Erfahrungen gebildet haben. Ebenso sicher können wir davon ausgehen, dass sowohl in der Theorie als auch in der Praxis nur sehr wenige Kenntnisse über den Gebrauch dieser Mechanismen vorhanden sind, die auch bewusst sind. Und selbst diese wenigen sind nur Kenntnisse auf einer speziellen Basis. Wie diese Mechanismen aber auf allgemeiner Basis tatsächlich nach dem Prinzip von „Ursache und Wirkung“ zusammenwirken, dieser Punkt wird nicht in eine genaue Betrachtung mit einbezogen. Stattdessen wird, wie wir noch sehen werden, die Mehrzahl der Wirkungen, die eher zufällig identifiziert werden und eigentlich Symptome einer „Ursache“ oder von mehreren „Ursachen“ sind, so behandelt, als ob es nicht Wirkungen, sondern „Ursachen“ sind und man begegnet ihnen dann auch noch nach dem Prinzip der „Zielorientierung“.

Da sind die typischen Lehrerinstruktionen an den Schüler, die uns sehr vertraut vorkommen, wie z. B. der Schläger zu halten sei oder dass der Blick beständig auf den Ball gerichtet sein soll und all die anderen Dinge, die ein Schüler mit diesem oder jenen Teil seines Organismus vor, bei oder nach dem Schlag zu tun oder zu lassen hat. Leicht wird jeder Beobachter, der ausreichende Kenntnisse über den zufriedenstellenden Einsatz der geistig-körperlichen Mechanismen auf allgemeiner Basis besitzt, jedoch das Folgende erkennen: Der Schüler ist geistig-körperlich gar nicht dazu in der Lage, den Großteil der spezifischen Instruktionen, die es ihm ja ermöglichen sollen, mit seinen Schwierigkeiten fertig zu werden, zufriedenstellend umzusetzen. Jeder Versuch seinerseits, sie „zielstrebig“ auszuführen wird in der Praxis darin enden, dass seine Schwierigkeiten tatsächlich weiter zu- und nicht abnehmen. So ist es allgemein bekannt, dass die Mehrzahl der Golfer nicht „den Ball im Auge behalten“ kann. Aber weder Lehrer noch Schüler haben überhaupt eine Ahnung davon, welche geistig-körperlichen Störfaktoren dieses Versagen verursachen.

Im Rahmen dieses Buches ist es nicht möglich, bis ins Einzelne diese Störfaktoren beim Golfspiel zu diskutieren. Stattdessen will ich aber die Bemühungen des Schülers unter den Gesichtspunkten **Zuverlässigkeit der sinnlichen Wahrnehmung** und **Koordination auf allgemeiner Basis** analysieren. Zunächst möchte ich allerdings folgendes vorausschicken: In einem Ausbildungskonzept wie diesem, für das die beobachtete Lektion ein gutes Beispiel ist, wird einem Schüler keine praktische Hilfe in dieser Hinsicht angeboten. Mit ziemlicher Sicherheit ist der Lehrer nicht in der Lage, eine befriedigende Diagnose darüber zu erstellen, ob die sinnliche Wahrnehmung des Schülers zuverlässig ist. Genauso wenig wird er wohl wissen, ob ein Schüler auf allgemeiner Basis gut koordiniert ist. Wie dem auch sei, fest steht auf jeden Fall, dass der Lehrer zu beiden Punkten gar nicht erst den Versuch unternimmt, irgendeine Diagnose zu erstellen. Er wird einfach davon ausgehen, dass er seine Pflichten als gewissenhafter Lehrer erfüllt hat, wenn er seinem Schüler die jeweiligen Instruktionen vermittelt hat, wenn er ihm also gesagt hat, was er zu tun und zu lassen hat.

Einem Lehrer sollten jedoch verschiedene Dinge vollkommen klar sein: Er sollte wissen, dass beim Vor-und Rückschwingen des Schlägers eine ganze Reihe verschiedener Teile des Organismus‘ an der Ausführung der Instruktionen beteiligt sind, die der Lehrer seinem Zögling separat, eine nach der anderen erteilt hat. Auch sollte er wissen, dass diese Instruktionen miteinander verlinkt sind. (Dies verlangt von einem Schüler, dass er in der Lage ist, mehr als eine Sache gleichzeitig zu bedenken und dann in die Tat umzusetzen.) Und er sollte wissen, dass die verschiedenen Teile des Organismus‘ bei ihrem Zusammenwirken eine „harmonische“ Einheit bilden müssen. Oder einfacher ausgedrückt: Der Einsatz der beteiligten Mechanismen muss koordiniert ablaufen. Und doch erhält der Schüler keine Hinweise, *auf welche Weise und mit welchen Mitteln* er diese notwendige Koordination auf allgemeiner Basis beim Gebrauch seines geistig-körperlichen Selbst herstellen soll.

Die große Mehrheit der heutigen Menschen ist mehr oder weniger schlecht koordiniert. Darauf habe ich ja schon verschiedentlich hingewiesen und ich kann dies auch belegen. Wenn in heutiger Zeit aber schlechte Koordination der Normalfall ist, wie sollte es einem Schüler dann möglich sein, seinen geistig-körperlichen Organismus auf einer allgemeinen Basis zu koordinieren, um die spezifischen Instruktionen seines Golflehrers richtig umzusetzen? Tatsächlich wird ihm dies weder am ersten Unterrichtstag noch an einem der folgenden Tage gelingen. Erst wenn in einem Prozess der Umschulung ein verlässliches Niveau der sinnlichen Wahrnehmung erreicht worden ist, wird sich wieder ein zufriedenstellendes allgemeines Koordinationsniveau eingestellt haben.

Dies ist jetzt aber sehr deutlich geworden: Der Schüler, an dessen Unterricht wir als fiktiver Zeuge teilnehmen, ist wahrlich schlecht gerüstet, um erfolgreich die Lehrerinstruktionen umsetzen zu können. In einem nächsten Schritt werden wir den Schüler bei seinen Erfahrungen begleiten, die er macht, wenn er sich auf unterschiedlichste Weise darum bemüht, mit seinem nur wenig geeigneten Rüstzeug diese Instruktionen auszuführen.

Wir können wohl sicher davon ausgehen, dass der Lehrer schon bei der Ausführung des ersten Schlages den einen oder anderen Fehler des Schülers bemerkt und ihn auch darauf hingewiesen hat. Ebenso sicher können wir die folgende Schülerreaktion erwarten: Der Schüler wird anfangen, sich auf die verschiedenen Korrekturen zu konzentrieren, die im Zusammenhang mit seinen begangenen Fehlern vorgeschlagen worden sind. (Er arbeitet nämlich „zielorientiert“ und hält große Stücke auf einen Prozess, den er „Konzentration“ nennt.) Dann wird er den Ball erneut abschlagen. Bei diesem Abschlag wird sich zeigen, dass er für sich eine Entscheidung bezüglich der vorgeschlagenen Korrekturen getroffen hat: Eine von ihnen ist ihm sehr viel wichtiger als die anderen. Auf diese wird er sich fortan besonders konzentrieren, was aber bedeutet, dass er die anderen Korrekturen in der Praxis nicht weiter beachtet. Bei jedem weiteren Versuch wird dieser Prozess dann genauso wieder ablaufen.

Es ist zwar durchaus möglich, dass der Schüler mit seinem Konzept, sich auf die Korrekturen zu konzentrieren, erfolgreich den einen oder anderen Fehler beseitigen kann. Dies will ich an dieser Stelle aber noch einmal ausdrücklich betonen: Er wird nur mit Abstrichen erfolgreich sein, weil er anderen, ebenso wichtigen Korrekturen keine Beachtung schenkt und er sich jeweils nur auf eine Korrektur konzentriert. Wenn man mit Konzentration an eine Sache herangeht, führt dies allzu oft dazu, dass neue Fehler der Fehlerliste hinzugefügt werden. Auch darauf habe ich bereits in einem vorherigen Kapitel hingewiesen. Damit aber noch nicht genug! Der an dem Konzentrationsvorgang beteiligte geistig-körperliche Prozess führt unweigerlich zu einer übermäßigen Erregung der Angstreflexe. So baut sich allmählich ein emotionaler Zustand auf, der den Spielfortschritt empfindlich stört. Diese Gemütslage kann sich sogar zu einer festen Phobie ausweiten, die nicht nur Auswirkungen auf das Spiel des Schülers hat, sondern auch alle seine anderen Aktivitäten negativ beeinflusst. Eines steht aber fest: Wenn jemand, der schlecht koordiniert ist, unterbewusste Anstrengungen unternimmt, derartig spezifische Instruktionen umzusetzen, wie es hier der Fall ist, kann das Resultat insgesamt gar nicht befriedigend sein. Es kann nämlich nicht ausbleiben, dass die Mehrzahl der geistig-körperlichen Erfahrungen des Schülers Erfahrungen sind, die Schaden anrichten. Und sie müssen mit der Zeit sein Selbstvertrauen nach und nach unterminieren, wenn ihm allmählich sein relatives oder auch vollständiges Versagen bewusst wird. Neben der übermäßigen Erregung der Angstreflexe und der Entwicklung schädlicher emotionaler Bedingungen, die mit einem Zustand verbunden sind, in dem der Mensch vergleichsweise unglücklich ist, fügt der Verlust der Zuversicht der ganzen Situation einen weiteren Störfaktor hinzu.

Der Aufbau von Vertrauen und Zuversicht ist ein für die Entwicklung eines Menschen überaus entscheidender Faktor. Vertrauen und Zuversicht stellen sich bei einer Lernmethode ein, die dem Schüler die richtigen *Mittel-und-Wege* an die Hand gibt, mit denen er grundsätzlich ein Ziel angehen kann. Mit dieser Lernmethode gelangt er in den Besitz dieser *Mittel-und-Wege,* noch bevor er ein Ziel in Angriff nimmt. In der Folge wird jeder ausgeführte Versuch dann von vornherein mehr oder weniger erfolgreich sein. Reihenweise wird er daraufhin befriedigende geistig-körperliche Erfahrungen machen. Unbefriedigende Erfahrungen sind die Ausnahme. Im Zuge dieser Erfahrungen stellen sich Zuversicht und Vertrauen, die auf Denkprozessen beruhen, und ein Glückszustand ein, mit denen der „vollkommene Aufstieg“ des Menschen auf die Ebene des Bewusstseins verknüpft sind.

Auffallend oft sind bei den Menschen in unserer zivilisierten Welt Ruhelosigkeit, Unglücklich-Sein und fehlendes Interesse an den wirklich wichtigen Dingen des Lebens ein Grundmuster ihres Lebens. Wir sollten deshalb alle Anstrengungen unternehmen, um den einzelnen Menschen in die Lage zu versetzen, ein waches Interesse und eine Zufriedenheit zu bewahren, wie sie gesunde Kinder zeigen, die ihren Organismus auf erfolgreiche Weise einsetzen. Wir sollten Bedingungen schaffen, unter denen ein befriedigendes Wachstum ein ganzes Leben lang andauern kann, mit all den fundamentalen, geistig-körperlichen Erscheinungsformen, die mit einem solchen Wachstumsprozess verbunden sind. Wir sollten die Bedingungen dafür schaffen, dass Stagnation letztlich unmöglich wird. Wenn starre, geistig-körperliche Gewohnheiten und Gebrauchsweisen des geistig-körperlichen Organismus’ vorhanden sind, die „zielorientiert“ und spezifisch sind, treffen wir nämlich immer auch auf Stagnation.

Der bewusste Einsatz der geistig-körperlichen Mechanismen auf der Grundlage **allgemeiner** Koordination bei allen Handlungen des Lebens stellt eine echte und niemals endende, intellektuelle Herausforderung an die Fähigkeit des Einzelnen zur konstruktiven Kontrolle dar. Keineswegs wird dabei das Interesse und das allgemeine geistige Vergnügen an so beiläufigen Handlungen zerstört, wie es „Sich setzen“ und „Aufstehen“ sind, sondern beide, Interesse und Vergnügen, werden sogar gesteigert.

Spielen wir einmal beispielhaft die Handlung „Platz nehmen“ durch. Ein jeder von uns führt diese Tätigkeit tagtäglich unzählige Male aus. Wenn jemand, der unterbewusst kontrolliert ist, sich hinsetzt und dabei dann die Sitzfläche des Stuhles auch nur berührt, macht er völlig überflüssige Bewegungen und nimmt Veränderungen in seiner Ausrichtung und beim Allgemeinzustand seines Organismus vor, die vollkommen unnötig sind. Mit diesen Bewegungen und Veränderungen ist aber auch der schlechte Gebrauch all der Mechanismen verbunden, die er unterbewusst einsetzt, um auf die Sitzfläche des Stuhles zu gelangen. Dabei ist nichts anderes erforderlich, als den Stuhl seine Funktion erfüllen zu lassen: Stütze zu sein und den Sitzenden zu tragen.

Der Handelnde in unserem Beispiel hat sich aber auf eine andere Art und Weise „gesetzt", die sich mit seiner unterbewussten Vorstellung davon deckt. Er ist sozusagen auf dem Sitz in sich „zusammengesackt". Wenn er dann in diesem falsch koordinierten Zustand angekommen ist, ist der Vorgang, soweit es seine Aufmerksamkeit betrifft, für ihn erst einmal abgeschlossen. Er bemerkt nicht, dass er seine daran beteiligten Mechanismen missbraucht. Ihm bleiben Druck und Reizung verborgen, die mit seiner unterbewusst eingenommenen, schädlichen Sitzhaltung verbunden sind. Zu allem Unglück fühlen sie sich für ihn sogar natürlich und bequem an.

Nicht anders ergeht es ihm, wenn er sich von seinem Platz erhebt: Er geht nach Gefühl vor, wenn er seine automatisierten Gewohnheiten mit derselben unterbewussten Nachlässigkeit beim Aufstehen erneut abruft. Soweit es seine Aufmerksamkeit betrifft, ist auch hier der Prozess für ihn abgeschlossen, wenn er in die Standposition gelangt ist. In beiden Fällen beendet er einen geistig-körperlichen Prozess, der in der Realität niemals abgeschlossen sein kann. Tatsächlich ist seine Aufmerksamkeit in solchen Zusammenhängen in einem Maße unangepasst, wie auch seine sinnliche Wahrnehmung unzuverlässig ist. Die geistig-körperlichen Verhältnisse, wie sie sich hier darstellen, sind zudem immer auch mit Antriebschwäche und allgemeiner Lustlosigkeit bei den Aktivitäten des täglichen Lebens verbunden.

Wenn aber die Regeln der bewussten Kontrolle beim Hinsetzen und Aufstehen beachtet werden, hat dies darauf eine konstruktive Wirkung. Zu diesem Prozess gehört es nämlich, dass sich die Aufmerksamkeit in Bezug auf den Gebrauch der beteiligten Mechanismen beständig und passgenau steigert. Im selben Moment, da diese Mechanismen falsch gebraucht werden, wird die betreffende Person darauf aufmerksam und kann die unbefriedigende Gebrauchsweise durch eine zufriedenstellende ersetzen. Die zunehmende Aufmerksamkeit in diesem Zusammenhang führt mehr und mehr dazu, dass die befriedigenden *Mittel-und-Wege,* die erforderlich sind, wenn das eigene Handeln erfolgreich sein soll, mit Verstand und Überlegung eingesetzt werden. Zudem werden dabei ein besonderes Interesse und eine Freude an den ganz normalen Tätigkeiten des Lebens vermittelt. [78)]

Für die fundamentalen, bewussten geistig-körperlichen Prozesse gibt es kein Ende. Weil sie, einer Endlosschleife gleich, beständig wiederholt werden, garantieren sie wirkliches Wachstum und wirkliche Entwicklung. Dies gilt für alle Tätigkeiten des Lebens. Aus beständigem Wachstum und aus den Prozessen konstruktiver Kontrolle entwickeln sich bei all diesen Tätigkeiten neue geistig-körperliche Gebrauchsweisen. Sie sind Garantie für eine geistig-körperliche Erscheinungsform, die man im Allgemeinen „glücklich sein" nennt.

Bei den Prozessen konstruktiver Kontrolle wird allein das Prinzip der *Mittel-und-Wege* eingesetzt. Keine Verwendung finden die Prinzipien der „Zielorientierung", die so charakteristisch für alle spezifischen Versuche und Bemühungen des Menschen auf unterbewusster Ebene sind. Gerade wenn es darum geht, „Spaß" zu haben, wie man landläufig so sagt, kommen sie vermehrt zum Einsatz. Hier finden wir eine Erklärung, warum es bei unterbewusst gesteuerten Menschen ein wachsendes Bedürfnis nach immer neuen, spezielleren Vergnügungen gibt, mit all ihren negativen Begleiterscheinungen, die damit verbunden sind, wie Ruhelosigkeit und Exzess. Wie anders das anhaltende Glücksempfinden, das Empfinden von Befriedigung und die Zufriedenheit, die mit Mäßigung und allgemeiner Selbstkontrolle einhergehen.

Man hat uns leider beigebracht, dass alle normalen Handlungen im Leben, die äußerst notwendig sind und deshalb so oft wiederholt werden wie keine anderen, unterbewusst und automatisch zu geschehen haben. Deshalb ist man ihnen gegenüber auch gleichgültig geworden. Gleichgültigkeit aber lässt den geistig-körperlichen Organismus stagnieren. Zudem prägt sich Gleichgültigkeit mit zunehmendem Alter mehr und mehr aus. So verlieren wir allmählich das Vermögen, diesen normalen und natürlichen Aktivitäten des Lebens ein bewusstes Interesse entgegenzubringen und aus ihnen Freude und Vergnügen zu gewinnen. Es reicht uns nicht mehr, einfach nur zu gehen, hinzuhören oder hinzusehen. Es ist deshalb auch kein Wunder, dass wir früher oder später Befriedigung bei weniger normalen und weniger nützlichen Aktivitäten suchen. So wird eine überzogene und schädliche Nachfrage geschaffen, die nach noch mehr Nervenkitzel, nach noch mehr äußerer Anregung und nach Vergnügungen verlangt, die noch ausgefallener sind.

Alle unsere Anstrengungen sollten darauf abzielen, Bedingungen zu schaffen, unter denen das Wachsen ein Leben lang andauert und unter denen Stagnation, der Wegbegleiter starrer Gewohnheiten, unmöglich ist. (Dies erfordert eine entsprechende Ausbildung.) Dann wird es auch niemandem mehr Angst machen, aus dem Berufs- oder Geschäftsleben auszuscheiden, in dem er seinen Lebensunterhalt verdient und Ansehen und Kompetenz gewonnen hat. Dies ist meine volle Überzeugung. Die Menschen werden ein reges Interesse daran entwickeln, etwas anderes zu tun und sie werden auch fähig sein, sich an ihre neue Lebensweise anzupassen. Die Angst vor dem Eintritt ins Rentenalter ist, so häufig und erschütternd sie ist, eines der tragischen Kennzeichen unseres modernen Lebens. Eines wird sich in solchen Fällen immer bestätigen: Tatsächlich hat ein davon betroffener Mensch so wenig Kontrolle über seine geistig-körperlichen Mechanismen (Nur wenige eng begrenzte Bereiche sind hier auszunehmen.), dass er sie in einem vollkommen neuen Bereich nicht verwenden kann, ohne dass er Erfahrungen bei den Ausformungen seiner geistig-körperlichen Funktionen hinnehmen muss, die äußerst schmerzlich sind.

Eine genaue Analyse dieses Sachverhalts wird erbringen, dass die Denkprozesse und die Prozesse, die das Handeln eines ganz normalen Menschen regeln, der unterbewusst gesteuert ist und der sich jetzt aus dem Berufs- oder Geschäftsleben zurückziehen muss, eine sehr auffällige Tendenz aufweisen: Ein solcher Mensch greift in seinem Handeln gerne auf automatisierte Methoden zurück und verlässt sich mehr und mehr auf sie. Viele der Menschen, die das Rentenalter erreicht haben, sind bis dahin zu bloßen Automaten geworden, die Tag für Tag dieselben geistig-körperlichen Aktivitäten wiederholen. So begrenzen sich die Menschen allmählich selbst auf wenige Aktivitätsbereiche, die zusätzlich mit der Zeit auch noch immer kleiner werden. Gleichzeitig treten Defekte und Mängel immer deutlicher zu Tage, wenn die Mechanismen, die für ihre Aktivitäten zuständig sind, auf allgemeine Weise eingesetzt werden. Und dies bedeutet, dass mit zunehmendem Alter allmählich der Organismus insgesamt von Verfall und Stagnation geprägt wird. Das ist wahrlich die schlechteste aller möglichen Vorbereitungen auf die neue Lebensweise, die der Rückzug aus dem Berufsleben mit sich bringt. [79)] So ist es auch zu erklären, warum so viele Menschen zerbrechen, wenn sie aufhören zu arbeiten.

Jemand hat einmal gesagt, dass Monotonie das Sterbebett des Lebens sei, und hat sich dabei auf die monotone Umgebung bezogen, in der ein Mensch lebt und sich bewegt. Aber was ist mit der Monotonie, die sich im Inneren des geistig-körperlichen Selbst eines Menschen breit macht, weil mit den fehlenden neuen Erfahrungen auch die entsprechenden Empfindungen ausbleiben, die Wachstum und Beweglichkeit im Inneren des Organismus von Geburt an begleitet haben? Dies ist wahrlich eine Monotonie, wie sie schädlicher nicht sein kann! Sie geht nämlich Hand in Hand mit dem Grad an Stagnation im geistig-körperlichen Organismus insgesamt. Wir nehmen das Gefährliche der Monotonie wahr, wenn beispielsweise in unseren Zellen die Prozesse an Wirksamkeit verlieren, die das Gewebe reparieren, das fehlerhaft ist. [A)] Wenn es so weit gekommen ist, ist auch Stagnation vorhanden. Diese Stagnation hat die gleichen Auswirkungen wie die ausbleibenden Empfindungen bei fehlenden neuen Erfahrungen. Beide Formen der Stagnation erzeugen Monotonie und machen den Menschen unglücklich.

Es gibt noch eine andere Form der Monotonie: Zu ihr kommt es, wenn wir meinen, Bescheid zu wissen, wenn wir der Meinung sind, erwachsen zu sein oder aus dem Bewusstsein heraus, dass unser Wachstumsprozess beendet ist. Wenn ein Mensch nämlich den Punkt erreicht hat, an dem er für sich zu dem Schluss kommt, dass er eigentlich alles über ein Thema weiß, entscheidet er sich auch dafür, bewusst oder unterbewusst, dass es für ihn nichts mehr darüber zu lernen gibt. Die Konsequenz ist, dass er auf der Stelle beginnt, seine erworbenen Kenntnisse wieder zu verlieren. Wenn jemand denkt, er sei jetzt „erwachsen", hat er bereits ein Stadium erreicht, in dem sein Wachstumspotenzial zu verkümmern beginnt, das er einmal besessen hatte und das er vielleicht bis an sein Lebensende sein Eigen nennen könnte. Langeweile, Monotonie und Unzufriedenheit sind rasch die Folge, wenn sich solch ein Zustand erst einmal eingenistet hat.

Auch davon bin ich fest überzeugt: Menschen, die mit dem zufrieden sind, was sie wissen, sind eher blind für das, was in ihrer Welt geschieht. Gleichzeitig sind sie so unglücklich und unzufrieden wie kaum ein anderer. Sehr viele Menschen werden auch einräumen, dass die Realität allzu oft nicht ihren Erwartungen entspricht. Aber auch das ist eine Konsequenz der bestehenden geistig-körperlichen Verhältnisse. Wenn die Realität aber den Erwartungen nicht nur entsprechen, sondern sie sogar manchmal übertreffen soll, dann muss es unser grundsätzliches Bestreben sein, beständig weiter zu wachsen und neue Erfahrungen zu sammeln. Die Konsequenz daraus ist, dass wir also niemals den Punkt erreichen werden, an dem wir sagen können: „Das Lernen hat ein Ende." Folglich müssen wir in einer beständigen Erwartungshaltung sein, dass wir neue Wachstums- und Entwicklungserfahrungen machen. Wenn sich schließlich eine neue Erfahrung in den geistig-körperlichen Funktionen realisiert hat und sich nicht ein Gefühl von Endgültigkeit eingestellt hat und wir in der Folge nicht das Interesse daran verloren haben, ist dies ein klares Anzeichen dafür, dass in

Bezug auf Wachstum und Entwicklung ein Schritt in die richtige Richtung gemacht worden ist. Dieser Schritt ist wiederum das Trittbrett für die nächste Stufe des Aufstiegs. Und immer so weiter.

Die neuen Erfahrungen, die auf einer allmählichen Verbesserung der Funktionen des Menschen beruhen, haben zuallererst damit zu tun, dass sich ein zunehmendes Verständnis für die Wirkungsweise von Steuerung und Kontrolle des geistig-körperlichen Organismus auf der allgemeinen Ebene sowohl im Wachzustand als auch im Schlaf entwickelt hat. Und was ganz entscheidend ist, dieses Verständnis ist auf der Ebene des Bewusstseins entstanden.

William James [A)] hat uns den Rat erteilt, jeder neue Tag sollte ein Tag sein, an dem uns unsere Gesundheit am Herzen liegt. Ich habe indes die Hoffnung, noch einen Schritt weiter gehen zu können. Was ich in diesem Zusammenhang anzubieten habe, ist eine Technik, die den Menschen anleitet, auf ein hohes und immer noch höheres Niveau eines geistig-körperlichen Funktionszustands zu gelangen. Ein solcher Zustand ist der Gesundheit nämlich so zuträglich, wie nur etwas sein kann.

Die Erfahrungen, die mit dem Einsatz dieser Technik gemacht worden sind, lassen in mir die Überzeugung reifen, dass es für den Menschen in der Tat zur Zeit keine wichtigere Aufgabe gibt als diese: *Der Mensch hat im gegenwärtigen Evolutionsstadium, das von so großer Unbeständigkeit gekennzeichnet ist, die Aufgabe, die grundlegende und konstruktive bewusste Kontrolle über seinen geistig-körperlichen Organismus und dessen Potenzial* ***kontinuierlich*** *und individuell zu entwickeln*!

Sicherlich, der Mensch hat Verwendung für eine Kontrolle durch das Bewusstsein gefunden, die aber nur speziell und nicht allgemein ist, wenn sie außerhalb des menschlichen Organismus zum Tragen kommt: Mit seinen Verstandeskräften müht er sich, „Ursachen und Wirkungen“ sowie „Möglichkeiten und Konsequenzen“ seiner Aktivitäten genau zu bedenken. Nur haben diese Versuche, die Umweltbedingungen bis in die Einzelheiten zu kontrollieren, nicht dazu geführt, dass die tatsächlichen Konsequenzen auch unter eine wirklich zuverlässige Kontrolle gebracht worden wären. [A] Vielmehr scheinen unsere Erfahrungen etwas anderes zu belegen: Je länger wir auf diese Form einer nur sehr unzuverlässigen Kontrolle durch das Bewusstsein setzen, umso schlechter wird es uns aller Wahrscheinlichkeit nach ergehen.

Meine Erfahrungen im Zusammenhang mit dem Einsatz meiner hier dargelegten Technik haben mich zutiefst hiervon überzeugt: Es ist äußerst dringlich, dass jeder Einzelne von uns über eine fundamentale, konstruktive bewusste Kontrolle seines geistig-körperlichen Organismus verfügt, bevor wir auch nur daran denken können, die Verfügungsgewalt über eine zuverlässige und konstruktive Kontrolle der Umwelt zu haben, und bevor es uns gelingen kann, die „Möglichkeiten und Konsequenzen“ und die „Ursachen und Wirkungen“ zufriedenstellend zu beurteilen. Dies erfordert nämlich ein immer höheres geistig-körperliches Funktionsniveau. Ein sich derartig steigerndes Niveau ist wiederum nur zu erreichen, wenn wir ein befriedigendes und wachsendes Verständnis für unsere wunderbaren Mechanismen entwickeln und wenn wir verstehen, wie wir sie bewusst einsetzen müssen. In einem geistig-körperlichen Aktivitätsbereich, in dem der Mensch bislang die schlimmsten Formen unüberlegter und vom Unterbewusstsein gelenkter Aktivitäten gezeigt hat, wird er durch diesen Prozess nun mit fast unbegrenzten Möglichkeiten ausgestattet.

SCHLUSSBEMERKUNGEN

DIE GEISTIG-KÖRPERLICHE EINSTELLUNG

Nach und nach haben wir uns in diesem Buch mit unterschiedlichen Defekten, Eigenarten, Mängeln und den fehlerhaften Gebrauchsweisen des geistig-körperlichen Organismus des Menschen auseinandergesetzt. Wir mussten leider feststellen, dass diese sich im Laufe des menschlichen Wachstums- und Entwicklungsprozesses eher noch verstärken, an Zahl zunehmen und sich allzu oft zu „schlechten Gewohnheiten" auswachsen. Die Summe der Erfahrungen, die daran beteiligt sind, ist der Grundstock für das, was man „geistige Einstellung" nennt.

Die Einstellung des Menschen im Hinblick auf die Funktionsweise seines geistig-körperlichen Selbst und im Hinblick darauf, wie er dieses Selbst bei den Aktivitäten des täglichen Lebens verwendet, ist von überragender Bedeutung. Nur diejenigen, die den Schlüssel zu dem Lagerhaus ihrer geistig-körperlichen Erfahrungen besitzen, ganz gleich ob diese Erfahrungen erworben oder ererbt worden sind, können jene Stufe erreichen, auf der sie ihre geistig-körperlichen Reaktionen auf Stimuli verstehen. Erst mit dem Erreichen dieser Stufe ist es aber der Optimismus gerechtfertigt, dass die Anstrengungen, die der Mensch unternimmt, geeignet sind, die Menschheit insgesamt auf eine höhere Ebene zu heben.

Das Verständnis, das ich tatsächlich meine, ist bezogen auf die geistig-körperlichen Prozesse, die auf den verschiedenen Entwicklungs- und Wachstumsstufen des Menschen ablaufen. Diese Prozesse sind nämlich für all unsere Lebensbekundungen verantwortlich. Diese richtig zu verstehen, ist aber ganz entscheidend, wenn man die Verkettung von „Ursache und Wirkung" im Zusammenhang mit den Aktivitäten, die mit der Entwicklung des Menschen in seinem Inneren betraut sind, zufriedenstellend beurteilen will. Und das gleiche gilt für die äußeren Aktivitäten des Menschen, die ihm im täglichen Leben in der komplexen Welt unserer Zivilisation abverlangt werden, wo immer er sich auch einbringt.

Der Mensch hastet bei seinen Reformbemühungen oder wenn er versucht, seine „körperlichen“ Verhältnisse zu verbessern, jedoch weiterhin von dem einen Extrem in das andere und setzt dabei ganz auf das Prinzip der „Zielorientierung“. Deshalb ist nichts dringlicher als dies: Der Mensch muss verstehen und einsehen, dass „Ursachen und Wirkungen“ in einer langen Kette aneinandergereiht sind; dies gilt sowohl für die Prozesse, die in seinem Inneren ablaufen, als auch für die Dinge, die außerhalb seiner selbst geschehen. Erst dann wird er in der Lage sein, abschätzen zu können, ob ein Plan, der die Menschheit als Ganzes auf eine höhere Ebene bringen soll, auch von beständigem Erfolg gekrönt sein kann. Wie kann man die Erwartung haben, dass einer dieser Reformpläne etwas anderes bewirkt, als die Verhältnisse noch chaotischer zu machen, wenn die Menschen, die damit zu tun haben, nicht auf allgemeiner Basis eine Umschulung erfahren haben und als eine geistig-körperliche Einheit neu strukturiert worden sind? Was nämlich in letzter Instanz wirklich zählt, ist die individuelle Reaktion eines Menschen auf die jeweiligen Stimuli. Und diese Reaktion ist das Ergebnis von dem, was sich das Individuum unter den Reformplänen vorstellt. Dabei kann das Reformvorhaben, für sich allein genommen, durchaus ohne Fehl und Tadel sein.

Und so schließt sich der Kreis, wenn wir zur Thematik der Vorstellung zurückkehren. Bereits in den ersten Kapiteln dieses Buches war es mein Anliegen zu zeigen, dass wir nur im Zustand der Koordination, in dem der Organismus fast an seinem Optimum funktioniert, darauf hoffen können, uns einer Vorstellung von neuen und ungewohnten Erfahrungen oder Ideen anzunähern, die auch zufriedenstellend ist. Genau darauf gründet sich die Notwendigkeit, ein Verständnis für die Verkettung von „Ursache und Wirkung“ vorrangig in Bezug auf die Funktionsweise des Organismus selbst zu haben.

Wir müssen nämlich erst das Verständnisproblem für das Individuum gelöst haben, bevor wir uns gefahrlos den Problemen des alltäglichen Lebens zuwenden und dort in dem Bereich, der dem individuellen Sektor nachgeordnet ist, Überlegungen zu „Ursachen und Wirkungen“ anstellen können. Erst dann wird man mit Fug und Recht behaupten können, dass die Reaktionen eines Individuums auf Stimuli von einem Menschen sind, der sich unter Kontrolle hat. Die Denkprozesse, die ein solcher Mensch anstellt, verhindern, dass Angstreflexe unangemessen und auf schädliche Weise erregt und unkontrollierte Emotionen freigesetzt werden. Dies gilt insbesondere, wenn es darum geht, neue und ungewohnte Situationen oder Probleme zu meistern. Solche Situationen oder Probleme entstehen nämlich ganz zwangsläufig bei allen Prozessen, die ein Vorankommen auf der evolutionären Ebene bewirken können.

Teil 5

DIE FUSSNOTEN F. M. ALEXANDERS

1

Das Wort „Instinkt“ wird in diesem Werk gebraucht, um auf feste Gewohnheiten zu verweisen, die sich entwickelt haben oder die ererbt worden sind. Im 6. Kapitel meines ersten Buches *„Ein Vermächtnis der Evolution an die Menschheit von unschätzbarem Wert“* findet sich diese Definition: „Ich definiere *Instinkt* als das Ergebnis von angehäuften, unterbewussten Erfahrungen des Menschen auf allen Stufen seiner Entwicklung, die uns begleiten, bis wir als Einzelner oder als Kollektiv das Stadium der bewussten Kontrolle erreicht haben.“

2

In diesem Buch verwende ich das Wort *Evolution*, um all jene Prozesse zu bezeichnen, die daran beteiligt sind, die Möglichkeiten der Geschöpfe auf den verschiedenen Stufen des Wachstums und der Entwicklung zu erweitern, wenn sie für den Erfolg bei ihren Versuchen notwendig sind, den unterschiedlichen Anforderungen einer sich beständig verändernden Umwelt zu genügen und eine Ebene zu erreichen, auf der eine bewusste Kontrolle des individuellen Organismus aufgebaut wird.

3

Wenn ich „angemessen“ und „richtig“ im Zusammenhang mit der Gebrauchsweise des geistig-körperlichen Organismus verwende, ist zu beachten, dass geistig-körperliches Funktionieren nur dann „richtig“ und „angemessen“ ist, wenn die Bedingungen zu jeder Zeit das bestmögliche Funktionieren des gesamten Organismus ermöglichen.

4

Die zahlreichen Anfragen, die ich von Lesern meines ersten Buches *„Ein Vermächtnis der Evolution an die Menschheit von unschätzbarem*

Wert“ erhalten habe, beweisen mir, dass vielen Menschen nicht klar ist, was mit den Begriffen „Mittel-und-Wege“ und „Zielstreben“ eigentlich gemeint ist. Ich will mich bemühen, sie im Folgenden zu erklären. Immer wenn jemand sich anschickt, ein bestimmtes „Ziel“ zu erreichen, wenn er z. B. eine bestimmte Fähigkeit entwickeln oder Eigenarten, Defekte oder einen gewissen Fehlgebrauch beseitigen will, hat sein Vorgehen eines der beiden Prinzipien, denen ich die Namen „Zielstreben“ und „Mittel-und-Wege“ gegeben habe, zur Grundlage.

Das Prinzip des „Zielstrebens“ beinhaltet ein direktes Vorgehen von Seiten desjenigen, der sich bemüht, das gewünschte „Ziel“ zu erreichen. Immer ist ein solches direktes Vorgehen verbunden mit der Abhängigkeit von unterbewusster Steuerung und Kontrolle. Dies führt in all den Fällen, bei denen die Koordination gestört ist, dazu, dass die jeweils beteiligten Mechanismen unbefriedigend gebraucht werden und die Defekte und negativen Eigenarten eher noch zunehmen.

Wenn aber das Prinzip „Mittel-und-Wege“ verwendet wird, werden die Ursachen der gegenwärtigen Situation einer rationalen Beurteilung unterzogen. Derjenige, der ein gewünschtes „Ziel“ verfolgt, geht INDIREKT vor. Dieses indirekte Vorgehen ist jene geistig-körperliche Aktivität, die in Verbindung mit konstruktiver bewusster Steuerung und Kontrolle die Bedingungen schafft, die für eine weitere Zunahme der Entwicklungsmöglichkeiten des Menschen notwendig sind. Unter diesen Bedingungen ist es dann nahezu unmöglich, dass sich Defekte, negative Eigenarten und Fehlgebrauch im Organismus etablieren können.

In diesem Zusammenhang möchte ich darauf verweisen, dass ich den Begriff BEWUSSTE STEUERUNG UND KONTROLLE in diesem Buch verwende, um zuerst eine Ebene zu bezeichnen, die es zu erreichen gilt, und nicht so sehr eine Methode, um dies zu erreichen.

5

Normalerweise wird das Wort *Koordination* heutzutage in einem begrenzten und engen Sinn verwendet. Das gleiche gilt so auch für die Begriffe Entspannung, Neujustierung und Umschulung. Unter diesem Gesichtspunkt erscheint es mir wichtig, dass ich eine Vorstellung von dem eher umfassenden Sinn vermittele, in dem ich in diesem Werk das Wort *Koordination* verwende.

Ich benutze *Koordination* als Konzept und auch in seiner Anwendung in einem *generellen und nicht einem spezifischen* Sinn. Eine spezifische Koordination irgendeines Teils des Organismus, wie die Koordination der Arm- oder der Beinmuskeln, kann durchaus direkt bewirkt werden, allerdings werden sich bei einem solchen Vorgehen mit Sicherheit neue Defekte im Gebrauch des Organismus generell entwickeln und Defekte, die bereits bestehen, werden sich weiter verstärken. Wenn der Zustand spezifischer Koordination jedoch auf dem indirekten Weg erreicht wird, werden diese schädlichen Auswirkungen nicht auftreten. Bei diesem indirekten Prozess wird zuerst der geistig-körperliche Organismus allgemein koordiniert. So werden dann Verhältnisse geschaffen, in denen alle beteiligten Faktoren integriert sind und beständig dafür sorgen, dass die Psychomechanik auf zufriedenstellende Weise gebraucht wird.

Das Spezifische und *das Generelle* sind auch ein Unterscheidungsmerkmal für die Begriffe Neujustierung, Umschulung und Entspannung, wenn sie hier verwendet werden. Die spezifischen Defekte werden nämlich auf allgemeiner Basis in einer Umschulung beseitigt.

6

Im Zusammenhang mit der Tätigkeit des Zeichnens habe ich das Folgende in *„Ein Vermächtnis der Evolution an die Menschheit von unschätzbarem Wert“* (BoD) geschrieben:

„Jeder wirklich aufmerksame und verständige Beobachter, der die Stellungen und Bewegungen von Handgelenk, Fingern, Hand, Arm, Hals und Körper im Ganzen dieser Kinder bei ihren variantenreichen Versuchen, gerade oder gebogene Linien zu zeichnen, verfolgt, muss zwangsläufig den Mangel an Koordination zwischen diesen Teilen bemerken. So kann es sein, dass die Finger Aufgaben der Arme übernehmen. Oder die Schultern machen einen Buckel. Der Kopf ist zu einer Seite hin verdreht. Um es kurz zu machen: Es wird Energie für Teile des Körpermechanismus bereit gestellt, die eigentlich für die Ausführung der gewünschten Zeichnung wenig oder keine Bedeutung haben. Allein die bloße Verschwendung an Energie ist ausreichend, um den beabsichtigten Zweck zunichte zu machen."

7

Ich habe argumentiert, dass es für jedes Wachstum und für jede Entwicklung ein Bedürfnis gegeben haben muss. Die Bedürftigkeit muss zudem in irgendeiner Form bewusst geworden sein. Viele Leser werden an dieser Stelle nicht mit mir einer Meinung sein. Um aber weiter der Argumentation folgen zu können, ist es nur notwendig zu akzeptieren, dass es einfach eine neue Weise gegeben haben muss, sich mit der Umwelt zu verbinden. Die weitere Argumentation wird nicht dadurch beeinträchtigt, dass man die obige Meinung teilt oder eben nicht.

8

Lange bevor es Augen und Augenlider gegeben hat, hatte sich die Empfindsamkeit für Licht entwickelt. Dies ist mir natürlich klar.

9

Dass es Menschen gibt, die bei einer bestimmten Tätigkeit zufällig die Steuerung und Kontrolle befriedigend ausüben, ist nicht unbedingt ein Widerspruch zu der Aussage, dass „die Kräfte des Menschen zur geistig-körperlichen Steuerung und Kontrolle allgemein schwächer geworden sind." Ich werde mich bemühen, auf den Seiten dieses Buches zu belegen, dass meine These durch einen solchen Sachverhalt sogar noch unterstrichen wird.

In diesem Zusammenhang habe ich es im Laufe meiner Arbeit mit Schülern nicht eben selten erlebt, dass jemand eine geistig-körperliche Erfahrung als befriedigend eingeschätzt hat, von der der Fachmann in dem Metier wusste, dass sie in Wirklichkeit vollkommen unzureichend war. Eine schädliche Erfahrung, von der man angenommen hatte, dass sie befriedigend war, ist in einem solchen Fall eine Täuschung und sie richtet Schaden an, wenn die betreffende Person fühlt und glaubt, dass eine Erfahrung richtig ist, die in Wirklichkeit eine falsche ist. Tatsächlich ist seine Erfahrung vollkommen unzureichend, nur weiß er es eben nicht. Wenn er dann später unzufrieden wird, bringt er seine Unzufriedenheit nicht mit seinen persönlichen geistig-körperlichen Erfahrungen in Verbindung. Verantwortlich dafür sind die anderen, die Verhältnisse, irgendetwas, das irgendwo falsch läuft. Keinesfalls will er akzeptieren, dass die Ursache für seine Unzufriedenheit in seinem Organismus zu suchen ist und nicht außerhalb davon.

10

Es ist interessant sich zu vergegenwärtigen, dass abschweifende Gedanken schon als Defekt erkannt wurden, lange bevor KONZENTRATION als ein Heilmittel dagegen propagiert wurde. Ich muss meine Leser aber auf das Kapitel über Konzentration verweisen. Dort wird dieses wichtige Thema ausführlich diskutiert. An dieser Stelle möchte ich nur betonen, dass ich mich nicht grundsätzlich gegen Konzentration wende. Ich wende mich nicht gegen eine Form der Konzentration, wenn eine ganze Reihe von Dingen abläuft, die gleichzeitig in Bewegung sind und die in einer normalen Abfolge zusammentreffen. Ich wende mich nicht gegen eine Art der Konzentration, die man bei den Prozessen geistig-körperlicher Aktivitäten antrifft, wenn ein normales Kind von seinem Spiel oder ein Künstler oder Handwerker von seiner Arbeit vollkommen in den Bann gezogen ist. Diese Form der *Konzent-*

ration ist *gekennzeichnet von einem Zustand der Koordination*. Ich wende mich aber gegen eine Form der Konzentration, die dadurch gekennzeichnet ist, dass man eine Sache fixiert, indem man sein Denken dazu anhält, sich nur mit einem einzigen Gegenstand zu beschäftigen. Aus dem gleichen Grund wende ich mich gegen ein Erziehungskonzept, das den Erziehern eine Rechtfertigung dafür liefern soll, es als das wesentliche Ziel eines Erziehungsvorgangs zu betrachten, „Ziele“ durch spezifische Methoden erreichen zu wollen, ungeachtet der Art und Weise, in der allgemein die geistig-körperlichen Mechanismen bei den Bemühungen verwendet werden, diese „Ziele“ zu erreichen. Eine solche Rechtfertigung ist nur ein Schein.

11

Dies ist uns ja allen bewusst: Eine träge Leber ist nicht dazu geeignet, die geistigen Kräfte bestmöglich einzusetzen. Es sind Fälle bekannt, bei denen Menschen durch schlechte Gewohnheiten wie Maßlosigkeit beim Essen oder Trinken ein Stadium ihrer Leber- und Nierenprobleme erreicht haben, dass eine ernsthafte Störung ihres Denkvermögens die Folge ist. Und praktisch ist ihr Erinnerungsvermögen fast gänzlich ausgeschaltet. Wenn nämlich die Funktionen zur Lebenserhaltung des „körperlichen“ Organismus und die Organe des Körpers aus irgendeinem Grund nicht mehr angemessen arbeiten können, wird der gesamte Organismus mit der Zeit mehr oder weniger vergiftet, mit dem Ergebnis, dass es nach und nach zu einer Schädigung der Prozesse kommt, die das Erinnern möglich machen.

12

Nach dem Kriterium „ob ein Mensch durch Krankheit geschwächt oder ob er bei bester Gesundheit ist“, kann man auch einteilen, wer ein Optimist und wer ein Pessimist ist.

13

Wenn der normale Mensch gezwungen ist, der Tatsache ins Auge zu blicken, dass die sinnliche Wahrnehmung unzuverlässig ist, ist dies oft mit Angst besetzt. Wenn ich in meiner beruflichen Praxis gezwungen war, dies meinen Schülern darzulegen, habe ich auf ihren Gesichtern die unterschiedlichsten Reaktionen (Vorstellungen, Meinungen und Gefühle) ablesen können, die diese Aussage provoziert hatte. Es war sogar sehr oft so, dass sie mich als einen Feind betrachteten. Erst kürzlich habe ich diesen Punkt mit einem beruflichen Freund ausführlich diskutiert, der sofort die Vorstellung ablehnte, dass unsere sinnliche Wahrnehmung unzuverlässig sein könnte. Er stellte dann die Frage, warum die NATUR es *erlauben* sollte, dass wir an einer so wesentlichen Stelle in die Irre gehen dürften. Ich war bereit, diese Frage zu beantworten, wenn er seinerseits erklären würde, warum die NATUR uns an falscher Sinneswahrnehmung hindern *sollte*, wenn man sähe, dass der Mensch bei dem Prozess seiner zivilisatorischen Entwicklung die einfachsten Prinzipien missachtet habe. Es war mir klar, dass meine Ausgangsthese ein Schock für meinen Freund gewesen sein musste. Seine Frage war eher eine emotionale Reaktion auf diesen Schock als das Ergebnis eines rationalen Prozesses. Später hat er nämlich eingeräumt, dass er an die Frage unzuverlässiger sinnlicher Wahrnehmung niemals vor unserer Diskussion darüber einen Gedanken verschwendet hatte. Nur deshalb habe er jemandem widersprochen, von dem er wusste, dass er sich mit diesem Thema mehr als dreißig Jahre lang beschäftigt hatte; von dem er wusste, dass es seit über 25 Jahren zu seinem Beruf gehörte, seinen Schülern in der Praxis zu zeigen, dass ihre sinnliche Wahrnehmung unzuverlässig ist.

14

Ich habe die Faktoren, die Voraussetzung für die Schaffung einer zuverlässigen sinnlichen Wahrnehmung und für eine beständige Verbesserung ihres Niveaus sind in *„Ein Vermächtnis der Evolution an die Menschheit von unschätzbarem Wert“* dargestellt. Das, was ich dort über die Technik des Pflügens dargelegt habe, beschreibt sehr genau die Art der menschlichen Erfahrungen, die dafür verantwortlich sind, dass der Mensch allzu früh in das Funktionsniveau und den Gebrauch der geistig-körperlichen Mechanismen eingreift. Und dieses frühe Eingreifen führt dazu, dass sich das Zuverlässigkeitsniveau der sinnlichen Wahrnehmung verringert. (Siehe Kapitel: Die bewusste Steuerung und Kontrolle in der Praxis)

15

„Das Geschöpf, das aufrecht auf zwei Beinen ging, hatte die Stufe zum Menschsein in einem Zustand relativ guter Gesundheit erreicht." Dies schloss aber nicht die Möglichkeit aus, dass der frühe Mensch von gelegentlichen Gebrechen heimgesucht wurde oder dass er besondere Krankheiten durchstehen musste. Wenn man aber von diesen speziellen Problemen einmal absieht, war ein normales Niveau erreicht. In diesem Zusammenhang ist es sehr bezeichnend, dass der Urmensch, wenn er an Krankheit denkt, sie immer in Verbindung mit Wunden, die von Pfeilen aufgerissen worden sind, mit Prellungen, die von Steinwürfen verursacht worden sind, und ähnlichem gesehen hat. Immer ist etwas von außen gekommen, das den Körper verletzt hat. Der Medizinmann entfernt dann mit seinen Techniken die eingedrungenen Fremdstoffe. So schwitzt z. B. ein Patient auch, weil ein Fremdstoff ausgetrieben werden muss.

16

In der Verwendung von Kräutern und Wurzeln zur Versorgung von Wunden zeigt sich, dass die Gewohnheit, etwas gegen eine Krankheit einzunehmen, ihren Ursprung schon sehr früh gehabt hat. Es war nur natürlich, dass diese Gewohnheit dazu führte, dass ein Medizinmann sich in der Gesellschaft etablierte. Denn einer der ersten Kanäle, auf dem der Mensch seine sich entwickelnde Intelligenz einsetzen konnte, war es, die Mittel zur Heilung und Linderung der Krankheiten seines Körpers und seiner körperlichen Beschwerden zu entdecken. Und dies bereitete mit der Zeit den Boden dafür, dass sich Männer und Frauen ausschließlich dem Studium der menschlichen Krankheiten und der Heilverfahren, die diese Krankheiten bekämpfen konnten, widmeten.

17

Ich schreibe im Text, dass „der Geschmacks- und der Geruchssinn des Menschen in bester Koordination mit seinen Verdauungsorganen funktionierten." Bei dieser Gelegenheit lohnt es sich auch, auf eine interessante Tatsache hinzuweisen: Bis heute wird die große Mehrzahl der Menschen, bei denen die Verhältnisse immer noch ähnlich gelagert sind, mehr oder weniger von ihrer sinnlichen Wahrnehmung dominiert. Und die liefert den praktischen Beweis: Die sinnliche Wahrnehmung hat sich verschlechtert. Es ist nämlich nicht unbedingt leicht, - davon wissen alle, die in Heilberufen tätig sind, ein Lied zu singen- einen Patienten davon zu überzeugen, die eine oder andere Ess- oder Trinkgewohnheit aufzugeben, von der er genau weiß, dass sie die Krankheit verursacht hat und auch weiterhin seinen Zustand belastet. Dasselbe trifft auf die Fälle zu, wenn der Arzt bestimmte Speisen oder Trinkkuren empfiehlt, von denen er sicher ist, dass sie dem Patienten guttun, die aber nicht dem Geschmackssinn des Patienten entsprechen. In neun von zehn Fällen wird der Rat des Arztes in den Wind geschlagen. Wenn er aber befolgt wird, dann wahrscheinlich nur weil der Arzt einen ziemlichen Druck auf den Patienten ausgeübt hat. Ein solches Verhalten seitens des Patienten zeigt eines ganz deutlich: Der Kranke lässt es zu, dass seine Denkprozesse von seiner verdorbenen sinnlichen Wahrnehmung dominiert werden.

18

Der Mensch erreichte die Stufe der fortgeschrittenen Zivilisation mit dem Verlust der geistig-körperlichen Erfahrungen, die er auf der vorherigen Stufe gemacht hatte. Dieser Verlust macht es erforderlich,

- dass bewusste, wohl durchdachte geistig-körperliche Aktivitäten die unterbewussten, unüberlegten Aktivitäten ersetzen müssen, und zwar bei all jenen geistig-körperlichen Prozessen, die daran beteiligt sind, all jene Veränderungen in die Wege zu leiten, die in einer sich ständig verändernden Umwelt in der Zivilisation notwendig sind,

- dass diese Veränderungen jetzt viel schneller als bis dahin initiiert werden müssen, um sich dieser Herausforderung auch in ausreichendem Maße gewachsen zu zeigen und
- dass wir gezwungen sind, mit der Zeit eine Beschleunigung in diesem Bereich der geistig-körperlichen Aktivitäten zu akzeptieren.

Aus den folgenden Fakten ergibt sich kurz gesagt eine grundlegende Schwierigkeit: Der nicht zivilisierte Mensch war stark abhängig von einer unterbewussten Steuerung und Kontrolle. Es brauchte wahrscheinlich Hunderte von Jahren, um die einfachsten Veränderungen zu bewirken, weil die unterbewusste Aktivität sehr langsam in ihrer Reaktion auf einen Stimulus zu einer notwendigen Veränderung war. Der zivilisierte Mensch ist aber auch weiterhin von der unterbewussten Steuerung und Kontrolle abhängig, so wie er es im unzivilisierten Stadium seiner Entwicklung war. Das ist die Tragödie der Zivilisation, die sich vor unseren Augen abspielt. Der Mensch war zwar mit der Form der Steuerung und Kontrolle, mit der bis dahin Veränderungen bewirkt worden sind, einigermaßen zufrieden. Er war aber anscheinend unzufrieden damit geworden, dass er so lange mit den anstehenden Veränderungen beschäftigt war. So kam es zum wohl schwersten Fehler des Menschen im Zivilisationsprozess: Er hatte zwar richtig erkannt, dass in dem Zivilisationsprozess eine angemessen beschleunigte Reaktion auf einen Stimulus notwendig war, um eine relativ schnelle Veränderung zu bewirken. Er hatte aber nicht erkannt, dass es in der Praxis auch einer entsprechenden Beschleunigung in den Bereichen der Steuerung und Kontrolle bedurfte, sind doch Steuerung und Kontrolle wesentlich daran beteiligt, wenn die geistig-körperlichen Mechanismen gebraucht werden. Eine beschleunigte Steuerung und Kontrolle, die auch konstruktiv ist, ist aber nur auf der Ebene bewusster Kontrolle möglich.

19

Das „geistige“ Wachstum dauerte auch dann noch an, als man bereits den Verfall des „körperlichen“ Selbst festgestellt hatte. Dieser Verfall des Körpers war die Ursache dafür, dass ein Ast des Lebensbaumes in einer solchen Geschwindigkeit wuchs, dass sich der Baum viel zu sehr zu einer Seite neigte und dass dabei die Wurzeln ernsthaft verletzt wurden, die für sein gesundes Wachstum und für sein Gleichgewicht verantwortlich waren.

20

Wie nicht schwer einzusehen ist, können sich unter aufwühlenden Bedingungen unzuverlässige Kommunikationswege ausbilden, die zu unzureichenden Handlungen und Reaktionen führen. Dies hat dann auf die kinästhetische Wahrnehmung die allgemeine Wirkung, dass sich zu gegebener Zeit die feste Gewohnheit oder die Phobie entwickelt, die man fälschlicherweise heute Nervenschwäche („Jemand hat es an den Nerven“) nennt.

21

Es ist wahrlich ein Unglück, dass die enge Sichtweise, die mit dem Wort „Symptom“ angedeutet wird (Die Medizin erhebt die Symptome zu Ursachen und macht daraus Krankheiten!), immer noch von den meisten unserer Autoritäten aus der Psychologie und der Anatomie beibehalten wird, mit all den negativen Auswirkungen, die nicht zu übersehen sind. Man braucht sich nur die Bewegungen vieler unserer Experten auf den Gebieten der Psychologie und Anatomie anzusehen, um zu erkennen, wie sinnlos ihr Wissen vom Standpunkt eines Praktikers ist. Denn das Wissen darüber, wie bestimmte Muskeln anatomisch und physiologisch normal arbeiten, versetzt niemanden in die Lage, die Muskulatur so zu schulen und zu koordinieren, dass sie auf einer allgemeinen Basis bei den Tätigkeiten des täglichen Lebens gut funktioniert. Der Wert jeglichen Wissens oder eines jeden Prinzips ist aber auf der Basis eines gesunden Menschenverstands und der Praxis zu beurteilen.

22

In meinem Buch „*Ein Vermächtnis der Evolution an die Menschheit von unschätzbarem Wert*“ habe ich bereits darauf hingewiesen, dass es von Zeit zu Zeit bei Muskel bildenden Übungen immer wieder die eine oder andere Modifikation gegeben hat. Und dieser Modifikationsprozess geht bis zum heutigen Tag immer noch weiter.

23

Im zweiten Teil des vorliegenden Buches werden einige der geistig-körperlichen Probleme behandelt, die im Bereich der Erziehung, aber auch in anderen Bereichen auftreten.

24

Ich muss an dieser Stelle erneut darauf hinwiesen, dass es zwischen der Maschine Mensch und der unbelebten Maschine einen Unterschied gibt. Die Maschine Mensch hat in jedem Teil ihres Muskelmechanismus das Kommando über die Kräfte von Wachstum und Entwicklung, sofern sie in koordiniertem und angemessenem Zustand arbeitet. Ein Zustand, der bei der unbelebten Maschine der Abnutzung gleichkommt, könnte bei der Maschine Mensch mehr oder weniger verhindert werden, wenn die Methoden der Natur zum Tragen kämen, die das verbrauchte und abgenutzte Gewebe reparieren und ersetzen können, wenn geeignete Bedingungen vorhanden sind.

25

Jungen unserer Zeit entwickeln eine ausgesprochene Leidenschaft für mechanische Probleme. Wie einfach wäre es, diese Energie für ein Verständnis der eigenen Mechanik einzusetzen!

26

In meinem Buch *„Ein Vermächtnis der Evolution an die Menschheit von unschätzbarem Wert“* habe ich bewusst keinen Raum für Zweifel daran gelassen, dass die Basis meiner Philosophie und meiner Praxis die Einheit des menschlichen Potenzials ist. Bis jetzt hat man dieses Potenzial je nachdem als „Körper“, als „Körper und Geist“ oder auch als „Körper, Geist und Seele“ differenziert und dargestellt.

Die Begriffe „Geist“ und „Seele“ sind ebenso geläufig, wie es auch das Wort „Körper“ ist. Und wir machen uns alle schuldig, wenn wir sie verwenden. Wir wissen zwar einiges über den Körper, das greifbar und eindeutig ist, aber was wissen wir wirklich über die „Seele“? Und was wissen wir mehr über den „Geist“ als über die „Seele“? Trotzdem finden wir nicht wenige geläufige Ausdrücke in der Sprache, bei denen „Geist“ oder „geistig“ verwendet werden, wie „etwas im Geist behalten“ oder „seinen Geist schulen“. Wir sprechen von der „geistigen Einstellung eines Menschen“, von seinen „mentalen Fortschritten“, und davon, dass jemand „mentale Probleme“ hat, oder „etwas erscheint vor unserem geistigen Auge“.

Die Seiten meines ersten und auch dieses Buches quellen über von Argumenten und Beispielen, die die schädlichen Ergebnisse belegen und beschreiben, wenn der Mensch mündliche oder gedruckte Instruktionen befolgen will, um Defekte und Eigenarten im Gebrauch seiner geistig-körperlichen Mechanismen zu beseitigen und er dabei von seiner wenig zuverlässigen sinnlichen Wahrnehmung in die Irre geführt wird. Über die Arbeitsweise dieser Mechanismen können wir jetzt das ein oder andere Verlässliche sagen. Wenn sich sogar schädliche Ergebnisse aus unseren Bemühungen ergeben, die Dinge in den Bereichen zu verbessern und zu entwickeln, in denen wir zu einigermaßen gesicherten Erkenntnissen gelangt sind, wie viel schädlicher müssen dann erst unsere Versuche sein, solchen speziellen Instruktionen zu gehorchen, wie „sich etwas im Geiste vorstellen“ oder „etwas im Gedächtnis behalten“, wenn wir über das, was wir „Geist“ oder

„Gedächtnis" nennen, kein greifbares Wissen haben. Wenn wir dann an dem Punkt angelangt sind, dass wir erahnen sollen, was es etwa heißt, „den Geist zu entwickeln", müssen wir in der Tat von der konkreten Wirklichkeit so weit entrückt sein, dass wir dem Grenzbereich des Mystizismus anheimgefallen sind. Die Geschichte der Menschheit auf jeder einzelnen Entwicklungsstufe liefert uns zahlreiche Beweise für die schädlichen Resultate, die sich einstellen können, wenn der Mensch versucht, auf einen Reiz oder auf Reize zu reagieren, die seiner Vorstellung von der Bedeutung eines Ausdrucks entspringen, der ein nicht greifbares Phänomen beschreibt. Wie sollte dies auch anders sein? Wie sollte es dem Menschen möglich sein, in den Besitz greifbarer *Mittel-und-Wege* zu gelangen, mit denen er die Erreichung eines nicht greifbaren „Ziels" sicherstellen könnte?

Sie können deshalb leicht verstehen, dass ich gute Gründe dafür habe, in meinen Büchern so viele konkrete Beispiele zur Anschauung zu geben. Diese Hinweise sind bei einfachen und praktischen Vorgehensweisen gut zu demonstrieren und sind frei von den wenig greifbaren Phänomenen, die sich sehr oft nicht von einer Diskussion trennen lassen, die sich auf „Mentales" oder „Spirituelles" gründet.

Wenn darin nicht eine weltweite Tragödie läge, könnte man von den Bemühungen derjenigen, die versuchen, „durch den Schleier ins Jenseits zu schauen", fast belustigt sein. Dabei ignorieren sie jedoch weiterhin all die Möglichkeiten des Menschen, die leicht nachzuweisen sind und die sich ihnen durchaus erschließen könnten. Ist es nicht ein klares Zeichen von Vernunft, wenn wir annehmen, dass das Wissen um die *Mittel-und-Wege*, mit denen diese Möglichkeiten beständig weiterentwickelt und zum bestmöglichen Vorteil des Menschen verwendet werden könnten, auch die Trittsteine für zufriedenstellende Aktivitäten auf den anderen Ebenen des Lebens sein könnten? Natürlich sollte die Menschheit auf jeden Fall bereits ihr großes irdisches Erbe angetreten haben: Sie sollte in ihrer Evolution auf die Ebene des Bewusstseins gelangt sein. Erst dann können Zeit und Energie darauf verwendet werden, all jene Felder der Spekulation und der Ungewissheit „in dem unbekannten Land“ zu erkunden, „aus dessen Gefilden kein Reisender jemals zurückkehrt.“

27

Wenn Ängste vorhanden sind, ist dies immer auch ein deutlicher Hinweis darauf, dass ein Konfliktzustand vorliegt. Das mutige, aber aufgesetzte Verhalten eines in seinem Inneren stark verängstigten Menschen ist nichts anderes als ein vermeintlich schützender Mantel. Diese innere Verängstigung ist es zweifellos, die in ähnlicher Weise bei gewissen Nationen zu der Manie geführt hat, Waffen für einen Massenangriff tragen zu müssen. Sie folgen so dem Instinktverhalten in der Horde. (Wenn die Männer einer Horde der Frühzeit nämlich auf die Jagd gegangen sind, mussten sie gemeinsam vorgehen. Nur dann bestand überhaupt Hoffnung auf Jagdglück.)

28

Dies ist einer der vielen vorliegenden Belege dafür, dass die Wurzel von dem, was den Menschen heute ausmacht, ihre Vorstellung von Klassifizierung ist. Trotz aller Bemühungen, die in der Gesetzgebung und auf verschiedenen anderen Wegen unternommen worden sind, um sich dieser Vorstellung zu widersetzen, wird diese Überzeugung sowohl bei ihren Befürwortern als auch bei ihren Gegnern sicherlich in der einen oder anderen Form solange erhalten bleiben, bis die Menschheit das Stadium *rationaler, bewusster Steuerung und Kontrolle des Individuums* erreicht haben wird. Solange wir diese Stufe der Entwicklung aber nicht erklommen haben, werden wir die Ideale, die mit den Worten Freiheit und Demokratie umschrieben werden, niemals erlangen können.

29

Viele meiner Leser dürften dieser Argumentation widersprechen und sich dabei auf einen Defekt oder eine Unzulänglichkeit beziehen, den sie sehr wohl irgendwann einmal mit oder ohne Hilfe abgestellt haben. Dies stelle ich durchaus nicht in Abrede, aber ich bin sicher, dass sich viele andere Defekte und Fehler bei diesem Prozess ausgebildet haben. Ja, ich bin sogar in der Lage, dies nachzuweisen, wenn sich jemand von mir bei seinen angewendeten Bemühungen um Gesundung untersuchen lässt. Bei dieser Gelegenheit kann ich darauf verweisen, dass es nicht nötig ist, für die Untersuchungen auch nur ein einziges Kleidungsstück abzulegen.

30

Diese Erkenntnis ist ein Gemeinplatz: Der Mensch ist anfälliger für Infektionen (Erkältungen u. a.), wenn er, wie man sagt, „am Ende", „fix und fertig" ist. Und dies ist mehr oder weniger ein geistig-körperlicher Zustand auf niedrigem Niveau.

31

Ich schreibe, dass ich nichts und niemanden *heilen* will, und ich höre schon, wie meine Leser die Frage stellen: „Wenn Sie eine Lebensplanung favorisieren, die auf dem Prinzip der Vorsorge beruht, warum sind Sie dann in einem Bereich tätig, der mehr oder weniger ein Heilbereich ist?" Die Antwort darauf ist einfach. Zuerst einmal sollte das Vorsorgeprinzip schon bei Kindern im frühesten Alter angewendet werden. Und zweitens hat es sich bis zum heutigen Tage als fast unmöglich herausgestellt, eine solche Nachfrage für eine grundlegende geistig-körperliche Umschulung zu schaffen, die ausreichend wäre, um junge Männer und Frauen dazu zu bewegen, sich intensiv mit dem Thema unter dem Aspekt der Berufswahl zum *Lehrer für die Gesundheitsvorsorge* auseinanderzusetzen. Weil sich aber eine solche Unterrichtstätigkeit an die Kinder richten muss, erkennt der Leser sofort die Zwickmühle, in der wir uns befinden: Wir müssen uns nämlich dem wirtschaftlichen Gesetz von Angebot und Nachfrage stellen. Zunächst einmal müssen die Eltern selbst von der Notwendigkeit für eine grundlegende geistig-körperlichen Umschulung und vom Wert der Technik, die ich anzubieten habe, überzeugt sein. Erst dann werden sie ihre Kinder einem solchen Lehrer für eine bestimmte Zeit und in so ausreichender Zahl anvertrauen, dass eine entsprechende Nachfrage für

Lehrer in diesem Bereich entsteht, die junge Männer und Frauen in die Lage versetzt, diese Arbeit auf einer gesunden wirtschaftlichen Basis aufzunehmen. Bis zum heutigen Tag habe ich von Eltern ausschließlich gehört, dass sie selbst erst einmal sehen wollten, ob ich in der Lage sei, ihre geistig-körperlichen Defekte zu „heilen“. Danach erst wollten sie überlegen, ob sie mir ihre Kinder anvertrauten. Jeglicher Widerspruch, dass es bei meiner Arbeit gar nicht um „Heilung“ gehe, war vergebens. Aus ihren Antworten sprach ihre Besorgnis: „Wenn wir Ihre Arbeit als die Grundlage für die Erziehung unserer Kinder akzeptieren, bedeutet das für uns, dass wir alle unsere bisherigen Ansichten und Methoden über Bord werfen müssen. Es bedeutet praktisch, dass wir wieder ganz von vorne anfangen müssen. Wir müssen so vieles aufgeben, von dem uns ständig vermittelt worden ist, dass es wahr ist. Wir können wirklich nicht die Erziehung unserer Kinder auf eine neue Basis stellen, ohne dass der Wert Ihrer Arbeit an uns selbst bestätigt worden ist.“ In diesen Punkten lassen sich auch nur wenige aus dem Bereich der Wissenschaft auf eine Diskussion ein, die mich ansonsten sehr unterstützen. Und jetzt kann der Leser sich gut ausmalen, dass ich unter solchen Umständen nicht anders kann, als mit den Eltern in einem sogenannten Heilbereich zu arbeiten. Ich habe nämlich die Hoffnung nicht aufgegeben, dass sie mich letztlich in meinen Bemühungen doch unterstützen. Es geht mir darum, dass sich auf breiter Front die Erkenntnis durchsetzt, dass eine Umschulung und vorbeugende Maßnahmen für ihre Kinder wichtig sind. Wenn es dann erst einmal gelungen ist, eine Nachfrage für die entsprechenden Lehrer unter den Eltern im Interesse ihrer Kinder zu schaffen, wird der erste Teil des Problems bald gelöst sein. Und auch für den Nachwuchs an Lehrern wird gesorgt sein. Mit der Zeit werden Männer und Frauen in die Arbeit eingeführt worden sein, die dafür geeignet sind. Ich bin bereit und es ist mir wahrlich ein großes Anliegen, den Rest meines Lebens und all meine Erfahrung, so gering sie im Verhältnis auch sein mag, der Ausbildung von Lehrern zu widmen. Dafür müssen wir Schulen gründen, in denen wir die zukünftigen Lehrer ausbilden. Eine Schwierigkeit bei einem solchen Plan liegt in der Aufgabe, den richtigen Typus Männer und Frauen an diese Arbeit heranzuführen. Schon seit geraumer Zeit arbeite ich mit einigen Leuten aus England und Amerika daran, eine solche Schule aufzubauen. Wir sind uns alle des Schadens bewusst, den wir anrichten können, wenn wir versuchen, so schnell wie möglich auf Kosten einer guten Ausbildung Menschen zur Aufnahme der Ausbildung zu bewegen, die die finanzielle Belastung zwar tragen können, die aber nicht das entsprechende Niveau jener geistig-körperlichen Fähigkeiten erreicht haben, das für eine solche Lehrerausbildung die Voraussetzung ist. Ein derartiger Versuch müsste in einem Fiasko enden. Auf lange Sicht würde er die breite Akzeptanz der betreffenden Prinzipien sogar eher verzögern als vorantreiben.

32

„Diese Sätze habe ich nach dem 1.Weltkrieg geschrieben. Sie haben sich durch die Ereignisse von 1939/45 leider bewahrheitet."

(F. M. ALEXANDER)

33

An dieser Stelle möchte gerne auf das Folgende hinweisen: In einer Zivilisation, die auf dem Prinzip bewusster Kontrolle aufgebaut ist, wären Eltern durch Training und aus Erfahrung ausreichend qualifiziert dafür, die Bedürfnisse ihrer Kinder zu erkennen. Und mehr noch, sie würden bei Bedarf sehr genau wissen, wie sie diesen Bedürfnissen entsprechen könnten.

34

Die Vorstellung von „richtig" und „falsch" ist fast immer mit dem *Produkt* und dem Ergebnis eines Vorgangs verknüpft und nicht mit der dabei verwendeten *Methode.* Wir brauchen unter diesem Gesichtspunkt nur in eine beliebige Unterrichtsstunde hinein zu hören, schon erkennen wir, dass die Anweisungen, die ein Kind erhält, wie „Setz dich gerade hin!", „Sprich lauter!", „Atme tief ein!", „Versuche, so leise wie möglich zu gehen!" und andere mehr, alle zielorientierte Instruktionen sind, die nur sehr selten Hinweise zu den *Mitteln-und-Wegen* geben, mit denen die Anweisungen umgesetzt werden könnten. Nur wenn die Instruktion auch Hinweise zu den richtigen *Mitteln-und-Wegen* umfasst, ist der jeweilige Ausführungsprozess an einen befriedigenden Gebrauch der betroffenen geistig-körperlichen Mechanismen gekoppelt.

35

Allen diesen Systemen, die die Gedächtnisleistung steigern wollen, fehlen alle Voraussetzungen, um eine geistig-körperliche Entwicklung in Gang zu setzen, die man zufriedenstellend nennen könnte, weil sie auf dem Prinzip des „Zielstrebens" beruhen, indem sie ein spezielles Ziel im Auge haben.

Was das Versagen des Gedächtnisses anbelangt, ist auch das Folgende von einigem Interesse: Uns ist durchaus klar, dass wir unsere „geistigen" Kräfte nicht zu unserem Besten einsetzen können, wenn wir Probleme mit der Leber haben. Ich kenne Menschen, die aufgrund schlechter Ess- und Trinkgewohnheiten ein Stadium der Leber- und Nierenbeschwerden erreicht haben, in dem ihre Denkprozesse entschieden gestört sind und wo ihnen bewusst geworden ist, dass sie zeitweilig unter einem relativen Gedächtnisverlust leiden.

Fakten wie diese sind bestens dafür geeignet, uns daran zu erinnern, dass es eine gegenseitige Abhängigkeit zwischen den „geistigen" und den „körperlichen" Aktivitäten gibt. Wenn die lebenswichtigen Mechanismen und Organe nicht mehr richtig funktionieren, wird der Organismus mit der Zeit immer mehr vergiftet, so dass auch die „geistige" Maschinerie allmählich immer schlechter arbeitet. In einem solchen Fall ist es nicht so leicht zu verstehen, auf welchen verschlungenen Wegen das System des Gedächtnisses es bewirken kann, dass die aufgezeigten „körperlichen" Probleme geheilt werden. Wenn das Gedächtnis hier aber nicht mitwirkt, sind erfolgreiche Ergebnisse sehr unwahrscheinlich.

36

Lord Byron schreibt dazu diesen Vers: „Es verschlägt den Atem uns, wenn das Gefühl uns übermannt."

37

Der schlechte Gebrauch des Organismus tritt noch deutlicher zu Tage, wenn auch die Arme bei den normalen Tätigkeiten des Lebens eingesetzt werden müssen, besonders beim Schreiben, beim Zeichnen und bei ähnlichen Tätigkeiten. Der Arm, der auf dem Tisch oder dem Pult ruht, um den Körper zu stützen, wird falsch eingesetzt werden. Am Einsatz des Armes, der Hand und der Finger, die an den Bewegungen beteiligt sind, die den Schreibakt ausmachen, gibt es ebenfalls Kritisches anzumerken. Eine Schädigung des kindlichen Organismus *insgesamt* ist das Resultat. Auf diese Weise wird ein Lernfortschritt beim Schriftbild stark behindert und in vielen Fällen sogar praktisch unmöglich gemacht.

38

Auf das abgesenkte Koordinationsniveau und das reduzierte Niveau der sinnlichen Wahrnehmung bei den heutigen Kindern gegenüber den Kindern früherer Generationen habe ich bereits in meinem Buch *„Ein Vermächtnis der Evolution an die Menschheit von unschätzbarem Wert"* hingewiesen.

39

Ein Lehrer hat über den falschen Gebrauch der geistig-körperlichen Mechanismen durch die Kinder im Schulalter das Folgende geschrieben: „Jeder, der sich die Mühe macht, die allgemein gegenwärtigen Merkmale der heutigen Schülergeneration zu bewerten, muss feststellen, dass es bei den Kindern Störungen des Körperbaus gibt, die alarmierend sind. Verkrümmungen der Wirbelsäule, falsche Körperhaltungen, fehlerhafte und fehlende Muskelkoordination bei den körperlichen Tätigkeiten oder eine gestauchte Körperstatur sind einige Beispiele dafür. Zudem gibt es starke Beeinträchtigungen im Bereich des rein Geistigen. Die Bildung von Vorurteilen ist unter den Schülern weit verbreitet und sie sind nicht oder kaum in der Lage (oder willens) andere Sichtweisen zu verstehen oder wenigstens zu akzeptieren. Die Kinder zeigen ein gewisses Versagen im Umgang mit ihrer Freiheit. Für all diese Symptome muss es eine Ursache geben, die hinter all dem steckt."

40

Was die „Leibesübungen" und den Sport allgemein anbelangt, muss ich meine Leser auf mein Buch *„Ein Vermächtnis der Evolution an die Menschheit von unschätzbarem Wert"* verweisen. „Körperübungen" und Drill versagen nämlich, wenn Verkrümmungen der Wirbelsäule, falsche Körperhaltungen, fehlerhafte und fehlende Muskelkoordination bei den körperlichen Tätigkeiten oder eine gestauchte Körperstatur beseitigt werden sollen. Selbst wenn dies in dem einen oder anderen Fall gelingen sollte, werden in dem Prozess ihrer Beseitigung mehrere andere Defekte entstehen, die oftmals schädlicher sind als die ursprünglichen.

41

Ich schätze durchaus die Anstrengungen sehr, die man gemacht hat, um Inhalte, die früher als getrennte Einheiten vermittelt worden sind, im Schulcurriculum zu verknüpfen und miteinander in Beziehung zu setzen. Genauso ist es nur lobenswert, wenn neuerdings verschiedene Themen um eine zentrale Idee gruppiert werden, wenn man das Fach Geschichte z. B. in Verbindung mit Schauspiel, Mathematik und Werken oder wenn man die Naturwissenschaften mit Kunst usw. vermittelt. Nur sind dies wieder bloß *spezifische* Beziehungen und eine solche Methodik hat keine Auswirkung auf das, was ich für dringend notwendig erachte. Auf diese Weise wird der Gesamtorganismus eines Kindes nicht koordiniert. Also kann dieser Organismus bei seinen Aktivitäten und in allen Lebenslagen auch nicht auf koordinierte Art und Weise eingesetzt werden.

42

Die geistig-körperliche Verfassung eines Schülers beeinflusst seine Vorstellung. In diesem Sinne kann man wahrlich sagen, dass er nur das hört, was er hören will. Und was er hören will, ist vorprogrammiert von den fixierten Wertvorstellungen seiner gegenwärtigen Gewohnheiten.

43

Alles, was ich hier über die *festen Vorstellungen* geschrieben habe, gilt nicht nur für die Schüler. Es gilt im selben Maße auch für die Lehrer.

44

Wenn wir bei dem Thema Gewissen die Dinge konsequent zu Ende denken, müssen wir ehrlich zugeben, dass es allzu oft bloß ein Versuch ist, Verantwortung auf andere abzuladen, wenn jemand darauf besteht, seinem Gewissen folgen zu müssen. Dieser Mensch mag zwar bestimmte orthodoxe Wege kennen, wie er mit seinen Schwierigkeiten umgehen kann. Seine eigenen Erfahrungen damit haben ihm aber gezeigt, dass sie in den meisten Fällen versagt haben, was aber nichts daran ändert, dass er an ihnen festhält. Wenn er sie eingesetzt hat und sie versagt haben, kann er wenigstens sagen, dass er es auf jeden Fall versucht habe. So beruhigt er allein sein Gewissen! Seine Urteilskraft bleibt dabei auf der Strecke! Sehr bereitwillig geht er auf diese Weise zu Werke, weil es der einfache Weg ist. Wenn er aber einmal innehalten würde, um über die Dinge genauer nachzudenken, und ehrlich seine Erfahrungen mit seinen bisherigen Fehlschlägen beurteilen würde, müsste er seine orthodoxen Verfahren verwerfen und nach neuen Möglichkeiten suchen. Dies wäre dann wahrlich kein einfacher Weg! Dieser Weg wäre steinig und schwer! Es würde u. a. heißen, seine geistig-körperlichen Eigenarten, Vorurteile, Defekte und Sinnesexzesse zu sezieren. Sie alle sind in gleichem Maße Ausdruck seines schlechten Allgemeinzustands, wie es im Falle eines Säufers die kranke

Leber und die kranken Nieren sind. Um Leber und Nieren überhaupt die Gelegenheit zur Erholung zu geben, müsste der Alkoholiker dem Alkohol entsagen. Nur hat er darüber nicht die geringste Kontrolle. Und nicht anders verhält es sich mit dem Schüler aus unserem Beispiel. Er weiß sehr wohl, dass bestimmte geistig-körperliche Gewohnheiten für seinen Zustand verantwortlich sind. Diese Gewohnheiten sind aber zu einem Teil seiner Persönlichkeit geworden. Sie sprechen seine pervertierten Sinne an. Und so macht er sich nicht die Mühe, sie aufzugeben.

45

Der Schüler ist so durchdrungen von der Vorstellung der „spezifischen Heilung", dass das Prinzip, wonach es (mittels Hemmung) zu verhindern ist, das Falsche zu tun, in ihm einen so niedrigen Stellenwert hat, dass es in 99 % aller Fälle vollkommen ignoriert wird.

46

Die Wirbelsäule wird im vierten Kapitel: „Illustrationen" ausführlicher behandelt.

47

Ich will im Zusammenhang mit den Problemen geistig-körperlichen Gleichgewichts auf folgendes hinweisen: In all den Fällen, wo jemand eine „Phobie" entwickelt, ist bei dieser Person vorher schon ein Zustand unzureichenden geistig-körperlichen Gleichgewichts vorhanden, der sehr schwerwiegend ist. Dieser Zustand liefert die Erklärung, warum dieser Mensch so empfänglich für den speziellen Stimulus ist, der für die Phobie verantwortlich ist, eine Straße zu überqueren, mit einem Zug zu fahren, über Brücken oder einen freien Platz zu gehen, allein in einem Raum zu sein, durch normale Geräusche in Aufruhr versetzt zu werden, was auch immer.

48

Das nächste Kapitel befasst sich *thematisch* mit den neuen *Mitteln-und-Wegen,* die es ermöglichen, ein Ziel ohne größere Komplikationen zu erreichen.

49

Wenn wir darüber sprechen, ob etwas auf eine richtige oder eine falsche Weise getan wird, muss ich darauf hinweisen, dass die Weise, die der Schüler als „richtig“ bezeichnet, tatsächlich die falsche Weise ist. Die Weise, die der Lehrer vorschlägt und die objektiv die richtige ist, ist eine, die der Schüler zu allerletzt als „richtig“ akzeptieren würde. Noch niemals zuvor ist sie ihm nämlich in seiner Erfahrungswelt begegnet.

50

Der Stotterer lebte in der Illusion, dass sein offensichtlicher Defekt nicht bemerkt würde. Es gibt genauso auch den Fall der Täuschung in die andere Richtung, dass jemand eine vergleichsweise wenig bemerkbare Eigenart überbewertet. Da ist ein Schüler, für den eine unbedeutende und vergleichsweise unauffällige Eigenart in einem solchen Ausmaß zum Problem wird, dass er sich beständig damit beschäftigt und sich vorstellt, dass alle Welt ihn auf Schritt und Tritt wegen dieser Eigenart beobachtet. Dabei ist sein Defekt so unscheinbar, dass ein Außenstehender ihn gar nicht bemerkt. In meinem Ersten Buch *„Ein Vermächtnis der Evolution an die Menschheit von unschätzbarem Wert“* habe ich im Kapitel „Irrtümer, Täuschungen und Einbildung des Individuums“ auf die sehr schädlichen Auswirkungen hingewiesen, die entstehen können, wenn jemand ohne eine richtige Anleitung seine charakteristischen Eigenarten zu verstecken oder zu verändern sucht. In seinem Verständnis mag die Eigenart für sein Erscheinungsbild zwar sehr nachteilig gewesen sein, aber im Vergleich zu den anderen schweren Defekten, die er vollkommen übersieht, ist diese Eigenart tatsächlich ein Klacks.

51

Die Meinungen der meisten Menschen sind viel mehr Bekundungen ihrer sensorischen Eigenarten, ihres Gefühls, als dass sie das Ergebnis von Denkprozessen sind. Weil das so ist, ist der Schluss nur vernünftig, dass es deshalb so viele verschiedene und gegensätzliche Meinungen zu einer einfachen Frage wie auch zu einem schweren Thema gibt. Es ist mehr als bedenklich, dass das Denken bei der Bildung der allermeisten unserer Meinungen und bei der Beurteilung der wichtigen Dinge des Lebens nur eine sehr untergeordnete Rolle spielt. Aus diesem Grunde befinden wir uns nach einem schon 2000 Jahre währenden Kampf um ein besseres geistig-körperliches Funktionsniveau immer noch in einem solch fürchterlichen Durcheinander, obwohl man sich erhofft hatte, dass sich der Einsatz für eine Ära des guten Willens, der Toleranz, des gegenseitigen Verständnisses und weltweiter Einigkeit gelohnt haben würde.

52

Nur einige wenige Wiederholungen schädlicher Erfahrungen (Im Text vorher wird auf einige angespielt.) reichen aus, um die eine oder andere der verschiedenen Phasen herbeizuführen, die den Grenzbereichen von Geisteskrankheit zugerechnet werden müssen. Bei der Entwicklung einer zeitweiligen Geisteskrankheit werden viele dieser Phasen sehr oft von körperlichen Gewaltausbrüchen begleitet.

53

Im Zustand unzuverlässiger sinnlicher Wahrnehmung ist es unmöglich, neue Ideen auf zufriedenstellende Weise aufzunehmen. Ein mit dem Autor befreundeter Arzt beschrieb diesen Sachverhalt so: „In mir reift mehr und mehr die Überzeugung, dass die Menschen nur das lernen können, was sie ohnehin schon wissen."

54

Der Zusammenhang zwischen geistig-körperlichen Defekten und einer fehlerhaften sinnlichen Steuerung ist Kriterium dafür, ob eine jeweilige Lehrmethode auf bewusster oder unterbewusster Basis arbeitet: Wenn dieser Zusammenhang verneint wird, handelt es sich um eine Methode, die auf unterbewusster Ebene Einfluss nimmt. Wird der Zusammenhang bejaht, haben wir es mit einer Methode zu tun, die auf der Ebene des Bewusstseins arbeitet.

55

Eine bewusste und rationale Kontrolle beim Umbau des Menschen meistert auch jede Gewohnheit in jedem beliebigen Aktivitätsbereich.

56

Die Länge des Umschulungsprozesses, um neue und richtige Erfahrungen zu etablieren, ist bei manchen Nachfragen zu meiner Technik ein Hauptkritikpunkt. Wenn wir die Sache im Lichte des Verstandes betrachten, wird uns aber leicht einleuchten, dass die Fähigkeit, Gewohnheiten abzulegen, die sich schon vor sehr langer Zeit gebildet haben können, von bestimmten natürlichen Begabungen und Qualitäten eines Schülers abhängt, insbesondere auch davon, wie genau die sinnlichen Wahrnehmungen des Schülers sind und wie weit sich seine Fähigkeit zur Hemmung bereits entwickelt hat.

57

Auch dies ist bei unzuverlässiger sinnlicher Wahrnehmung ein signifikantes Problem: Ein Schüler, dessen sinnliche Wahrnehmung äußerst unzuverlässig ist (Ein solcher Schüler zieht z. B. tatsächlich seinen Kopf zurück, obwohl er das klare Empfinden hat, dass sein Kopf nach vorne geht.), ist ganz und gar nicht gewillt zu glauben, dass er wirklich nicht weiß, was er mit sich selbst anstellt. Trotz allen Einspruchs besteht er darauf, die Befehle selbst in die Tat umsetzen zu wollen anstatt diesen Wunsch zu unterdrücken und es dem Lehrer zu erlauben, dass er ihm bei der Umsetzung der Befehle hilft.

58

Mir sind die Einwände gegen den Einsatz der Entsagungskräfte im Schulalltag sehr wohl bekannt: Wenn den Schülern beigebracht werde, Hemmung in dem Sinne einzusetzen, wie ich das Wort benutze, wenn also fehlgeleitete Aktivitäten damit verhindert werden sollen, nehme dies so viel Zeit in Anspruch, dass das Unterrichtspensum nicht bewältigt werden könne. Mehr als einmal haben Kinder in diesem Zusammenhang mir gegenüber dieses geäußert: „In der Schule könnten wir gar nicht auf diese Weise reagieren und erst einmal STOP sagen. Immer treiben sie uns zur Eile an!“ Diesen Einwänden kann ich nur dieses entgegenhalten: Die Zeit, die man aufwendet, um Kindern beizubringen, Impulse zu unüberlegtem Handeln zu unterdrücken, ist keineswegs vertane Zeit. Es ist gewonnene Zeit, weil die Kinder so nicht zu Sklaven ihres unüberlegten Handelns werden.

59

Das „Warten“ gibt dem Schüler Zeit, um die Befehle zu begreifen und bewusst zu zitieren, die das passgenaue Gegenstück zu den richtigen *Mitteln-und-Wegen* sind, mit denen er sein jeweiliges „Ziel“ erreichen soll.

60

Wie bei der Methode *„Hände auf dem Stuhlrücken“* zu verfahren ist, habe ich bereits 1910 in einer Veröffentlichung beschrieben.

61

Es ist natürlich nicht möglich, all die detaillierten Anweisungen einzeln aufzuzählen, die den Gegebenheiten des jeweiligen Falles Genüge tun. Denn sie müssen sich je nach den Tendenzen und Eigentümlichkeiten des jeweiligen Schülers naturgemäß sehr unterscheiden. Allerdings sollte es für einen erfahrenen Lehrer ein Leichtes sein, diese Anweisungen in der praktischen Anwendung der Technik bereitzustellen, so dass sie den Problemen des individuellen Falles tatsächlich gerecht werden. In diesem Zusammenhang müssen wir zwischen zwei

Dingen differenzieren: Da sind zum einen die Prinzipien einer Unterrichtstechnik, die durchgängig verwendet wird. Und auf der anderen Seite ist es die Kunst des Lehrers, Variationen zu entwickeln.

62

Es gibt nicht wenige Menschen, die sich der Selbstkontrolle rühmen, die aber in Wirklichkeit Opfer einer Versklavung sind, weil sie sich auf ein bestimmtes „Ziel“ fixiert haben. Sie kontrollieren sich nicht, indem sie innehalten und die *Mittel-und-Wege* für ihre „Ziele“ bedenken, vielmehr schließen sie von vornherein alles aus, was nicht mit ihren im Voraus als richtig und angemessen eingestuften „Zielen“ übereinstimmt. Sie selbst würden zwar behaupten, dass sie sich diese Kontrolle selbst auferlegt haben, für ihre Mitmenschen stellt sie sich jedoch als eine Form der Unbeugsamkeit dar. Einer Kontrolle aber, die sich daraus ergibt, dass man innehält und die *Mittel-und-Wege* genau abwägt, mit denen ein gewünschtes „Ziel“ gewährleistet werden kann, fehlt jeglicher Starrsinn. Bei einem sklavischen Festhalten an unreflektierten und vorgefassten Vorstellungen und an voreiligen und starren Regeln zu dem, was richtig und angemessen im Umgang und im Verhalten ist, ist Starrsinn nämlich unweigerlich ein wesentlicher Faktor.

63

Diese Einbildung ist bei sehr vielen der Atemlehrer anzutreffen: Sie verwechseln einen Muskelzuwachs auf der Außenseite des Brustkorbs mit einer Zunahme des inneren Brustkorbvolumens.

64

Die große Zahl von Verboten, mit denen manche Kinder konfrontiert werden, und der unbedingte Gehorsam, der von ihnen in der Schule und von den Eltern erwartet wird, ist kein Widerspruch zu der Behauptung, dass die Kinder der Gegenwart bei allen Aktivitäten, an denen ihr geistig-körperlicher Organismus beteiligt ist, schwerwiegende Mängel zeigen, wenn es darum geht, einem Reiz zu widerstehen, ihn zu hemmen.

65

Nicht nur Sportler wissen oft nicht, wie sie das, was sie tun, eigentlich fertigbringen. Das gleiche gilt auch für manchen ausgebildeten Sänger. Auch er weiß oft nichts über das Wie des Singens. Genauso wenig wissen viele politische und soziale Führer unserer Zeit, wieviel mehr sie in ihren Entscheidungen und Taten von ihren Vorurteilen und Gefühlsausbrüchen als von ihren Denkprozessen beeinflusst werden.

66

Diese amüsante kleine Geschichte wurde am 29.Oktober 1921 in der *TIMES* veröffentlich. Sie deckt sehr schön die Denkfehler auf, die Schüler begehen, wenn sie erwarten, sie könnten Defekte beheben, ohne dass ihnen zuerst die *Mittel-und-Wege* an die Hand gegeben worden sind, um sie zu korrigieren.

> Ich bin weiter über den Golfplatz geschlendert. Dabei traf ich auf zwei schon ältere Herren, die sich anschickten, einzulochen. Einem der Männer war ein guter Put gelungen, der andere hatte den Ball nicht so genau getroffen. Es entwickelte sich nun das folgende Gespräch:
> „Hat man so etwas schon einmal erlebt? Das glaubt doch kein Mensch, dass man einen solchen Ball verschlagen kann!" „Nun ja, ich will Ihnen gerne sagen, wie Sie den Fehler auf der Stelle abstellen können", wurde selbstgefällig erwidert. „Ich wünschte wirklich, dies wäre so." sagte der Erste zerknirscht. „Nun, dann hören Sie jetzt genau zu!" Ich war jetzt wirklich gespannt und mir stockte der Atem. Würde jemand in wenigen Augenblicken endlich das Geheimnis lüften, das hinter allen guten Schlägen steht? „Sie führen die Schlagbewegung nicht vollständig durch!" Was er zu sagen hatte, war eine weitere bittere Enttäuschung in meinem Leben, von denen es mehr als genug gegeben hatte. Dies war nun wirklich nichts Neues, eine Binsenweisheit, die den meisten Menschen auf der Welt bekannt ist. Ihre Kenntnis macht mein Spiel kein bisschen besser. „Was zum Teufel nützt es, wenn mir so etwas gesagt wird",

murmelte ich in mich hinein. „Man muss mir sagen, *was ich mit meinen verflixten Armen und Beinen bei der Ausholbewegung tue, dass sie sich beim Durchschlagen so schlecht verhalten*. Ich hatte gehofft, den „Stein des Weisen" zu finden, aber da hatte wohl doch nicht ein so guter Trainer einen Ratschlag zu geben. Ich entfernte mich betrübt. (Hervorhebung von F. M. Alexander)

67

Beständige Besorgnis ist eine wirklich schlechte Gewohnheit. Wenn sich ein solches Verhalten erst einmal ausgeprägt hat, ist es nur äußerst schwer wieder aufzubrechen. Es gibt ein sehr auffälliges Merkmal dieser Gewohnheit: Der geistige Zustand, der mit der besorgten Lebenshaltung einhergeht, wird mit der Beseitigung der Ursache für die Besorgnis nicht unbedingt zwangsläufig verändert. (Die Besorgten haben bestätigt, dass die jeweilige Ursache der Grund für die Besorgnis war und dass sie auch wirklich beseitigt worden ist.) Jetzt ist es zur Gewissheit geworden: Es hat sich eine Gewohnheit entwickelt. Wenn der Mensch eine besorgte Lebenshaltung entwickelt hat, produziert er immer wieder selbst den Stimulus für seine Besorgnis.

68

Es könnte sein, dass ein Leser den Fall eines Freundes im Auge hat, der nach einer Verletzung Gehversuche unternommen hat und der sehr wohl wieder zu seiner Zufriedenheit gehen kann. Dazu gibt es Folgendes anzumerken: Dieser Freund ist gar nicht in der Lage abzuschätzen, ob er seine geistig-körperlichen Mechanismen beim Gehen zufriedenstellend gebraucht oder nicht. Ich bin mir sicher, dass jeder Experte mit genauen Kenntnissen in diesem Bereich sehr wohl bestimmte schädliche Defekte im Gebrauch dieser Person beim Gehen feststellen könnte. Die Defekte sind zurückzuführen auf die Verletzung und die sehr unterschiedlichen Erfahrungen während der Behandlung und in der Rekonvaleszenz in Verbindung mit seinen Gehversuchen, die allesamt von einer relativen Schwäche, einem allgemeinen Kontrollverlust und einem Gefühl einer Störung des Gleichgewichts gekennzeichnet sind.

69

Zum Thema *Konzentration* findet sich in diesem Buch ein ganzes Kapitel.

70

Im Zusammenhang mit Umschulung will ich an dieser Stelle auf ein auffälliges Beispiel hinweisen. Schon vor vierzig Jahren hat ein bekannter Wissenschaftler in Frankreich die Bedeutung und die Möglichkeiten von Umschulung erkannt. Nur hat er Umschulungsformen ausgewählt, die auf spezieller und nicht auf allgemeiner Basis arbeiteten. Und so viel ich weiß, ist dies auch heute noch der Fall. Ich habe bereits in meinem Werk *„Ein Vermächtnis der Evolution an die Menschheit von unschätzbarem Wert"* das grundlegende Prinzip dargestellt, das einer Umschulung zu Grunde liegen muss. Jeder, der mit den Tatsachen und Argumenten, die ich dort verwendet habe, vertraut ist, wird den Wert einer allgemeinen Entwicklung oder einer allgemeinen Behandlung gleich welcher Art im Vergleich zu einer speziellen Behandlung oder Entwicklung sehr wohl zu schätzen wissen.

71

Da ist der Fall eines Sängers, dessen Halsprobleme ihn letztendlich dazu gezwungen haben, nicht mehr auf der Bühne aufzutreten und der fortan seinen Unterhalt mit Gesangsunterricht verdienen will. Ich kenne persönlich zwei solcher Beispiele, in denen sich die Sänger gezwungen sahen, genau aus diesem Grund ihren Beruf aufzugeben. Ich habe sie vor ihrem Rückzug mehrfach singen gehört und erlebt, wie sie ihre Stimme gebrauchten. Man musste kein Prophet sein, um vorhersagen zu können, was passieren würde: Keine menschliche Kehle und alles, was damit zusammenhängt, würden nämlich endlos einem solchen Fehlgebrauch widerstehen können. Ich konnte sehen, dass ihr Kehlkopf verschoben und verspannt, ihr Brustkorb und ihr Bauchbereich verformt waren, weil sie ihre geistig-körperlichen Mechanismen, von denen ein befriedigender Einsatz der angesprochen Teile abhängt, schlecht gebrauchten. Wenn diese Leute jetzt Gesangsunterricht geben wollen, werden sie ihren Schülern im Rahmen ihrer Möglichkeiten ganz genau die Gesangs- und Atemmethoden vermitteln, an die sie selbst glauben. Wir können zwar nur vermuten, dass sie von der Richtigkeit ihrer Methoden überzeugt sind. Es sind nämlich die Methoden, die sie ausgewählt hatten, als sie das Singen erlernt hatten, und die sie solange verwendet hatten, bis sie ihre Unterrichtstätigkeit aufgenommen haben. Vermutlich wird ihnen auch gar nicht zu Bewusstsein gekommen sein, dass sie ihre Stimme beide verloren haben, weil sie allzu vertrauensvoll bei diesen Methoden geblieben sind. Wie hätten sie es sonst wagen können, die Methoden, die bei ihnen so viel Schaden angerichtet haben, an andere Menschen weiterzugeben? Es ist die Kraft des Menschen zur Selbsthypnose, die sich in solchen Beispielen menschlichen Verhaltens offenbart.

72

Leider finden wir diese Tendenz, eher die Fehler eines Menschen zu imitieren, in allen Lernbereichen, nicht nur im Kunstbereich. So kann ich im Sportbereich Beispiele aus der Welt des Tennis aufzählen, wo andere Spieler versucht haben, die charakteristischen Eigenarten zu kopieren, in der Hoffnung ihr eigenes Spiel zu verbessern. Diese Vorstellung hat sich aber immer wieder als falsch erwiesen, ob nun die tiefe Hocke und der flatternde Drive eines S. H. Smith, die wuchtige Vorhand von Gore oder Dohertys unveränderte Schlägerhaltung bei Vor- und Rückhand kopiert wurden. Und die Gründe für diese Fehleinschätzung habe ich bereits genannt.

73

Man hat „abschweifendes Denken“ als einen Defekt erkannt und man war der Meinung, ein Mittel dagegen gefunden zu haben: Konzentration. Es gibt dazu eine gewisse Parallele. Als man das erste Mal „körperliche“ Defizite ausgemacht hatte, hat man ebenfalls das gleiche falsche Prinzip verwendet, um die Defizite zu beseitigen: Man hat Fitnessübungen zu ihrer Bekämpfung propagiert.

74

Dies sage ich an dieser Stelle sehr deutlich: Wir müssen uns wirklich davor hüten, einer Intelligenz eine übertriebene Wertschätzung zu Teil werden zu lassen, die sich nur in einem Bereich offenbart. Unser Urteil sollte sich vielmehr auf den intelligenten Lösungen eines Menschen bei seinem Handeln gründen, die er auf allgemeiner Basis für die normalen Prozesse des Lebens findet. Und wir sollten uns auch fragen, wie nützlich seine Lösungen für diese Prozesse sind. Der echte Spezialist muss z. B. zuallererst ein herausragender Praktiker in seinem Geschäftsbereich, in seinem Beruf und bei seinen allgemeinen Tätigkeiten sein, denn nur ein Praktiker mit einem solchen Hintergrund verfügt über so weitreichende Erfahrungen, wie sie für die Reifung zu einem echten Spezialisten nötig sind. Diese Erfahrungen müssen in der Praxis nach und nach gewachsen sein und sie müssen sich auch beständig weiterentwickeln. Für unsere Zukunft ist es von herausragender Bedeutung, dass wir die richtigen Kriterien zur Beurteilung des Intelligenzgrades anlegen. Wenn wir sie auf eine schlüssige Basis stellen wollen, müssen wir zuerst die Art und Weise beurteilen, in der eine Handlung ausgeführt wird. Die Beurteilung der Handlung selbst hat dem gegenüber nur untergeordnete Bedeutung. Wie nützlich kann denn eine Handlung für die sogenannte „körperliche" und „intellektuelle" Entwicklung eines Menschen sein, wenn Verletzung die Folge ist?

75

Wir sind aktuell Zeuge von Aufstieg und raschem Niedergang eines Systems, das von sich behauptet hatte, es könne ein Gedächtnis, das versagt, wiederherstellen und es könne mit Hilfe spezieller Verfahren „geistige" Wunderkräfte verleihen. Die Versprechungen dieses Systems übertreffen die zuversichtlichsten Erwartungen all derer, die zumindest zeitweise bei klarem Verstand sind, und all der Menschen, die relativ gute Kenntnisse über die Grundlagen der geistig-körperlichen Prozesse haben, die Voraussetzung für zufriedenstellende Gedächtnisleistungen sind.

Dass dieses System überhaupt so starken Zulauf erhalten hatte und dass es so schnell wieder in der Versenkung verschwunden ist, bietet durchaus Nahrung zur Reflektion: Was ist in diesem Zusammenhang von all den Lobreden zu halten, für die die Urheber dieses Systems von Zeit zu Zeit berühmte Männer und Frauen gewinnen konnten, von denen einige das Denken unserer Zeit doch sehr beeinflusst haben und die das System in Zeitungen und Zeitschriften angepriesen haben? Es ist äußerst bedauerlich, dass wir diese Männer und Frauen nicht zur Rechenschaft ziehen und nicht auffordern können, ihre Lobhudelei eines Systems zu rechtfertigen, das nichts anderes ist als eine Art „mentaler Gymnastik" oder das aus simplen „gymnastischen Übungsreihen" besteht. Die exakten Instruktionen, nach denen sie ausgeführt werden sollen, ignorieren die allgemeinen geistig-körperlichen Verhältnisse des jeweils betroffenen Menschen vollständig. Sie stellen nämlich die eigentliche Ursache oder die eigentlichen Ursachen für das mentale Problem dar. Und was diese Ursachen angeht, so sind die sogenannten Vordenker unserer Zeit selbst totale Ignoranten! Wie schon zu Zeiten der Höhlenmenschen führt der Blinde weiterhin den Blinden. Dieser Prozess bringt aber auf dem Weg ins 20. Jahrhundert Ergebnisse hervor, die viel verheerender sind als noch in den frühen Tagen der Menschheit, als die Menschen nur in eng begrenzten Bereichen geistig-körperliche Aktivitäten ausübten. [A)]

Anmerkung des Übersetzers:

Welches System hat F. M. Alexander so heftig kritisiert? In den Vereinigten Staaten war die Bewegung des „New Thought" in der Mitte des 19. Jahrhunderts aufgetaucht. In ihr spiegelten sich „die Hoffnungen, das Denken, die Ziele und die Bestrebungen eines großen Teils der Amerikaner." So verschieden die einzelnen Gruppierungen in der Bewegung auch waren, gab es doch sehr charakteristische Gemeinsamkeiten.

Es war eine Revolte gegen eine protestantische Kirche, die die Freiheit des Einzelnen u. a. dadurch einzuengen suchte, dass sie mit Fegefeuer und Verdammnis drohte. In der Folge wurde das Menschenbild ein radikal anderes. Der Mensch war nicht länger bloß nach dem Bilde Gottes erschaffen, er selbst trägt jetzt den göttlichen Funken in sich. Er ist nicht mehr der arme Sünder, er wird zum Herrn über sein eigenes Schicksal.

Jesus von Nazareth ist auch nur ein Mensch, dem allerdings ein besonderes Sensorium für den göttlichen Funken gegeben ist. Der Gottesbegriff wurde entpersonifiziert. Gott ist jetzt immanent in allen Dingen. Aus der „Person Gott" wurde ein göttliches Prinzip, das die naturwissenschaftlichen Gesetze in sich vereinigte, aus dem „Gesundheit, Reichtum, Seelenfrieden, innere Erleuchtung" zu gewinnen waren. (vgl. dazu: J. S. Judah, Seite 11ff)

All diese philosophischen Umdeutungen hätten F. M. Alexander wohl völlig kalt gelassen, wären Heilung und Heilverfahren in der Bewegung des „New Thought" nicht ein derartig großes Thema gewesen. Alexanders Erkenntnisse und die Gedanken des „New Thought" prallen hier so hart aufeinander, dass Alexander der Auseinandersetzung mit der „New Thought-Bewegung" fast ein ganzes Kapitel widmet.

76

Es ist ja wohl selbstverständlich, dass der Lehrer mittels Manipulation dem Schüler vorher eine zuverlässige sinnliche Wahrnehmung vermittelt hat. Die Einzelheiten sind im Kapitel *Fehlerhafte sinnliche Wahrnehmung* nachzulesen.

77

Ausstrahlung und Erscheinungsbild verändern sich, wenn das Kind gelernt hat, seinen Drang zu unterdrücken, auf einen gegebenen Reiz zu reagieren, wenn es erst danach die Befehle oder Anweisungen erteilt, die Wegbereiter der *Mittel-und-Wege* sind, *mit denen* das spezielle „Ziel" erreicht werden kann, das es anstrebt. Diese Veränderungen waren im Fall eines kleinen Mädchens wirklich bemerkenswert. Es hatte mit der Zeit sehr ausgeprägte schlechte Gewohnheiten beim Gebrauch seines geistig-körperlichen Organismus entwickelt. Zu Beginn seiner Ausbildung lag Verdrießlichkeit auf seinem Gesicht. In einem bestimmten Stadium seiner Umschulung waren ihm dann neue und richtige Erfahrungen zu Bewusstsein gekommen, die der Lehrer durch den Einsatz seiner Hände ermöglicht hatte. Es war inzwischen auch in der Lage, eine Reaktion zu unterdrücken. So konnte es dann auch zu dem Stimulus „Nein" sagen, der bis dahin eine Kettenreaktion falscher und schädlicher Bewegungen ausgelöst hatte. Es hatte entdeckt, dass es allein durch ein an sich selbst gerichtetes „Nein" verhindern konnte, dass schlechte Gewohnheiten die Oberhand gewannen, die ihm Probleme bereiteten und die es schon so lange mit sich herumgeschleppt hatte. Dies veränderte vollständig seine Ausstrahlung und sein Erscheinungsbild. Mit einer Zuversicht, die dem Mädchen bisher völlig fremd gewesen war, machte es sich daran, sich die notwendigen Anweisungen zu erteilen. Schließlich versetzten diese Anweisungen es in die Lage, genau die Bewegungen zu machen, die es gezwungen war, zunächst zu unterbinden, weil es in einem Zustand schlechter Koordination gewesen war. Jetzt, da es aus der Position einer neuen und guten Koordination handelte und da es die richtigen *Mittel-und-Wege* einsetzte, stellte die Bewegung für das Mädchen kein Problem mehr dar. Es konnte nun nicht mehr nur die Art und Weise durchdenken, wie ihr „Ziel" zu erreichen war, es HATTE DARÜBER ZUDEM EINE GENAUE KONTROLLE ERLANGT. Und so war es nicht länger getrieben von ihrer alten unterbewussten Weise. Dieser Sachverhalt nahm ihm schließlich all seine Schüchternheit, die ein stark überentwickelter Zug seiner Persönlichkeit gewesen war. Sein alter Ausdruck der Verdrießlichkeit verschwand mit der sich allmählich entwickelnden Kontrolle und machte Platz für einen Ausdruck der Zuversicht und des Glücks.

78

Das folgende Zitat stammt aus meinem Buch „Ein Vermächtnis der Evolution an die Menschheit von unschätzbarem Wert": *Wenn die wahre bewusste Kontrolle erreicht worden ist, kann eine „Gewohnheit" niemals starr werden. Sie ist im eigentlichen Sinne gar keine Gewohnheit mehr, sondern ein Befehl oder eine Befehlskette, der (die) den nachgeordneten Kontrollebenen des Körpers erteilt worden ist. Dieser*

Befehl wird dann solange in die Tat umgesetzt, bis schließlich ein Gegenbefehl erteilt wird.

79

Werfen wir einen Blick auf die allgemeine Einstellung von Menschen, die sich gezwungen sehen, ihre Lebensgewohnheiten, auch oder gerade im häuslichen Bereich, unter bestimmten Bedingungen zu verändern. Wir werden erkennen, dass sie eine übertriebene und durchaus auch schädliche Vorstellung von den Leiden und Unbequemlichkeiten haben, die ausgehalten werden müssen, wenn die automatisierten Abläufe in ihrem häuslichen Umfeld über den Haufen geworfen werden.

SCHLUSSBEMERKUNGEN

DIE GEISTIG-KÖRPERLICHE EINSTELLUNG

Nach und nach haben wir uns in diesem Buch mit unterschiedlichen Defekten, Eigenarten, Mängeln und den falschen Gebrauchsweisen des geistig-körperlichen Organismus des Menschen auseinandergesetzt. Wir mussten leider feststellen, dass diese sich im Laufe des menschlichen Wachstums- und Entwicklungsprozesses eher noch verstärken, an Zahl zunehmen und sich allzu oft zu „schlechten Gewohnheiten" auswachsen. Die Summe der Erfahrungen, die daran beteiligt sind, ist der Grundstock für das, was man „geistige Einstellung" nennt.

Von der Einstellung des Menschen im Hinblick auf die Funktionsweise seines geistig-körperlichen Selbst und im Hinblick auf die Verwendung dieses Selbst bei den Handlungen des täglichen Lebens hängt wirklich alles andere im besonderen Maße ab. Nur wer auch den Schlüssel für das Lagerhaus seiner geistig-körperlichen Erfahrungen besitzt, ganz gleich ob diese Erfahrungen erworben oder ererbt worden sind, ist in der Lage, eine Verständnisstufe bezüglich seiner geistig-körperlichen Reaktionen auf Stimuli zu erreichen, die den Optimismus rechtfertigt, dass eine beliebige Anstrengung, die der Mensch unternimmt, dienlich für seine Höherentwicklung ist.

Ich habe ja bereits oben aufgezeigt, dass dem Verständnis der geistig-körperlichen Prozesse, die auf den verschiedenen Entwicklungs- und Wachstumsstufen des Menschen ablaufen und die sich für all unsere Lebensbekundungen als verantwortlich erweisen, eine außerordentliche Bedeutung zukommt. Für jegliche zufriedenstellende Beurteilung der Verkettung von „Ursache und Wirkung" im Zusammenhang mit den Aktivitäten, die mit der Entwicklung des Menschen in seinem Inneren betraut sind, ist es nämlich unabdingbar, dass die geistig-körperlichen Prozesse verstanden worden sind. Und das gleiche gilt ganz genauso für die Aktivitäten, die dem Menschen im täglichen Leben in der komplexen Welt unserer Zivilisation abverlangt werden, wo immer er sich auch einbringt.

Der Mensch hastet bei seinen Reformbemühungen oder wenn er versucht, seine „körperlichen" Verhältnisse zu verbessern, jedoch weiterhin von dem einen Extrem in das andere und setzt dabei ganz auf das Prinzip der „Zielorientierung". Deshalb ist nichts dringlicher als dies: Der Mensch muss verstehen und einsehen, dass „Ursachen und Wirkungen" in einer langen Kette aneinandergereiht sind; dies gilt sowohl für die Prozesse, die in seinem Inneren ablaufen, als auch für die Dinge, die außerhalb seiner selbst geschehen. Erst dann wird er in der Lage sein, abschätzen zu können, ob ein Plan, der die Menschheit als Ganzes auf eine höhere Ebene bringen soll, auch von beständigem Erfolg gekrönt sein kann. Wie kann man die Erwartung haben, dass einer dieser Reformpläne etwas anderes bewirkt, als die Verhältnisse noch chaotischer zu machen, wenn die Menschen, die damit zu tun haben, nicht auf allgemeiner Basis eine Umschulung erfahren haben und als eine geistig-körperliche Einheit neu strukturiert worden sind? Was nämlich in letzter Instanz wirklich zählt, ist die individuelle Reaktion eines Menschen auf die jeweiligen Stimuli. Und diese Reaktion ist das Ergebnis von dem, was sich das Individuum unter den Reformplänen vorstellt. Dabei kann das Reformvorhaben, für sich allein genommen, durchaus ohne Fehl und Tadel sein.

Und so schließt sich der Kreis, wenn wir zur Thematik der Vorstellung zurückkehren. Bereits in den ersten Kapiteln dieses Buches war es mein Anliegen zu zeigen, dass wir nur im Zustand der Koordination, in dem der Organismus fast an seinem Optimum funktioniert, darauf hoffen können, uns einer Vorstellung von neuen und ungewohnten Erfahrungen oder Ideen anzunähern, die auch zufriedenstellend ist. Genau darauf gründet sich die Notwendigkeit, ein Verständnis für die Verkettung von „Ursache und Wirkung" vorrangig in Bezug auf die Funktionsweise des Organismus selbst zu haben.

Wir müssen nämlich erst das Verständnisproblem für das Individuum gelöst haben, bevor wir uns gefahrlos den Problemen des alltäglichen Lebens zuwenden und dort in dem Bereich, der dem individuellen Sektor nachgeordnet ist, Überlegungen zu „Ursachen und Wirkungen" anstellen können. Erst dann wird man mit Fug und Recht behaupten können, dass die Reaktionen eines Individuums auf Stimuli von einem Menschen sind, der sich unter Kontrolle hat. Die Denkprozesse, die ein solcher Mensch anstellt, verhindern, dass Angstreflexe unangemessen und auf schädliche Weise erregt und unkontrollierte Emotionen freigesetzt werden. Dies gilt insbesondere, wenn es darum geht, neue und ungewohnte Situationen oder Probleme zu meistern. Solche Situationen oder Probleme entstehen nämlich ganz zwangsläufig bei allen Prozessen, die dafür geeignet sind, auf der evolutionären Ebene Fortschritte zu machen.

ANMERKUNGEN DES ÜBERSETZTERS

Seite 1, SINNLICHE WAHRNEHMUNG

Mit sinnlicher Wahrnehmung ist nicht nur gemeint, dass man die Sinneseindrücke passiv einwirken lässt, es handelt sich vielmehr immer um eine bewusste, aktive Wahrnehmung, die eine rationale Beurteilung und Bewertung mit einschließt. Wenn ein Geräusch wahrgenommen wird, stellen sich sofort auch Fragen wie: Wo kommt das Geräusch her? Wer hat es verursacht? Zur Wahrnehmung gehört, dass das Geräusch vom Wahrnehmenden interpretiert wird.

Im Lokalteil meiner Tagezeitung fand ich diesen Polizeibericht: Nachts war jemand war von Geräuschen geweckt worden und hatte die Polizei gerufen, weil die Person aus den Geräuschen herausgelesen hatte, dass Metallisches über den Asphalt gezogen wurde. Das musste ein Dieb sein. Die Polizei konnte den Dieb auf frischer Tat stellen. Ein Igel stupste einen gefundenen Schlüssel vor sich her. (WESTFALEN-POST vom 29. September 2016)

Was für die akustischen Wahrnehmungen gilt, trifft auch auf die visuellen, haptischen, olfaktorischen, kinästhetischen und alle anderen sensorischen Wahrnehmungen zu.

Prof. Renate Zimmer beschreibt den Prozess der Wahrnehmung in sieben Schritten:

1. Ein Reiz wird durch das entsprechende Sinnesorgan oder über die Rezeptoren aufgenommen.
2. Der Reiz wird an das Gehirn weitergeleitet.
3. Das Wahrgenommene wird im Gehirn gespeichert.
4. Der neue Reiz wird mit dem bisher Gespeicherten verglichen. Die Meldungen der verschiedenen Sinnesorgane werden ausgewählt und bewertet.

5. Die Einzelreize der verschiedenen sensorischen Zentren im Gehirn werden koordiniert.
6. Der Reiz wird verarbeitet und in die Erfahrungen eingeordnet, die bisher gemacht worden sind.
7. Die Reaktion, die Beantwortung des Reizes, erfolgt als motorische Handlung oder als Veränderung des Verhaltens.

(vgl. dazu: Renate Zimmer, Seite 44f)

Seite 1, ZIVILISATION

Der Begriff *Zivilisation* bezieht sich auf sehr verschiedene Faktoren: auf den Stand der Technik, auf die Art der Manieren, auf die Entwicklung der wissenschaftlichen Erkenntnis, auf religiöse Gebräuche und Ideen. Auch kann er sich auf die Art des Wohnens, des Zusammenlebens von Mann und Frau, auf die Form gerichtlicher Bestrafung oder die Zubereitung des Essens beziehen. Genau besehen gibt es beinahe nichts, was sich nicht in einer *zivilisierten* und in einer *unzivilisierten* Form tun ließe. Es erscheint deshalb immer als etwas schwierig, mit wenigen Worten alles, was als *Zivilisation* bezeichnet werden kann, zusammenzufassen."
(vgl. dazu: Norbert Elias, Seite 89)

Seite 3, GEISTIG-KÖRPERLICH

F. M. Alexander verwendet den Begriff *geistig-körperlich* in diesem Buch so häufig, dass es dem Leser dadurch eher schwerer als leichter gemacht wird, den Text zu verstehen. Der Autor lässt wirklich keine Gelegenheit aus, um darauf hinzuweisen, dass Geist und Körper nicht voneinander zu trennen sind. Denn die Einheit von Körper und Geist ist nicht nur für seine Argumentation von grundsätzlicher Bedeutung. Auch die Wohltaten der Alexandertechnik können erst greifen, wenn diese Tatsache akzeptiert worden ist. Weil aber allem Anschein nach der doch so falsche Gedanke einer Trennung von Körper und Geist bereits tief ins Unterbewusstsein der Menschen gesunken ist, nimmt der Autor es wohl in Kauf, dass die häufige Verwendung von *geistig-körperlich* für den Leser beschwerlich und ermüdend sein kann. Wieder und wieder will F. M. Alexander den Leser daran erinnern: Körper und Geist sind untrennbar! Körper und Geist sind eins! Geist und Körper sind nicht zu trennen! KörperundGeist!!!!

Seite 4, SELBSTERHALTUNG

In der griechischen Sophistik (Kallikus, Glaukon) wurde dies mit Nachdruck vertreten: „Als eigentliche Triebfeder des Menschen habe das Streben nach Selbsterhaltung, Selbstsicherung und Selbstdurchsetzung" zu gelten. Der Mensch habe die Tendenz, sich am Leben zu halten, was wir ja als Selbsterhaltungstrieb zu bezeichnen gewohnt seien und die Mittel zur Selbsterhaltung seien mannigfaltig und wechselten je nach Situation. (vgl. dazu: Ph. Lersch, *Das Problem der Spezifizierung und Gliederung*, in: Hans Thomae)

Wenn *Sigmund Freud* Selbsterhaltung verwendet, erklärt er damit eine „hinter bestimmten Verhaltenstypen verborgene, motivierende Kraft." (J. Bowlby, *Theorien über den „Trieb" und die „Triebreaktionen"*, in: ebenda)

Seite 6, MITTEL-UND-WEGE

Die Darstellung eines neuen Gedankens, so schreibt F. M. Alexander an einer Stelle in diesem Buch, erfordere auch neue Begrifflichkeiten, sind doch die geläufigen Begriffe mit den herkömmlichen Gedanken verbunden. In seinen Büchern hat sich F. M. Alexander oftmals zu helfen versucht, indem er sehr ausführlich die von ihm verwendeten Begriffe definiert hat. (Gebrauch, geistig-körperlich, Anweisung u.a.) Zu seinen Begriffsschöpfungen zählt der Ausdruck „MEANS WHEREBY", der bisweilen mit *„Mittel wodurch"* ins Deutsche übersetzt worden ist. Hier wird „MEANS WHEREBY", mit **Mittel-und-Wege** übersetzt, wobei die Bindestriche auf die besondere Bedeutung des Begriffs im Alexandersystem verweisen.

An der einen oder anderen Stelle wird der Leser *Mittel und Wege* ohne Bindestrich vorfinden. Dann ist der Ausdruck in der uns geläufigen Weise verwendet.

Seite 14, BEWUSSSTE AKTIVITÄTEN DER GESCHÖPFE

Im Verständnis von F. M. Alexander muss es schon sehr früh in der Evolution Funken von Bewusstsein gegeben haben. Er argumentiert, dass das *Auge* nicht hätte realisiert können, wenn die Geschöpfe dafür nicht ein Bedürfnis oder eine Notwendigkeit erkannt hätten. Erkennen ist aber nur möglich, wenn Bewusstsein in irgendeiner Form vorhanden ist.

Seite 21, LERNEN

„Die Lerntheorien lassen sich in zwei Hauptgruppen einteilen: Auf der einen Seite stehen die Reiz-Reaktions-Theorien, auf der anderen Seite die kognitiven Theorien." Was wird gelernt, kognitive Strukturen oder Gewohnheiten? (Ein Beispiel für eine erworbene Gewohnheit sei eine allgemein geläufige Fertigkeit und die Kenntnis verschiedener zum Ziel führender Wege veranschauliche eine kognitive Struktur.) Je nach Theorie wird diese Frage unterschiedlich beantwortet. Es werden *Reaktionen* erlernt und in den Lernprozessen werden Kenntnisse über *Sachverhalte* erworben. (vgl. dazu.: Ernest R. Hilgard / Gordon H. Bower, Seite 23f)

Für F. M. Alexander ist die Problemstellung eine andere: Das Erlernen von Reaktionen, die sich dann als Gewohnheiten manifestieren, gehört in das Evolutionsstadium der Vorzivilisation. Es geschieht *unterbewusst*. Im Stadium der Zivilisation besteht aber aus bestimmten Gründen der Zwang, *bewusst* vorzugehen. Den Menschen kann deshalb nur das Erlernen von kognitiven Strukturen (von Sachverhalten) in seiner Entwicklung weiterbringen. Wenn weiterhin Gewohnheiten gebildet werden, ohne dass die Sachverhalte kognitiv verarbeitet worden sind, ist es aufgrund der unzuverlässigen sinnlichen Wahrnehmung, die sich unter den Zivilisationsbedingungen entwickelt hat, sehr wahrscheinlich, dass diese Gewohnheiten früher oder später schädliche Auswirkungen auf den Menschen haben. Wenn die Sachverhalte erst einmal kognitiv verarbeitet worden sind, kann und soll das Erlernte durchaus ins Unterbewusstsein übergeben werden. Dort unterliegt es dann nämlich weiterhin der Kontrolle des Bewusstseins.

„Wenn wir unter dem gemeinsamen Begriff „Lernen" die Aneignung motorischer Fertigkeiten, das Einprägen eines Gedichts, das Lösen eines geometrischen Problems und das Verständnis einer historischen Periode zusammenfassen", werden Vorgänge miteinander verbunden, „die kaum etwas miteinander gemeinsam haben." (ebenda, Seite 27) Auch von F. M. Alexander wird dieses Problem gesehen. Er ordnet das Lernen in zwei Kategorien: „learning TO DO something" und „learning something". Die Übersetzungen dafür ins Deutsche sollen lauten:

- *Erlernen einer motorischen Fertigkeit (motorisches Lernen)*
- *Erlernen einer kognitiven Struktur (kognitives Lernen)*

Seite 23, SINNE

Seit Aristoteles sind die fünf Sinne Schmecken, Sehen, Hören, Riechen und Tasten allgemein bekannt. Die Organe, die die Rezeptoren dieser Sinne beherbergen sind Augen, Ohren, Nase, Zunge und Haut. Heute kennt die Wissenschaft allerdings zumindest zehn Sinne. Der *Drehsinn* hat mit dem Vestibularsystem im Innenohr ein eigenständiges Sinnesorgan. *Der Lagesinn* bestimmt die Lage des Kopfes. Es sind die Makulaorgane in der Nähe der Bogengänge, die die Sinneszellen des Lagesinns enthalten. Um die Stellung der Körperteile und Gelenke genau zu registrieren, gibt es einen weiteren Sinn. Die Informationen werden von den Sinneszellen in Muskeln und Gelenken geliefert. Die Wissenschaft nennt diese Zellen Propriorezeptoren. F. M. Alexander hat diesem Sinn die Bezeichnung *KINÄSTHETISCHER SINN* gegeben. Außerdem gibt es den *Schmerzsinn*, der über eigene Schmerzzellen Rückmeldungen gibt, die uns vor Gefahren warnen. Mit dem *Temperatursinn* können wir vor Erfrierungen gewarnt und davor bewahrt werden, uns zu verbrennen. (vgl. dazu: S. Frings, Seite 12f)

Seite 28, OBER- UND UNTERKIEFER

Zunächst einmal wird der Schädel des Menschen in den Gehirn- und den Gesichtsschädel unterteilt. Die Bedingungen des Gesichtsschädels sind für das Öffnen und Schließen des Mundes von Bedeutung. Grob gliedert der Gesichtsschädel sich in die Maxilla, den Oberkiefer, und die Mandibula, den Unterkiefer. Es gilt die Prozesse näher zu betrachten, die unterbunden werden müssen, damit die Mandibula nach unten fallen kann.

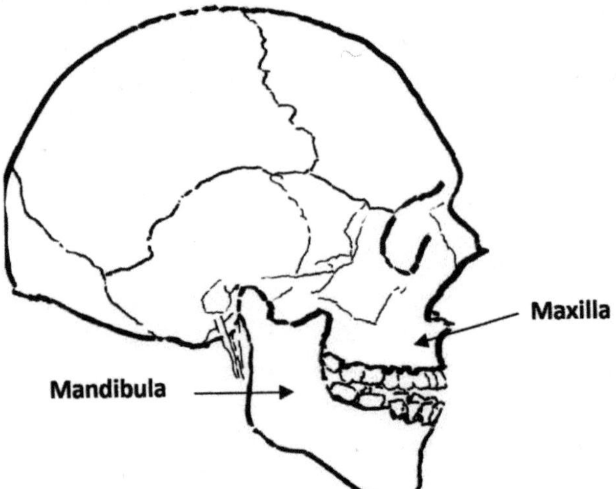

Aus den Erkenntnissen Alexanders ergibt sich im Umkehrschluss auch dieses: Wenn ich den Mund schließen will, um zu kauen, zu beißen oder beim Sprechen, sollte dies allein durch Schließbewegung der Mandibula bewirkt werden. Die Maxilla sollte nicht nach unten gezogen, gedrückt oder gepresst werden.

Seite 31, DIE BEUTE WAR AUCH NUR INSTINKTGESTEUERT

Warum konnte der Mensch auf der vorzivilisierten Stufe zwar seine körperliche Seite weiterentwickeln, nicht aber so sehr seine geistige? Alexanders Beschreibung der Welt des vorzivilisierten Menschen macht deutlich, dass es in dieser Welt eher körperliche Herausforderungen gab, aber kaum geistige. Herausforderungen sind aber die Voraussetzung für die Prozesse der Anpassung. Es gilt nämlich das *Prinzip der Wirkung des Gebrauchs und Nichtgebrauchs*, das LAMARCK formuliert hat und das ROUX die *funktionelle Anpassung* genannt hat. (vgl. dazu: Dr. W. Roux, Seite 5f) Eine der wenigen geistigen Herausforderungen der Menschen der Frühzeit bestand darin, dem Instinktverhalten seiner Beutetiere Paroli zu bieten. Dies wurde aber weitgehend von seinem Instinkt übernommen.

Wenn sich der Mensch wirklich einmal geistigen Herausforderungen stellen musste, weil z. B. andere Horden mit einem höheren geistigen Niveau (neuartige Waffen waren Beleg für eine höhere Intelligenz) in seinen Lebensraum einbrachen, hatte er nicht die nötige Zeit, um sein Vermögen der Herausforderung anzupassen. Er wurde entweder getötet oder unterjocht. So wird dann wohl die Entwicklung der geistigen Seite des Menschen von den Menschen der Horde ausgegangen sein, die nicht auf die Jagd gegangen sind: den Frauen, die das Herdfeuer bewachten, den Medizinmännern und den Hexen und von den bei der Jagd oder im Kampf verletzten Männern. (siehe dazu: ebenda)

Seite 33, ABSICHTLICHE HEMMUNG

Schon lange bevor der Mensch die Bühne der Evolution betreten hatte, war in der Kreatur die Fähigkeit zur *Hemmung* angelegt worden, und zwar zu ihrem Wohle. Sie musste sich entwickeln, um die arterhaltende Energie der Aggression zumindest soweit zu begrenzen, dass dieser Trieb nicht zur Vernichtung der Art führte. (vgl. dazu: Konrad Lorenz)

Die Kreatur und später auch der frühe Mensch setzten *Hemmung* instinktiv ein. Die sich unter den Zivilisationsbedingungen stark verändernden Verhältnisse, machen es nun notwendig, diese Fähigkeit zur Hemmung *absichtlich* und *bewusst* zu verwenden.

Seite 37, STEUERUNG UND REGELUNG

Steuerung und *Regelung* sind Begriffe der Regelungstechnik und der Psychologie. In der Psychologie meint *Steuerung* folgendes: *Steuerung* ist „die auswählende, prüfende oder hemmende Tätigkeit (des Menschen) in Bezug auf seine Triebregungen und Handlungen. Sie vollzieht sich unter dem Einfluss innerer und äußerer Kontrollmechanismen (..)und dient als rationale, planmäßige Verhaltenslenkung der reaktiven Beantwortung ÄUSSERER EINFLÜSSE oder der aktiven Verwirklichung übergeordneter Ziele.“ Wie wir sehen, antwortet Steuerung auf ÄUSSERE EINFLÜSSE. Durch *Regelung* werden dem gegenüber die Funktionszustände (Blutdruck, Körpertemperatur oder Nahrungsaufnahme) innerhalb des Organismus nach dem Prinzip der Rückkoppelung reguliert. „Abweichungen von einem bestimmten Normalwert werden dabei durch Gegenreaktionen kompensiert (negative Rückkoppelung).“ (vgl. DER GROSSE BROCKHAUS, Band 18, Seite 161 und Band 21, Seite 134)

Seite 45, „SCHWEDISCHER DRILL"

Beim „Schwedischen Drill" sollten die natürlichen Bewegungen des Körpers wie Stehen, Sitzen, Knien und Liegen methodisch aufgearbeitet und auch gestärkt werden. Er ziele eher auf allgemeine Gesundheit als auf eine Entwicklung spezieller Muskeln. Körper und Geist sollten mit diesem Training gleichzeitig ausgebildet werden. Ein Lehrer sagte die jeweiligen Ganzkörperübungen in einem Befehlston an. (Wohl daher rührt die Bezeichnung *Drill*). Auf diese Weise sollten auch Willenskraft, Konzentrationsfähigkeit und Gedanken- und Reaktionsschnelligkeit der Übenden gestärkt werden. (vgl. dazu: D. Duran, Swedish Drill: Principles and Positions)

Seite 52, DIE BEWEGUNG DES „NEW THOUGHT"

In der Mitte des 19. Jahrhunderts tauchte in den Vereinigten Staaten die Bewegung des „New Thought" auf. In ihr spiegelten sich „die Hoffnungen, das Denken, die Bestrebungen und Ziele eines großen Teils der Amerikaner. So verschieden die einzelnen Gruppierungen auch waren, so charakteristisch waren ihre Gemeinsamkeiten. Es war eine Revolte gegen die protestantische Kirche, die die persönliche Freiheit des Einzelnen u.a. dadurch einzuengen suchte, dass sie mit Fegefeuer und mit Verdammnis drohte. In der Folge wurde das Menschenbild ein radikal anderes. Der Mensch war nicht bloß nach dem Bilde Gottes erschaffen, er selbst trägt jetzt den göttlichen Funken in sich. Er ist nicht mehr der arme Sünder, sondern Herr über sein eigenes Schicksal. Gott verliert seinen Status als Person. Er ist jetzt immanent in allen Dingen. Die Person „Gott" wurde zu einem göttlichen Prinzip, das die naturwissenschaftlichen Gesetze in sich vereinigte, aus dem „Gesundheit, Seelenfrieden, innere Erleuchtung und Reichtum" zu gewinnen waren. (vgl. dazu: J. S. Judah, Seite 11ff)

Seite 60, SCHNÖRKEL

Im englischen Originaltext steht „simplicity". Es in diesem Zusammenhang mit *Einfachheit* zu übersetzen, verbietet sich, weil im Deutschen ein *einfaches* Leben Bilder suggeriert, die mit einer Ablehnung der gegenwärtigen Zivilisationsverhältnisse einhergehen. Für den Autor ist es aber wahrlich keine Option, die Zivilisationsprobleme durch eine Rückkehr zum einfachen Leben in der Natur zu lösen.

Laut Etymologischen Wörterbuch könnte sich der Begriff *Schnörkel* aus dem Altenglischen entwickelt haben und kann den Sinn von „Einschrumpfung" annehmen. In diesem Sinne erfordert es ein *schnörkelloses* Handeln, wenn der Mensch unter Zivilisationsbedingungen keinen Schaden nehmen soll. Ohne *Schnörkel* handelt der Mensch nach den Kriterien F. M. Alexanders z. B. dann, wenn er nicht den Hals anspannt, wenn er den Kopf nicht ein- und zurückzieht, wenn er nicht die Wirbelsäule verkürzt, oder nicht den Rücken eng macht.

F. M. Alexander betont immer wieder, dass der menschliche Organismus eine geistig-körperliche Einheit bildet, und Dr. W. Roux stellt fest, dass im Organismus „alles zu einer räumlichen Einheit verbunden aneinander liegt und sich drängt." (vgl. dazu: W. Roux, Seite 74) Tatsächlich gibt es nun aber keinen Grund, an dem Gedanken der Einheit zu zweifeln. Dann müssen *Schnörkel* auch im Verhalten des Menschen mit der Zeit zu negativen Auswirkungen in der Harmonie und Koordination des gesamten Organismus führen, ob nun unterbewusst aus einer gewissen Nachlässigkeit heraus, wenn z. B. die Menschen mit nach innen gerichteten Füßen und Knien gehen oder wenn sie mit überkreuzten Beinen dastehen, oder, im Anfang bewusst, wenn man eine Geste oder eine mimische Eigenart der Eltern oder eines Freundes imitiert, die man chic oder „cool" findet. Schnell entziehen sie sich aber dem bewussten Zugriff des Menschen und werden unterbewusst.

Die Koordination des Organismus ist ständig in Gefahr, denn im Organismus, der fortwährend von der Außenwelt Stoffe aufnehmen und umsetzen müsse, sei alles in fortwährendem Wechsel und beeinflusse sich gegenseitig. Je komplizierter das Geschehen sei, umso schwerer sei es, die Verhältnisse im Stadium der Krankheit, aber auch in dem der Gesundheit konstant zu halten (ebenda, Seiten 64/70). Nun kann der Mensch Ordnung in dieses Geschehen der beständigen Veränderung bringen, wenn er gelernt hat, die *primäre Bewegung* zu kontrollieren, so wie sie die **Alexandertechnik** vermittelt. *Die bewusste Steuerung und die Kontrolle der Wirbelsäule, so dass sie sich auf natürliche Weise längen kann, ohne dass der Hals verspannt und verkürzt wird und ohne dass der Kopf ein- und zurückgezogen wird,* lässt die Veränderungsprozesse so ablaufen, dass die Gesamtkoordination des Organismus nicht gestört wird, und mehr noch, dass er sich bestmöglich-entwickeln kann. Für diesen Vorgang hat sich der Begriff **Primärkontrolle** eingebürgert.

Wenn sich erst einmal das System bewusster, primärer Steuerung und Kontrolle der Bewegungen, das System der **Primärkontrolle**, bei einem Menschen etabliert hat, ist es sein großes Bestreben, eventuell noch vorhandene *Schnörkel* im Bewegungsverhalten aufzuspüren und auch zu beseitigen.

In Abwandlung der Phrase „Ende gut, alles gut.“, könnte auch formuliert werden: „Das Verhältnis von Kopf, Hals und Rücken ungestört, alles gut!“ Wenn einmal das System bewusster, primärer Steuerung und Kontrolle der Bewegungen über das Verhältnis von Kopf, Hals und Rücken im Individuum eingerichtet worden ist, kann es auch *Schnörkel* verwenden, ohne Schaden zu nehmen, so wie in der Kunst des Schauspiels, im Gesang oder im Ballett Gesten und mimische Elemente eingesetzt werden. Allerdings wird der Künstler auf lange Sicht nur dann keinen Schaden davontragen, man kann es nicht oft genug wiederholen, wenn er sie **bewusst** auf der Grundlage der Primärkontrolle verwendet.

Und auch im Bereich der Architektur ist der Ausdruck *Schnörkel* bezeugt. Einen Höhepunkt verschnörkelter Bauweise finden wir im Barock. Die Ästhetik des *Bauhaus*, heute Maßstab für absolute Schönheit, beruht demgegenüber gerade auf Schnörkellosigkeit. (vgl. Kluge, Seite 738)

Seite 60, DIE EINHEIT, DIE ALLEN DINGEN ZUGRUNDE LIEGT

Wissenschaft favorisiert ein anderes Vorgehen. Sie sucht, die Teile des Ganzen zu isolieren und dann zu untersuchen. Der Biologe *Claus Emmeche* schreibt dazu: „Die traditionelle Biologie war in ihrer Methode analytisch und untersuchte die materiellen Grundlagen des Lebens. Man hatte ein lebendiges Ding und nahm es auseinander, um zu sehen, aus welchen Teilen es bestand und wie diese Teile zusammenpassten. Dann versuchte man die Prinzipien ihrer Organisation zu erkennen. Schließlich zerlegte man die Teile, um zu sehen, woraus diese bestanden, und dann wieder deren Teile und so weiter. Diese Methode ist nur bis zu einem bestimmten Punkt brauchbar, weil das, was man beschreibt, plötzlich nichts Lebendiges mehr ist: Das Leben zerrinnt einem zwischen den Fingern." Und weiter heißt es bei ihm: „Die Molekularbiologie hat sich beinahe zu Tode gesiegt. Trotz der Unmengen an Detailwissen und der spezifischen Daten ist die Zahl der wirklichen Durchbrüche doch sehr gering." (vgl. Claus Emmeche, Seite 8f) Und was für die Biologie gilt, hat wohl auch Gültigkeit für die Wissenschaft insgesamt. Stützt dieses Zitat nicht die Forderung F. M. Alexanders, den Blick auf die Einheit der Dinge zu richten, wenn man Verlässliches über das Leben aussagen will?

Seite 72, KINÄSTHETISCHE WAHRNEHMUNG

Bis hierhin waren die Sinneswahrnehmungen insgesamt im Fokus der Betrachtungen F. M. Alexanders. Jetzt stellt er den Scheinwerfer schärfer und wirft das Licht auf die Wahrnehmung über den *kinästhetischen Sinn.* Weil ja unsere Aktivitäten, Emotionen, Meinungen, Glaubensgrundsätze, Vorstellungen und Urteile von unserem individuellen Gebrauch unserer geistig-körperlichen Mechanismen konditioniert werden, rückt jetzt der Sinn in das Zentrum seiner Betrachtungen, der diese geistig-körperlichen Mechanismen überwachen und dem Menschen Rückmeldung geben kann: der *kinästhetische Sinn*.

Die fünf allgemein bekannten Sinne Sehen, Hören, Tasten, Schmecken und Riechen mit den dazugehörigen Rezeptoren Auge, Ohr, Nase, Zunge und Haut holen Eindrücke der Außenwelt des Menschen in sein Inneres, wo sie dann über das Gehirn verarbeitet werden. Der *kinästhetische Sinn* überträgt Eindrücke aus dem Innern des Menschen an das Gehirn. Jede Bewegung und jede Organfunktion kann fortlaufend überwacht und sinnvoll eingestellt werden. Das Gehirn wird so über die Länge von vielen Hunderten von Muskeln informiert, es kann die Lage des Körpers im Raum beurteilen, es erhält Informationen über die Stellungen aller Gelenke und Körperteile und es kann die Lage des Kopfes analysieren, wenn der *kinästhetische Sinn* nicht verdorben ist. (vgl. dazu: Stephan Frings, Seite 12ff und Porath/ Klein, Seite 12f)

Seite 98, DENKPROZESSE IM ZUSTAND INNERER RUHE

Wir finden zu diesem Punkt in *Harry Mulischs* Roman „Die Entdeckung des Himmels“ folgende Zeilen: *Sein Gesicht hatte einen leicht schläfrigen Ausdruck angenommen, aber nicht vor Müdigkeit oder vom Alkohol, es war die Schläfrigkeit des Denkens. Denken ist nie Aktion, ist nie vorwärts und drauflos, wie die Leute meinen, die nicht wissen, was Denken ist; es funktioniert nicht wie ein sich durch Lianen schlagender Waldläufer, sondern eher wie jemand, der sich entspannt ins warme Wasser gleiten lässt.* (Harry Mulisch, Seite 24f)

Seite 103, EINE WAHL HABEN BEI DER BEUGUNG DER KNIE

Die Beugung der Knie ist keine so außergewöhnliche Handlung. Sie ist eigentlich sogar sehr häufig. Jedes Mal, wenn wir einen Schritt tun, wenn wir uns setzen, wenn wir eine Treppe steigen, ist dies mit dem Beugen eines oder beider Knie verbunden. Und auch wenn wir sitzen, sind die Knie gebeugt und verbleiben die ganze Zeit in der gebeugten Stellung. Unter diesem Gesichtspunkt ist es wohl klug, die Entscheidung über die Art und Weise, wie wir unsere Knie beugen wollen, grundsätzlich zu treffen, und nicht jedes Mal wieder neu darüber zu entscheiden, ob wir dies nun so wie bisher tun wollen oder doch lieber so, dass wir die Beine und die Knie nicht übermäßig belasten und übermäßigen Druck ausüben. Gerade unsere Zivilisationsbedingungen, die die Menschen zu sitzenden Tätigkeiten zwingen, lassen es ratsam erscheinen, die Entscheidung zu treffen, die das Sitzen nicht zu einer schädigenden Handlung macht.

Seite 109, WILLE UND HEMMUNG: TEILE DERSELBEN KRAFT?

In der Tat hat Konrad Lorenz inzwischen die Frage beantwortet, ob *Wille* und *Hemmung* Teile ein- und derselben Kraft sind. Er konnte mit seinen Methoden nachweisen, dass die beiden sich aus der **Aggression** entwickelt haben. Damit ist auch beantwortet, was diese Kraft ist, aus der Wille und Hemmung entstanden sind.
(vgl. dazu: Konrad Lorenz)

Seite 122, PASSGENAUES GEGENSTÜCK

Steuerungsbefehle und Manipulationen des Lehrers zum Aufbau einer zuverlässigen sinnlichen Wahrnehmung sollen so passgenau aufeinander abgestimmt sein, wie die Schneedecke, die sich über Felder und Wiesen legt, genau die Oberfläche der Landschaft abbildet, wie die Nut zur Feder, wie die Mutter auf das Schraubengewinde, wie der Deckel auf den Topf, wie die eine Hälfte der Doppelhelix zur andern, oder wie die sprichwörtliche Faust auf das Auge passt.

Seite 137, STÜTZE DEN KÖRPER MIT DEN ARMEN

Der aufmerksame Leser muss an dieser Stelle stutzen. Hat er nicht oben gelesen, dass der Körper die Arme stützt, so wie der Baumstamm den Ästen Halt gibt? Es ist also beides: Der Körper stützt zum einen die Arme, um zu verhindern, dass die Arme die Schultern zusammen- und zurückdrücken. Zum anderen stützen die Arme den Körper. So kann er nicht einsinken und das ausbilden, was man „Männerbrüste" nennt. Und weil der Leser ja aufmerksam ist, ist ihm auch ganz klar, dass es nicht allein genügt, die Stützfunktion der Arme zu stärken, wenn dieser Mangel beseitigt werden soll. Was wirklich nötig ist, ist eine Steuerung und Kontrolle des Organismus allgemein nach den Prinzipien Alexanders: Eine verlässliche kinästhetische Wahrnehmung muss entwickelt und eine funktionierende Primärkontrolle muss aufgebaut werden.

Seiten 142, DIE OBERE SPROSSE DER STUHLLEHNE ERGREIFEN/ BEWEGUNGEN GENAU BEOBACHTEN

Ich erinnere mich, als kleiner Junge „Busfahren" gespielt zu haben. Die Küchenstühle wurden hintereinandergestellt. Ich nahm auf einem der hinteren Stühle Platz und ergriff die Lehne des vor mir stehenden Stuhls. (Wir Schüler setzten uns im Bus immer nach hinten.) Bei einer so „wilden" Fahrt musste ich mich ja festhalten. Dann imitierte ich die Bewegungen, die das Anfahren, das Abbremsen oder auch die schnelle Fahrt durch die Kurve verursachten. Dass so eine Reihe von Mechanismen des Organismus geschult wurde, konnte einem Kind natürlich damals nicht bewusst sein. Das Bewusstsein für diese Dinge wurde erst später durch den Unterricht bei meinen Alexanderlehrern geweckt. In der Tat ist das, was bei dem Verfahren „Hände auf der Stuhllehne" geschult wird, äußerst komplex.

Zunächst einmal wird der sogenannte *Präzisionsgriff* geschult. John Napiers hat die menschlichen Griffarten systematisiert. Er unterscheidet zunächst Greif- und Nicht-Greifbewegungen. Bei **Greifbewegungen** wird ein Gegenstand ganz oder teilweise in der Hand gehalten. Das Jonglieren oder das Hämmern sind Beispiele dafür. Bei den **Nicht-Greifbewegungen** wird das Objekt von der Hand oder den Fingern manipuliert, wie dies beim Schreiben auf einer Tastatur oder beim Klavierspielen der Fall ist, aber nicht umfasst.

Das Greifen differenziert Napiers weiter in Kraft- und Präzisionsgriff. Beim dem *Kraftgriff* wird die Handfläche als Stütze verwendet, wenn ein Gegenstand gehalten wird. Jeder andere Griff, bei dem der Daumen und die Finger in irgendeiner Weise in Opposition zueinander stehen, heißt *Präzisionsgriff.* (vgl. dazu: F. R. Wilson, Die Hand, Seite 134)

Nun hat J. Napiers auch den Nachweis erbracht, „dass manipulative Handbewegungen nicht willkürlich sind, sondern einem genauen Plan folgen". So könnten kontinuierliche und integrierte Lösungen gefunden werden, um biomechanische und neurophysiologische Einschränkungen jeder nur denkbaren Bewegung zu überwinden. Und diese Lösungen sollen auch nicht in die Primärkontrolle eingreifen, will ich aus Sicht der Alexandertechnik hinzufügen. Deshalb ist es auch nicht verwunderlich, dass sich mit der Zeit je nach der gestellten Aufgabe unterschiedliche Griffe herausgebildet haben. Zu den Präzisionsgriffen gehören der *seitliche Zangengriff,* der *Drei-Punkte-Feingriff* oder der *Fünfpunkte-Spanngriff,* der auch *Fünfpunkte-Korbgriff* genannt wird. Die *Kraftgriffe* sind u. a. weiter differenziert in den *Pressgriff,* den *Scheibengriff,* den *Hakengriff* und den *sphärischen Griff.* (vgl. ebenda, Seite143ff und Seite 361)

Jetzt können wir etwas genauer werden: Bei dem Alexanderverfahren „Hände auf der Stuhlrückenlehne" wird der *Fünfpunkte-Spanngriff* zum *Vierfinger-Daumenspanngriff*. Es kommt also ein *Präzisionsgriff* zur Anwendung. Wie ein Pianist im Idealfall die Taste aus dem Fingerendgelenk anschlage und die Beugung in den Fingermittel- und Fingerendgelenken auf ein Minimum beschränke, so sollen die Finger auch die obere Stuhlsprosse umfassen. Und der Daumen geht in Opposition zu den Fingern. Die obere Sprosse des Stuhles wird **behutsam aber bestimmt** zwischen den Fingern und dem Daumen eingespannt. (vgl. ebenda, Seite 129)

Ein weiterer Bereich, in dem das Alexanderverfahren „Hände auf dem Stuhlrücken" Schulungsarbeit leistet, wird mit dem Einsatz des Daumens angesprochen. Die Gegenüberstellung von Daumen und Fingern habe in erheblichem Maße „dazu beigetragen, den Menschen von den übrigen Primaten zu unterscheiden." Die **Opposition des Daumens,** diese so folgenreiche und magische Bewegung der menschlichen Hand, könne aber nicht ohne das gleichzeitige Hinausschieben des Daumens und die gleichzeitige Streckung des Handgelenks erfolgen. (vgl. ebenda, Seiten 134 und 363)

Das ist also mit Hilfe der entsprechenden Steuerungsbefehle sicher zu stellen, wenn die Daumen ihren Platz hinter der Stuhllehne einnehmen und sie zusammen mit den Fingern einspannen: Die Daumen werden aus der Hand geschoben und das Handgelenk ist gestreckt zu verwenden.

Damit kommen wir zu einem dritten Bereich, in dem es zur Schulung kommt. Die **Auge-Hand-Koordination** kann verbessert werden. Wenn der Bauer die Früchte seiner Arbeit erntet, wenn der Handwerker seine Werkzeuge benutzt, wir auf Bäume klettern, der Jongleur Bälle, Keulen oder den Devil Stick fliegen lässt, der Golfspieler ein Hole-in-one schlägt, wenn „der Gefäßchirurg eine Pinzette, eine Nadel und einen Faden hält, sie unendlich vorsichtig bewegt, während er Blutgefäße zusammennäht, die kaum größer sind als ein rotes Blutkörperchen" (ebenda Seite 349), immer hängt der Erfolg nicht nur, aber zu einem erheblichen Teil von der Augen-Hand-Koordination ab. All dies würde kaum gelingen, wenn sie nicht bestens geschult wäre, denn „die Hand wird vom Auge geleitet." (ebenda, Seite 114) Weil es nun aber eine außerordentlich komplexe Lernaufgabe ist, die Hand- und die Augenbewegung zu koppeln (ebenda, Seite 114), ist es angebracht diese Koordination zu schulen, sehr wohl wissend, dass „sich die Bewegungen des Auges, wie die der Hand, nur in kleinen Schritten" vervollkommnen (ebenda, Seite 112). Etwas Geduld ist also angesagt, wenn wir darauf hoffen, die Augen-Hand-Koordination zu verbessern. Wir können sie durchaus bei unseren Aufgaben des täglichen Lebens, die wir mit der Hand erledigen, schulen, indem wir bewusst und aufmerksam den Handbewegungen mit unseren Augen folgen. In der Alexandertechnik bietet das Verfahren „Hände auf der Rückenlehne des Stuhles" Gelegenheit dazu. Der Lernende ist hier aufgefordert, den Blick auf den Spanngriff gerichtet zu halten, die Augen nicht von den Fingern zu lösen, um zu sehen, was er mit seinen Fingern wirklich macht, wenn er mit diesem Verfahren arbeitet.

Nun arbeiten Auge und Hand nicht isoliert vom Gesamtorganismus. Wir müssen uns nämlich klarmachen, „dass es im Körper eine Trennung oder Teilung der Funktionen nicht gibt. Das muskolo-skeletale System arbeitet als geschlossene Einheit." Das Auge ist im Kopf eingebettet und die Schulter ist wesentlich für die Ausrichtung der Hand. Dies bringt uns zu einem weiteren Schulungsaspekt, wenn die Hände den Rücken des Stuhles umfassen: In neuromuskulärer und biomechanischer Hinsicht sind die Schulter-, Arm- und Handfunktionen vollkommen aufeinander abgestimmt. (vgl. ebenda Seite 86) Tatsächlich gelingen die Abstimmung und **Koordination der Schulter-, Arm- und Handbewegungen** mit dem hier besprochenen Verfahren.

Kopf und Schulter sind ebenfalls Teile „der geschlossenen Einheit". Das, was sie für Hand, Auge und Gesamtsystem leisten können, wird in erster Linie von einem natürlichen und ungestörten Verhältnis von Kopf, Hals und Rücken zueinander bestimmt und davon, dass der Einzelne mittels seiner Primärkontrolle dafür Sorge trägt.

Seite 144, ERLAUBEN

Es ist etwas völlig anderes, ob ich die Erlaubnis für eine Tätigkeit erteile oder ob ich diese Tätigkeit tatsächlich ausführe. Dies soll an dieser Stelle deutlich herausstreichen werden. Der Schüler wird dazu aufgefordert, es zu **erlauben**, dass die Handgelenke nach innen gehen. Wenn der Schüler die Erlaubnis dazu gegeben hat, ist es dem Lehrer möglich, seinem Schüler die jeweils richtigen kinästhetischen Empfindungen zu vermitteln, die im Zusammenhang mit dem Erlaubten stehen. Erst wenn die kinästhetische Wahrnehmung zu den erlaubten Aktionen etabliert worden ist, soll der Schüler die entsprechenden Handlungen selbst ausführen dürfen.

Die Erlaubnis ist weitgehend ein mentaler Vorgang. Sie ist ein Akt des Wollens. Die Realisation des Erlaubten bleibt sich selbst überlassen. Nicht ich drehe die Handgelenke einwärts, nicht ich richte die Ellenbogen nach außen, sondern meine Vorstellung davon führt dazu. Und nicht die Methode des „Zielstrebens“ führt zu der Handlung, sondern die indirekte Methode der „Mittel-und-Wege“.

Seite 152, GEISTIG-KÖRPERLICHER EINSATZ

So ist es: Eine erfolgreiche Erarbeitung der Alexandertechnik hängt von einem entsprechenden geistig-körperlichen Einsatz ab. Aus meiner Unterrichtserfahrung kann ich dies voll und ganz unterstreichen: Mir ist klar geworden, dass ich meinen damaligen Lehrer mit meiner Einstellung „zur Verzweiflung“ gebracht haben muss. Ich wollte nur das tun, von dem ich sicher war, dass es richtig war. Wenn ich mir einer Sache nicht sicher war, habe ich auf jegliches Handeln verzichtet. Ich hegte die Hoffnung, dass sich die Erkenntnis über das, was richtig ist, zwangsläufig einstellen würde, wenn ich nur nicht das Falsche tue. So war ich ein Gefangener meines Starrsinns! Was mich aus dieser Sackgasse befreit hat? – Zum einen die Auseinandersetzung mit dem, was **F. M. Alexander** in seinen Büchern geschrieben hat und zum anderen die kinästhetischen Impulse, die ich trotz meiner Verbohrtheit mit aus dem jahrelangen Unterricht bei **Mr. Stanton Hobbs** und **Mr. Charles Bacon** genommen und gespeichert habe.

So kann ich heute das Folgende nur unterstreichen: Wie alle anderen Erfahrungen auch können kinästhetische Erfahrungen nur beim Handeln gemacht werden. Ohne einen geistig-körperlichen Einsatz kann sich die kinästhetische Wahrnehmung nicht entwickeln. Zweitens ist auch die Koordination des geistig-körperlichen Organismus nicht theoretisch zu erreichen, sondern allein durch seinen Gebrauch. Und drittens macht erst die beständige Verwendung der Hemmungsprozesse sie zu einer wertvollen Gewohnheit.

Seite157, ATMUNG: WEIT ENTFERNT VOM AUSGANSPRINZIP

Ich werde versuchen, den Sachverhalt mit meinen eigenen, einfachen Worten zu beschreiben. Wenn wir Kontrolle über die Atmung erlangen wollen, müssen bestimmte Bedingungen erfüllt sein. Die Atmung ist ja, wie F. M. Alexander festgestellt hat, entscheidend von der Beweglichkeit des Brustkorbs abhängig. Es gibt aber keine Fitnessübungen und keinen Zauber, um den Thorax beweglich zu machen. Seine Beweglichkeit hängt davon ab, dass die Wirbelsäule ihre natürliche Lage einnimmt und die ihr eigene, natürliche Form behält. Wenn der Brustkorb wenig beweglich ist, hat auch die Wirbelsäule ihre natürliche Form und Lage verloren. Um die ursprünglichen Verhältnisse wiederherzustellen, können wir aber nicht direkt auf sie Einfluss nehmen. Der Weg führt allein über die Befehle der Primärkontrolle: *Hals frei! Kopf nach vorne und oben! Wirbelsäule lang und Rücken breit!* Diese Befehle der Primärkontrolle sind das, was ich mit dem Begriff AUSGANGSPRINZIP (primary principle concerned) übersetzt habe. Dieses Ausgangsprinzip der Primärkontrolle ist der Überbau, von dem alles weitere abhängig ist. Es reicht aber nicht unbedingt aus, die entsprechenden Befehle zu erteilen, wenn sich der Hals entspannen und der Kopf nach vorne und oben gehen soll. Es muss zunächst auch der nötige Unterbau geschaffen werden, damit dies geschehen kann: Die Arme und Beine müssen justiert werden. Wenn sie zum Einsatz kommen, muss dies in Koordination mit dem Torso geschehen. Der Torso selbst ist zu justieren. Die Kinnlade muss in die richtige Position gebracht werden, sie darf nicht zurückgezogen sein und vieles andere mehr.

Wenn der Leser zum Kapitel: Mechanismen der Atmung zurückkehrt und liest, was F. M. Alexander weiter geschrieben hat, wird ihm noch viel klarer werden, wie weit die Atmung wirklich von dem Ausgangsprinzip der Primärkontrolle entfernt ist. Und wenn es dann soweit ist, dass wir schadlos Einfluss auf die Atmung nehmen könnten, ist es überhaupt nicht mehr nötig. Die Atmung selbst hat die Aufgabe übernommen, den Brustkorb beweglich zu machen: Mit jeder Ein- und Ausatmung nimmt seine Beweglichkeit tendenziell zu!

Gibt es einen Grund, warum die Natur es so eingerichtet hat, dass die Atmung generell so tief im Unterbau verwurzelt ist, dass wir nur in Ausnahmesituationen in die Atmung eingreifen sollten? Es könnte eine Schutzmaßnahme sein, um zu verhindern, dass „Schindluder" mit einem System getrieben wird, ohne das Leben nicht möglich ist. F. M. Alexander berichtet von einem indischen Guru, der das Atmen minutenlang einstellen konnte, ohne dass er Schaden genommen hätte. Wenn das nicht „Schindluder treiben" ist!

Seite 158, „AIRBAGS"

Der Autor benutzt an dieser Stelle das Wort „bag". Natürlich gab es zu seinen Zeiten keinen *Airbag*. Das, was einen Airbag ausmacht, trifft aber teilweise durchaus auf die Funktionsweise der Lungen zu: Luft strömt im Notfall in den Airbag hinein, wie sie auch im Wechselspiel von Ein- und Ausatmung in die Lungen einströmt, nur ist es hier der Normalfall.

Seite159, DAS AUF UND NIEDER DES ZWERCHFELLS

Das Zwerchfell (Diaphragma) trennt den Brust- vom Bauchraum. Es ist ein Skelettmuskel, kann also vom Willen gesteuert werden. Im Zustand der Expansion, im Auf, bildet es eine Kuppel unter den Lungenflügeln. Im Nieder, wenn es sich zusammengezogen hat, liegt es relativ flach über dem Bauchraum. (vgl. dazu: Thomas O. McCracken, Seite 178)

Man sagt, das Diaphragma sei „der Dirigent des Atemorchesters". Eines kann man auf jeden Fall unterschreiben: Das Zwerchfell lässt die Luft schnell einströmen, wenn es schnell kontrahiert, und es stellt die nötige Zeit für den Gasaustausch zur Verfügung, weil es nur langsam bei der Ausatmung in die „Kuppelstellung" zurückgeht. Bei Kontraktion und Expansion des Diaphragmas arbeiten aber Zwerchfell, Brustkorb und Lungen wunderbar aufeinander abgestimmt zusammen.

Eine zusätzliche Wirkung entfaltet das Diaphragma auf den Bauchraum, wenn es in seinem Auf und Nieder die Innereien massiert.

Seite 162, DIE WUNDERBARE EFFIZIENZ DIESER ATEMMASCHINE

Wie wird die Atemmaschine gestartet? Wie wird sie angetrieben? Es kann durchaus zum Verständnis dieser Maschine beitragen, wenn wir ganz zurückgehen an den Anfang, wenn der Mensch geboren wird und seinen ersten Atemzug macht. „Im Mutterleib sind die Lungen des Fötus mit Flüssigkeit gefüllt und am Gasaustausch unbeteiligt. (...) Bei der Geburt wird die Flüssigkeit aus den Atemwegen und aus den Lungen herausgepresst." (T. O. McCracken, Seite 128) Dies ist wohl der Moment, in dem die Atemmaschine gestartet wird: Die Flüssigkeit wird aus Lungen und Atemwegen gepresst. Dieser Vorgang ist dann also das Muster für die Ausatmung. Es entsteht dort ein vollständiges Vakuum, das sich im selben Moment mit Luft füllt: Die erste Einatmung ist vollbracht. Die nächste Ausatmung geschieht nicht mehr vollständig. Vorher schon ist ein Zustand erreicht, an dem die Lungen durch den Unterdruck zwischen Rippen- und Lungenfell gezwungen werden, sich zu weiten. Der nächste Luftschwall kann einströmen. Es ist wohl dieser Unterdruck zwischen Rippen- und Lungenfell, der ein Leben lang die Energiequelle für die Prozesse der Atmung darstellt.

Prof. John .B. West (University of California) zählt eine ganze Reihe von Voreinstellungen der NATUR auf, die Einfluss auf die Atmung haben. Da sind die Elastizität des Lungengewebes und des Brustkorbs, eine Rückstellkraft, die die Lungen sich zusammenziehen lässt, die Spannung auf der Oberfläche der Lungenbläschen, unterschiedliche Fließmuster der Atemluft, Druckunterschiede, die sich beim Ablauf von Ein- und Ausatmung in den Pleuraspalten ergeben, ein Prozess, der dynamische Atemwegkompression genannt wird, Atemwegwiderstände, und vieles andere mehr. (vgl.: John B. West, Kapitel 7, Mechanics of Breathing)

Je tiefer die Wissenschaft in die Materie der Atmung eingedrungen ist, umso deutlicher ist geworden, dass der Prozess der Atmung ein äußerst komplexes Geschehen ist. Allein schon mit dieser Komplexität ist es zu begründen, dass dieses Geschehen weitgehend sich selbst überlassen werden sollte.

Seite 163, „DAS GEFLÜSTERTE AH“

Eine formale Beschreibung der Verfahrensweise beim „Geflüsterten Ah“ finden wir bei M. McCallion in seinem *Voice Book.* Der Autor, einer der führenden Stimmlehrer der heutigen Welt, ist auch bestens mit dem System Alexanders vertraut. (vgl.: Michael McCallion , Seite 26f)

Er nennt fünf Vorbereitungsstufen und drei Stufen der eigentlichen Ausführung des „Geflüsterten Ahs.“

1. Primärkontrolle: Die Zunge ruht leicht und gelöst hinter der unteren Zahnreihe.
2. Löse die Kiefergelenke
3. und lasse den Unterkiefer soweit nach vorne gleiten, dass die beiden Zahnreihen übereinander stehen. Übe keinen Zwang aus! Die Zunge geht die Bewegung des Unterkiefers passiv mit.
4. Lächle! Ein richtiges Lächeln!
5. Öffne jetzt das Kiefergelenk! Die Zunge verbleibt gelöst hinter den Vorderzähnen. Halte das Lächeln bei!

Atme bis dahin weiter gleichmäßig, dann geht es so weiter:

1. Auf der Ausatmung „flüstere im Geiste den Vokal Ah"! Im Geiste bedeutet, dass dies vollkommen stimmlos geschieht. Nichts soll erzwungen werden. Es kommt wirklich nicht darauf an, dass man so lange wie möglich ausatmet. [1)] Vor allem anderen: Achte auf deine Primärkontrolle!
2. Mit der Einatmung schließe, ohne den Unterkiefer zurückzuziehen, den Mund! Achte auf deine Primärkontrolle!
3. Wiederhole den Vorgang!

[1)] Es ist sogar so, dass eine zu tiefe Ausatmung zu einem Kollaps der Nasenflügel führt. (vgl. dazu: F. M. Alexander, Seite 336)

„Das Geflüsterte Ah" ist eine Technik, mit der es gelingen kann, die Laut- und Stimmbildung zu verbessern. Im 3D Anatomie Atlas wird die Erzeugung der Stimme beschrieben: „Die Stimmlaute werden im Kehlkopf (Larynx) erzeugt, dem trichterförmigen Verbindungsstück zwischen dem Rachen (Pharynx) und der Luftröhre." Dort „spannen sich die paarigen Stimmbänder aus. Bei normaler Atmung sind sie weit geöffnet und der Luftstrom kann ganz ungehindert passieren." Wenn die Stimme eingesetzt wird, „ziehen die Kehlkopfmuskeln die Stimmbänder wie Vorhänge zusammen und spannen sie. Die ausgeatmete, in kontrollierten Stößen durchströmende Luft versetzt sie in Schwingungen und erzeugt Töne. Rachen, Mund, Nasenhöhle und Nasennebenhöhlen verstärken diese Töne, Zunge und Lippen formen sie zu verständlichen Sprachlauten um. Die Töne fallen umso höher aus, je straffer die Stimmbänder gespannt sind, und umso lauter, je kräftiger der Atemstoß ist." (vgl. Thomas. O. McCracken, Seite 130)

Die Beschreibung der Stimmbildung lässt uns auch erkennen, warum einige Kenntnisse über die Funktionsweisen von Mund, Lippen, Zunge, weichem Gaumen, Kehlkopf, Rachen und Hals notwendig sind: Sie sind Werkzeuge für den Gebrauch der Stimme.

Seite 163, „SCHNIEFEND" ODER „KEUCHEND" DIE LUFT EINSAUGEN

F. M. Alexander definiert „Schniefen" und „Keuchen" in seinem ersten Buch: *Wenn man einen „tiefen Atemzug" durch die Nase nimmt, entsteht ein hörbares Geräusch, das „Schniefen" und die Nasenflügel kollabieren. Wenn er durch den Mund eingezogen wird, gibt es ein „Keuchen". (Seite 325)*

Der Autor zählt dort auch die zahlreichen Fehlerquellen auf, die (nicht nur) beim schädlichen „Schniefen" und „Keuchen" auftreten:

- Der Kehlkopf wird über die Maßen heruntergedrückt; das gleiche gilt für das Zwerchfell. Die nicht angemessene Spannung, die verursacht wird, weil der Kehlkopf und alle Teile, die mit ihm verbunden sind, eingepfercht werden, ist ohne Zweifel der Hauptgrund für sehr viele Halsprobleme, ganz besonders bei Menschen, die von Berufs wegen ihre Stimme einsetzen. Dieses hat sich wieder und wieder in all den praktischen Untersuchungen erwiesen, die ich in den letzten zwölf Jahren durchgeführt habe. (In diesem Zusammenhang kann ich auf die zahlreichen Erfolge verweisen, die ich in London mit prominenten Schauspielern und Sängern hatte, nachdem sie von ihren Ärzten zu mir geschickt worden waren.)
- Der obere Brustbereich wird übermäßig nach oben gezogen. Und in den meisten Fällen trifft das auch auf die Schultern zu.
- Der Rücken bildet im Lendenwirbelbereich ein Hohlkreuz aus.

- Im Allgemeinen wird der Bauch nach vorne herausgeschoben und so wird der Bauchinnendruck auf nicht normale Weise verändert.
- Der Kopf wird zu weit zurückgezogen und der Hals wird über die Maßen angespannt und verkürzt, und das zu einer Zeit, wenn er eigentlich vollkommen ohne Anspannung sein sollte.
- Bestimmte Teile des Brustbereichs werden unverhältnismäßig geweitet, während andere Teile, die gerade an der Weitung des Brustkorbes beteiligt sein sollten, zusammengezogen werden. Besonders möchte ich den Rücken im Lendenwirbelbereich an dieser Stelle nennen.
- Während der Ausatmung fällt der obere Brustbereich übermäßig. Dies erhöht auf schädliche Weise den Innendruck des Thorax, was wiederum zu einer Blutstauung in den dünnwandigen Venen und im Herzvorhof führt und letztendlich die Arbeit des Herzens relativ stark behindert.
- Wenn der Kehlkopf übermäßig heruntergedrückt wird, kann die Zunge nicht ihre eigentliche Position einnehmen und so werden auch die natürlichen Zungenbewegungen verhindert. Ein mehr als nötig heruntergedrückter Kehlkopf verhindert, dass der Mund sich angemessen und richtig öffnet, so dass nicht der Resonanzhohlraum gebildet werden kann, der notwendig ist, wenn man ein genaues „Ah" vokalisieren will.

  Wir wissen ja, dass die Zunge am Kehlkopf befestigt ist. Wenn der Kehlkopf nun heruntergedrückt wird, muss dies also zwangsläufig dazu führen, dass auch die freien und richtigen Bewegungen der Zunge in Mitleidenschaft gezogen werden.
- Um den Mund zu öffnen, wird der Kopf zurückgeworfen. Dies ist ein weit verbreiteter Fehler, den sogar auch professionelle Sänger noch begehen. Wenn wir die Kiefergelenkbewegung aber ganz nüchtern vom rein anatomischen Blickwinkel aus betrachten, ist sehr leicht zu erkennen, dass sich der Unterkiefer ohne Anstrengung nach unten bewegen kann. Es besteht wahrlich keine Notwendigkeit, den Kopf nach hinten zu bewegen, wenn der Unterkie-

fer gesenkt wird, um den Mund zu öffnen. Tatsächlich kann diese Unterkieferbewegung viel schneller und perfekter ausgeführt werden, wenn der Kopf nicht irgendeine Ausweichbewegung ausführt, sondern aufrecht bleibt.

Jeder, der seine Stimme beruflich nutzt, sollte den Mund öffnen können, ohne dass er dabei den Kopf zurückwirft. Und alle, denen es gelingt, dies zu lernen und als Gewohnheit zu etablieren, werden daraus wahrlich großen Nutzen ziehen.

Seite 165, ENTSAGUNG (HEMMUNG): EIN WUNDERBARER PROZESS, DER ES MÖGLICH MACHT, EINEM REIZ ZU WIDERSTEHEN

Das normale Verhaltensmuster der Lebewesen sieht so aus: Auf einen eintreffenden Reiz erfolgt reflexartig die Reaktion. Es gibt allerdings die Möglichkeit, diese unbedingte Kombination bewusst zu unterbrechen: Bevor eine Reaktion zugelassen wird, kann der Mensch sie **hemmen**. Er kann zu einer sofortigen Reaktion „Nein!" sagen, um zunächst die *Mittel-und-Wege* zu bedenken, die der Situation angemessen sind. Er kann sich bewusst entscheiden, wie er überhaupt auf den Reiz reagieren will: mit seiner vorprogrammierten Reaktion, mit einer anderen oder gar nicht.

Seite 174, 2-EURO-STÜCK

Natürlich gab es F. M. Alexanders Zeiten keine Euro-Münzen. Um dem Leser aber die ungefähre Größe der Vertiefung zu verdeutlichen, hat der Übersetzer die damalige amerikanische Geldeinheit durch eine ersetzt, die heute hier im Umlauf ist.

Seite 176, GEIST UND KÖRPER

Die hier verwendete Schreibweise (KörperundGeist) soll auf kreative Weise den Sachverhalt abbilden, dass sich das Körperliche nicht vom Geistigen, das Geistige nicht vom Körperlichen trennen lässt. Im System F. M. Alexanders ist die Aufhebung dieser Trennung ein wesentlicher Baustein.

Seite 178, SOGENANNT GEISTIG/ „REIN KÖRPERLICH“

Ich erinnere an dieser Stelle daran, dass es für F. M. Alexander eine Unmöglichkeit ist, Körper und Geist zu trennen, weil an allen „geistigen“ Prozessen immer auch „körperliche“ beteiligt sind und umgekehrt. In seinen Schriften macht der Autor diesen Sachverhalt deutlich, wenn er den Begriffen *geistig* und *körperlich* entweder *sogenannt* voranstellt oder die beiden Begriffe in Anführungszeichen setzt.

Seite 186, FRAGILES GLEICHGEWICHT DES MENSCHEN

Die Kreatur hat wohl zunächst das Meer besiedelt. Von dort ist dann das Land erobert worden. Vor 65 Millionen Jahren sind die Primaten auf die Bäume geklettert, weil sich das globale Klima zu der Zeit dermaßen geändert hatte, dass die Bäume mit Früchten und Blüten ein äußerst reichhaltiges Nahrungsangebot machten. (vgl. F. R. Wilson, Seite 250) Als die Geschöpfe es dann wagten, den ihnen vertrauten Ort wieder zu verlassen und sich aufrichteten, um sich von da an nur auf zwei Beinen fortzubewegen, standen sie vor einem sehr schwierigen Problem: Sie mussten ihr Gewicht nun plötzlich auf nur zwei Beine verteilen. „Eine unmittelbare Folge der Zweifüßigkeit bestand und besteht weiter darin, dass das Gleichgewicht der aufrechten Haltung und der Fortbewegung kontrolliert werden musste.“ (ebenda, Seite 89) „Stell- und Lagereflexe mussten bei diesem Balanceakt die Gewichtsverlagerungen in den Bewegungen völlig neu bewerten.“ Dieses Problem ist schon eine so große Herausforderung „für das neuromuskuläre System, das (im Normalfall) die entsprechenden Wahrnehmungs-und Kontrollaufgaben dem Bewusstsein vollkommen entzogen hat“, schon wenn wir nur stehen oder gehen. „Es sind einfach zu viele Informationen über Gelenkstellungen und Gewichtsverteilungen zu sammeln und zu analysieren.“ (ebenda, 77f) Um wie vieles größer ist die Aufgabe, wenn wir dabei noch eine Last tragen müssen?

Das fragile Gleichgewicht stellt heute die Menschen mehr als je zuvor vor große Probleme. Aber anstatt ihnen zu zeigen, wie das Gleichgewicht erhalten werden kann, zieht es die Konsumgesellschaft vor, Hilfsmittel zu verkaufen: Der Rollator ist die neueste fragwürdige „Errungenschaft“, die das fehlende eigene Gleichgewicht ersetzen soll.

Seite 210, „KONZENTRATION“

Anstatt die Definition des *English Students' Dictionary* ins Deutsche zu übersetzen, hat der Übersetzer gleich auf ein deutsches Wörterbuch zurückgegriffen. *(*vgl. dazu: Wahrig, Deutsches Wörterbuch, Bertelsmann, 1966)

Seite 211, SEINEN AUGEN TRAUEN KÖNNEN

Es handelt sich hier nicht um einen Übersetzungsfehler! F. M. Alexander schreibt in der Tat, dass er jeden überzeugen könne, der in der Lage sei, seinen Augen zu trauen. („ ....convince anyone who can trust his or her own eyes“) Dies schränkt den Personenkreis, der durch eine Demonstration zu überzeugen ist, allerdings erheblich ein. Der Autor selbst wird nicht müde, wieder und wieder zu betonen, dass eine verlässliche sinnliche Wahrnehmung, die visuelle Wahrnehmung über die Augen gehört dazu, unter den gegenwärtigen Zivilisationsbedingungen eher die große Ausnahme als der Normalfall ist.

Seite 214, PRIMÄRER BEFEHL

Im Englischen ist die „primary“ auch die Vorwahl beim Telefonieren ins Festnetz. Dieses Bild der „Vorwahl“ ist wirklich sehr passend, um zu verdeutlichen, was F. M. Alexander mit Primärbefehl meint: Der *primäre* Befehl ist sozusagen die „Vorwahl“, mit der jede nur denkbare Bewegung bestmöglich gesteuert werden kann.

Es sind eigentlich deren vier, die den *primären* Bereich von Kopf, Hals und Rücken steuern:

1. Hals frei!
2. Kopf nach vorne und oben!
3. Wirbelsäule und Rücken lang!
4. Rücken weiten!

Sie sind so eng miteinander verbunden, wie es enger nicht sein könnte. Wenn der Hals nicht frei ist, wird der Kopf keinesfalls nach vorne und oben gehen können. Wenn der Rücken verkürzt und verengt ist, ist es unmöglich, dass der Hals frei wird. F. M. Alexander hat an einer Stelle seines ersten Buches den Zusammenhang so ausgedrückt: **„Einer nach dem anderen, alle zusammen!“**

Die Befehle des *Sekundärbereichs* steuern Arme und Beine und in den Tertiärbereich fallen z. B. die Atmung und die Sprechwerkzeuge.

Seite 218, PROZESSLINIEN, DIE SICH GEGENSEITIG BEFRUCHTEN

Da sind also die Prozesse, die die Funktionstüchtigkeit des Selbst, des geistig-körperlichen Organismus‘, herstellen, verbessern oder aufrecht erhalten. Und da sind die Prozesse, die ablaufen, wenn dieses Selbst bei der Bewältigung der Aufgaben des täglichen Lebens zum Einsatz kommt. Diese beiden Prozesslinien haben schon lange Zeit, so die Argumentation F. M. Alexanders, unterbewusst gewirkt, ehe sich das herausgebildet hat, was der Mensch heute ist. Jetzt, da sie auf der Bewusstseinsebene zum Einsatz kommen sollen, steht der Menschheit eine rasante Entwicklung bevor, die nicht mit dem zu vergleichen ist, wie sie sich bisher entwickelt hat.

Seite 223, GELESESES IM GEDÄCHTNIS ZU BEHALTEN

F. M. Alexander hat seine Bücher vor fast hundert Jahre geschrieben. Die diesbezüglichen Probleme haben sich seitdem eher noch verstärkt. „Das kann man googeln“ ist heute, im Zeitalter des Internets, fast schon zu einem geflügelten Wort geworden. Damit soll nicht nur ausdrückt werden, dass es überflüssig ist, sich den betreffenden Inhalt zu merken, man sagt damit auch, dass man ihn sich nicht im Gedächtnis behalten **will**.

So steht zu befürchten, dass die Gedächtnisleistung des Menschen in nächster Zeit weiter rapide abnehmen wird mit all den Konsequenzen, die es mit sich bringt, wenn die Menschheit nach und nach die Fähigkeit verliert, sich zu erinnern.

Seite 224, KURSBUCH

Die Menschen im Zeitalter des Internets werden nicht mehr wissen, was ein *Kursbuch* ist. In diesem dicken Buch waren alle Zugverbindungen eines Landes in langen Kolonnen aufgelistet. Wer eine Zugverbindung für eine bestimmte Verbindung zwischen zwei Orten in einem bestimmten Zeitrahmen finden wollte, machte sich z. B. im *Kursbuch* der Deutschen Bahn auf die Suche und wurde auch fündig.

Seite 231, DIE SPANNUNGEN NEHMEN ZU

Dieses Buch ist 1921, drei Jahre nach dem Ende des 1. Weltkriegs, veröffentlicht worden. „Die Staatsmänner und die Völker Europas hatten schnell begriffen, dass der Übergang vom Krieg zum Frieden nicht leicht sein würde. Schon in der ersten Phase der Friedensverhandlungen wurde die Möglichkeit neuer Kriege deutlich.“ (Gordan A. Craig, Seite 383) Und der Philosoph und Schriftsteller Ernst Jünger wird bei *G. A. Craig* mit den Worten zitiert: „Dieser Krieg ist nicht das Ende, sondern der Auftakt der Gewalt. Er ist die Hammerschmiede, in der die Welt in neue Grenzen und neue Gemeinschaften zerschlagen wird." (ebenda, Seite 381f) Und so sollte es dann auch kommen! Der 2. Weltkrieg (1939/1945) hat die Welt in noch größerem Ausmaß in Trümmer gelegt.

Seite 232, HANDLUNGSPRINZIPIEN DER POLITIK

Mit dem Ende des 1. Weltkriegs war auch das Ende der bisherigen Ordnung gekommen. Die Regierungen Europas vertraten „die gefährliche Auffassung, bei einem Zusammenbruch der Ordnung sei es immer besser zu handeln, als untätig zu bleiben." (G. A. Craig, Seite 380) Deshalb kamen die führenden Staatsmänner der Nationen dann in Paris sehr schnell zusammen, um Regelungen für eine Friedensordnung zu treffen. Der amerikanische Präsident Woodrow Wilson hatte ein Friedensprogramm vorgelegt, das sich auf vierzehn Punkte gründete. Dieser Vierzehn-Punkte-Plan ist wohl gemeint, wenn F. M. Alexander von Prinzipien spricht, nach denen die Welt handeln wollte und denen von vornherein schwerwiegende Mängel anhafteten.

Seite 251, PROZESSE, DIE FEHLERHAFTES GEWEBE REPARIEREN

Kurz vor Schluss findet F. M. Alexander Zugang zu einem Thema, das die letzten Jahrzehnte geprägt hat, wie kaum ein anderes: **Krebs**. Aus seiner Aussage sind mehrere Schlussfolgerungen zu ziehen:

- Im Organismus des Menschen sind von vornherein Mechanismen angelegt, die fehlerhafte Zellen und schlechtes Gewebe reparieren. Demnach ist augenscheinlich die Produktion fehlerhafter Zellen nichts Außergewöhnliches, sondern kommt so beständig vor, dass ein solcher Reparaturmechanismus bereitgestellt werden musste.
- Die Funktionstüchtigkeit dieses Reparaturmechanismus' ist, wie jeder andere Mechanismus des Menschen auch, von der Qualität des primären Mechanismus von Kopf, Hals und Rücken abhängig.

- Mit der Primärkontrolle von Kopf, Hals und Rücken wird auch der Reparaturmechanismus für schadhafte Zellen wieder reaktiviert.
- Es wird wohl dann ein Wettlauf mit der Zeit sein, ob der Mechanismus zur Reparatur der schadhaften Zellen wiederhergestellt ist und wieder erfolgreich arbeiten kann, bevor die schadhaften Zellen ihr tödliches Handwerk vollbracht haben.
- Dies ist jedoch bei den herkömmlichen Behandlungsmethoden der Krebserkrankung, bei Chemotherapie, Bestrahlung und operativer Entfernung des Gewebes, das von Krebszellen befallen ist, nicht anders. Nur haben die herkömmlichen Methoden zwei wesentliche Nachteile: Sie haben erhebliche Nebenwirkungen und sie sind nicht in der Lage, den Reparaturmechanismus für die Zellen, die schadhaft sind, wieder zu reaktivieren.

Seite 253, WILLIAM JAMES

William James (1842/ 1910) ist Mitbegründer der Philosophie des Pragmatismus, dessen Grundgedanke sein ganzes Werk durchziehe. Danach sei alles Denken und Erkennen im Rahmen seiner Nützlichkeit für das menschliche Handeln zu beurteilen und als Maßstab habe der Erfahrungshorizont des Einzelnen zu gelten. (vgl. DER GROSSE BROCKHAUS)

Seite 254, KONTROLLE DER UMWELTBEDINGUNGEN

In diesem Zusammenhang wird aus dem China *Mao Tse Tungs* die folgende kleine Geschichte erzählt: Es war immer schon eine enorme Herausforderung, das Riesenvolk der Chinesen zu ernähren. Nun hatte man aber bemerkt, dass die Spatzen sich an den Getreidekörnern gütlich tun. Diesen Ernteanteil wollte man den Vögeln nicht länger überlassen. So wurde angeordnet, dass die Spatzen zu bekämpfen seien. Sie wurden so lange gehetzt, bis sie vor Erschöpfung tot vom Himmel fielen.

Allerdings hatte man dabei nicht bedacht, dass die Vögel nicht nur die Körner pickten, sondern auch massenhaft Insekten vertilgen. So wurden Im nächsten Jahr die Getreidepflanzen vermehrt von Insekten befallen. Der Ernteausfall war weitaus größer als das, was die Spatzen Jahr für Jahr angerichtet hatten.

Die Geschichte wiederholt sich zurzeit hier in der westlichen Welt: In großen Mengen werden zum Schutz der Ernteerträge Insektizide auf die Felder aufgebracht. Mit den Schädlingen werden jedoch auch die Bienen getötet, deren Hauptaufgabe es ist, für die Bestäubung der Pflanzenwelt zu sorgen. Wenn die Pflanzenblüten nicht bestäubt werden, können sich auch keine Früchte entwickeln! So hat sich ein neuer Geschäftsbereich für den Imker eröffnet: Er fährt über Land und verleiht, oder sollte man besser sagen, er opfert seine Bienenvölker.

QUELLENABGABE ZU DEN ANMERKUNGEN

1. Stephan Frings, *Biologie der Sinne*, Berlin/Heidelberg, Springer Spektrum, 2014

2. Dr. Wilhelm Roux, *Der Kampf der Teile im Organismus*, Leipzig, Wilhelm Engelmann Verlag, 1881

3. Ernest R. Hilgard / Gordon H. Bower, *Theorien des Lernens I*, Stuttgart, Klett Verlag, 1975

4. DER GROSSE BROCKHAUS in 24 Bänden, Die Enzyklopädie, 20. Aufl., Band 17, Leipzig/ Mannheim, 1996

5. Renate Zimmer, *Handbuch der Sinneswahrnehmung*, Herder Verlag, Freiburg, Basel, Wien, 1995

6. J. S. Judah, The History and Philosophy of the Metaphorical Movements, Westminster Press, 1967

7. Norbert Elias, Über den Prozess der Zivilisation, Suhrkamp Verlag, Frankfurt, 1997 (Erstausgabe im Verlag Haus zum Falken, Basel, 1939)

8. Claus Emmeche, Das lebende Spiel/ Wie die Natur formen erzeugt, Rowohlt Taschenbuch Verlag, Hamburg, 1994

9. KLUGE, Etymologisches Wörterbuch der deutschen Sprache, Bearbeitung von Elmar Seebold, de Gruyter Verlag, Berlin, 1999

10. D. DURAN, Swedish Drill: Principles and Positions,

11. PORATH/ KLEIN, Kinästhetik und Kommunikation, Kulturverlag Kadmos, Berlin, 2013

12. Harry Mulisch, Die Entdeckung des Himmels, Rowohlt Verlag, Hamburg, 1995

13. Hans Thomae, *Die Motivation des menschlichen Handelns*, Köln, Kiepenhauer & Witsch, 1975

14. Stephan Frings, *Biologie der Sinne*, Berlin/Heidelberg, Springer Spektrum, 2014

15. Dr. Wilhelm Roux, *Der Kampf der Teile im Organismus*, Leipzig, Wilhelm Engelmann Verlag, 1881

16. Ernest R. Hilgard / Gordon H. Bower, *Theorien des Lernens I*, Stuttgart, Klett Verlag, 1975

17. DER GROSSE BROCKHAUS in 24 Bänden, Die Enzyklopädie, 20. Aufl., Band 17, Leipzig/ Mannheim, 1996

18. Renate Zimmer, *Handbuch der Sinneswahrnehmung*, Herder Verlag, Freiburg, Basel, Wien, 1995

19. J. S. Judah, The History and Philosophy of the Metaphorical Movements, Westminster Press, 1967

20. Norbert Elias, Über den Prozess der Zivilisation, Suhrkamp Verlag, Frankfurt, 1997 (Erstausgabe im Verlag Haus zum Falken, Basel, 1939)

21. John B. West, Respiratory Physiology, 7th Edition, Williams & Wilkins, New York, 2005

DANKSAGUNG

Der Übersetzer hat bis zu seiner Pensionierung als Englisch- und Sportlehrer gearbeitet. Mit der Alexandertechnik ist er erstmals im Alter von über dreißig in Berührung gekommen. Von da an hat sie ihn bis heute nicht mehr losgelassen. Mehrere Jahre ist er zunächst von **Mr. Charles Bacon** und dann von **Mr. Stanton Hobbs** unterrichtet worden, denen er auf diesem Weg seinen tiefen Dank ausspricht.

Auch gilt es an dieser Stelle Frau Helga Schönenberg und Herrn Klaus Mewes zu danken, die mit größter Sorgfalt und mit ihrer profunden Kenntnis der deutschen Sprache die Übersetzung begleitet haben. Und Frau Melanie Habbel hat dafür gesorgt, dass der Text nicht in den Weiten des Internets verloren gegangen ist.